东南亚与华侨华人研究系列之三十

东北亚区域整合现状及趋势：
以图们江区域合作开发为助推器

金向东　著

厦门大学出版社
XIAMEN UNIVERSITY PRESS

国家一级出版社
全国百佳图书出版单位

前　　言

　　随着经济全球化进程的加快,以地缘关系为基础的区域性经济合作发展迅速。东北亚地区迅速成为全球最具发展活力的地区之一。该地区中、日、韩、俄、朝、蒙各国之间经济互补性强,合作空间广阔,市场潜力巨大,经济交流日益频繁。加强本地区的对话、交流和合作符合各国的近期和长期利益。

　　经济大国中国和日本在内的东北亚地区[①]尽管区域内经济往来日益密切,相互依存不断加强,但标志着经济走向一体化的制度性合作却仍然没有迈出实质性步伐。在实际当中存在合作机制、模式构建、路径选择等问题尚未得到解决。

　　当前,全球经济发展放缓的大背景下,中日韩等东北亚主导国家的经济都在经受金融危机、贸易保护主义、美元疲软、国际油价等新事态带来的不利影响,都难以独善其身。同时东北亚还存在:冷战时期体制遗留问题、领土领海争端问题、日本侵略历史问题、经济发展不平衡问题以及美国因素等诸多问题。

　　本书从东北亚地区的社会制度、资源状况、经济结构与发展水平、大国利益交织和美国因素影响等方面着手,分析影响东北亚区域经济合作的积极因素与消极因素,同时列举了东北亚区域合作极具潜力的项目。认为:自然资源的互补、资金与技术的互补、市场需求的互补等因素将长期促进东北亚区域合作,而能源、环境、旅游方面合作更是东北亚区域合作的重大突破口。东北亚地区兼具开展能源合作的必要性和可能性。虽存障碍,但合作发展趋势不可逆转,因为东北亚在经济上已形成了命运"共同体"关系,在能源机制面前,谁

---

　　①　其地理概念有三:(1)指朝鲜半岛、日本、俄远东、蒙古、中国东北;(2)朝鲜半岛、日本、蒙古、俄远东及东、西西伯利亚、中国大陆及港澳台,即大东北亚;(3)东亚北部,即中、日、蒙、南北朝鲜。

都难以做到独善其身。区域能源合作目的是增加东北亚次区域的能源供给，减少对次区域以外能源进口的依赖，提高利用效率对环境的影响最少化。未来的合作应从建立能源供应体和高层次的政策保证体系入手。

东北亚地区旅游资源十分丰富，区域间旅客资源国依存度非常高。因此，该地区旅游资源的整合比该地区经济一体化要容易许多，随着该地区旅游经济的发展，地区间优势旅游资源的整合也势在必行，这也是东北亚地区旅游事业做大做强的必然选择。

东北亚地区的跨国投资是东北亚经济一体化的基础与核心，而且日韩两国对中国的投资又是中日韩三国合作的基本方面。最近几年日韩对华投资已进入"升级换代"时期，可以肯定中国作为日韩投资中心地位不会改变。

中国和俄罗斯市场化改革，淡化了制度和意识形态的对立和冲突，为东北亚地区经济合作创造了良好的外部条件。在经济利益驱动下，为了最大限度地发挥地区的各种资源优势，东北亚各国积极推动国际经济合作，特别是中日韩三国在贸易和投资方面相互依赖程度越来越强。朝、韩、蒙、俄、日都是中国的周边国家，发展与这些国家的双边关系和维护地区和平与稳定是中国的一贯外交政策。为了创造良好的国际环境，中国明确提出了"与邻为善，以邻为伴"的发展与周边国家关系的基本原则，并确定了"富邻、睦邻、安邻"基本政策取向。这些基本原则和政策取向为我国全面发展与东北亚地区周边国家的双边关系和参与区域合作提供了有利的政策环境。一方面，中国实施东北老工业基地振兴战略为东北亚区域合作提供了前所未有的新机遇，另一方面，2009年8月发布的"先导区规划"、2012年4月发布的"示范区建设意见"也为图们江区域合作开发和东北亚区域全面合作开启了新篇章，迈出了新步伐。

图们江地区独特的地理位置、丰富的自然资源及东北亚各国产业的互补性优势，引起各国的关注，提出了以图们江地区合作开发促进东北亚区域经济合作的构想。从理论上讲，图们江区域合作属于次区域经济合作，其目的是加强各成员国之间的经济联系，实现生产要素在区域范围内的合理配置，促进区域的经济繁荣和社会发展。由于联合国开发计划署的主导和推动作用有限，区域相关国家在合作开发预期利益上的矛盾难以协调，致使区域各国开发开放程度及政策制度等方面存在较大的差异，影响了区域内生产要素跨国界自由流动和有效率的配置，图们江"跨国增长三角"区域的溢出与扩散效应也难以形成，对区域内国家（或地区）经济发展的带动作用显现不足。尽管如此，图们江区域合作开发项目实施以来，在合作各方的积极推动下，已经取得了显著成绩。主要表现在区域合作机制框架形成并在不断完善，基础设施、国际通道及合作平台建设取得了一定进展,合作领域、合作方式不断发展与创新,区域各国经贸往来日益密切。

　　从理论上讲,边界跨国经济合作不同于传统的关税同盟、自由贸易区、共同市场等国际经济一体化组织形式,而是在承认双方在制度、体制、政策等方面存在差异的情况下求同存异,尽可能谋求协同协调行动的一种方式,是在政治经济体制、经济发展水平、意识形态等各个方面均存在着明显差异,且地缘又相邻的跨国区域之间进行经济合作的新模式,属于地缘经济系统中的基层地域之间的经济合作形式。这种合作模式在建立之初不涉及关税,而是以地方政府间的协调行动为主,其目的是打破被边界分割的地区优势。当然,边境跨国经济合作在条件成熟的情况下,将升级为更高级别区域合作形式。

　　基于上述理论及图们江区域多国合作开发的三大理论依据(其下有九大理论体系),并结合东北亚区域合作和图们江地区开发现状,通过图们江地区边境跨国经济合作,以基础设施、物流网络、通信网络的合作开发和建设为先导,通过合理的区域分工和富有成效的产业合作开发,把图们江地区建设成跨国性的现代产业园区、现代化的东北亚物流中心、旅游观光地和生态保护区。为此,笔者对图们江地区周边环境、产业构造、基础设施、交通物流等方面进行了一系列的研究,认为:东北亚一体化关键是中日韩实现FTA(自由贸易协定),并深入发展。即:

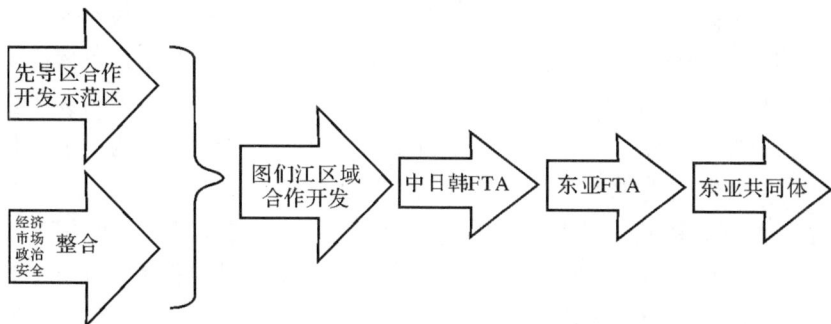

　　本书由三编17章组成,具体内容如下:

　　上编东北亚区域合作,共分六章。第一章东北亚区域合作的背景、动机,第二章东北亚区域合作特征、制约因素,第三章东北亚各国的经贸合作,第四章政治与其他合作,第五章从政治经济学视角透视东北亚区域一体化模式,第六章东北亚经济合作到东亚经济一体化。主要阐述了东北亚自然概况及各国的互补条件、东北亚区域合作的四大特征(双边性、突破性、有限性、互补性),

东北亚合作的制约因素，即各国国内的制约因素、收入差距、主导权竞争、安全困境①、其他阻碍问题。② 但合作因素与共同点在增加，并向有利于一体化的方向发展。经贸合作的加强（这是一体化的首选领域）、中日韩 FTA 的推进、能源合作与旅游合作正在加强。在东北亚一体化推进中共同点③在增加。虽然经济热而不统、政治冷而不僵、文化同而不合，但是东北亚一体化在各国政府和社会各界的努力下排除干扰缩小阻碍因素，扩大有利因素。为推动一体化，提出了东北亚经济合作体模式、东北亚一体化概念图。

中编图们江区域合作开发。第七章图们江区域开发计划的推进，第八章 GTI 背景及推进，第九章 GTI 的潜力，第十章相关国家 GTI 的战略和政策，第十一章今后的课题。主要阐述了图们江区域多边合作开发是区域经济背景下的必然选择。在典型区域经济多边合作模式进行比较、分析基础上，提出了图们江区域多边合作推进战略。在区域多边合作理论研究基础上结合图们江区域多边合作特点（互补性、风险性、艰巨性、利益难协调性、层次性），提出了区域经济多边合作的条件动因论、共同利益论、资源流动论等图们江区域合作开发的理论依据。

本项目整体而言，经历了两个阶段：第一阶段是 TRADP 阶段（1992—2005 年），这阶段存在的主要问题是：项目多，措施少；指导思想不明确；企业不积极；中央政府介入不够；忽视安保；参与范围窄。因此，收效甚微。第二阶段是 GTI 阶段（2005 年至今），因为克服了上述一些困难，所以效果明显。这项事业就中国而言经历了三个阶段，第一阶段（1992—1999 年），以珲春为主要开发对象；第二阶段（2000—2009 年 8 月），以延边朝鲜族自治州为主要开发对象；第三阶段（2009 年 9 月至今）以长吉图开发开放先导区为主要开发对象。20 年来中国主攻方向是一核（珲春三区四园——边境合作区、出口加工区、中俄互市贸易区、俄、日、韩、港工业园）、两轴（"路港区"和"陆港关"）、五大建设计划（空间布置、产业发展、基础设施、科技创新与其他地区协同发展）、八大重点事业（自由贸易区建设、国际内陆港、科技创新区、现代物流区、生态观光区、现代服务区、国际合作产业区、现代农业区），大部分取得了较大的成果。

---

　　①　美军驻日韩等国、半岛问题、日本的侵略历史、领土及领海问题、朝核问题、台湾问题等。

　　②　中日韩民族主义、能源争夺、印澳介入。

　　③　共同点有：对合作重要性的认识、一体化的推进应先易后难、一体化的长远目标、建立一体化新秩序等。

阐述了各国参与 GTI 的目标任务。

　　第一,中国的目标是把图们江区域合作开发看作振兴东北老工业基地战略的一部分,通过这一项目把长吉图建设成东北经济的新的增长极,打通日本海通道增加物流。第二,俄罗斯的目标是将大海参崴计划与远东发展 2013 年及 2025 年战略联系起来,并将此项目看作其战略的一部分,把远东建设成资源生产基地、能源基地和各种资源出口主体。俄远东开发与中国东北振兴战略衔接,形成经济一体化;以远东港口群开发为中心推动远东物流扩充计划。第三,朝鲜的目标是把罗先建设成东北亚的主要港口,通过罗先特别市的开发建设推动朝鲜经济振兴计划,成为朝鲜的增长极、火车头。第四,韩国的目标是通过图们江合作开发计划,获取能源、市场,增加物流、改善南北关系。第五,蒙古的目标是推进两山铁路等基础设施建设步伐,打通图们江出海口,达到振兴经济之目的。第六,日本的目标是获取能源、原材料、市场,推动日本西海岸开发。

　　加之中日韩 FTA 谈判即将启动等因素,图们江区域多国合作开发项目将在近期会有突破性的发展。

　　下编中国图们江区域合作开发。第十二章"规划纲要"是中国参与图们江区域合作开发的纲领,第十三章长吉图开发开放先导区战略的必然性、必要性,第十四章长吉图开发开放先导区的艰难性、可行性,第十五章"规划"的战略性、突破性,第十六章图们江开发开放先导区战略的示范性、先导性,第十七章先导区突破性发展推进东北亚经贸合作。主要阐述了"规划纲要"(即"中国图们江合作开发规划纲要——以长吉图开发开放先导区"简称"规划纲要")的重要意义①、战略定位②。接着阐述了先导区战略的必然性、必要性,先导区战略的艰难性、可行性,先导区战略的战略性、突破性,先导区战略的示范性、先导性。

　　在先导区战略的突破性中,详细介绍了吉林省(长吉图)"十一五"期间造了一个吉林,后五年还要再造一个"新吉林";长春市取得了能量的高突破、长吉一体化的快速推进与突变;吉林市在前五年("十一五")战绩赫赫,造了一个

---

　　①　即有效利用图们江区域开发开放自身面临主要问题;促进东北老工业基地振兴;为全国广大沿边地区扩大开放提供经验;促进边疆少数民族地区繁荣稳定;利于增强我国在图们江区域合作的综合实力;形成东北的新增长极。
　　②　即沿边开放开发的重要区域、面向东北亚开放的重要内户、东北亚经济技术合作的重要平台、东北地区的重要增长极。

吉林市;延边在前五年("十一五")取得新突破、大发展;"窗口"珲春龙腾虎跃。

在先导区战略的"示范性"中,阐述了先导区在 2009 年 8 月—2012 年 4 月间所取得的成就:中朝共同开发管理罗先经济贸易区,中俄陆港通道建设顺利实施,中蒙大通道项目正抓紧推进,长吉图开发开放先导区建设取得积极进展,珲春对外窗口作用进一步突显。目前珲春市经朝鲜罗津港至上海内贸货物跨境运输项目成功实施,珲春经扎鲁比诺到达日本新潟、韩国釜山的国际陆海联运航线正式开通。在这背景下,为进一步推动图们江区域合作与长吉图开发开放先导区建设,在珲春边境经济合作区、珲春出口加工区、珲春中俄互市贸易区基础上,国务院批准设立珲春国际合作示范区(2012 年 4 月 13 日批准)。这是我国积极参与图们江区域合作新平台和新机制,深入实施长吉图开发开放先导区建设的新举措、新进展等的体现。这有利于加快东北老工业基地振兴步伐,提升我国沿边开发开放水平,促进我国与周边国家,特别是朝、俄的经贸合作,实现优势互补和互利共赢。

在上述背景下,为了有效维护东北亚地区和平与稳定、推动区域合作不断深入、克服发展中存在的各种问题,我们必须加深理论研究,向有关部门提供理论支持和决策依据,这是写本著作的目的所在。由于水平有限,本书还存在诸多不尽如人意之处,诚恳地希望读者不吝指正。

目　录

上编　东北亚区域合作

下编　中国图们江区域合作开发

上编　东北亚区域合作

　　1991 年前,国境河图们江并没有被人们所关注,直到 1990 年中国提出的图们江地区多国合作开发计划被 UNDP(联合国开发计划署)纳入第五次项目计划的重点项目之后,才开始被世界瞩目。中国提出建立包括珲春、罗先、波谢特的"小黄金三角洲"和涵盖符拉迪沃斯托克(海参崴)、延吉、清津的"大黄金三角洲",建设跨越国境的特区、自由经济贸易区。该计划得到东北亚各国和 UNDP 的认可。但是,20 世纪 90 年代兴起的图们江地区开发历经 10 余年的发展,仍被认为进展缓慢,常常把其作为地区经济开发失败的例子。实际上,21 世纪以来,图们江地区开发出现了诸多新的变化和发展。2000 年 6 月和 2002 年 9 月分别举行了朝鲜半岛南北首脑会谈和朝日平壤会谈、2003 年 3 月 25 日韩国第 16 届总统卢武铉在就任演讲中特别提出了构筑东北亚经济共同体的重要性。同年 10 月中国也提出了"东北振兴"战略,强调东北亚经济合作的重要性。因此,2003 年被称为"东北亚共同体的元年"。

　　进入 21 世纪,区域一体化浪潮不断升温的背景下,2007 年 1 月 1 日保加利亚与罗马尼亚两国加入了欧盟,欧盟扩大到了 27 个国家,这是 1999 年欧元诞生之后的又一举措。欧盟不但在经济,并且在安保方面也正在形成地区安全保障体制。亚洲由东盟提案,1997 年 12 月 ASEAN＋中日韩,在吉隆坡探讨了金融危机后的以货币为中心的区域课题和将来的构想。加之上述变化之后,2009 年 8 月又提出"中国图们江区域合作开发规划纲要——以长吉图为开发开放先导区"(简称先导区规划),强调东北亚经济合作的重要性。立命馆大学经济学部教授松野周治先生提出了"为了东北亚共同体长期稳定发展,应把朝鲜、俄罗斯纳入东北亚合作中。只靠 ASEAN＋3,不会缩小反而会扩大地区间的差距。在当前的各种条件下,不应只靠市场原理发挥作用,还要通过政府、社会的努力，来创造发展的条件"。①

本编主要论述 1991 年后东北亚经济合作；东北亚唯一多国合作项目——大图们江地区开发开放的动向；图们江地区开发开放的火车头——长吉图开发开放情况；从 ASEAN 经济合作来看东北亚区域经济一体化的可能性，东北亚区域合作开发与一体化的路径及展望。

---

① 松野周治：《21 世紀東北アジア地域協力の歴史的意義と可能性》国際セミナー《東北アジアの地域協力と安全保障—朝鮮半島を中心に—》主办单位：立命馆大学国际地域研究所、环日本海经济研究所（ERINA）、韩国对外政策研究院（KIEP），地点：立命馆大学末川纪念馆，2004 年 6 月 11 日—12 日。

第一章

东北亚区域经济合作的背景、动机

　　蒙古国体制转型（1990 年），韩苏建交（1990 年），韩朝同时加入联合国（1991 年），朝日邦交谈判（1991—1992 年），中韩建交（1992 年），中俄实行市场转型，在这种东北亚国际环境下，联合国开发计划署（UNDP）于 1991 年，提出了在今后的二十年里投资 300 亿美元把图们江下游地区建设成为"东北亚的香港、阿姆斯特丹、新加坡"的开发计划。之后 UNDP 还设立了图们江地区项目管理委员会（PMC），中、朝、俄、韩、蒙五国派代表，日本也派出了观察员列席了会议。1995 年 12 月，在联合国开发计划署的积极推动下，中、朝、俄三国政府签订了《关于建立图们江地区开发协调委员会的协定》，中、俄、朝、韩、蒙五国政府签署了《关于图们江经济开发区及东北亚开发协商委员会的协定》和《关于图们江经济开发区和东北亚地区环境准则谅解备忘录》等三个文件（以下简称"两个文件和一个备忘录"），截至 2010 年末 UNDP 先后举行十多次 PMC 会议，同时也召开十多次专家会议，专门探讨图们江地区开发战略。在此期间，UNDP 召开了九次政府间协调会议和相应的专题会议，为推动图们江区域开发发挥了不可替代的主导作用。这些文件的签订为图们江地区国际合作提供了必要的法律基础和框架。特别是 2007 年 11 月在俄罗斯符拉迪斯沃克市召开的 UNDP 图们江区域开发项目第九次政府协调协商会议，呼吁构建大图们江区域合作领导会议机制，成立图们江区域开发项目商务咨询委员会、能源合作委员会、环境合作委员会和旅游合作委员会，欢迎国际金融组织、民营企业家和社会组织参与图们江区域合作开发。

　　经济上的互补性与直接获得"参与"带来的收益是东北亚区域合作与图们江地区国际合作开发的直接动力。俄罗斯远东有着丰富的自然资源、中国东北拥有廉价的劳动力、朝鲜拥有天然的港口、日本和韩国拥有先进的技术和丰富的资本，只要各国政府更加重视，完善基础设施，在图们江区域合作开发助推下经济互补性在不远的将来将成为现实。（见表 1-1 和图 1-1）

表 1-1　东北亚各国的互补条件

国家（地区）	优　势	劣　势
日本	资本、高新技术、生产资料、高级装备、先进的生产经营管理	能源、工业原料等依赖国外，农产品及劳力不足
韩国	资本、产业技术、工作机械、中端产品生产	能源、工业原材料、劳力等对外依存
中国（东北地区）	石油、煤、农林资源等丰富，有一定的重化工业基础，丰富的劳力、广阔市场	资本、先进设备、技术经验不足，基础设施不足
俄罗斯（远东地区）	丰富的森林、非金属矿产、石油、天然气、煤，部分重化工产品	农产品、轻工产品、资本不足，落后的产业结构、经济技术
朝鲜	矿产资源、金属矿石、初级加工品、水产品、优质劳动力	资本与技术、农产品与轻工业品不足，落后的产业结构，基础设施差
蒙古	丰富的矿产资源	交通、基础设施差，资本、技术、农产品、轻工业品不足

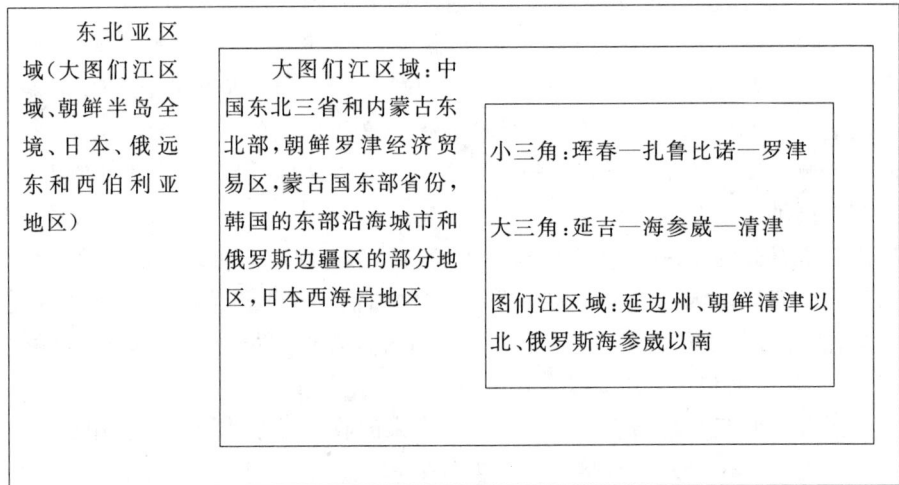

东北亚区域（大图们江区域、朝鲜半岛全境、日本、俄远东和西伯利亚地区）

大图们江区域：中国东北三省和内蒙古东北部，朝鲜罗津经济贸易区，蒙古国东部省份，韩国的东部沿海城市和俄罗斯边疆区的部分地区，日本西海岸地区

小三角：珲春—扎鲁比诺—罗津

大三角：延吉—海参崴—清津

图们江区域：延边州、朝鲜清津以北、俄罗斯海参崴以南

图 1-1　东北亚大图们江地区合作开发进程示意图

第一节　自然概况

一、地理概念

一般所称的东北亚区域是指朝鲜半岛、日本、俄远东地区、蒙古和中国的东北三省和内蒙古东北部,即所谓的"小东北亚"而"大东北亚"是指在此基础上,再涵盖中国香港、台湾地区和美国。将美国视为东北亚成员国,主要从地缘政治与安全角度考虑,美国作为全球性大国,长期以来尤其是二战以后对东北亚国际关系的演变具有举足轻重的影响。一方面美国在东北亚长期保持10万人规模的驻军,另一方面美国在东北亚拥有两个主要盟国(日、韩),它将美国的战略边界从位于太平洋中部的夏威夷、关岛几乎推到了东亚大陆的海岸线上,使得整个太平洋成为美国的内湖。因此,东北亚地区的安全仍处于美国的主导下,虽然美国在地理位置上不属于东北亚,但鉴于上述原因使之成了东北亚一个不可忽视的成员。

由此可见,从现实出发,东北亚区域合作不能不顾及到美国的利益。东亚和东北亚某些国家不妨调整思路,不一定把美国看成是东亚和东北亚合作的阻碍者,而要将美国视为东亚和东北亚合作可以利用的一种国际资源。正如中国外交部所宣称:美国在东亚有重要的利益和影响,我们既要加强区域内各国的合作,又要奉行开放的地区主义,不排斥美国和其他区域外国家,注重与它们加强对话与协调,相互尊重彼此的利益,不断寻求与扩大新的利益汇合点。当然,美国也对参与东北亚合作态度积极。美国外交官斯蒂芬·博斯沃思指出:"美国应该强有力的支持东亚更加深入地开展地区合作,包括最终创立东亚共同体。"[①]美国阿拉斯加州州长甚至认为该州也是"东北亚的一部分,因为其出口有70%面向东北亚"。这种态度应该值得东北亚地区国家和经济体肯定。同样,东北亚或东亚也应向澳大利亚、新西兰、印度等一切有兴趣的国家开放。

---

① Morton Abramowitz and Stephen Bosworth, *Chasing the Sun: Rethinking East Asian Policy*, New York: The Century Foundation Press, 2006, pp. 135～136,美国对东亚一体化的立场请参见吴心伯:《美国与东亚一体化》,载《国际问题研究》2007 年第 5 期。

二、自然概况

东北亚地处北半球脏腹之地，是北美从陆路到达欧洲的必经之路和最短途径。朝鲜半岛既可成为陆权国家（大陆国家）进攻海权国家（海上国家）的通道，也可成为海上国家侵略大陆国家的跳板，地理位置尤为重要。

就资源优势而言，东北亚地区具有广阔的地域范围、丰富的人力资源和自然资源。从东北亚的地域范围来看，它包括日本、韩国、朝鲜、蒙古国、俄罗斯远东和东西伯利亚两个部分，中国的东北三省和内蒙古东北部。其总面积为998.8万平方公里，占亚洲陆地面积（4400万平方公里）的23%，相当于整个欧洲（欧洲陆地面积为1016万平方公里），比东盟（450万平方公里）的面积大一倍。从人口来看，2005年东北亚地域人口超过了4亿人，占亚洲总人口的20%，可为世界上第三大人口密集区（中国13亿人口，印度11亿人口），人力资源比较丰富；从自然资源来看，俄罗斯远东和东西伯利亚地区、蒙古国和朝鲜的能源、矿产、水利和森林资源十分丰富，中国东北农业资源和矿藏也十分丰富，且多处于初级开发阶段，可供其他国家开发利用。俄罗斯和中国两国的石油探明储量为104亿吨（占世界已探明储量的7%）其中中国东北三省的储量为18亿吨，占全中国的一半以上。俄罗斯的探明储量为69亿吨，西伯利亚地区为3.3亿吨，占全俄的5%。天然气主要蕴藏于中国和俄罗斯，两国探明的总量约为49亿立方米，其中中国为1.75亿立方米，俄罗斯的远东地区主要集中在萨哈林州和萨哈共和国，储量近1.6亿立方米。煤在中国、俄罗斯、蒙古国、韩国和朝鲜的可采含量高达3164亿吨，占世界总量的30%，其中大部分集中在中国和俄罗斯。据估计，东北亚的黄金、钻石、铜等其他矿物资源也比较丰富。

第二节　东北亚区域合作的背景、动机

一、背景

随着信息技术的飞速发展，全球化已成为当代世界的发展潮流和客观趋势，世界范围内恢宏的实践进程给国际政治经济带来了日益深刻的影响。特别是20世纪90年代以来，随着两极对峙的冷战时代结束，全球化浪潮势头更加迅猛，人类进入了全球共存与竞争的时代。关于全球化的定义，其中最权威的定义是 1997 年国际货币基金组织(IMF)提出的:"全球化是指跨国商品与服务交易及国际资本流动规模和形式的增加,以及技术的广泛迅速传播使世界各国经济依赖性增强。"①从广义上讲,全球化所产生的福利效益基本上同古典经济学家所强调的专业化以及通过贸易扩展市场所带来的效益相类似。全球化进一步加强了劳动的国际分工和更有效的储备配置,进而提高了生产率和平均生活水平,同时使消费者可以更低的成本享用更多的商品和服务。这一定义描述了全球化的过程和表现形式,揭示了各国或地区之间在这个过程中所联结起来的越来越紧密的相互关系,使国家之间的相互依存度增强,反映在国际政治经济学领域则是出现了新自由主义的相互依存论。

"相互依存论"者把相互依存定义为"彼此之间的依赖",认为相互依存是指国际社会中不同角色之间互动的影响和制约关系可以是对称的或不对称的,其程度取决于角色对外部"敏感性"和"脆弱性"的大小。②如 A 方对 B 方的原料,B 方对 A 方的制成品,可能表现出相互依赖的关系。双方都对对方的有关政策表现出某种敏感性,但由于双方依赖程度可能不同,各自的敏感程度也有异。A 方的有关政策若不利于 B 方,B 方就会暴露其脆弱性。又由于双方的应变能力不一,它们表现出的脆弱性也有差异。如果双方的敏感性和脆弱性相同或接近,那么它们之间的相互依存关系呈对称情况,否则即呈不对称情况,而这种相互依存的不对称性则恰恰是国际社会中权力的来源。

冷战后,相互依存成为国际关系的主要特征,这种新型的关系需要国家与国家之间的密切合作和友好相处。于是在相互依存的现实要求下,各个国家、各个地区之间开始了广泛的政治经济合作,最显著的例子就是欧盟的诞生和北美自由贸易区的形成。尤其是欧洲联盟的进一步发展和扩大,不但范围几乎包括了整个欧洲,而且在其成员国之间已经基本实现了货物、人员的自由流动和统一货币的使用,使欧洲作为世界经济一极的地位不可动摇;与此同时,美国、加拿大和墨西哥三国组成的北美自由贸易区也在贸易、投资和知识产权等方面获得了较大的发展。面对这种情况,东北亚各国(特别是中日韩三国)感到了压力,意识到如果长时间被阻隔于世界其他地区的经济圈之外,仍然以一国的力量去应对未来世界经济的变化,无疑将会在未来激烈的世界竞争中惨遭失败。于是东北亚各国开始积极谋求区域合作。1987 年 3 月日本经济同友会财界首脑和日本政府有关研究机构共同组成的"日本经济调查协议

---

①　IMF:《世界经济展望》,中国金融出版社 1997 年版,第 45 页。

②　倪世雄等:《当代西方国际关系理论》,复旦大学出版社 2001 年版,第 336 页。

会"，提出了一份《东北亚经济圈——现状及发展方向》的报告，在这份报告中提出了建立一个超越意识形态和社会制度的经济合作区的构想。1987 年 9 月 22 日，日本早稻田大学政治系教授西川润在日本《经济学人》杂志上发表了一篇题为《关于发展环日本海经济协作的倡议》的论文，提出了"环日本海经济圈"①的构想，这一构想在日本国内及东北亚地区其他国家中引起了比较大的反响。1988 年，中国学者金风德先后提出了连接日本海、黄海、渤海的"三海经济圈"构想和"东北亚经济圈"构想，就东北亚区域合作的问题进行了精辟的分析。② 随着东北亚区域合作的构想的提出，东北亚区域合作的具体实践也同步开展起来。目前，东北亚地区各国的双边贸易和经济合作获得发展，双边经济联系日益密切。据统计，截至 2010 年 9 月，中国成为日本和韩国的第一大贸易伙伴、第一大出口目的地和第一大进口来源地。2010 年，日本与中国的双边贸易额达到 2977.7 亿美元，增长 30.1%。其中，日本对中国的出口1767.1 亿美元，增长 35.0%，占日本出口总额的 23.0%，日本自中国进口1210.6 亿美元，增长 23.7%，占日本进口总额的 17.5%。③ 韩国与中国双边货物进出口额达到 1884.1 亿美元，增长 21.0%。其中韩国对中国出口为1168.4 亿美元，增长 34.8%，占韩国出口总额的 25.1%，韩国自中国进口715.7 亿美元，增长 31.9%占韩国进口总额的 16.8%。④ 而 2010 年全年中俄贸易为 554.5 亿美元，较 2009 年增长 43.1%。其中中国对俄出口 296.1 亿美元，同比增长 69%；中国对俄进口 258.4 亿美元，同比增长 21.7%。俄在中国主要贸易伙伴中列十一位。2011 年 1—7 月，中俄双边贸易额同比增长37.4%，达到 422 亿美元，预计全年将首次突破 700 亿美元。⑤

'

---

① 参见西川潤：《環日本海経済協力を提唱する一芽生えてきた日・中・北朝鮮の交流》，载《エコノミスト》，第 65 卷(40)，1987 年 9 月，第 42~49 页；西川潤：《環日本海協力構想の現状と展開一冷戦後の東北アジア協力》，载《早稲田政治経済学雑誌》第 318 号，1994 年 4 月。

② 何健：《东北亚国际经济合作研究》，东北财经大学出版社 1996 年版，第 47 页。

③ 根据日本贸易振兴机构(JETRO)《国・地域别情报》数据算出，http://www.jetro.go.jp/indexj.html。

④ 根据韩国贸易协会(KITA)《贸易统计》数据算出，http://www.kita.net/。

⑤ 引自中国商务部网站：http://sousuo.mofcom.gov.cn/query/querySearch.jsp，2011 年 9 月 5 日。

二、东北亚各国合作的动机

东北亚各国的经贸特点是:东北亚各主要国家间的外贸依存度都很高;外贸在经济发展中的作用都很大;东北亚各国之间都没有 FTA;东北亚各国均与中国保持着紧密的经贸关系与往来;与西欧、北美区域经济一体化相比东北亚没有形成经济区域化、集团化。贸易保护主义思潮在美国甚为流行,美国把它的巨额贸易逆差归罪于对方市场开放的不平等。美国一方面要求东北亚国家开放市场,同时采取其他办法来控制进口(包括制裁措施)。这种外部压力使得东北亚国家迫切寻求一个本地区内部自律发展机制来代替对美国等国市场的高度依赖(转向东盟、中国市场)。另一方面,东北亚各国和地区都有强烈的需求来扩大它们之间的经贸合作,客观上促进了东北亚区域内部经贸、投资的扩大。

以上两点是东北亚地区面临的要求本区域经济合作的外来压力。同时东北亚国家和地区也面临着要求区域经济合作的内在压力。从性质上看,西欧、北美的区域经济一体化是制度性的贸易集团,因而对包括东北亚地区在内的世界其他地区的经济利益构成强大的压力。

2002 年,当时的日本首相小泉纯一郎提出了构建东北亚经济共同体的设想。2003 年,这个设想被写入在日本东京召开的东盟国家首脑特别会议《东京宣言》里。日本要扭转经济长期不振的局面,就得重视以中国为首的东亚国家,向中国、东南亚国家增加出口,增强经贸合作。东亚国家的经贸特点是,依靠日本的市场、资金、技术,依靠美国和欧盟,东亚各国之间的国际分工等三个层次结构,对发达的资本主义国家的经济依存度过高是一个致命的软肋。东亚经济共同体由东盟加中、日、韩等更为广大的地区所组成。进入 21 世纪以来,日本正和新加坡、马来西亚、泰国等进行 FTA 的前期工作,中国也和东盟进行 FTA 的前期工作,为东亚经济共同体的建立作基础性工程。日本正在改变"脱亚入欧"的既定政策,向"亚洲成员"前进。现在的情况是既要重视WTO,更要重视经济政策的区域化。EU、NAFTA、MERCOSURU(南美共同市场)等经济区域化形势非常明朗,这表明 WTO 规则要弹性运用。东亚(主要指东北亚与东南亚),正在筹划一个相对独立的共同的统一货币 ACU的发行,当然,把维持各国流通货币价值为前提。以此来形成与欧元(EURO)、美元对抗的地域圈。ACU 的诞生,可以抑制通胀、财政收入平衡、失业率降低,但 ACU 的诞生肯定不会一帆风顺。将来以统一货币 ACU 为契机而诞生的东北亚共同体,不承认主导权,更不允许有霸权。

从历史上看,19世纪的英国、20世纪的美国,都是通过有国际通用货币功能的英镑、美元来获得霸权的。中(包括台、港)、日、韩、东盟等东亚各国通过加入WTO,推进FTA谈判,加强双边与多边经贸,筹划ACU等具体行动来开始了"东亚经济共同体"创建这个万里长征。这个共同体的意义在于抗衡EU共同体、NAFTA关税同盟,打破NAFTA、EU的贸易保护主义。当然抗衡美国的贸易保护、贸易霸权是有限的,但其意义不可小视。这个共同体各国之间一律平等、互惠、和平、互助,不允许谋求主导权。共同体不仅在货币上(统一货币),更在贸易、投资推进自由化。但对农业、房地产、传统产业、零售业等方面的贸易应予区别对待。筹划中的ACU,既不是日元,也不是人民币,是一个崭新的各国可信赖的统一货币,为了强化ACU的管理应成立亚洲流通货币基金。从东亚经济共同体构想看,这个共同体最重要的地域东北亚的合作是举足轻重的,[①]不应该拖延、耽误筹划中的东亚共同体。

第一,从收益成本看,东北亚地区各国的合作是实现东北亚区域一体化的过程,而各有关国家是否积极主动参加这个区域一体化的进程,很大程度上是基于各自的利益权衡,也就是各国对参与合作所做的收益成本分析。各国在决定是否参与一项合作时通常会对收益成本作一个预期,当预期的净收益超过了预期的成本,或者出现了边际性的潜在收益,就会引起一国对收益与成本的重新判断,进而决定下步采取什么行动。可以说,无论是现实主义还是新自由主义,都不否认国际行为主体在合作中所做的成本收益分析。因为只有在有利可图的情况下,各方才会产生合作的愿望。

对于东北亚区域合作来说,它能给参与其中的东北亚各国带来的收益便是贸易的增加以及各国整体实力的增强。但各国可能为此付出的成本即是部分国家主权的让渡,如关税、非关税壁垒的降低或拆除,国内市场和投资领域的自由进入等。如果开放过度,还有可能导致国内经济、政治的不稳定甚至动乱,从而付出更大的成本。

那么东北亚各有关国家和地区能在与彼此的合作中获得什么样的收益,以及它们获得的收益是否大于所付出的成本呢? 回答是肯定的,获得收益大于付出的成本。

第二,从预期收益看,中国参与东北亚合作将提高中国经济的竞争力,进一步开拓中国与周边国家的经贸关系,并且有助于中国跻身于国际区域集团之间的分工合作。当前中国由于拥有广阔的土地、丰富的自然资源、廉价的劳

---

① 岩田勝雄:《現代世界経済と日本》,桜井書店,2008年,第231～234页。

动力和潜在的广阔市场等有利条件,使中国成为十分重要的投资场所,但同时也存在一些工业企业国际竞争力低下的困境。因此,中国应该抓住这次国际分工发展为本国经济提供的机会,积极参与东北亚地区的经济合作,大力引进资金和技术,优化国内的产业结构,开拓国际商品市场,努力提高经济实力和竞争能力,实现中国的经济水平整体提高。

日本参与东北亚合作的预期收益分析。日本参与东北亚地区合作,不仅符合日本经济发展本身的需要,而且是日本与美欧争夺东北亚及东亚地区未来主导权,维护日本在东亚地区经济利益的需要。对于日本而言,东北亚地区一直是具有丰富资源和广阔市场潜力的地段。因此,参与东北亚地区的合作有利于日本建立稳定的资源供应,并且扩大日本的商品输出和资本输出。同时日本可利用东北亚区域合作,以东北亚为依托同欧美抗衡,增强日本在国际舞台上的地位,有利于其"正常国家"政治大国梦想的实现。

韩国参与东北亚合作的预期收益分析。韩国参与东北亚合作同样是经济继续发展需要,但更重要的是韩国可借参与东北亚合作的机会,发展和扩大与朝鲜之间的经济合作关系,从而争取早日实现朝鲜半岛的统一。

俄罗斯参与东北亚合作的预期收益分析。一直以来,俄罗斯都把其经济重心放在欧洲,但是却没有分得欧洲一体化进程的一杯羹。因此,参与东北亚区域合作可以使俄罗斯不至于被排除在国际分工和世界经济发展区域化的进程之外,并为其影响力进入亚太地区提供了契机。①

朝鲜和蒙古参与东北亚合作的预期收益分析。对于朝鲜和蒙古来说,东北亚地区的合作为其提供了扩大对外交流的机会和渠道,从而有助于促进其经济的振兴与发展。

---

　　① 2011 年 8 月 24 日时隔九年朝鲜最高领导人金正日在东西伯利亚乌兰乌德与俄罗斯总统梅德韦杰夫会晤。主要议题之一是关于天然气管道铺设项目,双方达成协议俄罗斯天然气将经朝鲜输至韩国。该输气管道长约 1700 公里,开始阶段每年可输送 100 亿立方米天然气,如需求增加可进一步扩大输送能力。这项天然气的管道铺设项目对三国都有好处。就韩国而言,铺设输气管道后,运输费用比货船运输低 70%。朝鲜每年可以收取 1 亿美元的过境费。而俄罗斯为"萨哈林－2"等远东地区生产的天然气找到了出口市场,可谓是双赢。以上事实可以看出俄罗斯对东北亚合作是极其感兴趣的。

第二章

东北亚区域合作的特征、制约因素

第一节　东北亚区域合作的特征

一、东区亚区域合作的四大特征

1. 双边经济成重要牵引力,具有很强的双边性

东北亚各国的特定国情决定了目前东北亚经济合作不是严格意义上的国际区域合作,而是具有十分明显的以东北亚有关国家之间双边经济合作为主的特征,双边经济合作成为区域经济合作的基础,拉动区域经济合作的重要作用日趋明显。

2. 经贸合作的有限性

据有关资料统计,目前在东北亚区域经济合作中,六国之间的双边贸易都在稳步增长,贸易双方在对方贸易中所占地位也在日益提升。各国之间还签订了许多合作协议、劳务合同等,但基本上停留在双边合作而非区域整体合作的范围。相对于 NAFTA、EU 和 ASEAN,东北亚区域内贸易还相当有限,2009 年 EU、NAFTA 的区域内贸易分别是 66.4% 和 46.5%。[①] 可见,与活跃的双边贸易相比,东北亚区域合作的潜力巨大。

3. 寻求多边合作的突破性

中国经济一直保持高速的增长,特别是在东北经济振兴中,加快推动工业化的升级和社会间接投资的扩充,充分利用同蒙、朝、韩、俄、日相邻的有利条

---

① 　根据 IMF,Direction of Trade Statistics 数据算出,均以出口为准。

件,谋求区内外、国内外多渠道的经济合作。在本世纪初,东北亚各国的双边关系有了实质性的发展,如中俄面向 21 世纪战略合作伙伴关系,日韩的面向 21 世纪经济伙伴关系,俄日重要的合作伙伴关系,俄韩互补和建设性伙伴关系,朝俄加强和完善传统的友好关系,俄蒙修复友好的传统关系。在着力巩固和改善双边关系和多边关系的同时,各国都在积极寻求双边和多边经济关系的突破点。

4. 生产要素构成具有很强的互补性[①]

日本具有资金、技术、先进的工业品优势,俄远东具有森林、金属矿、能源的优势,中国具有劳动力、工业产品、市场优势,韩国具有资金、技术和设备、精良的工业品,朝鲜具有矿产、初级生产品、劳动力,蒙古具有畜产品、氟矿石;而日本的劣势是能源与资源的短缺、农作物不足、劳动力的缺少;俄远东劣势是农轻产品奇缺、劳力资金短缺;中国的劣势是先进技术、油气资源短缺、人口众多;韩国的劣势是能源资源奇缺、劳力不足、国内市场小;朝鲜劣势是资金、油气、农副产品不足、技术落后;蒙古的劣势是交通不便、资金、技术、农轻产品少。可以看出,东北亚区域具有生产要素互补性的潜在的区位优势是明显的。

2008 年 9 月 1 日,由联合国工业发展组织和东北亚博览会组委会共同主办的第四届东北亚经济合作论坛在吉林省长春市开幕。共有 14 位联合国机构及国际金融组织高官、东北亚区域相关国家及地方政府高官、国内企业代表等在会上发言,诺贝尔经济学奖获得者、"欧元之父"蒙代尔应邀出席并发表演讲。在论坛上,联合国秘书长助理沃伦·萨希表示:"尽管东北亚各国之间尚没有一个统一的区域合作组织,但该地区仍表现出强烈的经济融合愿望,区域贸易投资不断增长。联合国将继续通过支持图们江区域开发促进东北亚区域一体化进程。"[②]

二、政治与安全存在的三个问题

(一)安全问题

第一,关于东北亚国际体系转型的特点与趋势。冷战后东北亚国际体系的转型,突出表现为中国迅速崛起、多极格局正在形成、相互依赖日益密切,以

---

①　请参阅金向东:《図们江地域経済開発の現状と課題—北東アジアにおける地域協力と延辺》,载《立命館経済学》第 54 卷第 2 期,2005 年 7 月,第 95 页。

②　吉林科技网:http://www.jlstnet.net/showNews.jsp? classId=C6QWV7Z3AJ&newsId=256.

及对话与合作机制逐步形成等特点。尽管东北亚地区国家间存在着政治缺乏互信、领土争端等问题，且多地区认同不足，朝鲜半岛双方对立严重，但上述特点，也为东北亚地区国际体系和平转型与地区稳定奠定了基础。

第二，关于东北亚地区安全形势及其影响。东北亚地区的朝鲜半岛局势复杂敏感，战争形势一触即发；朝鲜核问题障碍重重；钓鱼岛、独岛、北方四岛等岛屿及海洋权益争端并存；政治、军事互信不足，冷战思维仍然存在，导致东北亚地区陷入安全困境；这些导致了地区安全形势的高度脆弱性。美国作为域外国家的介入，也使地区形势更加复杂。[①]

第三，关于东北亚安全机制的建立。东北亚地区各国由于在安全上相互依赖而组合成地区安全复合体，以至于他们的安全问题不能彼此分隔开来进行解决。所以，在这一地区树立并认同"相互依赖安全观"是非常重要的。双边与多边合作并举，巩固六方会谈、对立东北亚安全论坛，进而促进正式安全机制。

第四，美国东北亚政策对地区安全形势的影响。从 2009 年奥巴马政府成立以来，美国加强了亚洲外交，东北亚地区成为美国外交的重点。美国新亚洲政策的核心是，维护美国在亚洲地区的战略利益，保持美国在亚洲地区事务中的领导地位。美国加强与传统盟友的安全合作，举行了最大规模的联合军演，意在巩固和加强军事同盟关系，确立美国在亚太地区的军事优势地位，对现实和潜在的挑战都形成了一种战略威慑。美国以追求自身利益为取向的东北亚政策，从根本上妨碍了东北亚区域合作的进展。

第五，关于中国参与东北亚转型及安全利益的维护。面对上述东北亚国际体系转型中的特点，中国应当积极参与其中，努力推动构建符合中国战略利益的东北亚新秩序。具体的路径包括：双边合作与多边合作并举、功能性机制与制度性机制互相促进；推动加强东北亚地区合作；强化北京六方会谈等现有安全机制的作用，推动建立东北亚安全论坛及正式地区安全机制；维护东北亚地区稳定，不使矛盾激化，排除因区外大国介入而产生的消极影响。

---

① 2010 年 3 月 26 日发生的"天安号"警戒舰沉没事件、2010 年 11 月韩国和朝鲜在有争议的"北方界线"西部延坪岛附近发生交火，半岛局势逐步升级。紧接着美韩举行大规模军演以及韩国军队不断在敏感地带进行实弹演习，半岛局势持续紧张。再加之俄罗斯总统梅德韦杰夫在 2010 年 11 月 1 日首度视察了"北方四岛"（俄称南千岛群岛），使日俄外交关系陷入严重紧张状态。给原本紧张的东北亚局势雪上加霜。由此美国在日韩驻军正当化，日韩也需要美国的力量，美日不谋而合。美国的存在实际上对东北亚经济合作带来更加不确定性。

（二）热点问题

第一，关于半岛局势与大国关系互动。朝鲜在安全保障、政治承认、经济困境三方面的利益关切尚未得到解决。为此，朝鲜采取了拥核、寻求对美关系突破、"内收外扩"等政策。韩国受到朝鲜核试验等事件影响，采取了强硬的政治、军事措施。对于半岛局势，美国追求控制力、俄罗斯追求影响力、日本借机加强军备、中国则渴望稳定。半岛局势引发的半岛问题，六方间大国关系的变化值得关注。

第二，由钓鱼岛争端引发的对中日关系的普遍关注。关于钓鱼岛问题，搁置争议，共同开发，是我国政府的基本政策；不使之热点化，就可能避免美国的直接干预；不使钓鱼岛问题破坏中日关系大局，这是稳定周边的必然选择。应当看到，日本政府也不愿意因钓鱼岛问题与中国激烈对抗。双方在钓鱼岛问题上总的来说还是保持了克制。在坚持中方法律立场绝不动摇的前提下，深化中日战略互惠关系，也有助于中日之间争议的解决。

第三，中国周边外交政策。东北亚地区政治、安全形势的风云突变，引发了学者们对中国周边外交政策的再思考。学者们认为，中国奉行的睦邻外交政策是中华民族文化特点的体现。近年来中国政府提出的睦邻、富邻、安邻的周边外交政策更是成为了周边稳定的基石。在东北亚地区，我国需要坚持周边外交政策，逐步改善地缘政治形势。推动与日韩的经贸合作，扩大共同利益，逐步平衡美国在地区内的影响力。维护半岛和平稳定局势是中美俄等大国的共同的责任和利益所在。作为六方会谈的东道国和主要斡旋国，中国应发挥关键作用。

第四，对美国"重返亚洲"影响的思考。对于美国"重返亚洲"的战略效能及其对中国的压力，大体上存在两种看法。一种观点强调美国作为唯一的超级大国所具有的强大战略热能，并由此认为中国将承受巨大压力。也有观点认为，美国受制于经济复苏乏力的影响，战略资源有限，又要首先保护中东业已形成的有利于美国的国际秩序，其能够放到东亚的战略资源仍然有限。因而对于中国所承受的战略压力不必过度悲观。

（三）经贸问题

东北亚地区各国经济交往、合作的深入，使东北亚各国形成了一损俱损，一荣俱荣的相互依赖关系。政治与安全问题对经贸合作的影响非常大，成为发展各国经贸关系的关键、核心、首要问题。

第一,关于中日韩经贸合作。当前,中日韩三边自贸区进展缓慢,基本还停留在联合研究阶段;双边合作发展不平衡,三国双边经贸关系中,农业、制造业竞争性凸显;贸易投资便利化取得一定成果。同时,中日韩经济合作受到美韩FTA、美国加入TPP、全球金融危机和地区安全形势的影响,面临挑战。面向未来,推动中日韩经济合作,农业合作是必要的,也是可能的;同时,在现有的“10＋3”机制基础上,由中日韩取代东盟为主导,则是必由之路。

第二,关于中日韩金融合作。当前,中日韩金融合作出现了更加务实、主动的新形势,并提出了对现有国际金融机制进行变革的要求。中日韩金融合作应当使三国的主导地位明确化,采取渐进的方式向“区域货币主导化”迈进。应当优先加强中日韩实体经济和功能性金融领域的合作,进而建立中日韩互信机制,提升三国的“区域集体认同观念”。对于中国来说,积极推行人民币国际化战略是独立可控性最强、最为主动的战略选择,将对东北亚货币合作的路径具有重大影响。甚至影响着其未来的发展方向。

第三,关于中俄区域合作。中俄毗邻地区加强经济合作是两国经济市场化的必然选择;中俄同属经济转型国家,存在巨大的经济互补性。中国的资本、轻工业优势和俄罗斯的科技资源优势很好地结合在一起,其战略效能将是空前的。中俄区域合作应当转向注重互动性的全面战略合作,促进中俄东北亚区域经济一体化进程。整合“三沿”地区口岸资源,带动东北地区加快振兴的步伐。新形势下,货物贸易不宜继续成为中俄合作的重点。而科技创新、交通运输、投资以及区域产业化等领域的合作,则是应当得到优先发展的。

第四,关于东北亚能源合作。俄罗斯推行积极的亚太战略,实施能源出口多元化,有利于中俄能源合作。但由于俄方对外商在能源领域的投资限制严格、基础设施不完善、发挥不健全、外商赋税繁重,且国内能源企业竞争激烈等因素,中俄能源合作也面临困难。我国则应该坚持互利与双赢,采取综合手段,推动中俄能源合作。中日韩能源合作将可能在节能、新能源开发、环保、实施石油共同储备、保障运输安全等方面取得进展。互利双赢、推动制度性合作则是我国促进中日韩能源合作的政策选项。

第五,关于美国对东北亚区域经济合作的影响。美国东北亚政策的重要内容是建立起符合美国利益的亚太地区国际经济秩序,巩固美国的主导地位,进而借东北亚各经济体实现美国的经济利益。美国希望其盟友、新伙伴国家能够在美国的全球战略布局中起到“功能性”作用,并以此为基点,与这些国家就某个或某几个议题开展合作。美国加强与日韩的经济合作,将对东北亚区域经济造成离心效应。这是值得深入思考的问题。

第二节　东北亚区域合作的制约因素

　　20 世纪 90 年代后期以来,东北亚各国的制约因素要比互补因素更加明显,致使图们江地区开发进展缓慢。制约因素有以下六点:(1)经济体制的多样性和经济发展水平的差距很大。中、俄、蒙是从计划经济向市场经济转型,朝鲜还处在传统的计划经济体制里,而日本、韩国是发达的资本主义市场经济体制,各国的经济发展阶段明显不同。(2)政治关系的复杂性,大国之间的竞争性。例如,中日、日韩、日俄有着领土争端、朝鲜半岛的统一与军事对峙问题、日朝关系正常化的问题、中日"政冷经热"问题尚未完全解决等等,东北亚存在着诸多的棘手的问题尚待解决。(3)对历史、文化观念的不同。(4)开发资金匮乏,及各国间缺乏信息交流。(5)在东北亚以美日军事同盟为核心,启动了美日韩安全与防务磋商协调机制,朝核问题,部署反导系统等势必对东北亚区域合作产生负面效应。美国的"别劲",日本的谨慎与"顾忌",中日美三边关系的复杂性等。如何把制约因素转换为相互依存的发展动力是东北亚地区合作与图们江地区开发成功的关键之一。[①] (6)应当指出,在东北亚六国的实力对比中,中日俄韩属于一个圈层,朝蒙属于另一个圈层。两大圈层之间在经济体制、政治理念、法律基础、外贸模式与规模,货币互换协议以及经济总量等方面存在着巨大的差异,如何实现两大圈的资源交换也存在着现实的巨大困难,在政治与经济分开的现实中,必然会影响到六国间的全面合作关系的展开,要在六国间开展全面的最惠国待遇也是困难的。

---

　　① 　加藤弘之强调,从多面性的侧面来看,经济发展水平的不同往往会成为相互依存的有利条件。从制度的观点来看区域整合的话,区域内的差距往往会成为区域整合的障碍,但如果从自然形成的不断深化的经济相互依存观点来看此区域的综合依存,那么经济差距不会成为相互交流的障碍。同时指出,经济体系的多样性和文化的多样性虽然是摩擦产生的原因,但也是创造价值的源泉。(加藤弘之:《シリーズ现代中国经济—地域の発展》,名古屋大学出版社 2003 年版)

一、各国国内的制约因素

（一）中国

第一，投资环境尤其是软环境有待进一步改善。

第二，粗放经营，经济效益低。延边的第二产业竞争力弱、规模小、集中度低，缺乏名牌产品和拳头产品，第三产业小型分散、层次低。

第三，缺乏经济建设人才。

第四，开放程度低。延边的对外贸易依存度（贸易额/GDP）低，2000 年仅为 19.7％，2007 年为 34％，2011 年则降低至 18.5％，远远不及全国的平均水平（2006 年的中国贸易依存度为 67％，2011 年为 50％）。

（二）朝鲜

1991 年罗津—先锋自由经济贸易区建成，实际启动是从 1994 年开始的，虽然有一定的成果，但外资规模小，开发进展缓慢。有以下理由：

第一，罗津—先锋自由贸易区进展非常缓慢。这是由于 1993 年 3 月朝鲜宣布退出《不扩散核武器条约》使得美朝对立；2001 年美国总统布什上台后，于 2002 年初将朝鲜与伊朗、伊拉克一起称为"邪恶轴心"；朝鲜的核危机再次爆发，朝鲜半岛陷入紧张状态。

第二，罗津—先锋地区处于朝鲜东海岸北部的边缘地区，远离本国的经济中心。其经济发展水平很低，2002 年 9 月 12 日朝鲜又通过了《新义州特别行政区基本法》，建立了总面积为 132 平方公里的朝鲜第二个经济特区。

第三，1990 年以来，由于苏联解体，东欧剧变，导致朝鲜陷入经济危机。直到 1998 年是负增长，平均经济增长率为－3.8％，大大超出一般的经济危机。加之公共开支巨大（占到 GDP 的 85％）。

第四，原油、煤炭等资源匮乏。2000 年朝鲜工厂的开工率不及生产能力的 30％。

（三）俄罗斯

第一，俄远东地区经济不景气，俄罗斯远东地区是远离本国经济中心的国境边缘地区，俄罗斯经济改革以来，俄远东地区经济持续下滑，到了 2001 年，其工业（俄远东地区）生产只达到 1991 年的 46％。

第二，俄远东地区人口在减少。1990 年该区的人口为 804.5 万人，到了

2011 年减少至 628.4 万人,11 年间减少 170 万人。①

第三,俄远东地区与中央的关系待理顺,今后远东地区的经济能否复苏,取决于中央与地方的管辖权限的分割;如何调整自治体间的利害关系(资金分配问题)是非常重要的。

(四)日本

日本经济面临的问题,可谓堆积如山。近中期难题主要有以下方面:(1)通缩问题;(2)工资长期低迷问题;(3)超低利率问题;(4)国际油价、资源波动对日本经济的影响;(5)美国金融危机对世界经济、日本经济的影响;(6)日元汇率变动问题;(7)经济社会差距扩大问题等等。

长期难题主要有以下几个方面:(1)财政结构改革与财政重建问题;(2)日本式雇佣、企业经营的走向;(3)养老金、医疗等社会保障体系改革问题;(4)如何推进 FTA/EPA 问题等等。

超长期的难题主要有以下几个方面:(1)少子化和超老龄化的问题;(2)如何应对全球气候变化问题;(3)如何推进东亚区域经济共同体;(4)在经济全球化的形势下,如何维持日本的竞争力与经济地位等等。下面仅就以上几个主要难题加以分析。

1. 国际油价、资源价格上涨及汇率对日本经济的影响

近年来国际油价呈加速上涨趋势,2001 年—2005 年国际石油价格每年上涨幅度分别为 25%、26%、31%、41% 和 56%,处于不断加大之中,五年油价累计上涨了 118%。而 2005 年年底以来上涨幅度进一步加速,从每桶 56 美元上涨至 2007 年底的 97 美元,2008 年 6 月中旬达到 147 美元高峰,此后,由于受美国金融危机影响,世界经济预期严重下挫,导致油价不断下跌,2008 年 11 月已跌破 60 美元大关。但从长期来看,油价上涨不可避免。油价上涨会造成企业生产成本上升,对日本经济将产生负面影响,但冲击不会太大。

2. 经济社会差距扩大问题

(1)不平等化的收入分配。在 20 世纪 60 年代至 80 年代中期,日本的再分配收入基尼系数远低于当时的主要发达国家,这表明日本当时已成为世界上国民收入分配最平均的国家之一。但是,经过 20 世纪 80 年代中后期的泡沫经济,社会公平与平等遭到破坏。日本社会的收入差距从 20 世纪 90 年代开始缓慢上升,近年来其两极分化呈现出较大幅度的提高。日本社会收入差

---

① 俄罗斯联邦统计局:http://www.gks.ru。

距扩大的原因主要有以下几点：第一，日本社会收入差距扩大是经济长期萧条的结果。泡沫经济崩溃后的长期零增长和负增长，一方面因劳动力需求减少而使失业率上升，结果导致国民生活水平的总体下降。第二，日本社会人口老龄化导致了长期的收入差距扩大。1995 年日本 65 岁以上高龄者比例为14.5％，2009 年上升至 22.7％。① 鉴于高龄者中的相当一部分人退休后仅靠中等水平的退休金生活，可以说高龄者的收入与退休前相比急剧下降；

（2）区域差距的扩大。冲绳等 5～6 个县比全国平均低 25％～30％（收入差距），而东京都等 2 个县比全国平均高 30％～40％；

（3）产业差距。电气机械、矿山、精密机械与纤维、食品、建筑等产业间，大企业与中小企业间差距很大。

3. 极其严重的财政状况

近年来公共事业投资已经大大减少，甚至变为负增长，但由于国债累积数额巨大，已成为严重的财政负担。估计到 2008 年年末，中央政府和地方政府的长期债务余额达 778 万亿日元，与 GDP 之比超过 180％，远远超过了国际警戒线。

4. 少子化、老龄化问题

少子化和老龄化使纳税人减少。

二、收益存在较大差距

东北亚各国的合作属于区域合作。根据著名法国经济学家布代维尔（J. R. Boudeville）在 20 世纪 60 年代提出的划分方法，区域可以分为三个类型：匀质区、节点区、规划区。"匀质区为具有某些共同特点的多个不同空间单元组成的区域。这些共同特点既可是地理或自然资源禀赋等方面的，也可以是经济社会方面的。""节点区是在由功能上彼此紧密联系的异质单元组成的区域，其内部具有相互联系、等级分明、核心突出等特点。""规划区是为了以最经济的方式实现一定目标而设定的连续空间。"② 区域类型不同，区域内国家合作所付出的成本也就不一样。

就东北亚地区各国经济发展程度而言，该地区是一个典型的节点区而不是匀质区、规划区。这里既有经济发达的日本、比较发达的新兴工业化国家韩

---

① 根据总务省统计研修所：《日本の統計》，总务省统计局 2011 年版算出。

② 张可云：《区域经济政策：理论基础与欧盟国家实践》，中国轻工业出版社 2001 年版，第 11 页。

国,也有迅速发展中国家中国和俄罗斯,还有比较落后的朝鲜和蒙古。这样一来,由于国家间发展水平差距比较大,国家间的产品竞争力不一样,在相同条件下,比较发达的经济体和比较落后的经济体开展合作,相互的收益是不同的。发达经济体的收益要大于落后的经济体的收益,长期的收益差距会使得穷富之间的差距越来越大,而这种差距的积累最终会影响到落后的经济体的安全。为了避免出现这种情况,落后的经济体将与发达的经济体就合作展开一轮又一轮的讨价还价,这种讨价还价无疑会加重相互合作的成本,阻碍合作的顺利进程。

通过以上分析,我们可以看到成本收益对国家间开展合作产生的重要影响。由此对东北亚合作,中日韩三国与俄蒙朝三国比,推动东北亚合作方面更积极。

三、霸权问题(主导权问题)

霸权稳定论最早由美国经济学家金德尔伯格于 20 世纪 70 年代首创,由罗伯特·吉尔平加以完善。这一理论认为,国际主导权体系与国际秩序之间有着一种因果联系,一个强大并且具有主导权实力的行为体有利于国际体系的稳定和公益的实现;相反,在不存在主导权国的情况下,国际秩序将会是混乱无序的和不稳定的。[①]

按照这一理论,我们可以得出区域合作的顺利进行同样需要有一个主导权国来主导。那么什么样的国家算是主导权国? 东北亚地区是否存在一个这样的主导权国来保证东北亚区域合作的顺利进行呢? 根据主导权稳定论,一国是否具备主导权国资格,一方面体现为是否有能力协调各国关系,通过政治安排,制订合作的规则,另一方面体现为是否有政治、经济能力提供地区国际公共产品和抵御合作进程中的经济风险和政治障碍。因此,主导权国必须是一个地区公认的政治经济大国。

东北亚地区虽然大国云集,但却没有主导权或几个大国的核心联盟。日本尽管是一个经济大国,且在该地区的经济事物中发挥越来越大的核心作用,但由于其在外交上一直追随美国,缺失独立性,在历史观上存在错误倾向,对自己在二战中犯下的侵略罪行没有真诚的悔过与反省,因此缺乏领导东北亚合作的政治和道义权威。中国和俄罗斯虽然也是强大的行为体,但与日本、美国关系尚不稳定,难以形成经济合作所需要的稳定的政治框架。而大国间的

---

① 　倪世雄:《当代西方国际关系理论》,复旦大学出版社 2001 年版,第 295 页。

现实主义思维方式的竞争和猜疑,再加上各国历史、现实争端,使这一地区又缺乏集体合作的政治环境。所以说虽然这里的区域化程度在提高,但由于缺少主导权国有效供给国际公共产品,如安全、稳定的货币政策、贸易政策,因而进展缓慢。

四、安全困境与安全利益

国际政治经济学的核心问题是探讨国际关系中的政治与经济的互动机制。冷战结束后,世界从两极对抗中解脱出来,但国际关系的发展变化不断地超出我们的预料,新的国际安全问题再次凸显。综观东北亚区域的安全问题,冲突点很多,有领土领海争端问题、核问题、军事结盟问题、还有军备扩张等问题。这些政治安全性问题严重制约着东北亚地区经济领域合作的深入开展。正是由于这些安全性问题的存在,导致东北亚地区中日俄、中日、朝日、朝韩之间存在着难以摆脱的安全困境。

"安全困境"是西方国际关系理论用以揭示国际紧张、对立乃至冲突形成机理的一个基本概念,由美国著名国际关系理论学家约翰·赫兹和英国历史学家赫伯特·巴特菲尔德在 20 世纪 50 年代初提出。他认为,生活在一定地域的群体及个体一定会以及经常会担心自己的安全被对手攻击、剥夺、支配甚至消灭。为了从这些进攻中获得安全,他们被迫获得更强的实力以避免别人实力增长的影响。反过来,这又会使别人感到不安全,并驱使他们对最坏情况做准备。权力竞争随之发生,安全与权力积聚的怪圈就此产生。这样一种情况是源于无政府状态中不可避免的相互猜疑和恐惧,而他表征的安全困境包含着敌意和滋生紧张的逻辑必然性,并且在没有制约因素的情况下显然难免升级为对抗和冲突。[①] 在国际关系史上,安全困境是造成国际局势紧张和国家之间发生冲突的常见原因。

(一)安全困境的四个方面

冷战结束后,东北亚地区以其独有的安全特性成为世界上安全困境体现地最为明显的区域之一:朝鲜半岛局势的演变特别是朝鲜的核武器发展计划、中国的崛起、普遍存在于各国间的领土与领海争端、日本走向"正常国家"的努力及其对侵略历史的矢口否认,以及美国在韩国、日本的军事存在等等。这些

---

① John H. Herz, Idealist Internationalism and the Security Dilemma, in *World Politics*, Vol. 2, No. 2 (Jan. 1950), pp. 157~158.

安全形势的客观存在致使东北亚地区安全困境具有不可避免性和普遍性。

具体来说,东北亚地区的安全困境展现在四个方面:第一,美国在东北亚的军事存在及其对东北亚事务的重大影响力。自二战以来,美国以前沿驻军、同盟体系、经济扩展构筑了强大的势力范围。美国的东北亚战略对地区局势影响深远。朝鲜核问题、台湾问题、牢固的美日同盟体系对地区局势影响深远。朝鲜核问题、台湾问题、牢固的美日同盟体系成为东北亚地区局势变动最大的动因。第二,中日作为东北亚地区的主要大国,对东北亚的和平与安全负有重大的责任,但两国的历史积怨很深,其竞争也是全方位的。它包括了中日两国在政治安全上的结构性困境,"一山难容二虎"的潜规则如何才能平衡中日之间关于地区主导权国地位之争是较大难题。而历史认识问题,领土和能源争夺加剧了中日之间的竞争强度和烈度。第三,朝鲜半岛是东北亚地缘政治的支轴,朝鲜半岛问题涉及两个方面,一是朝韩关于统一问题及其主导权的争夺,它涉及外部力量及周边国家的严重关切;二是朝鲜半岛问题涉及冷战结束后地区政治及安全秩序安排问题,即和平问题。所以朝鲜半岛问题是东北亚乃至亚太地区和平与安全的重要问题。第四,朝鲜与日本的安全困境主要集中于朝鲜发展导弹、核武器、绑架日本人问题以及日本对待侵略历史问题。对朝鲜而言,在与美国、日本打交道的过程中,由于自身经济实力相对不足,为了避免陷入被动,常常在军事上采取主动,如研制开发核武器等。与此相对,美日一直把朝鲜的导弹试射作为它们加强军事同盟、修订防卫合作指针的直接借口,由此造成朝日之间的安全困境。

正是这种普遍的安全困境的存在,使东北亚地区的区域合作难以有很大的突破,合作程度远远落后于欧洲和北美的区域一体化。

(二)中国东北亚安全利益的结构层次

1. 东北亚地区安全环境困境

(1)利益的冲突。东北亚是中、美、日、俄四大国利益的交汇点,大国间战略利益的结构性冲突决定了他们在各自安全战略定位与选择上的冲突性。美国霸权在东北亚面临中国崛起及其维权意识增强的忧虑,美中之间遏制与反遏制矛盾加剧。同时东北亚国家间还存在着错综复杂的领土纠纷,如中日钓鱼岛之争、中韩苏岩礁之争、日韩竹岛(独岛)之争、日俄北方四岛之争以及中日韩之间在海洋国土划分上的矛盾和争端。

(2)制度的匮乏。在东北亚地区的历史发展中,从未形成过区域安全协调机制,从未建立过有效的多边政治组织、区域论坛和集体安全组织。东北亚地区缺少区域合作和地区安全的、有效的和常设性的制度性安排，分散的权力结构使既有的利益冲突难以得到有效协调和控制。

（3）信任的缺失。东北亚地区各国间长期受意识形态对立或历史恩怨的影响，彼此猜疑和恐惧，普遍将对方认定为潜在威胁。中美、中日、中韩、朝韩、日韩、日俄、美俄等多对双边关系中普遍缺乏战略互信，加剧了东北亚地区安全态势的对抗性和地区安全合作的滞后性。

东北亚安全困境导致了地区安全不确定性（甚至无法排除爆发大规模战争的可能性），使中国在东北亚地区处于不安全的环境中。中国的东北亚安全利益，正是生成于这样一种外部安全环境之中，并且只能在这样一种现实环境中加以维护。[①]

2. 结构层次分析

结构层次分为四个：一是核心层次，政治安全利益（包括：主权统一利益、领土完整利益、政治稳定利益）；二是次核心层次，军事安全利益（包括：防范军事威胁，保障国土安全；防止核扩散和军备竞赛，维护周边稳定）；三是半边缘层次，经济利益，包括：金融安全、能源安全、产业安全；四是边缘层次，生态安全利益（包括大气生态安全、海洋生态安全）。

（1）政治安全利益面临的现实威胁。[②]

首先，台独势力及其国际支持威胁着中国的主权统一。台湾岛内分裂势力以独立建国为最高纲领，拒绝和谈，阻挠统一，极力促使台湾与大陆朝向完全分裂的方向发展。岛内分裂势力和分裂运动，不仅有着本土认同发展所孕育的内部民粹支撑，还有着基于各自利益而产生的外部势力扶持，特别是在东北亚地区来自美国和日本的支持。台湾独立的危险，是中国政治安全利益面临的首要威胁。

其次，东北亚有关邻国同中国的海洋国土争端威胁着中国的领土完整。日本同中国在钓鱼岛群岛主权和东海划界问题上分歧严重；韩国同中国在黄海、东海大陆架划界和苏岩礁主权归属问题上争议深刻。2010 年 9 月使中日之间出现危机的钓鱼岛撞船事件的持续升级，即是这种利益矛盾的现实表象。海洋岛礁和海域划分问题上的矛盾，以及相关邻国在此种问题上的顽固立场，

---

① 黄凤志、金新：《中国东北亚利益的多维审视》，载《东北亚论坛》2011 年第 2 期，第 5 页。

② 黄凤志、金新：《中国东北亚利益的多维审视》，载《东北亚论坛》2011 年第 2 期，第 8 页。

对中国捍卫海洋国土完整构成不利之势。

(2)军事安全利益面临的现实威胁。

美国在东北亚的前沿军事部署及其主导的双边军事同盟体系对中国的国防安全构成威胁。近年来,随着其全球战略的调整,美国军事部署的重点开始向亚太地区转移,而亚太军事部署则主要集中在东北亚地区。美国将中国视为潜在安全威胁,明确提出要关注中国的军事现代化,并做好准备,以确保美国及其地区和全球盟友的利益不受到负面影响。美国在东北亚地区继续强化军事同盟,以美日、美韩安保条约为基础,维持遏制中国的军事链条。特别是美国在东北亚部署战区导弹防御系统(TMD),并将台湾纳入防御范围,对中国军事安全构成直接威胁。而作为美国军事同盟的日本,也在调整军事战略,不断增加军费,全面扩充军事实力,走向军事强国之路。2010年12月10日,日本防卫省公布了重新修订的新《防卫计划大纲》,提出构建"机动防卫能力"新概念,将"中国威胁"作为提升日本军事实力的借口,加速向具有进攻性的军事大国迈进。由于日本与中国在领土问题上存在严重分歧,日本的军事大国战略将对中国军事安全构成重要威胁。

(3)经济安全利益面临的现实威胁。

首先,中国金融安全面临东北亚地区金融环境的多维挑战。东北亚各国金融市场联系密切,一国局部市场的失衡极易扩散成区域性危机;同时,东北亚地区金融合作机制的不健全和金融风险防范机制的缺失,使本地区无法有效抵御全球性金融危机的冲击。此外,部分邻国的国内金融政策也会影响中国的金融安全。特别是日本,屡屡在其国内经济衰退之时采取放任日元贬值的政策将危机输出到邻国,给东北亚区域包括中国金融市场造成威胁。

其次,中国能源安全受制于人并面临地区性争夺的挑战。中国在能源关系非对称相互依赖中属敏感性较强的一方,易受能源供给风险的影响。油气资源的来源与运输遇到任何限制或冲击,都会使国内经济遭到打击。

最后,中国产业安全面临东北亚市场竞争的严峻挑战。中国外贸规模虽然扩大,但国际竞争力并没有相应增强。东北亚各国外贸依存度普遍较高,区域内市场竞争激烈,给中国产业造成较大竞争压力。特别是金融危机造成的货币贬值效应,随着危机后各国经济的恢复,也将对中国商品的价格竞争力带来挑战。

(4)生态安全利益面临的现实威胁。

首先,跨境的大气污染是中国在东北亚地区面临的紧迫的生态安全威胁。东北亚地区工业化国家,各国燃烧煤和石油等化石燃料的发电厂和工厂,向空气排放硫等大量污染物质，而大气运动使一国的空气污染物能够扩散到邻国，导致跨境空气污染。这些污染在东北亚地区造成了普遍的酸雨，对中国大气生态安全也构成了威胁。此外，沙尘暴是东北亚地区大气污染的又一代表性现象。蒙古高原甚至西伯利亚地区产生的黄沙，在气象动力的作用下，能够对中国北方的大气环境产生消极影响。

其次，地区性的海洋污染也是中国在东北亚地区面临的严重生态安全威胁。东北亚地区海域封闭性强，自我调节能力弱，本身就易受污染和破坏。

（三）中国东北亚安全战略

（1）政治外交战略：和平发展，睦邻友好。安全利益的维护与实现，需要良好的外部环境。和平稳定的地区环境和友好互信的周边关系，是中国东北亚安全利益的内在要求。面对紧张与稳定趋势并存的东北亚，中国应继续坚持"以邻为伴、与邻为善"的外交方针和"睦邻、安邻、富邻"的周边政策。

（2）军事安全战略：积极防御，稳定周边。在发展自身军事力量的同时，坚持防御、自卫和后发制人的原则，积极发展不结盟、不对抗、不针对第三方的军事合作关系。[1]

（3）经济发展战略：经济合作，共同繁荣。东北亚各国在经济上存在着错综复杂的相互依赖关系，地区经济的繁荣直接关联着中国经济的安全与发展。中国应继续实施经济上的全方位对外开放政策和适应国际竞争的对外贸易发展战略，积极参与和推动区域、次区域经济合作与区域一体化。区域经济合作还具有相应的政治效能，东北亚的许多政治对抗、领土争端和历史敌对，都可以通过让它们屈从于共同的经济事业而得到克服，或至少得到搁置。[2]

（4）生态保护战略：环境合作、协力保护。中国在东北亚地区维护生态安全利益，须加强同区域内各国在共同环境问题上的互助与合作，协力推进东北亚生态保护和区域性环境问题的解决。

（5）措施：①多边合作（罗伯特·吉欧汉的战略多边主义）；②地区整合（地区主义）。

---

① 李大光：《中国的东北亚安全政策》，载《中国科技公众网》http://arm.cpst.net.cn/gfjy/2009_09/253496934.html，2009 年 9 月 21 日。

② 徐文吉：《论中国的东北亚安全战略和建设性作用》，载《东北亚论坛》2000 年第 4 期，第 27 页。

五、政治争端

东北亚地区的政治格局是一个中美日俄主导的政治格局,这里有军事大国、经济大国、美日与美韩军事同盟、还有蒙古的多点外交、朝鲜的核游戏、韩国的东北亚均衡者设想等,提升本国的国际地位。东北亚尚未走出政治困境。大国的实力此消彼长,合作—冲突—合作、缓和—紧张—缓和,这就是东北亚国家间的关系的主线。东北亚共同目标是 FTA、政治、文化、统一货币与市场,其特征是缺乏政治互信、民族主义、美国因素。

六、区域合作的另一个障碍——中日韩民族主义

没有必要对东北亚区域合作持悲观态度。在东北亚国家的"自主"能力尚未完善特别是"美国因素"仍起主导作用的情况下,东北亚和平的"缺憾"恐将无法弥补,国家利益的追求总是要体现"理性优先"的原则。但是民族主义却从来也不会显示出畏缩与屈服,它总是"超前"行动,一有时机它强大的张力就会侵蚀东北亚区域合作的根基。

对中国来说,民族主义一直是一个敏感的问题。当代多民族国家无论其建国背景、发展现状如何,由于历史纠葛的延续加之主体民族或强势民族的事实存在,因而在多民族共存和相互之间利益整合的问题上,较之以往虽有突破但都尚未达到一个理想的"民族熔炉"的境界。多民族国家内一些民族的部分成员不满足于本民族作为该国构成民族之一,而要求民族单独建国,但国家的主权和统一又不是可以随便破坏的。于是便造成了"统一"与"分裂"的冲突。就这一点而言,以维护中华民族整体利益为内核的国家民族主义会得到"呼吁",从而强化"认同"、"忠诚"和"危机感",实现稳定与和谐。① 进入 21 世纪以来,中国民族主义思潮中"抗美"、"反日"以及"大国主义"等倾向虽然有很大的情绪化特征和"历史惯性"。但是"中国民族主义与其是说自生的,还不如说是外部束缚及环境压力反应的结果"。

当代韩国民族主义即包含着对民族历史、国家现状的审视和关注,同时也体现了在应对地缘环境挑战民族文化以及民族心理的变化和诉求。对韩国来说,周边大国的"善意"不值得期待,"民族危机"被赋予了新的内涵,民族主义

---

① 赵立新:《东北亚区域合作的深层次障碍——中韩日民主主义诉求及其影响》,载《东北亚论坛》2011 年第 3 期,第 3 页。

也有了新的目标所指,原本牢固的韩美同盟经受了一次韩国民族主义的洗礼。[①] 然而,无论是朝鲜还是韩国由于其相对的弱势都不得不依靠一个外来的强权来强化其安全防务,然而这只是陡增了对于外来势力的怨愤而已……如果东北亚区域合作对半岛统一大业没有任何推动,如果在东北亚区域合作中韩国仍然被当作"小角色",那么谁能来保证卢武铉时期民族主义的一幕不会重演呢?

完全用批评的眼光来审视日本民族主义的应有诉求,那只能增加相互沟通的障碍。在日本民族主义者看来,是美国主导的战后体制使日本成为一个不正常的国家——和平宪法的约束,再加上不完全自主的外交。日本虽然接受美国的安全庇护,得以专力发展经济,但要求改变日美不平等关系的愿望也日益强烈。冷战结束后,日本民族主义逐渐抬头,其核心纲领之一就是使日本成为"普通国家"。日本民族主义这一目标在国内有着深厚的认同基础,国际形势的变化也为其提供了空间。东亚民族主义对东北亚区域合作的影响:(1)对区域合作的区域意识形成障碍;(2)在价值理念上形成区域统一价值观的障碍;(3)对区域一体化、地区主义形成障碍;(4)对区域政治民主化形成障碍;(5)反抗与暗示(矛头指向美国)。东亚民族主义的激烈交锋使得彼此的"威胁"和"伤害"也在不断增大,民族主义诉求与东北亚区域合作目标——确保朝鲜半岛和平、确保台湾海峡和平……真是成了一幅极不和谐的图画。

从历史的角度看,民族主义的淡化和消融,最终离不开民族平等、互信基础上的民族文化交流、民族文化的认同及整合,尽管这将是一个伴随经济一体化、政治民主化的极其漫长而又痛苦的过程。摆脱"大东亚共荣圈"的梦魇,渐次确立建设"新东亚"的理念,将是东方民族、东方文明改变"从属"地位,掌握生存主动权和实现勃兴的伟大开端。

七、其他障碍

(一)中蒙合作面临的挑战

1. 妨碍合作的因素
(1)蒙古国国民的本民族文化心理认同感强烈,担忧被异质文化所同化;(2)蒙古国政府将保护传统文化提升到保护国家安全独立的层面,试图通过对

---

① 美国国防大学战略研究所:《韩国崛起的民族主义能否瓦解美韩同盟》,于景浩译,载《世界报》2007 年 11 月 27 日。

本民族文化的认同,实现其对独立、自主的诉求;(3)对于中华民族文化的狭隘认识,对于蒙古民族历史的片面解读,导致了蒙古国的地方根源意识格外强烈;(4)全球化进一步激活了蒙古国强烈的保护自身文化的意识。

2. 提升合作的思考

(1)确立多元文化观;(2)构建和推广涵盖少数民族文化的多元一体化的中华民族文化概念和形态,加强中华文化的多样性和多重性内涵的对外宣传工作;(3)发挥文化认同的积极作用,为中蒙两国关系的健康发展提供有力的保障;(4)加强中蒙双方的共享文化建设;(5)坚持"和而不同"理念及"外来文化本土化"原则,平等对话,共建和谐的合作环境。

(二)日印强化战略合作的深层影响

1. 强化战略合作

近年来日印双方强化各个层面战略合作的重要举措主要体现在以下几个方面:(1)全力强化民用核能领域的互动与合作;(2)适时创设外交与防务层面的战略对话机制;(3)全面推进能源安全领域的协作;(4)大力推进经贸合作全面走向深入;(5)积极拓展军事安全与情报合作;(6)着力构建海洋同盟。

2. 战略合作的影响

(1)通过海疆争端问题上相互声援加大中国维护国家主权与领土完整的难度;(2)使中国在东西两个方向的压力增大;(3)威胁中国海上通道与能源安全。

近年来,日本热衷于向印度洋派兵,力求实现日印海上安全合作关系的机制化,意图在于通过强力聚焦印度洋地区海上安全合作,强化日本在印度洋的前沿军事存在与战斗影响力,进一步推动两国的全面战略协同,以确保海上通道安全,也有利于获得对中国的某种战略牵制。

(三)印韩关系的发展及其影响力

1. 印韩关系的发展

两国政治关系由冷战时期的相互淡漠转为冷战后的迅速靠拢。(1)进入21世纪以来,两国政治关系急剧升温;(2)进入21世纪以来,随着两国政治关系的急剧升温,军事安全关系开始不断拉近;(3)两国经贸关系由冷战时期的有所接触转为冷战后全面深入而成功的经贸往来。

2. 快速发展的原因

(1)两国间认知发生转变,由相互猜疑转为相互需求;(2)两国亚洲战略有着共同目标和共同利益；(3)亚洲其他力量中心的亚洲战略和亚洲局势的变化推动了两国的关系迅速发展；(4)印韩关系的发展中有着浓厚的中国情结，但中国因素并非两国关系迅速发展的最主要原因。国外不少人士强调，中国的崛起、中国与南亚的巴基斯坦和东北亚的朝鲜的友好关系是新世纪印韩关系发展的最主要动力。2010年10月14日中国韩国学第十一届国际会议上韩国著名智库统一研究院的崔春钦先生也声称，印韩关系的发展不是为了牵制中国，而是为了经济发展；韩国不是日本和美国，作为一个小国，韩国没有针对中国的战略意图；中国不是印韩关系发展的主要原因。①

3. 韩印关系快速发展的影响

(1)从韩印两国的国家利益来看，双边关系发展的影响是积极的、有利的。(2)从亚太的政治和安全格局来说，意味着亚太力量已经并将继续发生对中国不利的影响。在政治安全上，亚太两大阵营，一方是印、韩、美、日、澳，另一方是中、朝、巴(巴基斯坦)。巴、朝是中国全天候朋友，但可能同时成为中国的负担。在韩国人来看，中国是大哥，韩国是小弟。(3)从东亚与东北亚共同体构建来看，印韩关系的迅速发展意味着南亚与东亚前所未有地联合了起来，使中国主张的以东盟"10＋3"为基础的东亚经济共同体的建成增加了变数。

总之，印韩关系的发展及其对亚太局势的影响表明，中国在亚洲的根基仍然不稳。考虑到中国在亚洲正面临着越来越多棘手的问题，考虑到中国在亚洲外交所取得的成就与中国的大国地位并不相称(亚洲国家并没有感觉到中国对它们有足够的关注和帮助)，中国要崛起，要成为国际秩序构架的亚洲支柱，中国外交就不能再舍近求远，必须把全球战略重点放在亚洲。而且，中国需要重新思考亚洲国际秩序的构建，根据形势的变化，及时调整亚洲的战略部署，真正实现中国周边外交的睦邻、安邻和富邻的政策目标。

---

① 2010年10月13—14日在威海召开的中国韩国学第十一届国际大会上，韩国统一研究院的崔春钦等韩国学者和中国部分学者均强调韩国与印度的关系主要是为了发展经济，没有针对中国的战略意图。

第三章

东北亚各国的经贸合作

目前,东北亚各国尚未就在区域合作内实现贸易自由化、投资自由化达成协议。区域内合作形式多属于双边经济合作。近年来,日本对东北亚区域投资迅速增加,但是其规模与日本作为资本大国的地位及东北亚区域对投资的需求量相去甚远。韩国对东北亚区域合作一直持很高的热情,但其对东北亚地区的投资占其对外投资总额的比例也不很高。其余各国合作热情也很高,而且也出台了相应的支持政策,但是相互投资额比较小。东北亚区域内经济合作分布也不均衡,中国成为东北亚各国经济合作的理想对象,日韩对东北亚投资大部分集中于中国,而对俄、朝、蒙等国的投资相对少得多。

第一节　区域内各国的经贸合作政策

一、中国的经贸政策

(一)中国区域经济合作政策

1991 年中国加入亚太经合组织之后,中国区域合作政策一直是开放的地区主义加上重视制度性的贸易安排,中国开展双边合作效果明显;日本成为中国的第二大贸易伙伴,中国也是朝鲜重要的投资国;韩国成为中国的第三大贸易伙伴,中国也成为韩国的第一大贸易伙伴,中国成为韩国对外投资的第一大对象国。

2004 年 1 月 1 日,中国内地—香港更紧密经贸关系、中国内地—澳门更紧密经贸关系正式运转。除此之外,中国与海湾国家、中国与智利、中国与南共体(SACU)正在就建立自由贸易区分别进行谈判。还有一些自由贸易安排正处于研究阶段。自 2001 年以来,受中国、日本、韩国三国中央政府的指派,中国国务院发展研究中心(DRC)、日本综合研究所(NIRA)、韩国对外经济政策研究院(KIEP)分别代表三国政府,就加强三国经济与贸易合作进行联合研究,其政策建议分别提交各自中央政府。这一机制有力地推动了三国间贸易与投资的合作。

上海合作组织的成员同意将该组织的范围从政治与安全领域扩大到经济合作领域,使中国与俄罗斯及中亚四国在此基础上可能形成一个非正式开放的区域经济合作组织。在中国与东盟领导人的共同努力下,中国与东盟已经于 2003 年达成了关于自由贸易区的框架协议,2004 年结束了关于建立自由贸易区的货物谈判,为建立中国—东盟自由贸易区奠定基础(已于 2002 年 11 月签署 CAFTA,2010 年 1 月 1 日自贸区正式启动)。

中国制度性区域合作的重大举措不断出台,这表明尽管中国仍然重视亚太经合组织这一开放的区域合作机制,但其区域合作政策重点明显转向了制度性的区域合作机制。

(二)中国对外贸易政策

改革开放 30 年中国进出口额从 1978 年的 206.4 亿美元增长到 2010 年的 29729 亿美元,增长 144 倍。中国在世界贸易中的排名从 1978 年的第 32 位上升到 2010 年的第二位,占世界贸易总额的 10% 以上。外贸依存度由 1978 年的 9.8% 上升到 2010 年的 52%,外贸发挥越来越重要的作用。

(1)对外贸易高速增长:外贸额 30 年增长 144 倍,2011 年末国家外汇储备近 32000 亿美元,位居世界第一。

(2)进出口商品结构不断改善:以食品、农副产品及原油等为主的初级产品出口大幅度下降,占出口总额比重由 1978 年的 53.5% 下降到 2008 年的 5.4%,工业制成品的比重则迅速提高,由 1978 年的 46.5% 上升到 2008 年的 94.9%,而且这个比重在年年上升。

(3)灵活多样的贸易方式:改革开放之初,中国对外贸易方式比较单一,1980 年一般贸易占中国贸易总额的 94.3%,来料加工贸易只占 4.4%。以"两头在外,进出结合"为特点的贸易得到快速发展,成为推动中国工业成品出口增长和中国对外贸易总体增长的重要因素。2010 年中国加工贸易额达 1.15 万亿美元,占中国贸易总额的 38.5%。其中加工贸易进口总额 4110 千亿美元,占进口总额的 29.6%;加工贸易出口总额为 7400 亿美元,占出口总额的 46.8%。成为主要的外贸方式。目前中国已形成了一般贸易、来料加工装配贸易、进料加工贸易、补偿贸易、边境小额贸易竞相发展,共同推动对外贸易不断扩大的局面。

(4)新型外贸体制初步形成:自 1993 年开始,中国进入外贸体制改革的深化阶段。这一时期改革的总体目标是:统一政策,放开经营,平等竞争,自负盈亏,工贸结合,推行代理制,建立适应国际经济通行规则的运行机制。1994 年 5 月 12 日《中华人民共和国对外贸易法》颁布实施,标志着中国外贸体制开始步入法制化轨道。1997 年 3 月 25 日颁布并实施了《反倾销和反补贴法》,2000 年修正了《中华人民共和国海关法》,2003 年制定了《中华人民共和国海关关衔条例》,2004 年重新对《中华人民共和国对外贸易法》进行了修订,符合国际贸易规范的外贸体制已初步形成。

(三)引进和利用外资政策

积极吸收和利用政策,是中国外经政策的重要组成部分。1992 年至今,则以吸引外商直接投资为主,对外借款继续大规模增加,并探索在境外发行股票、债券等利用外资的新形式。与此同时,中国制定了吸引外商投资的法规、政策,不断改善投资环境,使中国成为世界最具吸引力的投资热点地区,外商投资保持调整发展的势态,在数量、质量和规模上都取得了空前的发展。

1. 外商直接投资持续增长

从 1993 年开始,中国已连续 12 年成为吸收外资最多的发展中国家,在全世界仅次于美国,位居第二。1997 年流入中国的外商直接投资达 450 亿美元,占流入亚洲总额的一半以上,占世界总数的 11%。2008 年中国外商直接投资达 924 亿美元,比 1997 年增加一倍还多。除了投资数额继续增加外,其主要有以下几个特点:

(1)西部地区成为利用外资的重要地区。

(2)外资更多的参与国有企业的改组改造。

(3)第三产业成为外资投入的重点领域。

2. 投资来源、地区和领域日益扩大

到 2004 年为止,中国实际吸收境外投资的国家(地区)已达 150 多个,投资主体形成多元化格局。从外资来源看,首先是港、澳、台地区,其次是美、日、欧和东南亚各国。至 2010 年,世界著名的 500 家大型跨国公司已有 470 家在华投资，2010 年引进外资同比增长 17.4％，为 1057 亿美元，创历史新高。①

投资领域业已覆盖了农业、工业、交通、邮电、商业、零售业、饮食娱乐业、金融保险业等。航空、航运代理、商业、保险、会计师事务所、国际旅行社等第三产业开始成外商投资的试点。投资的产业结构不断改善，开始向技术密集型、资金密集型的工业项目、基础设施项目、第三产业项目转移。

3. 外商投资企业已成为中国重要的经济力量

1998 年，外商投资企业产值约占中国 GDP 的 12％；外商投资企业进口额为 767 亿美元，占进口总额的 54.7％；外商投资企业的出口额为 809.6 亿美元，占出口总额的 44％；外商投资企业进出口额占全部进出口总额的比重达到 48.7％；涉外税收占全国工商税收的 12％以上。② 这种趋势十年来不断深化，2009 年涉外税收占全国工商税收的 21.6％。③

4. 对外借款迅速发展

中国借用外资，包括国际金融机构贷款、外国政府贷款和商业贷款。中国借用国外贷款，由少到多，逐步发展。至 2010 年 3 月日本政府提供贷款累计 3.3 万亿日元④，占中国借用外国的贷款总额的 2/3，但后来自美国的基金明显增加。港澳仍是中国获得海外信贷资金的主要地区。1992 年以来，中国已连续十几年成为世界银行最大的借款国，也是贷款使用最好，还贷及时、资信良好的借款国。中国还是亚洲开发银行和日本海外协力基金的最大借款国。

5. 国际证券投资迅速发展

在国际资本市场上发行各种有价证券筹集国外的资金，是中国顺应国际金融市场一体化、证券化及国际资本市场筹集债券化趋势而开辟的新趋道。发行境外债券有了长足发展，由最初的 1 亿～2 亿美元，增长到 1993 底的 78.6 亿美元。增长了几十倍。债务的种类扩大到欧洲债券，币种也扩大到美元、德国马克、港元等，还发生了双重货币债券。

---

① 《中国の外资导入は最多　世界企业 500 强も多数进出》，"人民网"日本语版，2011 年 1 月 19 日。

② 陈建、岩田胜雄主编：《全球化与中国的经济政策》，中国人民大学出版社 2006 年版，第 107～108 页。

③ 数据来自中国经济网：http://www.ce.cn。

④ 《中国の概要と开发课题》，日本外务省：http://www.mofa.go.jp/mofaj/gaiko/oda/shiryo/kuni/10_databook/pdfs/01－04.pdf。

（四）对外开放战略与格局

1979 年以来，中国政府采取了有层次、有重点、分步骤、分阶段的地区开放战略，对外开放地区由经济特区、沿海城市和沿海地区向沿边，沿江和内陆纵深地区大步推进，已基本形成一个多层次、全方位的对外开放新格局。

1. 经济特区的建立和发展

举办经济特区，是为了发挥其"四个窗口"（技术窗口、知识窗口、管理窗口和对外开放窗口）和"两个扇面"（对内和对外）辐射的枢纽作用，通过"内引外联"，带动腹地和沿海其他地区外向型经济的发展。其主要任务是：凭借邻近港、澳的地理优势，运用特殊的优惠政策，更好和更快地吸引利用外资，引用先进技术，发展对外贸易，加速经济发展。

2. 沿海开放城市和开放地带

1984 年 4 月，中国决定进一步开放天津、大连、秦皇岛、威海、烟台、青岛、连云港、南通、上海、宁波、福州、广州、湛江、北海（包括防城港地区）14 个沿海港口城市，同时在这些城市兴办经济技术开发区。1985 年 2 月，又决定将长江三角洲、珠江三角洲、闽南厦漳泉三角地区，以及胶东半岛、辽东半岛、环渤海地区的部分县市开辟为沿海经济开发区。这样就在中国东部沿海地区形成了一个南北连线连面，拥有 5 个经济特区，14 个沿海开放城市和经济技术开发区，6 个经济开发区的开放地带。

3. 沿边地区的对外开放

继沿海地区对外开放后，中国广大沿边地区的对外开放也势在必行。1992 年 3 月，中国政府先后开放黑河市、伊宁市、瑞丽市等 13 个内陆沿边市、镇，使沿边地区的对外开放进入一个新阶段。

4. 内陆地区的对外开放

地处经济腹地的中国内陆地区对外经济也有较大发展，1992 年 3 月，国务院决定进一步开放重庆、武汉、芜湖等 5 个长江沿岸城市和哈尔滨、呼和浩特、成都等 18 个省会城市。目前，中国开放地带的总面积达 50 多万平方公里，包括沿海、沿边以及内陆地区的 339 个县市，人口超 3 亿，这些地区已经成为中国经济发展最快的地区之一。

（五）加入 WTO 以来对外经济政策的新发展

1. 加强与主要国际组织（IMF、GATT、ADB）的合作关系（ADB：亚洲开发银行，GATT：关贸总协定）

2. 积极参与区域经济合作

中国正谋求加入更多的经济一体化组织，其中以中国—东盟自由贸易区、中国—香港自由贸易区、海峡两岸经济合作框架协议（英文为 Economic Cooperation Framework Agreement，简称 ECFA）最为引人注目。

3. 扩大与主要经济大国的合作关系

（1）中美经贸合作关系。

2010 年中美双边贸易总额达 3853.9 亿美元，比 2005 年增长 82.2%，其中中国对美出口为 2832.9 美元，比 2005 年增长 73.8%，占当年中国出口总额的 18%[1]，美国保持中国第一大出口市场的地位。与此同时，美国对华直接投资也迅速增长，2005 年美国在华新设立企业达 3740 家，实际投资 30.6 亿美元。到了 2011 年美国在华新设企业减少至 1497 家，实际投资额为 29.95 亿美元。[2] 可以看出投资件数虽然减少但每件投资额明显上升。两国经贸有很强的互补性，两国经贸和技术合作关系必将长期保持，这对双方均是双赢。2000 年 9 月美国国会两院给中国永久性正常贸易伙伴关系（PNTR），2011 年中国加入世贸，这些都将会促进双边经贸关系发展，与此同时双边贸易摩擦也不可避免。

（2）中日经贸合作关系。

中日两国既是近邻，又是重要的贸易与经济合作伙伴。经贸关系对中日两国关系的健康发展起着基础性作用。到 2003 年为止，日本已向中国提供的政府贷款累计金额达到 30741.8 亿日元，是向中国提供政府贷款最多的国家。日元贷款实施以来，在中国的能源、资源开发等基础产业，交通、通讯等经济基础设施建设，以及农林、城建、环保等方面发挥了积极作用，并成功地建设了众多大型项目。如京秦铁路、中日友好医院、北京图书馆、南昆铁路、上海浦东机场、内陆地区光缆建设项目等。

2005 年，中国保持日本第二大出口市场和第一大进口来源地位，日中贸易额超过日美贸易额。中国成为日本最大的贸易伙伴。2005 年日对华直接

---

① 以上数据来源于《中国统计年鉴 2006》、《中国统计年鉴 2011》。

② 数据来源于商务部网站：http://www.mofcom.gov.cn。

投资为 65.7 亿美元,占日本海外投资的 14.4%。形成了"你中有我、我中有你"的局面。对于日美欧为主的先进国而言,中国贸易伙伴的地位不断上升,2002 年以后中国已替代美国成为日本的第一大进口国,2009 年日本对中国出口也超过了美国达到 1223 亿美元占日本进口总额的 22.3%。

(3)与欧盟的经贸合作关系。

欧盟成员中,德国、法国、意大利、英国等是中国主要贸易伙伴。近年来,欧盟十分重视发展与亚洲各国特别是中国的经贸关系。2011 年 1—11 月,中国欧盟进出口总额 3934 亿欧元,同比(下同)增长 8.8%,低于同期欧进出口总额 13.5% 的增速,在欧进出口总额中占 13.4%,中国继续保持欧第二大贸易伙伴地位,美国仍是欧第一大贸易伙伴,中国欧盟贸易额与欧美贸易额相差135 亿欧元。其中,欧向中国出口 1240 亿欧元,增长 21%,高于同期欧总出口14% 的增速,在欧总出口中占 8.9%,中国仍是欧盟第二大出口市场;欧盟自中国进口 2694 亿欧元,增长 4%,低于同期欧盟总进口 13% 的增速,在欧盟总进口中占 17.4%[①],中国继续保持欧第一大进口来源地地位。

4. 建立新的对外经济政策法规体系

(1)必须学会遵守国际规则。

(2)进一步开放国内市场。

(3)进一步扩大外资流入。

5. 贸易发展战略逐步实行从"量"到"质"的转变

(1)外贸发展目标是从"贸易大国"转变为"贸易强国"。从 2005 年中国进出口总额及出口总额为世界第三位,进口总额名列世界第四位,成为"贸易大国"。但是,存在如下问题:①服务贸易的比重较低,仅占全部贸易的 10%[②],而日本和欧美发达国家的比重约为 50%;②低附加价值产品比重大;③加工贸易(从海外进口原料和零部件,加工后向海外出口的贸易类型)的比重超过一半以上;④高科技制成品较少。作为今后的发展方向,应该是从单纯经营出口的贸易体制向"第三国贸易"的贸易体制过渡。

(2)发展路径首先应推行贸易体制改革。具体有:①出口商品结构的高级化改革;②经济体制改革;③以透明、公开、合理为原则的关税制度改革;④汇率制度改革。

---

① 商务部网站:http://www.mofcom.gov.cn/aarticle/tongjiziliao/fuwzn/feihuiyuan/201202/20120207970349.html.

② 这个比重到目前为止没有太大的变化。

6. 为国际市场经济一体化制造良好的政策环境

(1)出口商品结构的调整,扩大高附加值产品出口。

(2)出口目的地的分散化。

(3)行业组织发挥协调作用。

(4)构建贸易争端预警系统。

(5)产业结构调整和内需的扩大。

二、日本的经贸政策

(一)区域合作政策

进入新世纪以来,随着东亚区域经济合作的加快,日本的东亚区域合作政策也进行了调整。日本的东亚区域合作政策,一方面是官方已经出台的区域合作政策,主要是 2002 年外务省的《日本的自由贸易区战略》;另一方面是日本拟定的关于东亚共同体的政策报告。该报告强调要在已经签署的日本—新加坡协定基础上,以韩国和东盟为主轴,在东亚推动双边自由贸易协定,并以此促成东亚自由贸易区的建立。报告还提到日本应当认识到东盟在东亚经济一体化中起到的作用。在自由贸易区模式的选择上,报告强调使用覆盖面更广泛的经济伙伴关系协定模式,而不是单纯的自由贸易协定模式。其样板是《新时代日本与新加坡经济合作伙伴关系协定》。但报告也承认,建立"中日韩自由贸易区"是一个最终目标,应先易后难。

2002 年 7 月,日本经济产业省发表了题为《东亚的发展和日本的前进方向》的通商白皮书,首次提出日本经济今后的发展目标是建立一体化的东亚经济圈。表明日本要利用地理相近的优势,强化东亚地区的合作。

(二)外贸政策(包括外贸、对外投资、政府开发援助等)

1. 外贸数据

二战后,日本外贸大致经历了五个时期:

(1)贸易管制时期(20 世纪 40 年代中后期)。1945 年 12 月日本成立了商工省贸易厅,对外贸实行严格的管制政策。1945 年外贸额为 3.1 亿美元(其中进口为 2.2 亿美元,出口为 0.9 亿美元)。1950 年外贸额增到 17.9 亿美元(其中出口为 8.2 亿美元,进口为 9.7 亿美元)。

表 3-1 日本对外贸易变化

单位:亿美元

年份	出口	进口	贸易总额	贸易收支
1985	1756	1295	3051	461
1990	2870	2348	5218	522
1991	3145	2367	5513	778
1992	3397	2330	5727	1067
1993	3609	2407	6016	1202
1994	3956	2747	6703	1209
1995	4429	3361	7790	1068
1996	4124	3507	7631	617
1997	4229	3404	7633	825
1998	3863	2793	6656	1070
1999	4174	3098	7272	1076
2000	4807	3811	8618	996
2001	4052	3511	7563	541
2002	4159	3368	7527	791
2003	4699	3815	8514	884
2004	5650	4547	10197	1103
2005	5982	5186	11168	796
2006	6473	5793	12266	680
2007	7127	6211	13338	916
2008	7759	7561	15320	198
2009	5808	5523	11331	285
2010	7670	6914	14584	756
2011	8208	8531	16739	-323

资料来源:日本贸易振兴会:http://www.jetro.go.jp/jpn/stats/trade。

（2）"奖出限入"时期（20 世纪 50 年代）确立"贸易之国"基本方针。1955
年日本外贸额为 44.8 亿美元，比 1950 年增长 1.5 倍，1960 年达到 185.5 亿
美元。

（3）贸易自由化时期（20 世纪 60 年代—70 年代中期）。1965 年进出口均
起过 80 亿美元，1970 年达到 382 亿美元（出口 193.2 亿美元，进口 188.8 亿
美元），日本成为世界第四大贸易国。1975 年外贸额超 1000 亿美元。

（4）有节制的扩大出口、鼓励进出口时期（20 世纪 70 年代中期—90 年代
初）。这时期外贸额规模急剧扩大。1980 年外贸额达 2703.4 亿美元，1990 年
增加到 5217 亿美元，占世界贸易额的 7％。

（5）致力于扩大内需时期（20 世纪 90 年代中期以后）。20 世纪 90 年代初
泡沫经济崩溃，经济萧条。1993 年外贸额超过 6000 亿美元，1994 年贸易顺差
创历史新高为 1280.6 亿美元。日元大幅升值，由于受 1997 年亚洲金融危机
的影响，1998 年出口下降 8.7％，进口下降 17.9％。2004 年外贸额首次突破
1 万亿美元，2011 年再创新高，达到 16 739 亿美元（参见表 3-1）。

2. 特点

近年来，在日本出口贸易的地区构成中，美国、欧盟所占比重呈下降趋势，
2007 年分别为 20.1％和 13.5％，比 2000 年分别下降了 9.6 和 2.8 个百分点。
相比之下，随着区域经济一体化的发展，东亚所占比重明显上升，2007 年为
46％（2011 年为 47％），比 2000 年提高了 6.3 个百分点。值得注意的是，20
世纪 80 年代，日本对东亚出口的增长主要是由于亚洲"四小龙"国家和地区经
济的迅速崛起，而 90 年代以后日本对东亚出口的增长越来越得益于中国经济
的发展。另外，中东、非洲、俄罗斯等地在日本出口所占比重也有所上升。

日本进口贸易的地区构成也与出口贸易的地区构成大致呈同样的变化趋
势，2011 年日本进出口总额为 16738.6 亿美元，美国所占比重为 11.9％，欧盟
为 10.5％，东亚①为 47.0％，中东所占比重为 11.1％，而中国在日本对外贸易
中所占比重为 20.6％。②

中日贸易在两国各自的对外贸易中都占有重要地位。2007 年，在日本对
外贸易中，对华贸易占 17.7％左右，贸易额达 2366 亿美元，中国是日本第一

---

　　①　这里的东亚是指亚洲四小龙，东盟四国（泰国、马来西亚、印度尼西亚、菲律宾），中
国。

　　②　日本贸易振兴机构：http://www.jetro.go.jp/world/japan/stats/trade/。

大贸易伙伴。① 在中国对外贸易中,对日贸易占 10.9%,日本是中国的第三大贸易伙伴,仅次于欧盟和美国。可见,双方在贸易领域的合作已取得互利共赢的效果,进一步加强中日贸易关系仍是今后各自经济发展的需要。中日贸易的一个突出特点是:对华直接投资带动了日本机械设备、原材料等产品的出口,同时也促进了对日"逆进口"的增加。关于中日贸易收支情况,按照中方统计,从 20 世纪 70 年代和 80 年代直到今天,中国对日贸易长期保持顺差状态。

(三)日本对外直接投资政策

1. 目的

(1)可在国外市场获得廉价劳动力和原材料,有时还可享受到政府的优惠政策,有利于降低企业生产成本,增强国际竞争力;(2)绕开关税壁垒,减少贸易摩擦,扩大出口;(3)积累国际市场营销经验,构筑广泛的营销网络,提高企业国际化水平;(4)带动本国产业结构升级,促进国际分工的发展;(5)便于与当地的政府、经销商及消费者等建立密切联系,及时了解当地市场信息,改进产品,较快地适应市场环境;(6)在为东道国增加就业机会的同时,扩大自身的影响力。

1992 年度②,日本对外直接投资项目数减少到 3741 件,投资额减少到 341.4 亿美元,与 1989 年度相比,降幅 40%。此后日本对外直接投资进入结构调整期,在日本对外直接投资的行业构成中,投资规模波动起伏,除个别年度外基本徘徊在 350 亿到 1100 亿美元之间。

2. 结构

在日本对外直接投资的行业构成中,非制造业占绝对优势,在对非制造业的海外投资中,金融、保险业所占比重最高,并呈明显的上升趋势,运输业、服务业和商业在整个对外投资中分别占有一定的比重。制造业在日本海外投资中所占比重总体呈上升趋势,尤其运输机械、化学行业分别占整个对外直接投资的 10% 左右,食品、钢铁与金属等行业也占一定比重。

3. 投资地区结构

日本从 20 世纪 70 年代后开始对发达国家商业金融业、机械制造业进行投资。20 世纪 80 年代中期以后,日本向东亚地区投资。20 世纪 90 年代以来,北美在日本对外直接投资中地位明显下降,欧亚地位有些提高。日本对外

---

① 中国商务部:http://www.morcom.gov.cn。

② 日本的财政年度是本年 4 月 1 日至次年 3 月 31 日。

直接投资的地区结构趋于多元化、均衡化(参见表 3-2)。

表 3-2　日本的对外直接投资额各洲构成比的变化(以国际收支为准,净值,流量)

单位:百万美元、%

年份 \ 各洲	北美	欧洲	大洋洲	中南美	亚洲	中东	非洲	合计
1984	3544	1937	157	2616	1628	273	326	10481
	33.8	18.5	1.5	25.0	15.5	2.6	3.1	100.0
1995	23218	8585	2816	2290	12360	154	380	49803
	46.6	17.2	5.7	4.6	24.8	0.3	0.8	100.0
2000	12483	24485	703	5282	6006	19	56	49034
	25.5	49.9	1.4	10.8	12.3	0.0	0.1	100.0
2004	4836	12963	1869	6371	9388	4	115	35546
	13.6	36.5	5.3	17.9	26.4	0.0	0.3	100.0
2011	15166	39841	8767	11287	39492	716	464	115733
	13.1	34.4	7.6	9.8	34.1	0.6	0.4	100.0

注:1984 年数据是以美元计价,1995 年以后的数据是根据日本银行公布的以日元为计价单位兑换美元汇率的期间平均值(按季度)。

资料来源:根据日本银行《国际收支统计》做表。

从 2010 年日本向各洲投资来看,亚洲同比增长 7.8% 为 221 亿美元,是唯一增加的洲,占日本对外投资总额的 38.7%,创历史新高。[①] 2011 年对亚洲投资额增加至 395 亿美元,可是它所占的份额却减少至 34.1%。这是因为 2010 年日本对外投资总额为 572 亿美元,而 2011 年则比前年增加 102.3% 达 1157 亿美元,日本对亚洲直接投资增长率低于日本对世界直接投资增长率的缘故。

4. 对华直接投资的变化

日本企业向亚洲的直接投资始于 1985 年广场协议之后。当时,日本企业的直接投资主要是向基础设施健全的 NIEs。但是由于成本上升,作为生产据

---

① 　日本贸易振兴机构:《ジェトロ世界贸易投资报告 2011 年版~国际ビジネスを復興の力~》,海外调查部 2011 年版,第 18 页。

点的 NIEs 的优势下降,日企的投资目标开始集中于东盟。之后进入 90 年代,中国成为东盟之后的日本对外直接投资的目的地,并不断增加。日企对亚洲的直接投资,从地域上看,按 NIEs→ASEAN→中国的顺序,构成了雁行模式。[①]

从对华投资的变化上看,1985—1987 年间日本对华投资主要集中在日语人才多,距离日本比较近的大连,行业集中在纤维、杂货、食品加工等轻工业上,之后逐渐减少。第二次投资热潮是以邓小平南方谈话为契机,日本开始掀起了以华南地区为中心的大规模投资热潮。由于中国的基础设施不断完善,日本的电气、电子、机械产业不断向中国转移生产据点。1997 年的亚洲金融危机转变了这种趋势,日本不但对东盟各国的投资受到重创,而且对华投资也开始缩小。但是,亚洲金融危机并没有太多的影响中国经济发展。此后,以全球性的 IT 热潮为背景,欧美、台湾的 IT 相关零部件产业进军中国大陆,由此形成了产业集群,IT 零部件和原材料的采购变得更加容易,这又激起配套产业的进一步投资中国,形成了良性循环,进入了第三次投资热潮(参见表 3-3、图 3-1)。

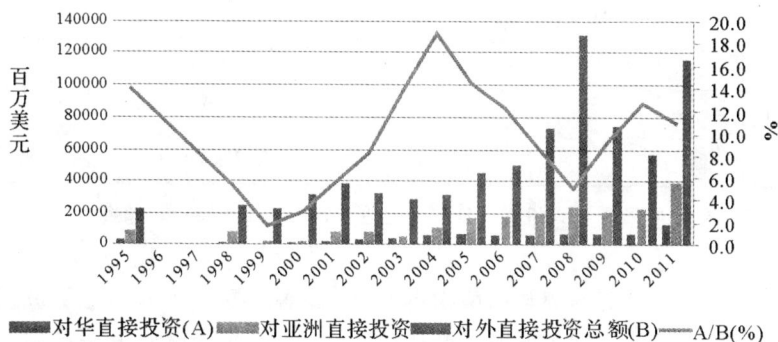

图 3-1　日本对外直接投资的变化

① "雁行发展模式"理论最初由日本著名经济学家赤松要 1935 年提出,他考察了羊毛工业品贸易的发展轨迹之后发现,工业后发国家首先出口初级产品进口工业品,之后出现工业产品的生产,然后出口工业品的三条时间序列曲线形成雁行而得名。赤松要:《我国羊毛工业品的贸易趋势》,载(日本)《商业经济论丛》第 13 卷,1935 年。

表3-3　日本对华直接投资的变化

单位:百万美元

年　份	对华直接投资(A)	对亚洲直接投资	对外直接投资总额(B)	A/B(%)
1995	3183	8447	22651	14.1
1998	1301	7814	24627	5.3
1999	360	1811	22266	1.6
2000	934	2132	31534	3.0
2001	2158	7797	38495	5.6
2002	2622	8177	32039	8.2
2003	3980	5028	28767	13.8
2004	5863	10531	30962	18.9
2005	6575	16188	45461	14.5
2006	6169	17167	50165	12.3
2007	6218	19388	73483	8.5
2008	6496	23348	130801	5.0
2009	6899	20636	74650	9.2
2010	7252	22131	57223	12.7
2011	12649	39492	115732	10.9

资料来源:日本贸易振兴机构:《日本の国地·域别对外直接》,2012年。

　　第三次对华投资热潮与前两次有所不同,本次投资目的是为了进入中国市场,设置销售网点,利用低成本及优秀的人才,因此开设研发据点的投资不断增加。投资区域从广东省为中心的华南地区,向上海为中心的长江三角洲、北京及天津为中心的环渤海区域拓展。

　　日本对华直接投资是中国经济建设的资金来源之一,其对优化贸易结构、引进先进技术、促进日本机械设备及零件的出口和对日"逆进口"均有很大影响。当然,许多日本企业对华直接投资中也获得了巨大利益。

(四)日本的国际收支

　　日本经常性收支出现顺差,有利于其增加外汇储备,提高对外支付能力,但同时也带来一些负面影响,如导致日元升值,影响对外出口;致使有关国家的国际收支发生逆差,加剧国际经贸摩擦;若长期出现大量顺差,意味着国内可供使用资源减少,不利于国内经济的健康发展。2011 年日本的经常项目顺差比 2009 年减少 30.5％,为 9.5507 万亿日元,其主要原因是:2011 年"3·11"大地震使出口减少,矿物性燃料进口大幅增加所引起的。这是日本 1963年以来首次出现贸易逆差,逆差额为 1.6165 万亿日元(参见表 3-4)。由于运

表 3-4　日本国际收支的变化

单位:亿日元

年	经常项目	贸易收支	服务收支	所得收支	经常转移	资本收支	投资收支	其他资本收支	外汇储备的增减	误差和遗漏
1985	119698	129517	−22781	16036	−3077	−130134	−129115	−1024	602	9823
1990	64736	100529	−61899	32874	−6768	−48679	−47149	−1532	13703	−29761
1995	103862	123445	−53898	41573	−7253	−62754	−60609	−2144	−54235	13127
2000	128755	123719	−49421	65052	−10596	−94233	−84287	−9947	−52609	18088
2003	157668	119768	−36215	82812	−8697	77341	82014	−4672	−215288	−19722
2005	182973	103348	−26418	114200	−8157	−140068	−134579	−5490	−24562	−18343
2007	249341	123223	−24971	164670	−13581	−225383	−220653	−4731	−42974	19016
2009	137356	40381	−19132	127742	−11635	−126447	−121794	−4653	−25265	14356
2011	95507	−16165	−17616	140384	−11096	62659	62377	202	−137897	−20269

资料:日本银行:http://www.mof.go.jp/international_policy/reference/balance_of_payments/bpnet.htm

输收支逆差的增加,使服务收支项目赤字扩大。相反,所得收支的顺差扩大了,这是因为直接投资、证券投资收益增加所引起的[①]。日本财务省 2012 年 7月 25 日公布的贸易统计速报(以通关为准)显示,2012 年上半年日本出口额减去进口额的贸易收支为逆差 2.9157 万亿日元(约合人民币 2380 亿元),创下 1979 年有统计数据以来的半年期逆差最高纪录。其主要原因在于火力发电所需的液化天然气(LNG)进口急剧增加等。日本半年期的贸易逆差已持续了 3 期,逆差额超过了第 2 次石油危机时 1980 年上半年的 2.6216 万亿日元。2011 年日本大地震后,由于核电站相继停止运转,液化天然气的进口额比上年同期大幅增长了 49.2％。进口总额增加了 7.4％,达 35.5113 万亿日

---

①　日本银行国际局:《2011 年的国际收支动向》,2012 年 4 月,第 2 页。

元。出口总额增长了 1.5％、为 32.5955 万亿日元①。受欧债危机影响，对欧盟(EU)等地的出口表现低迷，整体增幅较小。

(五)日本政府开发援助(ODA)

20 世纪 90 年代初以后，双边赠与开始超过政府贷款，呈递增趋势。2000年双边赠与额为 56.8 亿美元，政府贷款为 40.9 亿美元；到 2006 年无偿资金合作达 50.5 亿美元，在日本 ODA 中无偿资金合作和技术合作所占比重偏低状况已发生变化(参见表 3-5)。

表 3-5　日本 ODA 的形态构成

单位：百万美元

年度	双边赠与	无偿资金合作	技术合作	双边政府贷款	向国际机构出资等	ODA 合计	在 DAC 中所占比重(％)
1990	3019	1374	1645	3920	2282	9222	—
2000	5678	2100	3578	4090	3740	13508	25.2
2001	4742	1905	2837	2716	2389	9847	18.2
2002	4373	1716	2657	2320	2591	9283	15.9
2003	4443	1696	2747	1891	2545	8880	13.0
2004	7131	4324	2807	−1231	3005	8923	13.3
2005	9275	6525	2749	1210	2799	13283	12.3
2006	7734	5050	2684	−251	3878	11361	10.8

资料来源：[日]矢野恒太纪念会：《日本国势图会》，国势社 1995 年；《ODA 白皮书》各年版 DAC 即开发援助委员会(20 世纪 60 年代，由西方发达国家组成的国际性援助组织)。

1. 形态构成

ODA 需要满足三个条件：(1)是由政府或政府的实施机构向发展中国家或国际机构提供的资金；(2)以促进发展中国家的经济开发和提高福利水平为主要目的；(3)赠与成分在 25％以上。

到 1990 年，在日本 ODA 构成中，亚洲占 59.3％，中东占 10.2％，非洲占 11.4％，中南美占 8.1％大洋洲占 1.6％。

进入 21 世纪以来，亚洲地区经济不断发展，世界能源价格越来越不稳定，日本能源外交趋活跃，其对中东和非洲地区的援助明显增长，对亚洲地区的援

① 《日经中文网》http://cn.nikkei.com,2012 年 7 月 25 日。

助持续减少。2006 年,在日本 ODA 中,亚洲地区所占比重已降到 26.8％,非洲所占比重上升到 34.2％,中东所占比重为 14％。[1]

2. 日对华 ODA

日本对华 ODA 包括日元贷款、无偿资金、技术援助,除此之外,还有间接援助(通过日本国际协力银行提供的 220 亿美元无附加条件中期贷款、通过世界银行和亚洲开发银行等金融机构提供资金等。2003 年中国从日本第一大受资国降到第三位,于 2008 年终止)。截至 2005 年,日对华无偿资金额为 1471.1 亿日元;截至 2005 年,日对华技术援助为 1557.6 亿日元,包括进修人员、派遣专家、派遣青年海外协力队员、提供器材等。[2]

(六)日本与东亚区域经济合作

1. 概况

东亚区域经济合作真正起始于"清迈协议"。2000 年 5 月,在泰国清迈举行的"10＋3"财长会议上,各国达成协议,即"清迈协议"。该协议是在"10＋3"框架下,以双边货币互换协议为基础,通过双边谈判达成的地区性合作协议。2000 年 11 月,在新加坡召开的东盟首脑会议和"10＋3"首脑非正式会议上,各国就成立东亚自由贸易区达成共识,并委托工作小组具体协商组建等问题。1999 年 11 月,在马尼拉会议上,中日韩三国首脑同意就三边经济合作问题进行联合研究,各自指定中国国务院发展研究中心(DRC)、日本综合经济研究所(NIRA)、韩国国际经济政策研究所(KIEP)进行可行性研究,三国开始探索如何加强合作。自 2001 年起,三国领导人宣布定期召开经济部长会议,把合作机制制度化。2002 年 11 月,中国与东盟签署 FTA 框架协议,原计划在 2010 年建成中国—东盟自由贸易区。2005 年 12 月,韩国与东盟就建立自由贸易区问题基本达成协议。日本与东盟部分成员国的 FTA 已生效,与东盟整体的 FTA 已签署。

2. 特点

(1)"10＋3"是框架,"10＋1"是实体,中日韩分别与东盟签署 FTA。

(2)小经济体表现活跃,新加坡分别与日、韩等国家分地区签署 FTA。

(3)以经济为合作重点,以金融为先导。经济发达的日本与韩国、泰国、马来西亚三国的货币互换总额达到 135 亿美元。中国与泰国货币互换金额为

---

① ［日］外务省:《ODA 白皮书》各年版。

② 张季风主编:《日本经济概论》,中国社会科学出版社 2009 年版,第 400～401 页。

20 亿美元,到 2007 年 5 月,已签署 16 个双边货币互换协议,总金额增加到 800 亿美元。

(4)区域合作与区域外合作同时进行。例如,ASEAN 与中、ASEAN 与韩;新加坡与新西兰、澳大利亚;中国与智利、新西兰;日本与墨西哥;韩国与智利、美国;泰国与澳大利亚等国分别签署了双边 FTA。区域内与区域外正在酝酿的 FTA 还有许多。

3. 日本的 EPA 战略

日本缔结 FTA/EPA 的目的是完善和补充 WTO 多边贸易体制,发展对外经济关系,确保本国的经济利益,推动本国和缔约方的结构改革,形成有利于本国政治外交的国际环境。在缔结 FTA/EPA 问题上,日本是以东亚为中心,尤其是以东盟为基础,优先韩国和东盟主要成员。中国虽然是日本重要的贸易投资对象国,但日本在 2011 年前未将缔结中日 FTA 问题提上日程。日本在考虑与区域内构架和地区缔结 FTA/EPA 的同时,也将区域外的墨西哥、智利、澳大利亚、新西兰等国列入考虑范围。

2006 年 4 月,日本政府发表《经济全球化战略》,制订了今后 5 年的 EPA 行动计划,并提出东亚 EPA 构想,表明日本在双边自由贸易的基础上推进东亚经贸自由化的积极态度。

今后日本能否顺利进行和实现 EPA 战略和东亚 EPA 构想,还将面临如何改变政策,真正融入亚洲,处理与亚洲其他国家的关系等课题。

三、韩国区域经济合作政策

在对外经济合作中,具体表现为采取更为现实的双边贸易协定,以及通过构建东亚经济一体化或者东北亚经济一体化来实现自己的区域合作目标。在自由贸易战略方面,韩国采取了"同时多发性"的自由贸易区推进战略。即在签订自由贸易协定时追求包括商品、服务、投资、技术等在内的综合性自由贸易区,制定"签订自由贸易协定缔结审议程序",并制定和执行"贸易调整支援法",特别是在外交通商部设立"自由贸易协定部门",专门研究韩国的自由贸易战略。韩国 2003 年 2 月与智利正式签署自由贸易协定,与新加坡于 2005 年 8 月正式签署自由贸易协定,与欧盟于 2005 年 12 月签署自由贸易协定,与美国于 2010 年正式签署自由贸易协定。东盟是韩国第四大出口市场,于 2005 年 12 月签署了自由贸易区基本协定,已经达成了至少 80% 的自由化协议。

四、俄罗斯区域经济合作政策及远东发展战略

俄罗斯区域经济合作政策主要体现在"新东方政策"中关于经济合作的内容。普京任总统期间多次强调开发东部是其第二任期的优先任务。新东方政策的实质内容:一是加强经济外交,把发展经济关系置于优先地位;二是视东北亚地区为新东方政策的重点区域,将发展同东北亚的关系置于亚太外交的"更优先方面",以构筑东部周边的"睦邻地带"。经济重心的战略转移需要大力开发东部俄亚地区丰富的资源。这些都是俄罗斯加快实现其新东方政策的原因。

俄罗斯政府认为,实现东部开发的宏伟战略,必须积极与东北亚区域经济合作。东北亚各国间由于地缘相邻、生产结构和消费结构相似等特点,俄罗斯与东北亚国家有很强的互补性,与中、日、韩等国开展积极的双边互利合作,对俄东部地区的开发、推动东北亚区域经济合作具有很大的现实性。俄东部地区将成为俄罗斯与东北亚国家进行经济和政治合作的重要舞台,甚至成为牵动整个地区经济发展的火车头。

在本世纪之初,东北亚各国的双边关系有了实质性的发展。一方面原有的良好的双边关系得到了巩固和加强,如中俄的面向 21 世纪战略协作伙伴关系;俄与日韩的面向 21 世纪经济伙伴关系等。基于现实的考虑,俄罗斯处理与东北亚其他 5 国关系的战略是:与中国建立"战略协作伙伴关系";与日本建立"重要的合作伙伴关系";与韩国建立"互补和建设性伙伴关系";与朝鲜加强和完善传统的友好关系;与蒙古修复友好的传统关系。

俄加强与中国的经贸关系。2009 年 9 月 23 日中俄两国签订了"2009—2018 俄远东及东西伯利亚地区和中华人民共和国的合作计划"内容包括增加贸易量,开发连接国境口岸的交通基础设施等。合作领域有:交通设施、通讯设施、木材采伐与加工领域、农产品加工领域(增加农畜产量、建农产品加工出口基地)、建材生产领域(在远东建建材生产出口基地)、矿产能源开发领域(提供开发资金,建铜、铁、石油、锰、钛的采、炼、加工企业)。

在普京的倡议下,2000 年 9 月,由俄议会上院主席特罗耶夫亲自出马,召开国际会议,专门讨论发展西伯利亚和远东的经济问题。在会上提出了《俄罗斯 21 世纪亚太地区发展战略》。[①] 俄罗斯发展远东地区的经济,是为了稳定国家政局,维护国家统一,同时为了走向亚太。从俄罗斯远东的发展战略来看,该地区的发展只

---

① 成元龙:《俄远东开发战略和日中韩参与远东开发政策之比较研究》(韩国),载[韩]《比较经济研究》第 16 卷 2 期,第 159~160 页。

能靠自己与周边国家、首先与中国的经贸合作才能实现。2000 年 9 月 22 日普京肯定的主题研究报告——《21 世纪俄罗斯在亚太地区发展战略》正式制定。战略指出：除了继续重视欧洲外，要充分利用俄罗斯东部自然资源的优势，与亚太国家合作开发和利用资源，积极参与东北亚和亚太地区一体化，以解决开发与开放远东地区所需的劳动力、资金、技术设备等诸多问题。

以下为《远东发展战略 2013》预算，及其与《远东发展战略 2025》比较（详见表 3-6、表 3-7）。

表 3-6　《远东发展战略 2013》预算

（按 2008 年价格：百万卢布）

	全部	联邦	以联邦为主	地方政府	预算外
计划	33535	23311	5189	511	4523
追加	36153	23065	5348	506	7232
比计划（%）	107.8	98.9	103	99	159
实际投资	23170	15098	15098	371	3567.9
执行	19931	11216.9	11216.9	457	4128.6
执行率（%）	86	74.3	74.3	123	115.7

资料来源：http://www.assoc.fareast.ru/。

表 3-7　《俄远东发展战略 2013》和《远东发展战略 2025》比较

项目	2013 年的战略	2025 年的战略
内容	远东及外贝加尔地区社会经济发展的各种要求和措施	俄联邦政府的远东、外贝加尔地区长期发展方向
目标	为本地区经济发展，首先要搞基础设施建设，创造良好的投资环境	令远东和外贝加尔地区经济发展水平提高到俄平均水平，创造较舒适的居住环境
次序	对已有的交通设施及能源产业的扩充及现代化，与 2012 年 APEC 首脑会议有关的海参崴开发	为解决该地区影响经济发展的基础设施，在联邦及整个地区内的交通运输、能源、通讯、社会等基础设施的完善
资金	有关条件具备时，由联邦政府负担 75% 的财政预算	在没有详细的财政支出预算时，要特别强调国家、企业、社会（PPP）的综合的相互间的协作
今后计划	经修订后继续实施	实施计划确定之后，开始行动

资料来源：李载英、P. A. Minakir：《韩俄远东地区经济合作 20 年：新的规划与实现方案》，KIEP 研究报告书 10—16，2009 年，第 65 页。

五、朝鲜区域经济合作政策

(一)经济合作政策

朝鲜对外经济合作总的政策是在自立民族经济原则下,在传统的社会主义所有制的基础上,由国家统一控制。近年来,朝鲜与东北亚国家逐步开展对外经济合作。2002年9月朝鲜设立新义州特别行政区(以轻工业、加工工业为中心)。2000年首次朝韩首脑会议以来,朝韩经济合作发展由原来以民间为主导扩大到政府间的合作(2004年约为14亿美元,2010年几乎停止)。朝韩经济合作的典型代表就是开城工业园区和金刚山旅游观光区。其中开城工业园区是由韩国现代集团和朝鲜亚太和平委员会以及朝韩双方政府介入的一个工业园区,主要用于发展机械、电子、高科技产业。

朝鲜也在边境地区设立自由贸易区,推动对外经贸合作。1991年朝鲜以国务院决定的形式,宣布与中俄边境图们江接壤的罗津为"自由经济贸易区",把罗津港、先锋港和清津港称为"自由贸易港"。朝鲜将罗先自由贸易区面积定为746平方公里,先后制定颁布包括《外国人投资法》、《外国人企业法》、《合作法》、《海关法》、《土地法》、《外国投资银行法》、《自由经济贸易区外国人出入规定》等78部法律和规定。

为了吸引外资,对外实行减免所得税(在自贸区只按其他地区应纳税20%的1/2征收),朝鲜还对相应机构进行了调整,设立了非政府机构性质的"对外经济合作推进委员会",作为罗先地区开发的主体机构,对外经济合作推进委员会负责进行与开发计划有关的调整、宣传、招揽外国企业投资等活动。朝鲜还设立专门负责罗先自由经济贸易区的中央政府机构"经济开发总局"以及地方级机构"自由经济贸易区指导局",从而加强了对外自由经济贸易区的领导,便于外商投资的审批和管理。此外,还相应调整了产业政策,加强朝鲜罗先地区的基础设施,主要是电力、通讯、公路、中转运输(港口、铁路)。

(二)朝鲜对中国的贸易

1. 中朝贸易

中朝贸易特征:(1)朝对华出口以初级产品为主,其进口货物以能源、粮食、生产资料为主;(2)朝对华出口以边贸与保税贸易为主,对华进口以一般贸易与边贸为主;(3)对华贸易依存度趋加强;(4)朝鲜一直出现较大贸易赤字;

(5)朝对华贸易在质、量处于低水平。

2. 对华贸易赤字

朝对华贸易一直处于赤字状态,1991 年为 4.39 亿美元。2005 年为 5.81 亿美元。2007 年为 7.09 亿美元,呈上升趋势(参见表 3-8)。弥补赤字资金来源有:中对朝的无偿援助、政府贷款与对韩经济合作中挣到的外汇。如原油进口用贷款形式,一些进口货物用无偿援助形式,而不是直接用外汇来结算。2008 年以后这种形式没有改变。

表 3-8　朝鲜对华贸易赤字

单位:百万美元

年　份	原油进口	无偿援助	合　计	实际赤字额
2000	75.6	27.6	103.2	−310
2001	108.8	69.1	177.9	−226
2002	76.5	16	92.5	−104
2003	121	10.9	131.9	−100
2004	139.3	14.6	153.9	−60
2005	197.7	38.1	235.8	−351
2006	247	235.8		
2007	282			
2008	414.36			

资料来源:根据李英勋:2000 年以来中朝经济关系的特征和启发,载[韩国]《KDI 朝鲜经济评论》2006 年版韩国贸易协会资料作表。

表 3-8 中的赤字数据是扣除贷款与援助形式的款额之后的剩余款项,是朝鲜的实际对华贸易赤字。

(三)中国对朝鲜的投资

其特征:(1)对朝鲜投资由东北三省,东南沿海地区企业主导。如:杭州娃哈哈集团、山东招金集团、吉林省纺织进出口公司等;(2)投资多集中于资源开发,如通化钢铁集团延边天池工贸公司、中钢集团等三家企业投资 70 亿元人民币(50 亿元用于矿产开发、20 亿元用于联结茂山——通化的铁路及建设,从而通钢产量 2010 年达 1000 万吨)获得茂山铁矿的 50 年矿山开发权,对朝鲜两江道惠山铜矿开发投资也在进行中;北京综合化学贸易公司与朝鲜三面贸易公司签订元山渔场捕鱼五年合同,把相当于捕鱼额的 25％以电气制品等货物作为投资等等;(3)投资形势以补偿贸易、合作投资等形式为主。茂山铁矿开采权的取得以风险较低的补偿贸易形式进行的,这种形式是以产出周期短、相互信任为基础的;(4)开始注意对制造业的投资,如吉林延吉卷烟厂 2002 年投资 150 万美元,在罗先建了独资的烟草公司;天津地吉特尔自行车贸易公司中朝合资(朝方出资 49％,中方出资 51％)在平壤建了天津自行车合作公司,已于 2005 年 10 月 7 日投产(经营权为 20 年)等;(5)对朝投资质与量上处于低水平,集中资源开发。

中国对朝投资领域:(1)以基础设施、能源、原材料、矿山开发为主;(2)以小规模投资于制造业,其他行业;(3)逐渐扩大到食品、电子、化工、医药、轻工业、服装、建材、饲料、运输等各个行业;(4)经济技术、农业、人才培养等方面的交流、合作也在稳步进行。

(四)贸易与投资展望

由于在 2006 年 10 月、2009 年 5 月、2013 年 2 月进行了核试验,朝鲜受到经济制裁。但是我们也不能否认,以美国、日本为首的西方各国对朝鲜的经济制裁越强,中朝经济关系越发紧密,即中朝经贸、投资也不断升温。经济制裁和中朝经济关系呈现负相关。

六、蒙古国的区域经济合作政策

1995 年 12 月五国协定的签订,使蒙古成为图们江经济开发的当事国,蒙古希望把其东部经济区实际纳入联合国的图们江开发计划,依靠参与图们江国际合作来推动东部经济区的发展,使之成为蒙古吸引外资、发展外向型经济的基地。蒙古政府设立了自由贸易区,2002 年 7 月蒙古议会通过了《蒙古国家自由贸易区法》和在蒙俄边境城市阿拉坦布格设立蒙古国家第一个自由贸易区的决定,同时蒙古还制定了《外国投资法》为自贸区的建设提供了法律依据。

第二节　区域内的贸易

一、俄联邦及俄远东对日韩中美的贸易

(一)俄远东对中贸易

自 2001 年《中华人民共和国和俄罗斯睦邻友好合作条约》签署以来,中俄经贸进入一个更快更加稳定的新阶段。首先贸易规模持续增长,2006 年中俄贸易总额已达 334 亿美元;其次,经济技术合作蓬勃开展,能源、高科技、航空航天等一大批大型项目陆续启动;最后,边境贸易活跃进行,中俄边贸 2006 年已达 70 亿美元。

俄远东对中国的贸易动向是进口额稳步上升,由 2001 年不足 2 亿美元到 2008 年达 32 亿美元,2009 年受次贷危机的影响锐减至 20 亿美元(参见表 3-9)。出口额增长虽有起伏,但趋势是上升的。[①]

表 3-9　俄远东对中国的进出口额

单位:百万美元

	出口(总出口中的比重)	进口(总进口中的比重)
1992	419.5 (27.3%)	564.6 (47.5%)
2001	1696.5 (36.9%)	176.2 (16.2%)
2004	1490.7 (32.3%)	652 (21.8%)
2005	2162.9 (32.9%)	1187.4 (20.4%)
2006	2573.1 (28.4%)	1701.8 (24.48%)
2007	1984.2 (14.7%)	2540.9 (32.8%)
2008	1891.1 (12.3%)	3206.8 (36.2%)
2009	2374.7 (22.1%)	2007.9 (28.7%)

资料来源:李载英等:《韩俄远东地区经济合作 20 年:新的规划与实现方案》,KIEP 研究报告书 10—16;远东关税厅。

---

① 李载英等:《韩俄远东地区经济合作 20 年:新的规划与实现方案》,KIEP 研究报告书 10—16,2009 年,第 91 页。

从表 3-9 可以看出,出口稳步增长;进口额虽有起伏但趋势是上升的。

(二)俄与亚太及东北亚经贸合作

1. 俄对亚太地区原油出口(2010—2030 年)计划

在总量上 2010 年 4830 万吨,2015 年 7960 万吨,2020 年 10900 万吨,2025 年 12210 万吨,2030 年 13310 万吨。其中对韩原油出口计划 2010 年 870 万吨,2015 年 1600 万吨,2020 年 2220 万吨,2025 年 2780 万吨,2030 年达 3000 万吨。[俄从 2009 年 12 月开始通过科济米诺(Kozmino)港向韩日出口原油。]

2. 俄对亚太天然气出口

俄天然气储量、产量居世界第一位,消耗量居世界第二位。2005 年俄天然气储量、产量、消耗量分别占世界总量的 27.5%、21.6%、14.7%。2006 年俄天然气探明储量为 46.9 万亿立方米。储量分布是,西西伯利亚和欧洲部分占 75% 以上,东西伯利亚和远东占总储量的 15%。俄天然气新的经济增长点在东西伯利亚和远东(天然气成本结构中运输费用占较大比例)。东西伯利亚、远东地区是与东北亚合作开发天然气资源的最佳地区。因为这一地区拥有丰富的天然气储藏,毗邻中国,靠近韩日,从东北亚天然气合作的能源经济的角度看十分有利。俄与东北亚在天然气合作上有其现实性、安全性。其有利因素是:

(1)东北亚地区有背靠俄罗斯和中亚的可靠的天然气资源;

(2)目前欧洲天然气市场面临俄罗斯、中亚—里海、中东和北非四大气源的激烈竞争,俄罗斯与中亚各国都有意开拓东北亚天然气市场;

(3)东北亚地区政治局势平稳,没有战争和冲突;

(4)东北亚是 21 世纪天然气消费增长的主要地区,有关国家政府直接策划或大力支持区域内部的跨国合作。

3. 俄远东对中日韩的贸易比较

2009 年俄远东地区对中日韩的贸易额几乎相等,中国为 43.9 亿美元、韩国为 41.4 亿美元、日本为 40.6 亿美元。2011 年,俄罗斯远东地区的进出口贸易总额同比增长 29.4%,为 340 亿美元。其中出口 248 亿美元,进口 92 亿美元,贸易顺差为 156 亿美元。俄罗斯远东地区的贸易伙伴集中在东北亚区域,2011 年对韩国的出口额激增,韩国成为俄远东的最大贸易伙伴,把与中、日贸易加上,将达俄远东对外贸易的 75%,呈现中日韩竞相争夺俄罗斯远东地区最大的贸易伙伴的态势。①

4. 俄远东与日贸易

俄远东对日出口货物结构:2009 年石油及其制品占 68%,出口额达 24.3
亿美元。而 2008 年为 35.2 亿美元,占 57%。2009 年天然气占俄远东出口总
额的 17%,鱼类占 5%,煤占 1%,木材占 12%,其他货物 8%。

表 3-10　俄联邦、俄远东对日贸易(2003—2009 年)

单位:百万美元

年　份	俄远东进出口贸易总额	俄远东出口	俄远东进口	俄对日进出口	俄对日出口	俄对日进口
2003	1363	885	478	5916.7	4217.8	1698.9
2004	2316	1145	1171	8849.4	5694.6	3154.8
2005	3368	1941	1427	10747.9	622806	4519.3
2006	3053	1578	1475	13210.0	6802.0	6408.0
2007	5957	3922	2035	23400.0	11820.8	11579.2
2008	6844	4161	2683	29600	16400	13200
2009	4035	3547	488	11320	8250	3070
1998				2346.3	1374.9	971.4

资料来源:根据李载英等:《韩国远东地区经济合作 20 年:新的规划与实现方案》,
[韩]KIEP 研究报告书 10-16,2009 年,第 101、104 页编制。

2008 年以前俄远东和俄罗斯对日贸易额呈上升趋势,上升幅度较大,
2009 年受金融危机的影响下滑幅度较大,而后恢复缓慢。

(三)俄远东对欧美贸易

远东对 EU 的贸易额:2009 年贸易额 16.9 亿美元,占俄远东对外贸易总
额的 9.9%(数字资料来源于俄关税厅),也在稳步增长。

远东对美国的贸易额:2006 年出口为 3.0 亿美元,进口额为 4.27 亿美

---

① 俄罗斯远东海关:http://dvtu.customs.ru/

元,总额达 7.27 亿美元;2007 年出口达 3.55 亿美元,进口达 5.0 亿美元,总额达 8.56 亿美元;2008 年出口达 1.98 亿美元,进口达 8.66 美元。贸易额呈逐年增长之势。

二、中国对日韩的贸易状况

(一)中韩贸易

中韩经贸合作在加强,中国可吸引韩国较高的产业技术,这利于中国产业结构的合理化;利于增加中国的出口;利于具有外汇优势的中国企业向韩国进军;利于招商引资;利于东北老工业基地振兴;利于加强与巩固睦邻友好关系与战略伙伴关系(睦邻友好—合作伙伴—战略伙伴);利于营造和谐的周边环境;提高我国的话语权影响力。

(二)中日贸易

自 1992—2003 年,日本连续 12 年成为中国第一大贸易伙伴。这一时期,日本对外贸易总额由 5217 亿美元增至 8514 亿美元,增长了 63%;而对华贸易则增长了 358%,即由 289 亿美元增至 1324 美元。

2002 年中日贸易额突破 1000 亿美元大关,2006 年超过 2000 亿美元,时隔四年翻了一番。2011 年,中日贸易额达到 3449.6 亿美元(参见表 3-11)。

中日贸易在两国各自的对外贸易中都占有重要地位。2007 年,在日本对外贸易中,对华贸易占 17.7%左右,中国是日本的第一大贸易伙伴。在中国对外贸易中,对日贸易占 10.9%,日本是中国的第三大贸易伙伴,仅次于欧盟和美国。可见,中日双方在贸易领域的合作已取得互利共赢的效果,进一步加强中日贸易关系仍是今后各自经济发展的需要。

在中日贸易的商品结构来看,日本对华出口是以机械机器、化学、金属等制品为主;对华进口是以机械机器、原材料制品、纺织品、食品等为主。中日贸易的一个突出特点是:对华直接投资带动了日本机械设备、原材料等产品的出口,同时也促进了对日"逆进口"的增加。

中国对日本出口中存在自主品牌少、在中低档徘徊时间长、市场占有率高的商品饱和、对外资企业依赖度高等问题。日本对东亚①的出口额 4331 亿美

---

①　这里的东亚是指,亚洲"四小龙";东盟四国,即印度尼西亚、马来西亚、文莱、泰国;中国。

表 3-11　中日贸易的发展

单位:亿美元

年份	日本对华出口	日本对华进口	贸易总额	贸易收支
1975	22.6	15.3	37.9	7.3
1980	50.8	43.2	94.0	7.6
1985	124.8	64.8	189.6	60.0
1990	61.3	120.5	181.8	−59.2
1991	85.9	142.2	228.1	−56.3
1992	119.5	169.5	289.0	−50.0
1993	172.7	205.6	378.3	−32.9
1994	186.8	275.7	462.5	−88.9
1995	219.3	359.2	578.5	−139.9
1996	218.9	405.4	624.3	−186.5
1997	217.8	420.6	638.4	−202.8
1998	200.1	369.0	569.1	−168.9
1999	233.3	428.8	662.1	−195.5
2000	304.4	553.4	857.8	−249.0
2001	311.0	581.0	892.0	−270.0
2002	398.7	616.7	1015.4	−218.0
2003	572.4	751.9	1324.3	−179.5
2004	738.3	942.1	1680.4	−203.8
2005	803.6	1090.2	1893.8	−286.6
2006	928.8	1184.2	2113.0	−255.4
2007	1090.7	1275.7	2366.4	−185.0
2008	1240.4	1423.4	2663.8	−183.0
2009	1096.3	1225.5	2321.8	−129.2
2010	1490.8	1528.0	3018.8	−37.2
2011	1614.7	1834.9	3449.6	−220.2

资料来源:根据[日]《日中经协杂志》2007第3期,第42页;[日]JETRO《贸易统计》作表。

元（2011），其中对"四小龙"出口额达 1865 亿美元，对中国出口为 1614 亿美元（2011）；日本从东亚的进口额为 3543 亿美元（2011），其中从"四小龙"进口达 731 亿美元、从中国进口达 1835 亿美元[①]。中日贸易收支情况：按中方统计，对日贸易始终处于逆差，2006 年为 240.8 亿美元。而按日本统计，对中贸易处于逆差，2007 年对华逆差超过 185 亿美元，主要是因中日两国对香港转口贸易部分计算方法不同引起的。

三、韩对中、日、俄的贸易状况

（一）韩中贸易

中韩双边贸易额从 1992 年建交前的 50 多亿美元发展到 2007 年 1300 亿美元的规模，增长近 25 倍。中国是韩国连续多年的第一大贸易伙伴、第一大出口市场、第一大顺差来源国和第一大海外投资对象国；韩国是中国的第六大贸易伙伴、第六大出口市场和第四大进口来源地。

（二）韩俄贸易

俄对韩日的贸易额都在上升，只有 2009 年因受金融危机影响有较大幅度的下降。韩国向俄罗斯出口主要是工业品和日用必需品，与此相反，俄罗斯向韩国出口原材料和钢材，双方贸易具有明显的互补性。与 1992 年相比，韩国的出口结构中发生了实质性的变化。比如，以前家用电器占出口的第一位，而 2005 年则退居第五位（1.67 亿美元），现在位居第一、第二的是通讯设备（15 亿美元）和石油化工产品（5.7 亿美元），机器制造、纺织机械以及食品出口比重有所增加。2005 年俄对韩出口额达 38.64 亿美元，而从韩进口额为 39.37 亿美元。

俄罗斯对韩国的出口商品没有发生实质性的变化，仍以出口原材料和钢材、海产品等为主。如轧钢占 28％、石油和石化产品占 13％，煤炭占 12％，木材占 11％，海产品占 9％。最近一个时期石化产品和海产品的比重下降，而轧钢和煤炭的出口比重在扩大。韩对俄出口情况是：1992 年为 1.18 亿美元，2007 年为 80.9 亿美元、2008 年为 97.5 亿美元、2009 年为 41.9 亿美元；韩对俄进口情况是：1992 年为 7500 万美元、2007 年为 69.8 亿美元、2008 年为

---

①　数据来源于日本贸易振兴会 http://www.jetro.go.jp/jpn/stats/trade。

83.4亿美元、2009年为57.9亿美元。[①]

（三）韩对俄远东的贸易

1993年韩国对俄远东出口中，机械占出口总额的34％、日用品占40％，韩国从俄远东进口中，木材占进口总额的20％、食品占51％；而到2008年韩国对俄出口中，机械占42％、化工产品占24％，韩国从俄远东进口总额中，矿物性燃料占85.3％、食品进口占12.8％（参见表3-12）。换言之，韩国对俄远东出口是以制成品为主，而进口是以石油为主的贸易格局。

表3-12　韩对俄远东进出口货物结构

单位：%

年份	进出口		机械、设备、交通手段		燃料、矿物、金属		化工产品		木材及制品		食品		日用消费品	
	出口	进口	出口	进口	出口	进口	出口	进口	出口	进口	出口	进口	出口	进口
1993	100	100	34.4	12.2	2.1	13.8	1.1	0.3	—	20.0	10.0	51.0	40.0	0.5
2000	100	100	16.0	1.2	8.3	59.8	9.6	0.1	2.4	8.4	7.3	28.8	52.6	1.5
2001	100	100	8.2	0.6	5.4	67.6	19.9	1.1	0.3	10.0	4.6	17.8	33.8	1.7
2002	100	100	17.6	1.8	4.9	47.9	35.8	1.6	1.8	8.7	10.7	37.2	26.7	1.4
2003	100	100	17.8	1.8	8.4	37.7	30.1	1.3	2.1	9.7	12.0	48.2	24.1	0.7
2004	100	100	30.4	8.9	13.5	38.1	20.9	1.1	2.2	12.0	10.6	39.6	15.1	0.2
2005	100	100	50.5	9.2	21.1	42.5	14.7	0.7	1.2	8.3	4.8	39.1	4.4	0.0
2006	100	100	75.2	8.3	7.3	38.2	9.8	0.8	0.7	11.4	3.8	41.1	2.0	0.1
2008	100	100	41.9	0.5	19.6	85.3	24.3	0.1	2.7	1.4	7.7	12.8	3.2	0.0

资料：俄关税厅2009。

（四）对日贸易

对日的贸易数量总体上一直保持着比较平稳的增长态势。近年来日韩贸易总额一直保持在400亿～670亿美元之间，其中2001—2004年的数据分别为427亿、440亿、525亿和662亿美元。在2004年，对日本进口442亿美元，

---

① 数据来源于俄关税厅2009年KITA统计资料。

比上年增长 27.5％;对日本出口 220.3 亿美元,比上年增长 23.5％。日韩双边贸易额占日本贸易总额的比重历来一直保持在 5％～6％,2004 年为6.5％。进入 2008 年以后,这个态势没有改变,2008—2011 年日韩双边贸易额占日本贸易总额始终保持 6.5％左右,爆发金融危机的 2008 年也占 5.8％。对于日本而言,对韩出口额占日本出口总额的 8％左右,而对韩进口,占日本进口总额的 4.5％左右,2011 年日本对韩出口额为 659 亿美元占日本出口总额的 8％,进口为 397 亿美元,占日本进口总额的 4.7％。对日的主要进口商品是机械、电器及电子产品、化工产品、钢铁金属产品,其占韩国对日进口总额的 90％左右。主要对日出口产品是矿物燃料、电气设备、化工产品、一般机械、原材料及产品。

四、朝鲜外贸(朝中、朝韩)

朝鲜经济总量小,2008 年国民生产总值只达 248 亿美元、人均 GDP 为1065 美元、外贸额较少只达 38.2 亿美元、粮产仅为 430 万吨(参见表 3-13)。中朝经济合作中出现了新的模式,就是中国企业雇佣朝鲜劳动力。珲春已录用朝鲜工人 2000 多人[1],图们录用朝鲜工人 100 多人[2],长春也计划使用朝鲜工人。贸易额呈增加的趋势。

朝鲜对华进口原油:2006 为 2.47 亿美元、52.4 万吨、单价为 471 美元/吨;2007 年为 2.82 亿美元、52.3 万吨、单价为 540 美元/吨;2008 年为 4.14亿美元、52.9 万吨、单价为 780 美元/吨;2009 年为 2.39 亿美元、52.0 万吨、单价为 460 美元/吨。原油进口保持稳定水平。

朝鲜主要进口品:动植物性生产品、矿物性生产品、纤维类、机械电气电子类;主要出口品有矿物性产品。一般金属类、机械电器类。

1999 年以来朝鲜外贸特点:对中韩贸易不断增加(参见表 3-14),对其他国家的贸易在减少,而从 1999 年起中国成为朝鲜的第一大贸易伙伴,到 2009年对华贸易额占朝外贸的 52.6％,额度达 26.8 亿美元(当年朝鲜外贸额为50.93 亿美元)。

---

① 《联合新闻》2010 年 11 月 10 日。
② 《延边日报》(朝文版)2010 年 10 月 13 日。

表 3-13　朝鲜宏观经济指标

年份	GNI 国民生产所得（亿美元）（A）	经济增长率（%）	人口（千人）	人均 CNI（美元）	贸易额（百万美金）（B）	南北贸易（百万美元）（C）	贸易依存度（%）（B+C）/A	粮食生产（千）	原油进口（千桶）
1990	231	−3.7	20 221	1 142	4 170	135	18.6	4 020	18 472
1991	229	−3.5	20 495	1 115	2 584	111	11.8	4 427	13 854
1992	211	−6	20 789	1 013	2 555	173	12.9	4 268	11 142
1993	205	−4.2	21 123	969	2 646	187	13.8	3 884	9 969
1994	212	−2.1	21 353	992	2 100	195	10.8	4 125	6 670
1995	223	−4.1	21 543	1 034	2 052	287	10.5	3 451	8 063
1996	214	−3.6	21 684	989	1 977	252	10.4	3 690	6 861
1997	177	−6.3	21 810	811	2 177	308	14	3 489	3 709
1998	126	−1.1	21 942	573	1 442	222	13.2	3 886	3 694
1999	158	6.2	22 082	714	1 480	333	11.5	4 222	2 325
2000	168	1.3	22 175	757	1 969	425	14.3	3 590	2 851
2001	157	3.7	22 253	706	2 270	403	17	3 946	4 244
2002	170	1.2	22 369	762	2 260	642	17.1	4 134	4 376
2003	184	1.8	22 522	818	2 391	724	16.9	4 253	4 207
2004	208	2.2	22 709	914	2 857	697	17.1	4 311	3 900
2005	242	3.8	22 928	1 055	3 002	1 056	16.8	4 537	3 830
2006	255	−1.1	23 079	1 105	2 996	1 350	17	4 483	3 840
2007	267	−2.3	23 200	1 151	2 941	1 798	17.7	4 005	3 830
2008	248	3.7	23 298	1 065	3 816	1 820	22.7	4 306	3 878

　　资料来源：韩国银行《朝鲜 GDP 测算结果》各年度、KOTRA《朝鲜的对外贸易动向》各年度版、统一部（http://www.unikorea.go kr/index.jsp）、统计厅（Korea National Statistical Office）据《南北朝鲜经济社会比较统计》资料作表注贸易总额不含韩国。

　　进入 20 世纪 90 年代，朝鲜的对外贸易特征可分为四个时期进行分析。

　　第一个时期是 1990—1998 年，1990 年朝鲜的外贸总额为 43 亿美元，而 1991 年锐减为 27 亿美元，1998 年降到历史最低的 16.6 亿美元。由于苏联和东欧的剧变使能源进口锐减,导致煤炭生产量骤减和外汇严重不足,这又导致原材料、生产资料供应不足,致使很多工厂停产。再加上连续几年的自然灾害、粮食减产、亚洲金融危机等原因,进入 1990 年代以来朝鲜经济连续 9 年出现负增长。这一时期朝鲜贸易特征是由经济的负增长导致了外贸的负增长。

表 3-14　朝中、朝韩贸易

单位:百万美元、%

年份	朝鲜对华贸易				朝鲜对韩贸易			
	出口	进口	合计	占朝鲜贸易比重%	出口	进口	合计	占朝鲜贸易比重%
1990	124.6	358.2	482.7	10.1	12.3	1.2	13.5	0.3
1992	155.5	541.1	696.6	25.5	162.9	10.6	173.4	6.4
1994	68.6	497	565.6	27.2	176.3	18.2	194.5	8.5
1996	57.3	355.7	413	25.4	92.3	129.7	252	8.5
1998	57.3	355.7	413	24.8	92.3	129.7	221.9	13.3
2000	37.2	450.8	488	20.4	152.4	272.8	425.1	17.7
2002	270.7	467.5	738.2	25.4	271.6	370.2	641.7	22.1
2003	395.3	627.7	1023	32.7	289.3	435	724.2	23.2
2004	585.7	799.5	1385	39	258	439	697	19.6
2005	499.1	1081	1580	38.9	340.3	715.5	1056	26
2006	467.8	12324	1700	39.1	519.5	830.2	1350	31.1
2007	583.3	1392.6	1976	41.7	765.3	1033	1798	38.9
2008	760.1	2037.7	2792.8	49.6	932.3	888.1	1820	32.3
2009	793	1887	2680	52.6	934.3	744.8	1679	33
2010	1188	2278	3466	56.9	1044	868	1912	31.4
2011	2464	3165	5629	70	914	800	1714	21.2

资料:根据《中国海关统计年鉴》各年版;韩国统一部统计资料作表。

第二个时期是 1999—2004 年,朝鲜经济从 1999 年开始实现幅度不大的增长,因此其外贸规模也得到扩大。2005 年外贸额达到 20 世纪 90 年代以来的最高值 35.5 亿美元(1985—1990 年年均贸易额为 42.3 亿美元)①,比上年增长 14.1%。这个时期朝鲜外贸特点是,对华贸易急速增长。中国是朝鲜的最大贸易伙伴,2004 年占朝鲜外贸总额的 39%。从中国进口的主要货物有两大类：一为能源,二为肉类。从中国进口的原油、成品油、焦炭等 2004 年达 2.05 亿美元,比上年增长 13.2%；从中国进口的肉类 2000 年为 6362 万美元,2004 年达 1.4 亿美元(其中冻猪肉占 96%)。向中国出口的主要货物为海产品(鱼、甲壳)和金属制品。2004 年向中国出口海产品 2.62 亿美元,比上年增长 26.5%；钢铁(HS 第 72 章)出口达 0.76 亿美元,铁矿石及铁屑(HS 第 26 章)②出口 0.6 亿美元,都比上年有了很大增长。

第三个时期是 2005—2008 年。2005 年朝鲜的经济增长率为 3.8%,创了 2000 年以来最高值,而 2006 年、2007 年降为负 1.1% 和负 2.3%,其主要原因是气候恶劣导致农业歉收。2007 年粮产仅达 400.5 万吨,比 2005 年下降 11.7%(参见表 3-13)；二为朝核危机引发的经济制裁。但是,2005 年对韩贸易额反而猛增到 10.6 亿美元,比上一年增加 51.5%,2007 年达到 18 亿美元,比上一年增加 32.2%,这一时期朝鲜外贸的显著特点是对韩贸易的快速增长。

第四个时期是进入 2008 年朝鲜的对外贸易额创下历史新高,达到 56.4 亿美元,而中朝贸易额为 27.9 亿美元,约占朝鲜对外贸易的 50%,在国际社会对朝鲜的制裁不断加剧的情况下,中朝经济关系会更加紧密。温家宝总理从 2009 年 10 月 2 日至 6 日的朝鲜访问中签署了一系列合作协议。其中就有中方出资修建鸭绿江界河公路大桥项目,并决定正式启动大桥修建工作。如果此桥建成会使双方之间的经贸往来以及其他诸多方面的交流都会增强,这将使中朝关系更加密切。

朝韩贸易额对朝中贸易额之比,2004 年以前是上升的,但从 2008 年开始下降,可到 2010 年上半年又呈增加之势。中朝贸易总体呈上升趋势。

在朝韩间,一般贸易、委托加工贸易、开城工业园三种贸易形式中,开城工业园是大头,居三种贸易形式之首。

---

① 韩国统一部估算值,http://www.unikorea.go.kr/index.jsp。

② 中华人民共和国海关总署编：《中国海关统计》中国海关杂志社 2005 年版,第 1989、1997~1998 页。

五、中日韩出口变化特征

中国出口产业结构向优化发展(影像、音响、通讯设备、办公用机械、装备制造业比重明显提高)变化,但集中于劳动密集型产业;日本出口产业结构并没有发生太大变化,集中于技术密集型、高附加值产业;在韩国十大出口产品中出现了焦炭、石油精制品,及核燃料,而纤维和服装及毛制品在十大出口产业中消失,影像、音响、通讯设备在出口额中占 20%,石油精制品制造业在出口中占较高比重。中国应通过优化产业结构,改善贸易结构,提高出口商品竞争力,针对比较优势产业,给予更多的政策支持,适当保护和大力改进劣势产业,推进中间产品技术标准的制定和国际协调。

综上所述,东北亚六国在世界贸易格局中的地位越来越重要,特别是中日韩三国,无论进出口总额,还是在全世界贸易排名中均处于领先位置,这都表明"六国"开展贸易合作的巨大潜力。

第三节　区域内投资状况

在东北亚各地区中,既有需要将资金与技术输出的日、韩,又有急需资金和技术大量输入的中、俄、朝、蒙,从而资金与技术具有互补性;中国劳动力数量庞大,中国东北地区不但人口密度较高,而且生产力发展水平不够高,人口相对过剩。日本和韩国的劳动力虽然相对而言比较充足,但是中国劳动力价格具备较大优势;中国近些年来,人均受教育水平也有很大提高。这为东北亚区域投资合作奠定了不可或缺的基础。

一、东北亚区域内各国直接投资

对外直接投资对经济发展具有多方面的作用。(1)可在国际市场获得廉价劳力和原材料,可享受外国政府的优惠政策;(2)绕开关税壁垒,扩大出口;(3)积累国际市场营销经验,构筑广泛的营销网络,提高企业国际化水平;(4)带动本国产业结构升级,促进国际分工的发展;(5)及时了解当地市场信息,较快地适应市场环境;(6)在为东道国增加就业机会的同时,扩大自身的影响力。但对外直接投资也存在一定的风险。

（一）日本

二战后日本对外投资经历了起始和缓慢发展时期（20 世纪 50—60 年代）——迅速发展时期（20 世纪 70 年代—80 年代）——大举的海外扩张时期（20 世纪 80 年代中期—90 年代初）——回落调整时期（20 世纪 90 年代初以后）。

1. 对中国

中国是日本在东北亚区域进行直接投资的主要国家。从投资区域上看，日本对华直接投资的地区主要集中在中国沿海地区和内陆一些大城市，如北京、上海、天津、广州等。日本对东北三省直接投资大多集中在辽宁省，2002 年向辽宁省投资 8.07 亿美元。近年来日本企业已经把向内陆投资作为发展方向，开始在内陆寻找更多更好的合作伙伴。从投资方向上，目前其投资多数都为技术、资金含量较高的生产型企业。日本企业的对华投资正从服装、食品等劳动密集型项目向电子、汽车、机械、建材等技术密集型项目转变。日本对华投资战略也正在从出口加工型向着眼于在中国市场销售转变，直接投资已成为日本企业进入中国市场和扩大从中国进口的主要手段，呈现出"投资牵引贸易"的良性互动。

自 1979 年日本开始对华进行直接投资以来，其投资规模不断扩大，大致经历了以下几个发展时期：

（1）摸索时期。

在 20 世纪 80 年代中期以前，中国处于改革开放初期，日本企业对华直接投资基本上处于尝试阶段。

（2）大规模转移生产基地时期。

1985 年 9 月西方五国"广场协议"后，日元大幅度升值，日本企业开始大规模向海外转移生产，投资成本较低的中国成为日本企业选择的一个主要对象，对华直接投资迅速增长。截至 1990 年，日本对华直接投资实际投入累计为 29.9 亿美元。

1991—1996 年，日本对华直接投资实际投放额年均增长率接近 40%。1995 年，日本对华直接投资实际投入额为 31.1 亿美元，超过 1979—1990 年的累计额。1997 年以后因受日本经济低迷、亚洲金融危机等影响，日本对华直接投资一度出现滑坡，但 2000 年后逐步回升。

2. 对俄

2009 年日对俄远东直接投资占日对俄投资额 83 亿美元中的 26.61 美

元,比 2008 年增加四倍。在投资国中,日本位居首位(26.61 亿美元中的 97%
投资于沙哈林州的石油开发)。俄在 2025 年发展战略中提出:在远东地区修
建港口、空港、高铁、油气管道大约需要 200 亿美元,没有日本的参与是不可能
的。

俄希望日投资如下领域:①修建远东地区输气管道(沙哈林—伯力—海参
崴—雅库特输气管道);②开采新油田、输油管道、炼油企业;③建国际空港;④
开发能源资源;⑤建油库、炼电厂并向东北亚送电,风力电厂、储库、炼油厂、煤
炭液化;⑥旅游;⑦阿穆尔州东方宇宙城基地建设;⑧水产领域。

3. 对韩

1962—1988 年,外国对韩国直接总计为 41.56 美元,其中日本占 50.8%,
为 21.12 美元,居第一位。2001 和 2002 年日本贸易振兴会白皮书资料表明,
1997 年度向韩国投资为 4.42 亿美元。1998 年度为 3.03 亿美元,1999 年度
达到 9.8 亿美元,2000 年度则为 8.13 亿美元。至 2002 年,日本对韩投资额
达 14.03 亿美元,占韩国引进外资额的 15.4%。2011 年日本对韩投资同比增
长 9.6%,达 22.84 亿美元。[①]

4. 对朝、蒙

日本对东北亚区域内其他国家的直接投资规模相对较小。

日企业由于朝鲜债务积压问题以及两国未建交等原因,对向朝鲜投资持
消极态度。日本对蒙古的投资主要投向中长期的基础设施、能源电力等领域。
这为日蒙经济合作程度的加深和为蒙古的有效地进入东北亚区域经济合作提
供了经济条件。

(二)韩国

1. 对俄投资

韩国对俄罗斯投资也逐步发展。韩国对俄罗斯直接投资始于 1989 年,截
至 2003 年年末 ,对俄投资累计总额为 2.6 亿美元,在韩国对海外投资总额中
所占比重为 0.45%。截至 2013 年 3 月韩国对俄累计投资总额为 19.5 亿美
元,占韩国累计对外直接投资总额 2205 亿美元的 0.88%,[②]俄罗斯在韩国对
外投资的比例虽然很小,但较 2003 年有显著的提高。韩对俄投资的主要产业

---

① 　知识经前部(MKE)《2011 年外国人直接投资动向》,2012 年 1 月(韩国)。
② 　韩国进出口银行:《海外投资统计》,http://www.koreaexim.go.kr/kr/work/
check/oversea/use.jsp。

为制造业、旅游、餐饮业、房地产等。

韩国对俄罗斯的投资规模不大。根据 2006 年 3 月的资料统计，韩在俄的投资项目为 246 项，投资总额为 5.371 亿美元，仅占韩国对外投资合同总额的 0.7% 和实际投资的 0.6%。2005 年俄罗斯吸引外资 130 亿美元，其中韩国仅占 0.27%。形成鲜明对比的是韩国对乌兹别克斯坦的投资超过对俄罗斯的投资，尽管乌兹别克斯坦的经济规模远不及俄罗斯。韩国对俄罗斯投资的行业结构主要是：工业 36%，食品工业和宾馆服务业 17%，房地产业 12%。还有农业、海洋捕捞和海产品加工、商业。自 1998 年后投资趋势增强，2004 年明显增加。

韩国 98% 资金投向俄罗斯的东部地区，主要是滨海边疆区，2000 年后大量的资金开始投向马加丹州、堪察加州、萨哈林州和哈巴罗夫斯克边疆区，即实现投资区域分散化。

从韩国公司对俄的投资方向看，首先是投向工业，然后是投向农业、海洋捕捞和海产品加工以及零售和批发商业领域。

从 2007 年中期以来韩对俄的能源和大项目投资明显增加。2007 年 12 月 7 日韩国现代公司与俄方签署建汽车制造厂的合作协议。2007 年 9 月 5 日韩国三星电子公司投资建等离子和液晶电视生产厂。未来韩对俄投资主方向是自然资源的开发。

韩对俄投资的特征：

第一，前期以中小企业为主。投资领域主要以贸易服务业为主；

第二，后期大型企业对俄投资额大增，投资领域向基础设施的建设、金融、房地产、资源开发领域扩大；

第三，俄对韩投资相当少，2009 年对韩投资仅为 142 万美元。

韩对俄、俄远东投资合作比贸易合作滞后很多，从 2006 年起对俄远东投资出现大幅度增加，但日本、欧盟对俄远东投资的急速增加缘故，韩在远东投资只占 1%。韩对俄远东投资的领域有：渔业、森林及木材加工、交通、饭店、纤维等。后来集中到沙哈林地区的石油、天然气开发领域。

韩俄经贸合作迅速发展，对东北亚区域合作产生积极影响：(1)加速了东北亚合作的进程；(2)丰富了东北亚区域合作的内容（设立工业园区、高科技和产品研发、环境可持续发展、先进武器研制等）；(3)双边合作推动多边合作。

2. 对朝投资

韩国与朝鲜投资合作发展迅速。前一段，南北双方的经贸合作在扩大。韩国现代、三星、LG、大宇等大企业和部分中小企业都在朝鲜大规模地拓展业务。已经合作或者正在准备合作的项目涉及朝鲜的制造业、渔业、农业、旅游业、烟草加工、汽车装配、房地产等行业,总投资额2亿美元。南北首脑会晤时,双方重申要加强经济合作并写进了《南北共同宣言》,指出"通过经济合作均衡地发展民族经济,以增进相互的信任"。首脑会晤之后,双方所进行的数次部长级会谈均取得了成功,达成了协议。李明博上台以后,有很大收缩,但这是暂时的。

3. 韩中之间的直接投资

表 3-15　韩中直接投资规模

单位:件、亿美元

年份	中国对韩直接投资		韩国对华直接投资		
	投资件数	投资金额	签订件数	合同额	实到额
2002	442	2.8	4008	52.8	27.2 (26.4%)
2003	522	0.5	4920	19.8	44.9 (62%)
2004	596	11.6	5625	139.1	62.5 (39.8%)
2005	672	0.7	6115	197.6	51.7 (−17.3%)
2006	333	0.4	4262	—	38.9 (−24.6%)
2007	—	—	3452	—	36.8 (−5.9%)

由表3-15可知:(1)中对韩投资比韩对华投资少得多。2006年以后韩国成为中国对外投资的第四大对象国(2005年对韩累计投资8.82亿美元;2005年对俄累计投资4.66亿美元);(2)截至2007年10月,韩国累计对华投资达379亿美元,韩国成为中国第六大外资来源地。

4. 关于中韩FTA

(1)韩对韩中FTA①的担心有:①在经济上担心对中国经济的依存度过高;②在政治上产生对中国的从属度深化的心理障碍,害怕产生韩国内极右势

———————

① 韩国总统李明博2012年5月26日接受美国CNBC电视台采访时明确表示,"首先缔结中韩自贸协定(FTA),然后在接纳日本,这比中日韩三国缔结FTA要容易得多",强调优先中韩自贸协定。

力的反华情绪；③韩国农民的反对韩中 FTA。

（2）但是，韩中 FTA 给两国带来很多益处：①加速两国经济的合作与一体化，推动经济发展。②推进"战略合作伙伴"关系的深入。③促进其他方面的合作与交流包括文化、科技。④对东北亚经济合作与共同体形成有促进作用。⑤推动韩中日三国 FTA 的实现。

（3）中国通过中韩 FTA 要达到：①加速产业结构调整，提高产业竞争力。②增加出口。③推动中国企业向韩国的进军。④获得韩国先进的产业技术，增加对韩的招商引资。⑤有助于东北老工业基地的振兴。⑥提高中国对东北亚地区的经济影响力，推动东北亚地区的经济合作与交流。⑦促进东北亚合作，推动东北亚的和平发展。

（4）朝鲜对中韩 FTA 看法：

①朝鲜不反对，原因有二：一为朝鲜在政治、经济、安保、人权等方面有求于中国；二为中韩关系的加强意味着韩美关系的相对冷却，对朝鲜的安全有好处。

②朝鲜改善对美国关系具有积极的作用。

③由于促进了韩中经济关系的依存度，紧密度的增加，大大降低半岛发生战争的可能性，给朝鲜带来经济建设的良好机遇。

④可以推动朝鲜的对外开放开发。

二、相互直接投资

（1）中国企业开始努力向外拓展，开始向外投资建厂。2001 年上海电器集团收购日本秋山印刷厂，开创了利用并购获取先进技术的对日投资模式。从 1999 年中国推出进军海外的战略以来，截至 2006 年 10 月，中国企业对日投资累计金额为 1.8 亿美元。与此同时，中国企业也开始向韩国投资，其增速和投资额都超过对日投资，截至 2007 年 9 月底，中国累计对韩投资 9.6 亿美元。

（2）东北亚区域内其他国家之间只有规模很小的相互直接投资。俄对华实际投资约 1.5 亿美元；中国对俄投资起步较晚，到 2002 年在俄境内注册的中资企业投资额为 2.96 亿美元，在对俄投资国家排名中，中国位居第十名之后。

（3）美、欧（EU）对俄远东地区的直接投资：美与俄远东经贸关系可分三阶段：第一阶段（1980 年末—1990 年初）特点：小规模，企业间合作、但热情很高；第二阶段（1990 年—2005 年），政府间开始重视过问，但很多企业开始退出，从

1998 年开始美在俄伯力、滨海州、沙哈林等三个地区投资;第三阶段(2006 年—现在),以 PSA 协定"以沙哈林为中心的生产品分配协定"大规模进行资源开发。2009 年美对俄远东的投资达 3070 万美元、EU 对俄远东地区投资在 40.8 亿美元。

(4)朝鲜的对外引资:2002 年朝核危机以后,中国对朝鲜投资逐年增加。据韩国贸易协会研究所统计,2000 年中国对朝投资仅为 100 万美元,而到 2007 年朝的招商引资额为 1.321 亿美元,其中中国对朝投资 1.086 亿美元,占总投资额的 82%。

(5)各国对蒙古国的投资:1990—2010 年间外国人对蒙矿产的投资总额为31.5872亿美元(总 42 个国家与地区)。期间,中国对蒙古矿产的投资额为 18.1925亿美元,几乎占外国投资总额的 57.59%;加拿大 3.9272 亿美元,占外国投资总额的 12.43%;荷兰为 2.8480 亿美元,占 9.02%;俄罗斯为 6.342 亿美元,占 2.01%;美国为 0.2944 亿美元,占 0.93%。外国(地区)对蒙矿产资源勘探、开采(1990—2010 年)的直接投资总额为 31.59 亿美元(参见表 3-16)。

表 3-16　对矿产勘探和开采、石油部门的外国直接投资额(1990—2010 年)

单位:万美元、%

国名	1990—2004 年	2005—2010 年	合　计	比例
中国	185807	1633448	1819255	57.59
加拿大	173020	219700	392720	12.43
荷兰	644	284158	284802	9.02
百慕大群岛	22	114462	114484	3.62
英国	17482	87775	105240	3.34
香港	256	77257	77614	2.46
俄罗斯	10045	53376	63421	2.01
美国	21639	7803	29442	0.93
韩国	14157	14268	28425	0.90
日本	2604	320	2924	0.09
其他			240390	7.61
总计			3158716	100.00

资料来源:蒙古外国人投资贸易厅(2011 年统计)http://www.investmongolia.com。

外国对蒙古投资逐年增加,2006 年、2009 年、2011 年增加率分别为 8.4%、25.4%、45.5%。近年,随着蒙古的经济发展,中俄以外的国家开始对蒙古的直接投资不断增加。

截至 2010 年,对蒙古投资的外国公司有 10079 个,其中 200 多个公司都投资于矿产资源勘探、采矿业。在从事矿产勘探、采矿的外资公司中,与蒙古国营企业合营的公司占 2.5%,与蒙古私营企业合营的公司占 39.6%,外国人独资企业占 57.9%。[①]

截至 2011 年 9 月,由蒙古矿产厅批准发放的矿产许可证(执照)共有 3918 件。[②] 其中,给外国人投资公司发放的许可证有 1225 件,占全部许可证的 31.3%(开发权许可证占 31.1%,勘探权许可证占 31.3%)。在 1225 件许可证中,开发权许可证有 375 件,占整个许可证的 30.6%;勘探权许可证有 850 件,占许可证的 69.4%。

不管是外国公司还是本国公司在参与石油勘探、开发时,还要与有关部门签订"生产物分配合同"和"稳定合同"(Stability Agreement)[③],到目前为止,已确认的蒙古油田有 30 处。截止 2011 年 5 月 10 日,18 家油田公司与蒙古有关部门签订了"生产物分配合同"。[④]

对蒙古国的投资主要集中在资源开发方面,但不可否认近年对资源以外的投资也不断增加。虽然它的规模还很小,但从长远来看,发展前景不可小觑。韩国对蒙投资额虽然不大,可从投资件数来看,位于中国之后,居第二位。1990—2011 年间中国对蒙古的投资件数为 5737 件、同期韩国为 2095 件(参见图 3-2)。韩国以中小企业为主,主要针对餐饮业、房地产(住宅建设)、医疗等方面的投资。

---

① 据 2011 年蒙古外国人投资贸易厅统计数据。

② 其中开发许可证 1206 件,勘探许可证 2712 件。

③ 生产物分配合同,签订"生产物分配合同"的公司,投资资金自行解决,工程的损失、风险自负,还要向国家缴生产额 9.4% 的开采权使用费(即矿区租用费),40% 的生产额留作勘探和开发支出用,在剩下的部分中,最低 40% 的缴蒙古政府,如生产量增加时缴蒙古政府的费用可增加到 60%。"稳定合同"规定(2000 年修订),对于从事除贵金属以外矿产资源、石油、固体燃料的开发及加工、冶金、汽车工业、电气电子等领域的外资企业,免税五年,后五年减 50% 的税,以此稳定外国企业。

④ 2011 年与蒙古政府签订"生产物分配合同"的蒙古公司占 29%,中国公司占 30%,其他国家公司占 41%。

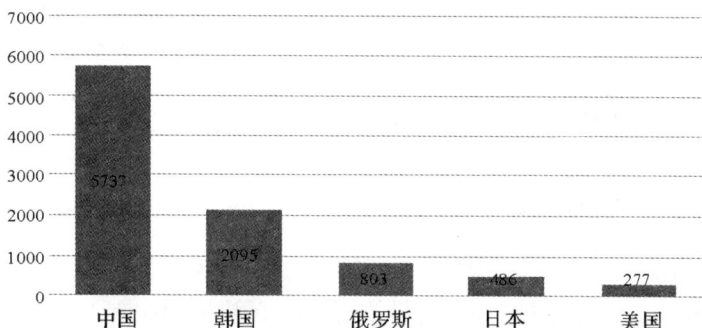

图 3-2　主要国家对蒙古国的投资件数(1990—2011 年累计件数)

资料来源:根据蒙古国外国人投资贸易厅 2011 年统计制成。

第四节　东北亚能源合作

在东北亚的几个国家中,俄罗斯、中国、蒙古有较丰富的资源。俄罗斯和中国石油探明含量共计 894 亿桶,占世界石油探明储量的 7.5%,天然气探明储量共计 50.2 万亿立方米,占世界探明储量的 27.9%。其中,俄罗斯又占据了油气资源的绝大部分。而日本、韩国、朝鲜均十分有限。

东北亚是北美之后的第二大石油消费区,占全球消费量的 27.8%,预计到 2020 年石油净进口量将比 2000 年增加 8 亿吨。在能源需求上,中国是世界第一、日本第三、韩国第六。在天然气进口上,日本是全球第一、韩国是第二。

东北亚地区能源合作主要是指中、日、韩等国共同开发俄罗斯西伯利亚和远东地区以及中亚的石油和天然气,铺设石油或天然气管道。开展东北亚区域能源合作,有利于东北亚各国的能源安全,从而促进地区能源安全。同时,由于东北亚区域经济合作的兴起,为开展能源合作奠定了现实的基础。[①]

由于日本、中国、韩国都是能源进口大国,因此在东北亚建立一个区域性的能源管理组织就显得十分迫切。在中国经济和能源需求急剧增加的带动下,东北亚地区对于石油的需求迅速上升。而与中、日、韩三国经济几乎共同

---

①　朱显平、李天籽:《东北亚区域能源合作研究》,吉林人民出版社 2006 年版,第 13 页。

快速发展的美好前景相反，一旦一国的能源出现短缺，其对经济的影响将给其他国家的经济发展造成巨大的损害。[①]

一、能源状况

（一）俄罗斯的能源状况

俄罗斯是世界上石油储量最丰富的国家之一，其前景及预测量为 723 亿桶，占世界总储量的 6.1%，居世界第七位。石油资源主要分布在西西伯利亚、东西伯利亚、远东地区。2010 年俄石油消耗为 1.62 亿桶，俄能源消费仅占总产量的 1/3。20% 的 GDP 来自燃料动力综合体，而石油占 1/2。俄石油出口的总量占世界第二位。俄天然气储量居世界第一，储量占世界的26.7%，天然气产量占世界的 21.9%，世界第一，消费占 14.7%。[②] 2004 年俄天然气产量为 5891 亿立方米。但开发缓慢、开发很不充分。

（二）蒙古能源状况

蒙古拥有丰富的煤炭、石油等资源储备。但缺乏勘探开发能力，导致能源需求很多靠从国外进口。蒙古煤贮量在 20 亿～100 亿吨。有储量惊人的塔旺套勒盖煤田，生产潜力为 50 亿吨。蒙古年耗煤 710 万吨，耗燃油 50 万吨，绝大部分从俄进口，电力大部分也由俄罗斯供应。[③]

（三）朝鲜的能源状况

朝鲜是贫油国。2004 年石油消耗在 600 万吨（全靠进口），煤耗4500 万～5000 万吨。据预测，2010 年朝需石油 1500 万吨、需天然气 100 亿立方米。能源方面，主要包括煤和比较丰富的水力资源。据估测，在与中国渤海相邻的西朝鲜湾海底至少蕴藏着几十亿桶原油。但朝鲜财政困难，开发难取得进展。[④]

（四）中国的能源状况

中国是亚洲最大的石油消费国。中国石油进口消费 2007 年已经增至总

---

① 谷树忠：《日本中东能源外交简析》，载《现代国际关系》2004 年第 7 期，第 17 页。
② 周茂荣、石兵兵：《俄罗斯与东北亚天然气合作》，载《东北亚论坛》2008 年第 4 期。
③ 蒙古资源概况，中国驻蒙大使馆经商处，2007 年 2 月 24 日。
④ 中国外交部网站：http://www.fmprc.gov.cn/，2007 年 9 月 17 日。

耗油的 1/2,成世界第二大原油消费国。

中国的石油资源状况是:至 2004 年底,全国探明原油储量是 171 亿桶,占世界总探明储量 11886 亿桶的 1.4%,居世界第 12 位,石油储采比为 13.4 年,低于世界石油平均储采比(40.5 年)。在天然气资源的状况方面,2004 年中国天然气探明含量 2.23 万亿立方米,占世界 1.2%,储采比为 54.7 年,低于世界天然气平均储采比(66.7 年)。中国的能源储采在区域上有巨大的不均衡性,这突出表现在其大区构成上。东部区石油集中分布于东北、华北;西北区油和气的资源量均居中国重要地位;海域占有重要地位,其能源量低于西北部油田的储量;南方和西藏区能源量相当低。北方油田储量相对丰富,分布范围大致在东北地区、西北地区和华北地区。①

（五）日本的能源状况

日本是能源小国和消费大国,油气十分贫乏。日本通过多元化战略、核能、引进天然气、促进节能、建战备石油储备等措施,强化能源安全。2010 年日本石油需求 2.8 亿吨,天然气需 6500 万吨,其需求总量巨大。

截至 2003 年 1 月 1 日,日本探明石油储量为 798.99 万吨,不足全球一天的石油产量,天然气储量约为 400.16 立方米,大多数在日本沿海,其产量仅占全国石油需求量的 0.2%。全国石油需求量的 99.8%、天然气需求的 90.9% 依赖进口。日本的油气资源在海外,市场在国内。目前日本石油公团支持的石油公司所掌握的海外份额石油储量为 5.73 亿吨,天然气 3367 亿立方米。正因为这样,日本于 1967 年成立了日本石油公团。

目前,除了在中东保持传统的"大买家"优势外,日本还执行着能源来源分散化战略:在大洋洲与澳大利亚进行天然气领域合作开发;在东南亚继续与印度尼西亚、马来西亚进行将近 30 年的天然气项目的合作;在俄罗斯远东能源勘探开发项目上,瞄准了萨哈林地区(库页岛)油气田工程和俄罗斯远东输油管道管线的铺设走向;积极参与非洲几内亚湾和中亚里海油气田的勘探开发。②

---

① 李俊峰:《中国能源发展战略问题再思考》,载《中国能源》1996 第 5 期,第 71 页。

② 舒先林:《中国石油博弈与竞争下的合作 》,载《东北亚论坛》2004 第 1 期,第 11 页。

(六)韩国的能源状况

韩国是一个能源资源贫乏的国家,没有石油和天然气探明资源,100%的石油和天然气依靠进口,为世界第四大石油进口国、第二大液化天然气进口国(仅次于日本)。但同时它是世界上第十大能源消费大国,2004年的天然气消费量是316亿立方米,据预测,到2010年石油需求达1.28亿吨。到2020年对天然气需求量可能翻一翻。2005年石油和其他能源产品进口额达496亿美元。长期的石油政策为在全球进行石油勘探,截至2002年6月,韩国国家石油公司在海外的勘探和开发项目共18个,分布在全球的也门、委内瑞拉、利比亚、越南等13个国家。2003年5月在蔚山东南方向58公里的海上勘测到天然气田,命名为"东海一号",蕴藏量达500万吨,2003年年底,韩国首次开采了自己的天然气。[①]

二、能源合作

(一)概况

近年来,俄韩能源合作取得了积极进展。2004年9月俄石油公司与韩国石油公司签署了合作开发堪察加半岛西部大陆架油气资源的谅解备忘录,俄韩分别持有该项目60%和40%股份。2005年2月韩方与俄石油公司签订了投资1060万美元的石油开采协议,50%的股份由韩国石油总公司掌控。此外,韩国还希望参与俄远东萨哈林三号油气田开发项目。按两国协议,俄准备从2012年或2013年起每年向韩国出口100亿立方米天然气,合同期为30年。俄罗斯有石油公司希望与韩国国家石油公司进行合作以获取进入韩国精炼油市场的机会,并表示给予韩方萨哈林3号油气工程25%的股份作为合作条件。韩国能源总公司与雅库特政府签订了联合开发埃里金斯克煤炭的协议,埃里金斯克煤炭储量为21亿吨,2008年已完成对该项目各项经济指标的评估工作。

俄罗斯科学院副院长叶甫根尼·维利霍夫认为,在21世纪初期,俄罗斯可以保障东北亚地区10%的能源供应,这要求在俄罗斯与东北亚的长期能源协作战略中考虑到建立大型的能源通道,制定各种石油、天然气供应方案。

其实,东北亚区域能源合作已经有了初步进展,区域内有关国家已通过不

---

① 李俊峰:《中国能源发展问题再思考》,载《中国能源》1996年第5期,第31页。

同的方式进行了一些尝试。1990 年亚太经合组织(APEC)能源工作组成立，目的在于推动能源部门对亚太经济与社会福利的贡献，同时减少能源供给与使用对于环境的影响。工作内容主要为：关于能源发展的动态、考察计划与提案的执行情况，提出能源合作方面的新计划等。其旗下成立的"亚太能源研究中心"负责、分析、研究提高能源效率、节能和能源生态等问题。此外，亚太经合组织还建立能源部长会议机制。2004 年 6 月第六届亚太经合组织能源部长会议与会代表呼吁亚太经合组织各成员采取灵活应对措施，加强能源安全合作，保证将继续发展应对短期能源供应遭破坏的机制，同时努力实现长期的能源安全目标。

东北亚能源合作机制的目标是建立东北亚能源多边合作保障机制。在经济全球化日益发展的今天，能源问题不是一个国家的事情，在国际领域开展多边合作才是解决能源问题最根本、最有效的措施。应加快建立东北亚石油安全多边合作保障机制，按照合作共赢的原则实现能源安全。东北亚能源合作体系的主要功能是协调东北亚地区各国间的能源政策与战略。

（二）区域合作

在区域合作方面，中国与日本在石油储备和有效利用能源方面进行了合作，中、日、韩举行了三方环境部长会议。日本于 2002 年 9 月在东盟"10＋3"会议上发出能源合作倡议，提出开设应急能源交流网络，加快石油储备的建设与合作，推动有关亚洲石油市场的共同研究，促进天然气的利用、节能、新能源技术开发。2004 年召开的博鳌亚洲论坛"能源：挑战与合作"圆桌会议，强调了加强区域能源合作对亚洲经济持续快速发展的重要意义。随之召开的联合国亚太经社会第 60 届会议也强调："中国与周边国家携手开展能源合作是一个极具潜力的发展领域"，"亚太地区的能源资源就该整合起来，形成一个供求网络"。

三、天然气管道

在东北亚天然气管线建设合作方面，中俄韩三国已经取得了初步进展。该管道总长度为 4887 千米，计划从俄罗斯东西伯利亚至中俄边境的满洲里，进入中国后经黄海海底至韩国平泽。[①] 该项目计划 2011 年开始供气，供气量

---

① 　徐向梅：《东北亚能源安全形势与多边能源合作》，载《国际石油经济》2004 年第 10 期，第 27 页。

每年达 100 亿立方米。

在共同开发与运输俄远东和西伯利亚油气问题上,共同协商,进行合理、科学的总体规划与开发。由于俄罗斯远东和西伯利亚油气开发需要大量资金,可以考虑由俄、中、日、韩等国以合资形式共同组建东北亚能源发展银行,为俄远东和西伯利亚地区油气开发和管道建设提供国际融资,并将融资规模、未来石油出口与分配配额挂钩。

中、日、韩在三国首脑会谈达成了《关于促进三国合作的联合宣言》的基础上,2004 年在中国青岛举行首次外长会谈,制订以经济合作为核心的"中、日、韩行动战略协调贸易、投资和能源政策。中、日、韩三方委员会强调了加强三方能源合作的重要性,并就一系列重要问题达成共识,并通过了《青岛倡议》。《青岛倡议》强调"能源安全是国际社会共同面临的问题,只有通过坦诚对话、互利合作才能解决。能源合作应成为区域和国际合作的重要组成部分",承诺"亚洲合作对话国将本着相互尊重、平等及互利互惠的原则加强能源对话与合作 ,为亚洲国家的可持续发展争取稳定的能源保障"。这一系列行动意味着,亚洲国家已经意识到区域能源安全的重要性并已经开始向区域多边能源合作迈进。[①]

四、石油管道:俄太平洋石油管道的地缘政治分析

(一)石油资源及产耗

1. 世界石油探明储量

东北亚几个国家中,俄、中、蒙有较丰富的资源。俄罗斯(石油储量占世界的 5.3%)和中国(石油储量占世界的 1.11%)石油探明储量共计 89.2 亿桶(参见表 3-17),两国石油储量占世界石油探明储量的 6.41%。俄罗斯是世界上石油储量最丰富的国家之一,其前景及预测量为 742 亿桶,居世界第七位。石油资源主要分布在西西伯利亚、东西伯利亚和远东地区。

2. 俄、中、日的石油进出口状况(2009 年)

按 2009 年统计,俄是石油出口国,中国的石油自给率只有 45%,其余靠进口(自沙特、安哥拉、伊朗、俄国等国进口),日本是能源小国消费大国,石油全靠进品(参见表 3-18)。

---

① 徐向梅:《东北亚能源安全形势与多边能源合作》,载《国际石油经济》2004 年第 10 期,第 28 页。

表 3-17　世界油储

地　区	2009 年储量（单位：10 亿桶）	在世界的比例（%）
世界	1333	100
北美	73.3	5.5
其中美国	28.4	2.13
中南美	198	14.92
欧亚大陆	136	10.27
其中俄	74.2	5.27
中东	754	56.57
非洲	127	9.58
亚太	42	3.17
其中中国	15	1.11

资料来源：徐建伟、葛岳静：《俄太平洋石油管道建设的地缘政治分析》，载《东北亚论坛》2010 年 4 期，第 54 页。

表 3-18　俄、中、日石油进出口（2009 年）

国家	出　口	进　口
俄罗斯	欧亚地区 80%；出口亚洲 12%；北美、南美 6%	——
日本	——	从沙特 27%；从阿联酋 20%；从科威特、伊朗各 9%；从其他地区 20%
中国	——	从沙特 20.6%；安哥拉 33%；伊朗 11.4%；从俄 7.5%；从阿曼 5.7%；苏丹 6.2%；其他 15.8%

资料来源：徐建伟、葛岳静：《俄太平洋石油管道建设的地缘政治分析》，载《东北亚论坛》2010 年 4 期，第 57～58 页。

3. 石油消耗及产量

按 2009 年统计，俄罗斯石油产量大于消耗（产 4.94 亿吨，耗 1.25 亿吨），亚太消耗大于产量（产 3.83 亿吨，耗 12.06 亿吨）；中国石油消耗大于产量（产

1.89亿吨,耗4.05亿吨);日本全靠进口(产量无,消耗1.98亿吨);韩国全靠进口(产量无,消耗1.04亿吨);美国消耗大于产量(产量3.25亿吨,消耗8.43亿吨)(参见表3-19)。可以看出东亚及亚太石油产耗结构很不平衡。

表3-19　世界主要国家的油产及油耗(2009年)

单位:亿吨

产　　消	地　　区	产　耗　量
产　量	俄	4.94
	亚太	3.83
	中国	1.89
	美国	3.25
消耗	俄	1.25
	亚太	12.06
	中国	4.05(进口2.039)
	日本	1.98
	韩国	1.04
	美国	8.43

资料来源:徐建伟、葛岳静:《俄太平洋石油管道建设的地缘政治分析》,载《东北亚论坛》2010年4期,第57~58页。

4. 俄罗斯石油资源分布及开发情况

一是里海俄罗斯部分,2007年探明储量是9.93亿吨,其潜力较小;二是伏尔加—乌拉尔地区,是老油气开采区,资源锐减;三是西西伯利亚地区,汉特—曼西自治区、亚马尔—涅涅茨自治区探明油气储量200多亿吨,潜力巨大;四是东西伯利亚地区存在较大石油板块,前景广润;五是环俄大陆架地区,远东大陆架、萨哈林北部大陆大陆架油气储量60亿标准吨,北部海域大陆架油气储量1000亿吨,潜力巨大。

(二)俄罗斯太平洋石油管道建设历程

1994,俄石油企业提议修建石油管道。

1995,石油管道项目列入中俄能源协议。

2002,中俄联合声明,明确石油管道项目。

2003 年 3 月,俄签署能源合作计划:建议修建安纳线。

2003 年 5 月,日以 75 亿美元贷款邀俄优先铺安纳线。

2004 年 12 月,俄政府批准东西伯利亚太平洋石油管线。

2005 年 1 月,俄中签订协议,中国向俄方提供 60 亿美元贷款。

2005 年 4 月,俄签署第一阶段修建到斯科沃罗季诺的石油管道命令。

2005 年 7 月,日欲以 210 亿美元贷款及投资换取到太平洋沿岸管线优先建设。

2009 年 2 月,中俄签署从斯科沃罗季诺到中国边境的石油管道协议。

2009 年 8 月,中俄石油管道竣工。

2011 年 1 月 1 日,中俄石油管道投入运营(每年提供 1500 吨石油)。

从上可以看出,石油管道之争是非常尖锐的。[①]

(三)石油管道之争的综合分析及启示

近期来看,中国支线优先建设是俄罗斯当前石油生产供给条件下的最优选择。尽管安大线最先被中俄方面提出,但是这一方案仅在建设成本上具备明显优势,在市场需求、国内带动效应、运输多样性上与安纳线和泰纳线相比均无优势,如表 3-20 所示。安大线提出之时,正逢俄罗斯经历苏联解体后的经济衰退,经济发展对于石油输出有着显著依赖,而国内进行油气开发建设所需资金投入又严重匮乏。在日本没有进行干扰的情况下,安大线建设既拥有中国稳定增长的市场需求,又具备建设任务轻、投入运行快的优势,因此有着明显的优势。但是,随着俄罗斯国内经济的复苏,日本等国的强力介入,安纳线逐渐成为安大线的强大竞争方案。最终确定的泰纳线其实是对安纳线和安大线的一个折中,但是这种折中本质上是对安纳线的认可和支持,不过限于远东地区石油勘探和开采较为滞后,俄罗斯决定先行建设泰舍特—斯科沃罗季诺—大庆的中国支线。这其中可以以更短的时间和更少的投资建成运营,并促使中俄之间达成一系列共识,对中国支线建设起着关键的促成作用。

长期以来,俄罗斯和日本在推进东一太石油管道第二期工程建设上仍有明显的一致性,并会加快这一进程。中俄原油管道建成并投入运营使远东石油出口的管道之争告一段落,标志着两国能源合作进入新的发展阶段。但是东西伯利亚—太平洋石油管道之争并未落下帷幕。日本通过进口俄罗斯远东

---

①　徐建伟、葛岳静:《俄罗斯太平洋石油管道建设的地缘政治分析》,载《东北亚论坛》2011 年第 4 期,第 59 页。

石油实现能源进口多元化的战略不会改变，仍会致力于谋求东—太管线二期工程的加快建设。而且随着俄政府批准东西伯利亚 13 个油田所产原油从 2009 年 12 月开始实行零出口关税，远东石油勘探进程将进一步明显加快，开采规模将不断增长，俄罗斯致力于以石油为能源杠杆实现其利益最大化的意图将更加明显，因此具有更大市场需要支撑、运输多样化优势明显且能够在更大范围内带动国内经济发展的安纳线二期工程仍将是俄罗斯加快推进的重点项目。正如有分析者指出，油气东向出口不仅能使俄罗斯获得又一个振兴国内经济的资金来源，而且可使 2/3 领土在亚洲的俄罗斯得到实现其融入亚太经济圈的良机，并提升其在亚太地区事务上的发言权。在这一方面，泰纳线有着安大线无可比拟的优势。[①]

表 3-20　三条管线方案影响因素的综合分析

	市场需要	建设成本	国 内带动效应	运输多样性	干扰因素	起点—终点
安大线	规模最小	最小	较小	较低	日本等国	安 加 尔 斯 克—大 庆（2400 千米）
安纳线	优势明显	较高	较明显	具备多元出口优势	中国	安加尔斯克—纳霍德卡（3765 千米）
泰纳线	优势明显	最高	效应最大	具备多元出口优势	中国	泰舍尔—斯科沃罗季诺—纳霍德卡（4118 千米）

---

① 　徐建伟、葛岳静：《俄罗斯太平洋石油管道建设的地缘政治分析》，载《东北亚论坛》2011 年第 4 期，第 61 页。

第四章

政治与其他合作

第一节　东北亚政治合作

一、政治合作

东北亚地区至今仍存在着多个领域的复杂争端。争端领域包括领土问题、统一问题、历史问题和安全问题。这些问题涉及各个国家主权、民族尊严和根本利益,是影响国家间关系的重要因素。国家之间常常因为这些争端导致政治关系紧张,甚至发生边界流血冲突。正是由于东北亚地区国家之间存在这些复杂的矛盾,东北亚地区的合作才相对落后于其他地区。鉴于中、日、韩在东北亚地区的地位,这三国的合作非常重要。由于历史和现实的领土、历史、安全等政治争端,这三个国家中任何一国都难独自成为地区合作的主导权国家。正是因为有这些政治争端,东北亚地区的合作还需要借助东盟的力量,通过整个东亚的合作来实现。这些都为未来的东北亚合作蒙上了一层阴影。东北亚的国家安全必须正视这些政治争端问题,从东北亚合作及东北亚一体化的大局着眼来解决这些问题。

东北亚地区的政治格局总体来说是四大国主导的政治格局,同时又有着复杂的三角均势格局,即美、中、俄关系,美、日、中关系,中、日、韩关系。东北亚地区的这种格局特点是东北亚各国奉行政治外交战略的肥沃土壤。不仅大国关系需要利用政治格局来平衡,中小国也在利用政治格局谋求更大的战略空间。韩国"东北亚均衡者"设想的提出,蒙古"多支点"外交,朝鲜的核游戏等,都是在利用东北亚美、中、日、俄四大格局来维持国家之间的制衡关系,提升本国的国际地位。在东北亚地区尚未走出互不信任的政治困境之前,建构东北亚地区各国之间的政治合作,有益于维护东北亚地区和平与稳定。

二、政治互信

可以相信,如果东北亚相关国家和地区能够在图们江地区合作开发、朝核六方会谈、建立中日战略互信三个方面做出切实的努力,通过东北亚政治合作的制度建设,通过领导人的决心和信心,通过全面的、规范的、畅通的信息交流,随着东北亚国家交往的范围和规模的扩大,真正建立东北亚国家之间的政治互信和共同价值观并非遥不可及。

第二节　其他合作

一、日本对华 ODA(政府开发援助)

日本对华 ODA 包括:日元贷款、无偿资金援助和技术援助等。

第一,日元贷款是日本对华 ODA 的重要组成部分,主要针对我国的基础设施建设、综合性环境治理等方面提供援助性资金。在 1979—2000 年间,日本先后向中国提供了四批日元贷款,金额达 2.58 万亿日元。其中第一批日元贷款(1979—1983)金额为 3309 亿日元,第二批(1984—1989)金额为 4700 亿日元。这两批贷款主要用于铁路、港湾、电力、通信网等基础设施建设。1990—1995 年,日本对华提供第三批日元贷款,金额为 8100 亿日元,其使用范围扩大到化肥厂、农业灌溉和机场建设等领域。1996 年起日本开始对华提供第四批日元贷款,金额为 9700 亿日元,使用范围逐步向环保、农业、扶贫开发等项目倾斜,如转让废弃物再生处理技术,修建大坝工程等。

中国利用日元贷款实施的具有代表性的项目有:北京首都机场扩建工程、京秦铁路、南昆铁路、上海浦东机场、武汉长江第二大桥、内陆地区光缆建设、北京污水处理厂以及天津、上海、广州电话网络扩建和重庆、大连、贵州等环保示范城市项目。自 2001 年起,日本将对华日元贷款改为单年度决定方式,每年根据 ODA 预算情况决定贷款额。进入 21 世纪以来,日本对华贷款逐步递减,2003 年中国已从日本第一大受援国地位降至第三位,日本贷款于 2008 年终止。截至 2005 年度,以交换公文为基础统计的日对华日元贷款额为 3.3165 万亿日元(日本外务省资料)。

第二,无偿资金援助。日本对华无偿资金援助主要投向农业、医疗保健、环保、教育、扶贫、人才培养,增进相互理解和交流方面。利用日方提供的无偿资金建设的代表性项目有中日友好医院(约 160 亿日元)、中日青年交流中心(约 101 亿日元)、中日友好环境保护中心(约 103 亿日元),尽管每个项目的规模不大,上限为 1000 万日元,但它是以大使馆、总领事馆为直接窗口,实施手续比较简便,可迅速满足农村和贫困地区居民的需求,有利于提高社会福利水平,因而获得当地有关方面的较高评价。到 2005 年度,以交换公文为基础统计的日对华无偿资金援助额为 1471.7 亿日元(见日本外务省《ODA 白皮书》2006 年版)。

第三,技术援助。日对华技术援助主要包括接受进修人员、派遣专家或青年海外协力队员、提供器材、专项方式技术合作(将前面的方式结合在一起的综合性项目)和开发调查等多种内容,其范围十分广泛,从医疗和饮用水等基本生活领域到计算机技术和法律制度等。到 2005 年度,日对华技术援助额为 1557.6 亿日元,其中,接收进修人员 18146 人,派遣专家 5694 人,派遣青年海外协力队员 612 人,提供器材相当于 267.6 亿日元。

除上述对华双边 ODA 外,日本政府还以其他形式开展对外援助,如日本国际协力银行提供约 220 亿美元的无附加条件中期(2010—2016 年)贷款,通过向世界银行、亚洲开发银行等国际金融机构提供资金等方式进行间接性援助。

二、安全合作

(一)关键因素

东北亚是当今世界地缘政治和大国战略交互作用最集中的地区之一,故东北亚地区以其地缘政治的重要性、安全结构的复杂性,自近代以来一直是国际政治的热点区域。简要回顾一下历史可以发现,近代以前的东北亚地区的国际秩序是中华帝国所主导的"华夷秩序",即中华帝国为中心的辐射关系,中华帝国与领国之间建立"朝贡"制度。而中日甲午战争后,沙俄在东北亚区域秩序中居于主导地位,日俄两国的矛盾和斗争成为东北亚国际政治关系中的中轴。一战后,华盛顿体系规范着东北亚国际关系,日美之间的长期对峙成为东北亚地区政治的突出特点。二战期间,日本曾一度控制着东北亚。冷战时期,东北亚地区成为美苏两大阵营对垒的阵地。冷战后,由于苏联的解体及其继任者俄罗斯在东北亚地区的影响力的急剧下降,美国主导、美日韩共助体系支撑主控着东北亚大部分地区。

东北亚地区正面临着某种历史性变局。东北亚地区的安全局势大体具备四大特点,可以用四句话来概括,即,冷战的遗产尚未清理,热战阴影又开始笼罩,所谓"冷战加热战";历史的包袱尚未甩掉,现实的矛盾又开始激化,所谓"历史加现实";传统的安全问题尚未解决,非传统的安全问题已开始凸显,所谓"传统加非传统";经济一体化势头最被看好,政治关系的疙瘩却"剪不断理还乱",所谓"经济加政治"。中日关系摩擦与中韩关系紧密,中美关系趋缓与俄美关系趋紧,台海局势和朝核危机僵持不下等现象,都是东北亚安全局势的具体表现。

当前,围绕朝核问题,美国与朝鲜及中国、韩国、日本等国之间进行的战略角逐,使东北亚地区安全环境发生了重要的变化,建立安全合作体系已成为东北亚各国安全政策的基本取向,但各国的侧重点不同。各国政治制度、经济模式和文化传统各异;中国综合国力明显上升;日本谋求发挥独自的政治、安全影响;朝韩力量对比差距进一步拉大;韩国努力增加美韩联盟的平等色彩,谋求成为"东北亚中心国家"、并在解决朝核问题中发挥主导性作用;俄罗斯利用其在东北亚政治和战略中的独特地位,积极推动、参与多边安全对话,支持建立东北亚无核区和朝鲜半岛南北统一进程;蒙古奉行"第三方外交",进一步突出自己的独立地位,并试图发挥影响力,这使得东北亚区域呈现出错综复杂的战略态势。著名的国际政治学者罗伯特·基欧汉认为:"旧的机制所培育出来的相互信任感将促进新的国际机制,机制很少是从混乱中出现的,相反它们是相互依靠的,促进国际机制形成的激励因素取决于共享或者共同利益的存在。"①

与此同时,美日韩南方三角同盟并未对朝鲜半岛的变化做出相应调整。相反,美国从其冷战后东亚乃至全球安全战略出发,加强了与日韩的军事合作,继续维持在日韩的大规模军事存在。并且,美国为提升与日本的安全合作关系,1997年美、日又推出新《美日安全合作指针》。新指针扩大美日安全合作范围,将包括朝鲜半岛在内的日本周边地区事务也纳入双方军事合作范围。2005年,美日"2+2"会议将台海问题纳入共同安全保障涉及的范畴,并正式于2006年部署战区导弹防御系统。与此同时,美国继续重视与韩国的关系,将美韩安全合作视为"朝鲜半岛和东北亚稳定的中心"。这样东北亚局势虽然

---

① 孙茹:《七十年代美韩安全关系中的撤军问题》,载《太平洋学报》1998年第4期。

全球冷战的结束而大缓和,但是美国继续保持了在东亚地区的 10 万驻军。[①]

　　综上所述,随着冷战的终结,朝鲜半岛冷战安全体系发生严重失衡。北方三角同盟解体,美日韩三角同盟却继续存在并且加强,朝鲜国家安全受到威胁,曾经是国际冷战前沿的朝鲜开始独立承担来自美日韩三方军事同盟的压力。由于美国是美日韩三方中的领导核心,美国成为影响朝鲜国家安全的关键因素。面临生存危机的朝鲜为了改善自己的安全环境,采取一系列非常举措(包括核计划)以应对危局。国际局势的变迁动荡使得朝鲜半岛局势充满不确定性和突发性。目前朝鲜半岛上的大国关系和战略结构尚未定型,仍处在调整时期。未来新的结构以过去的南北三角对抗为体现的可能性越来越小。

(二)多边合作

　　基于合作安全理念的多边主义战略,在地区内存在结构性安全困境的背景下,采取对抗性博弈策略,只能导致东北亚安全局势的恶化和国家安全威胁的加剧,不符合中国现实的安全利益。在霸权安全、均势安全、同盟安全、集体安全等安全模式都不具备现实性和可行性的情况下,合作安全是唯一适应东北亚地区安全结构的战略途径。对话合作、求同存异、协商一致是中国安全利益护持的有效战略;增强区域内国家间的安全合作,发展多边外交,构建东北亚多边安全合作机制是中国安全利益护持的可行性措施。

　　机制理论方面最有影响力的罗伯特·基欧汉在他的著作《霸权之后》[②]中论述道,国际机制是世界经济的一个必不可少的一个必要部分,能够促进世界经济的有效运作。各种机制所要履行的任务包括减少动荡,尽可能降低交易成本和防止市场失灵。以自我为中心的国家建立国际机制,就是为了增进个人利益和集体利益。即使可能是在处于支配地位的大国的压力下建立了某种机制,基欧汉认为。随着时间的推移,有效的国际机制也会呈现自己的活力。而且,当国家看到了国际机制的成就,他们就会"懂得"改变自己的行为,甚至重新确定本国利益。因此,按照基欧汉的分析,国际机制是维持和稳定世界经济所必需的。

　　[①]　何志工、安小平:《东北亚区域合作——通向东亚共同体之路》,时代出版社 2008年版,第 296 页。

　　[②]　Robert O. Keohane, *After Hegemony: Cooperation and Discord in the World Political Economic*, Princeton: Princeton University Press, 1984.

(三)地区整合

基于共同安全理念的地区主义战略。地区性问题特别是非传统安全问题的涌现，使得包括中国在内的任何国家面临着共同安全威胁，存在着共同的安全利益。安全问题的地区化趋势，使得包括中国在内的任何国家都无法脱离地区安全去谋求本国安全。只有将两者结合为一体，整体考虑、统筹谋划，谋求东北亚地区共同安全，才能真正维护和实现中国的东北亚安全利益。在这一理念的基础上，地区主义战略成为维护这家安全利益的可行选择。东北亚地区主义实践目前还处在较低的发展阶段，中国应积极参与和推进区域一体化进程，推动东北亚由安全复合体向安全共同体的逐步演进，为中国的长远安全和东北亚地区的持久稳定奠定基础。[①]

东北亚是一个对中国安全利益极其重要的地区，东北亚安全利益的维护与实现，是中国国家安全利益护持基础性内容。实现中国在东北亚地区的安全利益，应以综合安全的视野为基础，厘清政治、军事、经济、生态等各项领域安全利益的内涵及其分别面对的威胁与挑战，以此为基础拟定相应的区域安全战略。在战略途径上，可通过超越单极霸权与多极均势的多边安全合作维护国家的当前安全，并通过推进地区安全共同体的构建为国家的长远安全奠定基础。

第三节　东北亚区域合作与东北亚(东亚)共同体

一、东北亚共同体

东北亚建设经济共同体是世界潮流需要。实际上东北亚区域情况来看，这也是一种不可逆转的趋势。为了谋求东北亚区域内的共同繁荣，根本上消除威胁国家安全的因素，确保永久的和平，区域内的国家应该首先构建东北亚共同体。幸运的是，由于中、日、韩三国政府都已经认识到共同体的重要性，都在关心这方面的政策，建立东北亚共同体已经成为一项可以构想和实现的政策与战略方法的重要课题。

---

① 何志工、安小平：《东北亚区域合作——通向东亚共同体之路》，时代出版社 2008 年版，第 488～489 页。

　　近年来东北亚国家学术界有关东北亚共同体建设的讨论很多,其中大多数是由中国、日本、或韩国主办的国际学术研讨会。东北亚地区共同体的建设,实际上已经成为本地区国家(特别是中、日、韩三国)的政治家和学者关心和思考的议题。构建东北亚共同体,可以说是保证本地区持续和平、稳定与繁荣的重要前提条件之一,然而它也是一个十分困难、极其复杂和相当不确定的问题。地区共同体得以建立的一个重要前提是,地区认同或地区意识的形成,所以,要建设东北亚地区共同体,首先就应该促进地区意识的逐步形成,并为此采取不懈的努力。

　　欧洲共同体得以建立的一个重要原因在于,欧洲国家具有相同的价值观念(也是逐步形成的),在此基础上形成了欧洲的地区认同的共同的行为规范与制度。正因为如此,"欧洲"已经不是一个单纯的地理概念,它既是一个地理实体,也是一个观念和文化的建构体。虽然东北亚的主要国家在文化上有一些相似之处,但是在该地区尚未形成相同的价值观念、地区认同以及共有的行为规范和制度,也就是说"东北亚"基本上是一个地理概念,一旦它同时也成为一个观念和文化建构体的时候,那么东北亚共同体就建立起来了。

　　体制建设是参与区域化进程的有关国家有意识地为加强多边合作和地区的某一个目标而进行的建立组织机制的行为。体制建设既包括合作的原则、规范、目标,又包括实现合作目标的运作程序。体制建设除了客观限制以外,主要靠参与国政府的意愿。地区合作区域化发展很大程度上体现在体制建设上。①

二、东北亚区域一体化

　　东北亚区域合作的最终目标是区域一体化。区域一体化的基础是区域共同体的发展和形成一种以区域主义为核心的一整套规范、原则和相应的机制。目前,东北亚地区一体化初见端倪。尽管它还主要反映在小范围的地区经济一体化活动上,而且东北亚各国政府在本地区一体化进程中发挥着"市场增进"功能。这种"一体化增进"功能在政府之间合作组织亚太经合组织(APEC)身上有充分的体现;亚太经合组织作为连接亚太广大地区唯一的一个地区合作组织、其存在本身就具有重大意义。实际上,它在沟通地区各成员间的各种联系方面所起的"隐性"作用非常巨大。这种所谓的"隐性"作用,也

---

　　①　黄风志、金新:《中国东北亚安全利益的多维审视》,载《东北亚论坛》2011年第2期,第10页。

就是政府发挥的"一体化增进"作用。

随着东北亚经济一体化进程的不断加强，以经济合作促进共同利益与互信，为维护共同利益而和平解决争端正成为地区共识。现在中、日、韩正处于建立全面经济伙伴关系的制度框架中，已经加入到讨论非传统安全和反恐的地区安全机制中；朝核问题六方会谈也正逐步走向机制化。目前的东北亚地区，区域整合的步伐虽然缓慢，但会形成普遍认同的行为准则、价值规范，即形成文化共识。而推动文化共识的过程，就是文化的融合过程。

三、东北亚(东亚)共同体构想的指导思想

中日韩对建立东北亚共同体达成共识后，各界对东北亚共同体前景并不乐观。日本是为了摆脱对美国的依赖，应对中国的崛起，提高本国在东亚的竞争力和影响力；韩国是为了摆脱夹在中国和日本之间的"挤在中间"地位；中国更多地从"和谐世界"理念出发，为本国的发展创造和平环境。三国指导思想的相互矛盾影响了三国的切实合作，同时现存的领土问题等都是现实障碍。因此，处理好中日韩的关系，加强中日韩合作是推动东亚共同体获得进展的关键。

(一)关于东(北)亚共同体的指导思想

1. 日本关于东(北)亚共同体的指导思想

日本是最早提出东(北)亚地区合作设想的国家之一，由最初的"10＋1"(东盟＋日本)到"10＋3"(东盟＋中日韩)，再到目前的"10＋6"，即将印度、新西兰和澳大利亚也同时纳为东亚共同体的成员，日本期待建立一个扩大化的东亚共同体，其指导思想概括起来就是：推动与亚洲国家的合作、建立对等的日美关系、应对中国崛起。中国既是日本最大贸易伙伴，又已超越日本成为世界第二大经济体的情况下，日本积极倡导东亚共同体建设，不仅可以借助中国经济增长促进日本经济复苏和繁荣，而且可以通过推进东北亚地区一体化进程，加强与亚洲各国的合作，提升其地区影响力和竞争力，进而提高其国际影响力。

日本希望依靠本国的经济力量和军事力量获得更大的外交空间，降低对美国在安全领域的依赖程度。战后以来，日本政府一直将日美同盟作为外交基轴，并依靠美国保卫本国的安全。这一路线虽然使日本安全得到保障，也使政治上处于依附美国的地位，很难对美国说"不"，甚至为了美国的利益而吃过亏。"日本至今没能步入东亚地区一体化潮流的最大理由，是美国有所顾忌，

以及日本精英中依旧根深蒂固的'脱亚入欧'思想。"为调整自己的作用以适应东亚政治格局的变化,日本一方面希望美日同盟继续存在,另一方面又不希望这一同盟关系制约日本在亚洲和世界实现自己的目标。因此,日本借助推动东亚共同体的建立,即可以充分利用其经济基础和军事力量所具有的战略优势,在相当程度上降低本国对美国的安全依赖,又可以牵制中国在地区安全领域发挥更大的作用,提高日本对地区事务的影响力,发挥地区主导作用,改变其"经济强国、政治弱国"的外交形象。虽然普天间机场搬迁问题以及天安舰事件迫使日本民主党回归日美同盟的老路,美国高调"重返亚洲",进一步加强并深化了日美同盟,但是,这并不意味着日本会放弃外交自主性的追求,不意味着日本会放弃成为"政治大国"的目标,更不意味着日本会改变其"正常国家"的梦想。希望通过加强与东盟的关系与中国展开竞争;又于 2005 年举行的首届东亚峰会上提出了包括澳大利亚、新西兰、印度在内的扩大的"东亚共同体"设想,目的就是要"冲淡"中国的影响力;"推进与澳大利亚、韩国和印度等的防卫合作"也明显地针对中国。从国际形势发展来看,东亚共同体的建立符合日本长远利益,是日本应对中国崛起的一个政策设想。作为倡导者,日本希望在某种程度上主导东亚地区一体化的进程,借此提升或者维持话语权,抗衡日益崛起的中国,保持日本在亚洲的影响力,争取进入联合国安理会,获得更大的权力。因此,日本要借助东亚共同体,保持日美中三国之间相对平衡的发展,在中美之间寻求本国利益最大化,在此基础上一步步参与制定国际社会的框架和规则。①

2. 韩国关于东(北)亚共同体的指导思想

韩国对东(北)亚共同体的建设表现出了积极的态度和合作意愿,在韩国总统的建议下,东亚研究小组和东亚论坛在"10+3"机制下相继成立,韩国在各个组织中都发挥了不可忽视的带头作用。早在 1998 年,韩国前总统金大中就提出了成立东亚展望小组的倡议,并在 1998 年 12 月越南河内召开的"10+3"领导人会议上决定,由来自各国"第二轨道"的学者专家组成"东亚展望小组",向"10+3"会议提出咨询报告。从 2001 年《东亚展望小组报告》系统阐述建设"东亚共同体"的构想以来,"东亚共同体"便成为东亚各国政府和思想库关注的重要问题之一。韩国之所以积极倡导并响应共同体的建议,主要目的是作为东北亚均衡者发挥本国独特的作用。

---

① 张慧智:《中日韩东亚共同体构想指导思想比较》,载《东北亚论坛》2011 年第 2 期,第 13 页。

三星集团前总裁李健熙曾说:"我们像三明治一样被夹在领先的日本和追赶上来的中国之间。如果不能克服这种困境,朝鲜半岛将会受到各种折磨。"因此,韩国试图通过与美国缔结FTA,抢占美国市场份额,利用亚洲最大规模的FTA摆脱处于中日之间的夹心处境,并在与中日的FTA谈判中争取话语权。惨痛历史给韩国留下了挥之不去的伤痛。"韩国自古以来就处在大国之间,受害者意识很强。虽然韩国现已经成为发达国家,但是受害者意识并未减弱,韩国必须为此做好准备。"正因为如此,韩国对周边大国心理非常复杂,一直没有摆脱"夹缝中生存"的心态。

朝鲜半岛正处于连接海洋与大陆的核心地带,韩国积极倡导并筹建东亚共同体,在此基础上还提出了"新亚洲外交",将过去倚重中日美俄的"四强外交"扩大到整个亚洲,一方面要利用本国的地理和经济上的处于中日之间的特点,充分发挥优势,在物流和金融方面将本国建设成东北亚核心国家;另一方面,韩国希望利用所谓中日争夺"东亚主导权"之机,将韩美军事同盟提升为"全面同盟",发挥自身东亚均衡者和协调者的作用,提高韩国的国家形象和国际地位;加强与亚洲各国的合作,超越中日,成为亚洲新兴国家的领导者,成为在国际社会代表亚洲利益的中心国家;利用东亚共同体的平台,寻求解决朝鲜半岛问题,实现和平统一的方案。

3. 中国关于东(北)亚共同体的指导思想

对于"东亚共同体"的建设原则,温家宝总理在2007年1月第二届东亚峰会上提出三点主张:第一、东亚合作应是实现地区共同发展与繁荣的合作。各方要从大家最关心、共识最多的领域开始,从交流发展经验、现代信息和先进技术入手,让各国从合作中受益,逐步增强合作的信心和动力。各方应推动东亚合作朝着均衡、普惠的方向发展,通过双边和多边的务实合作,密切经贸联系,形成互利、互补的合作格局。第二、东亚合作应是促进国家之间和谐相处的合作。要建立一个能够在安定的时候共同发展、在危机的时候共同应对的新型命运共同体。第三、东亚合作就是尊重社会制度和文化多样性、多元化发展的合作。各国要从东亚国家的特点和发展不平衡的实际出发,相互尊重,照顾不同国家的需求和能力,循序渐进地推进合作。以上的三点主张也充分表明了中国在建设东亚共同体过程中的态度,这三项原则也符合东亚各国建设区域合作组织的趋势。

在建设东北亚共同体的发展路线上,中国主张实现这样一个长远目标,要经过一个渐进的发展历程。其中,包括由东亚地区多边对话机制发展为组织机制,从东亚地区功能性合作发展为制度性合作,从经济领域一体化扩展为政治、安全、文化领域的全面一体化。

在经济共同体建设上包括建立跨国联合企业、建立自由贸易区、建立关税同盟、签署自由投资协定、发行地区统一货币、服务和人员自由流动、免签证制度等。

在政治共同体建设上,将发表《东亚宪章》,依据联合国宪章和国际法,确立东亚共同体国家关系的基本准则,包括建立和睦、合作、和谐的国家关系。建立东亚共同体的组织机构,包括东亚共同体首脑理事会、东亚共同体各部长理事会、东亚共同体秘书处等机构。

在安全共同体建设上,签署《东亚安全条约》,建立东亚共同体安全空间。各成员国承担义务,不支持第三国对成员国主权和领土完整可能构成的军事威胁,不向第三国的侵略行动提供军事基地或后勤援助,互不侵犯、互不使用武力或以武力相威胁,以和平方式解决国家间争端。开展非传统安全领域的广泛合作,共同维护东亚地区的和平与稳定。建立东亚安全合作委员会,协调解决各国间的矛盾、冲突与争端。建立东亚文化共同体,相互开放教育、旅游、文化市场,扩大文化和教育领域的广泛交流。

(二)指导思想的共同点及障碍

1. 共同点

第一,三国都认识到建立东北亚共同体对地区发展的重要性。东亚共同体有助于提升东亚地区各国竞争力,保证东亚地区经济发展与繁荣。在经济全球化和区域一体化浪潮中,深化东亚地区一体化,为商品、资本、生产、技术、服务自由流通创造良好的环境,可以降低交易成本,扩大经济发展潜力,提高各国经济竞争力。在欧盟和北美自由贸易区一体化进程不断扩大和加深的形势下,为保证东亚地区的经济活力,提高域外竞争力,推动东亚共同体建设是大势所趋和必然选择。

第二,三国都认为东亚共同体应本着"先易后难"的原则,首先从相对容易的经济领域开始。因为三国经贸关系不断扩大,相互间的经济依赖程度日益加深,以经济合作为基础拓展东亚共同体的其他内涵和领域,有利于促进地区域内的繁荣。

第三,当前国际形势正处于大变化、大调整时期,这次全球金融和经济危机更加促进了国际体系的重大转型。建立东亚共同体有助于加强各国在传统安全和非传统领域的信任与合作。

第四,建立东亚共同体有助于建设公正、合理、合作、共赢的地区新秩序。

当前,东亚地区经济迅速发展,正成为世界经济发展三大中心之一。这次因美国次贷危机引起的全球金融危机发生后,国际社会要求改变不合理的国际金融秩序,加强金融监管,调整货币发行,建立超国家储备货币。为共同应对金融危机,保持经济稳定,东亚地区已经开展域内金融、货币、贸易、投资各领域的一体化合作,包括建立外汇储备基金,实现"清迈倡议"多边化,实行贸易本身结算,推动建立亚元。

第五,三国都明确东亚共同体是个长远目标,不会一蹴而就。因为东亚地区的特点是经济发展水平的不平衡性,发达国家、转型国家、发展中国家多种经济体并存,文化和文明多样化,建立东亚共同体的地区共识有一个不断形成的过程。此外,还有国际体系转型和东亚地区秩序变化带来的许多不确定因素。

2. 障碍

第一,中日韩三国对东(北)亚共同体的指导思想存在着相互制约的矛盾。日韩两国都从本国利益最大化角度出发,考虑如何对周边环境的变化,尤其是中国崛起带来的不适应使这两个国家在指导思想上都包含着利用和牵制中国的意图,即要在经济上依赖中国的高速增长带动本国经济发展,又要在安全上依靠美国牵制中国;而中国的指导思想核心是如何突破遏制,在经济、政治、军事、社会等领域全面提升中日韩合作,破解美国在东亚双边军事同盟的压力。

第二,关于对中日韩三国合作障碍的认识。中日韩互为重要的贸易和投资伙伴,但三国合作水平严重滞后于各自与东盟的一体化合作。其原因是多方面的,其中,历史问题、安全困境、政治互不信任、领土和海洋权益争端,日美、韩美双边军事同盟关系等,都成为深化一体化合作的严重障碍。

第三,东北亚共同体主导权之争。事实上,考虑到美国对东亚的影响力,真正要夺取主导权、有能力夺取主导权的是美国。对于中日韩来说,三国合作对东亚共同体建设发挥着至关重要的推动作用,走出安全困境是加深中日韩合作的重要前提。中日韩都处于重新定位和政策调整时期,应确立和睦共生、平等互利、合作共赢的理念。东盟在东亚合作中占有主导地位、即实至名归,也极其敏感和重视。虽然东亚经济重心确实倾向于东北亚,东盟有"小马拉大车"的局限性,但从东亚国际政治的现实出发,东盟仍是东亚合作的核心。在东亚共同体尚未形成的情况下讨论主导权问题,只会加重各国间的矛盾和警戒之心,不利于区域合作的进展。

第四,美国因素的影响。美国是世界超级大国,亚太地区在其全球战略中占有重要地位。随着亚太地区经济的迅速发展,美国的战略重心已经东移。

美国通过与亚太地区国家的双边军事同盟、亚太经济合作组织等地区机制，积极参加亚太地区事务，并谋求主导地位。美国除了有限支持地区的一体化进程，消极对待"东亚共同体"之外，还采取了一个重要的战略，即支持和推动跨地区的一体化进程，利用泛太平洋伙伴关系协定（Trans-pacific partnership，简称 TPP），在政治上将美国与亚太地区"法定地"紧密联系起来，经济上将东亚和美国共同"嵌入"到亚太市场中去。虽然 TPP 尚不完善，短期内难以奏效，但如何处理与美国的关系、以何种态度对待 TPP 与东亚共同体，已成为影响东亚共同体建设的重要因素。

（三）挑战与愿景

首先，经济领域尤其是金融领域仍是推动中日韩合作进一步深化发展的首先。自从中日韩与东盟"10＋3"合作机制起步以来，已经共同建立 800 亿美元的东亚外汇领略基金，加上 2008 年年底中日韩共计 600 亿美元的货币互换，以及 2009 年 2 月东盟"10＋3"特别财长会议决定的将东北亚外汇储备基金规模进一步增加 400 亿美元，东亚官方金融合作规模目前已达到 1800 亿美元水平；2010 年 5 月中日韩与东盟决定建立初始规模为 7 亿美元的区域信用担保与投资基金，以促进地区本币债券的发行。为应对美国"以邻为壑"的倾向政策，中日韩虽然分别采取了相应措施，但是相比之下，中日韩建立减少对美元依赖的货币合作机制能够更有效地应对美元为本位的货币体系的缺陷。中日韩三国如果能建立经常性货币合作机制，就会加快区域货币合作步伐，维护各自的货币稳定和金融安全，为世界金融货币体系改革做出贡献。

其次，进一步加强彼此的政治互信度，是决定东亚区域合作未来的关键因素。中日韩应走出历史阴影和安全困境，放弃由哪一国主导的旧思路，妥善解决存在的各种分歧和争端，相互支持对方和平发展，积极开展安全领域的对话与合作。中日韩文化即有同源性，也存在差异，应当彼此尊重、相互借鉴；不断扩大人文和社会交流，培育各国人民间的友好感情，化解民族主义的负面影响；着眼于促进亚洲和平稳定和繁荣，进一步加强在国际和地区事务中的沟通与协调，共同支持东盟一体化进程；共同应对气候变化，金融风险、能源安全等全球化问题，更好地维护共同利益。

最后，建设东北亚共同体应确定循序渐进的发展路线图。目前，中日韩合作水平仍然有待提高，构建政治安全共识，加强对话机制与合作制度建设是深化中日韩合作的重要方向。发展中日韩合作会遇到各种问题和障碍，考虑到东亚地区和多样性与复杂性，实现东亚共同体目标要经过一个渐进的发展历程。其中,包括由东(北)亚地区多边对话机制发展为组织机制,从东亚地区功能性合作发展为制度性合作,从经济领域一体化扩展为政治、安全、文化领域的全面一体化,逐步形成东北亚经济共同体、东(北)亚安全共同体和东北亚社会文化共同体,最终实现东北亚区域一体化。

四、东北亚合作的最终目标

当前,东北亚格局战略要素独有的政治冷而不僵,经济热而不统,文化同而不合的矛盾与调和特征之中。

尽管东北亚地区由于历史的原因和现代的政治对立,区域的组织化程度还没有很好地解决,但是超越意识形态和政治局限而日益活跃的经济关系,则显示东北亚正在缓慢地向区域一体化方向发展。加强区域合作、实现共同繁荣并最终建立东北亚共同体已成为东北亚乃至东亚各国的共识。另一方面,尽管通过双边和多边对话的协调与合作,建立东北亚区域安全竞争与危机管理的有效机制符合有关各国的共同利益;但在处理历史遗留问题、建立相互信赖关系、推进区域政治与安全的稳定、扩大区域合作等问题上,有关各国的认识和行动并不一致。

"溢出"这一概念最早由哈斯引入经济学,认为"溢出"主要是指一个地区组织的任务将随着该组织从已经和正在执行的各种任务中获得的而不断发展的过程,即本身能动的扩展。① 简单地讲,溢出是一种自下而上、自主、能动的发展过程,初始的低级任务能够引起高级的连锁反应。新功能主义的基本观点是溢出产生的压力使国家之间在经济、技术等功能性领域的合作可以扩展至政治领域,并逐渐发展深化,最终形成超国家权力机构。

所以根据新功能主义的"溢出效应",东北亚各国应从多层次、多角度推进区域合作。具体可分为以下三个步骤:第一,次区域合作推进。在整个东北亚区域合作条件尚不成熟的情况下,进行次区域的经济合作还是比较现实的选择。事实上,东北亚地区近几年来正在形成或可望形成的几个次区域合作点有:图们江三角开发地带、环渤海经济合作、中俄蒙沿边合作地带、环日本海经济圈等,次区域合作的成功将产生示范效应和扩散效应,推动整个东北亚区域经济合作的发展。第二,区域间合作推进。在东南亚的区域合作进展迅速的情况下,东北亚各国应充分利用东南亚现有的合作模式和合作机制,积极加入

---

① 邱芝:《欧盟一体化发展的溢出效应》,载《世界经济与政治论坛》2005 第 1 期,第 12~15 页。

其中,一方面可以淡化东北亚国家间的政治摩擦和对立情绪;另一方面可以获取巨大的经济财富,通过"溢出效应"提升合作的愿望。第三,能源合作推进。能源合作是东北亚区域最具潜力的项目合作。该地区俄罗斯拥有丰富的石油、煤炭、天然气等能源储量,而中国、日本、韩国都是能源进口国,这种互补性使得该地区在能源合作方面很广阔。而这种能源合作的成功能够对其他领域产生强大的示范效果。

近年来,东北亚区域经济合作取得了较大进展,在关于合作的发展前景和模式方面,各国学者进行了积极的探索。尽管东北亚区域经济合作面临着诸多障碍,各国间政治关系复杂,社会差异巨大等,然而,在近年来的合作实践中,双边或三边合作在清除障碍、提高区域合作方面却取得明显的效果,形成东北亚区域经济合作的新态势。在多边合作中,经济合作带有一定的代表性,实效鲜明,对其进行探讨,深入研究新形势下东北亚区域合作的发展模式不无裨益。

大东北亚区域格局中构建共同繁荣与和谐的东北亚区域,作为促进区域政治与经济的稳定与合作、推动区域一体化和各国社会政治经济共同发展的基本原则与终极目标。这不仅符合现实的地缘政治需要,也符合未来东北亚经济合作和东北亚一体化的目标。

东北亚区域合作体现了东北亚历史发展的客观要求和东北亚各国的长远利益,是东北亚地区实现长久稳定、和平与共同繁荣的必由之路,同时也是顺应经济全球化的客观要求。相信在"溢出效应"的指导下清除障碍,通过东北亚各国的共同努力,东北亚区域合作会逐步克服重重困难,取得突破性的进展。

第五章

从政治经济学视角透视东北亚区域一体化模式(共同体模式)

第一节　区域一体化的评价指数

一、评价指数表

从表 5-1 综合指数中可以看出：

(1)东北亚区域内的信息化程度比世界化程度较高,它可以促进知识化社会的尽早到来,促进教育、知识分子作用的扩大与提高,在推进共同体过程中,要强调知识分子、地方政府、教育的作用。

(2)东北亚的高经济增长率、高域内贸易比重,促成较高的区域功能综合指数。这要求我们用政治领导能力来把成熟的功能一体化尽快地转换为制度的一体化,以应对自然灾害与恐怖活动。

二、指数形成的依据

(一)区域内贸易比重

(1)区域内贸易比重不足 10％,指数为 1。

(2)区域内贸易比重不足 20％,指数为 2。

(3)区域内贸易比重不足 30％,指数为 3。

(4)区域内贸易比重不足 40％,指数为 4。

(5)区域内贸易比重超过 40％以上;指数为 5。

(2005 年 EU 达 64.2％,NAFTA 达 43.6％,ASEAN 达 24.9％,东北亚达 23.7％)

表 5-1　东北亚区域一体化评价指数表

评价要素		ASEAN		EU		MERCOSUR		MARTA		东北亚	
		1994	2005	1952	2005	1995	2005	1994	2005	2000	2005
功能综合指数	区域内贸易比重(1)	3	3	3	5	2	2	5	5	3	3
	域内外国人直接投资比重(2)	2	1	1	5	1	1	2	2	1	3
	域内金融领域投资比重(3)	1	2	1	5	1	1	1	2	1	1
	平均	2.00	2.00	1.67	5.00	1.33	1.33	2.67	3.00	1.67	2.33
社会文化指数	文化的共同性(4)	4	4	3	5	3	4	3	4	3	3
	社会平均成熟度(5)	3	3	3	5	2	3	4	4	3	3
	信息化程度(6)	2	4	1	5	1	4	4	5	4	5
	平均	3.00	3.67	2.33	5.00	2.00	3.67	3.674	4.33	3.33	3.67
政治安全指数	政治经济体制的共同性和成熟度(7)	3	3	4	5	3	4	3	4	3	3
	区域内政治安全构造(8)	4	4	5	4	4	4	4	4	2	2
	政治领导能力(9)	5	4	5	4	5	4	5	1	2	3
	平均	4.00	3.67	4.67	4.33	4.00	4.00	4.00	3.00	2.33	2.67
制度的综合指数	部门间合作的进展(10)	4	4	4	5	3	4	3	4	3	3
	区域内统一机构及与贸易投资相关的条约(11)	3	3	3	5	3	4	3	3	1	1
	金融货币合作(12)	1	2	1	5	2	2	1	1	2	2
	平均	2.67	3.00	2.67	5.00	2.67	3.33	2.33	2.67	2.00	2.00
域综合指数		2.92	3.09	2.84	4.83	2.50	3.08	3.17	3.25	2.33	2.58

资料来源:安享道、朴济勋:《以政治经济学观点接近东北亚区域一体化—探索一体化模式与韩国的战略》,KIEP 研究报告书 07—07,第 66 页。

(二)区域内外国直接投资比重

(1)域内外国人直接投资比重不足10%,指数为1。

(2)域内外国人直接投资比重不足20%,指数为2。

(3)域内外国人直接投资比重不足30%,指数为3。

(4)域内外国人直接投资比重不足40%,指数为4。

(5)域内外国人直接投资比重超过40%以上。指数为5。

(2005年EU达71.3%,NAFTA达19.5%,ASEAN达9.2%,东北亚达21.1%)

(三)区域内对金融领域的投资比重

(1)区域内对金融领域的投资比重不足10%,指数为1。

(2)区域内对金融领域的投资比重不足20%,指数为2。

(3)区域内对金融领域的投资比重不足30%,指数为3。

(4)区域内对金融领域的投资比重不足40%,指数为4。

(5)区域内对金融领域的投资超过40%以上,指数为5。

(2005年EU达63.2%,NAFTA达12.7%,SAEAN达13.8%,东北亚达0.8%)

(四)文化的共同性(历史、语言、种族等)

(1)区域内没有同一地区整体性认识的阶段,指数为1。

(2)区域内邻接性而具有同一地区整体性认识阶段,指数为2。

(3)区域内因历史、宗教、语言等共同性而具有同一地区整体性认识的阶段,指数为3。

(4)区域内除历史、宗教、语言等共同性外,因区域内成员自发努力而形成了较高的共同体意识,指数为4。

(5)区域内除历史、宗教、语言等共同性外,因区域内成员自发努力形成了制度化的共同体意识,指数为5。

(五)社会的平均成熟度

(1)社会尚处在近代以前的阶段,指数为1。

(2)在法律、制度等形式上开始形成社会(社会的初级阶段),指数为2。

(3)除法律、制度等形成外,开始自发参与政治、NGO等活动(起始阶段),

指数为 3。

(4)除法律、制度等形成外,公民积极自发参与政治、NGO 等活动(发展阶段),指数为 4。

(5)法律、制度等形成外,公民积极主动参与政治、NGO 等活动(进入法制阶段,即成熟阶段)指数 5。

(六)信息化程度

(1)每 1000 人电话/移动电话拥有者不足 100 人,指数为 1。

(2)每 1000 人电话/移动电话拥有者不足 200 人,指数为 2。

(3)每 1000 人电话/移动电话拥有者不足 300 人,指数为 3。

(4)每 1000 人电话/移动电话拥有者不足 400 人;指数为 4。

(5)每 1000 人电话/移动电话拥有者超过 400 人;指数为 5。

(2005 年信息化指数:EU733,ANFTA515,ASEAN361,东北亚 509)

(七)政治经济体制的共同性与成熟度

(1)是独裁政治体制,不是市场经济的经济体制,政治及经济体制的共同性、成熟度都很低,指数为 1。

(2)主要国家是非"民主"①的政治体制、非市场经济的经济体制,指数为 2。

①政治及经济体制的共同性较高,但成熟度低,指数为 2。

②或政治及经济体制的共同性低,但成熟度属中游,指数为 2。

(3)主要国家虽是非"民主"的政治体制国家,但实行市场经济体制。政治经济体制的共同少,但其平均成熟度较高,指数为 3。

(4)实行"民主"的政治体制,市场经济的经济体制,指数为 4。

①政治与经济体制的共同性多,但成熟度处中游,指数为 4。

②或政治与经济体制的共同性一般,但其成熟度较高,指数为 5。

(5)实行"民主"的政治体制,市场经济的经济体制,其政治及经济体制的共同性多(高)、成熟度高。

(八)区域内政治安全构造

[共同的危机、威胁的存在、历史、领土纷争(纠纷)、主动权的竞争、美国的

---

①　"民主"指外国学者的观点,认识上的"民主"。

作用]

（1）存在共同的危机与威胁，历史与领土纷争、区域主导权竞争，没有外来的积极因素作用，指数为1。

（2）存在共同的危机与威胁，历史与领土纷争、区域主导权竞争，有一项外来的积极因素作用，指数为2。

（3）存在共同的危机与威胁，历史与领土纷争、区域主导权竞争，有两项外来的积极因素作用，指数为3。

（4）存在共同的危机与威胁，历史与领土纷争、区域主导权竞争，有三项外来的积极因素作用，指数为4。

（5）存在共同的危机与威胁，历史与领土纷争、区域主导权竞争，外国（外来）的作用全部都是起积极的、有利的，指数为5。

（九）在政治上的领导能力

（指挥、影响）

（1）统率力（领导能力）很低，国内存在矛盾与冲突，向往较高的领导能力，指数为1。

（2）域内只有部分国家对统一体（共同体）具有领导能力（即赞成），指数为2。

（3）域内大部分国家对统一体（共同体）具有领导能力，但少数主要国家反对统一体（共同体）的建立，指数为3。

（4）域内大部分国家对统一体（共同体）具有领导能力，其他国家不表示反对，指数为4。

（5）域内绝大多数主要国家对统一体（共同体）具有领导能力并成功地实行制度化，指数为5。

（十）域内部门之间合作的进展

（政治安全、经济、社会、文化）

（1）不存在部门间的合作，指数为1。

（2）部门间合作处于初级阶段，指数为2。

（3）三个以上部门间形成合作，指数为3。

（4）多个部门间合作，发展成政府的协议体（政府首脑及部长会议），指数为4。

（5）多个部门间合作，发展成政府的协议体，并进行了深入的讨论，指数为

5。

(十一)区域内统一的机构及有关贸易、投资方面条约的存在与否

(1)不存在区域内统一的机构及与贸易投资有关的条约,指数为1。

(2)存在区域内统一的机构与会议体,指数为2。

(3)存在区域内多国间的FTA,指数为3。

(4)区域内存在比多国间的关税同盟更高层次的,与贸易投资有关的条约、与区域内统一的机构,指数为4。

(5)区域内存在比多国间的共同市场更高层次的与贸易投资相关的条约,存在会员国之间决定共同政策的统一机构,指数为5。

(十二)金融货币合作[①]

(1)不存在金融、货币合作,指数为1。

(2)缔结货币交换协定(为了互相融通资金,两国央行之间进行)等初级阶段的金融货币合作,指数为2。

(3)在货币汇率政策方面形成了合作,指数为3。

(4)实行了共同的汇率政策,指数为4。

(5)使用了共同货币,指数为5。

区域政治,安全指数较低,这是推进东北亚共同体的最严重的消极因素,对此我们应提高对重要性的认识,努力解决。

第二节　与四个区域共同体的比较

一、积极因素

评价指数3分以上为积极因素,2005年的情况:

(1)ASEAN:域内贸易、市民社会成熟度、体质的同一性、地区机构与条约、信息化程度、政治与安全作用、政治的领导力、领域间合作、文化的共同性。

(2)EU(欧盟):域内贸易、外国人直接投资、债券与股份投资、文化的同一

性、市民社会成熟度、信息化程度、体制的同一性、政治与安全作用、政治领导力、领域间合作、区域机构与条约、金融货币合作。

（3）南方共同市场（MERCOSUR）:市民社会成熟度、文化的同一性、信息化程度、体制的同一性、正当安全作用、政治领导力、领域间合作、区域机构和条约。

（4）北美自贸区（NAFTA）:地域机构与条约、文化同一性、域内的贸易、市民社会成熟度、信息化程度、政治安全领域间合作、政治经济体制的共同性、部门之间合作的进度。

（5）东北亚:域内贸易、外国人直接投资、文化的同一性、市民的成熟度、体制的同一性、领域间合作、信息化程度、信息化促使共同体感增长。

二、消极因素（阻碍因素）

只评价指数 3 分一项,2005 年情况:

（1）ASEAN:外国人直接投资、债券与股份投资、金融货币合作。

（2）EU:没有。

（3）MERCOSUR:域内贸易、外国人直接投资、债券股份投资、金融货币合作（金融领域合作）。

（4）NAFTA:股份债券领域投资（金融领域投资）、政治领导力、外国人直接投资、金融合作。

（5）东北亚:政治安全（较低的政治安全度）、政治的领导力、制度领域不具有法力效力的机构与条约。

从以上积极因素与消极因素比较中可以看出:

（1）东北亚共同体条件离欧盟距离很大,但离 ASEAN、NAFTA 条件很近。

（2）只要在金融、政治领导力共同努力,安保领域下大工夫,共同体是可以实现的。

第三节　理论模型与一体化推进战略和模式

一、推进战略

第一阶段（2011—2015 年）推进战略目标:经济合作制度化基础;取得重

点合作事业的成就；创造中日韩缔结 FTA 的条件。

重点事业：重启韩日 FTA 谈判，首先组建中日韩产官学研究会；CMI（Chiang Mai Initiative）多资化、多元化，稳定域内汇率，研讨统一货币；在能源领域扩大韩、朝、俄、中、日合作；出台东北亚经济共同体组织报告书。

第二阶段（2015—2018 年）推进战略目标：经济合作的制度化、正规化；领域间签订协议；东北亚 FTA；把东北亚 FTA 扩大为 EAFTA。

重点事业：韩日、韩中 FTA→中日 FTA→中韩日 FTA；引入汇率稳定机制，为迈向统一货币作准备，建成域内开发合作基金；加强实质性能源合作；在域内开发领域联结 TKR（朝鲜半岛纵贯铁路）—TSR（西伯利亚横断铁路）、TCR（中国东北横贯铁路）。

第三阶段（2019—2021）推进战略目标：向东北亚经济共同体过度及扩展。重点事业：统一货币、统一市场的形成；在金融、财政、贸易领域执行共同规则与政策；超国家的议事机构开始运作。

二、共同体概念与机构

18 世纪的美国、20 世纪的欧洲都实现了共同体，21 世纪该是亚洲建立共同体的时代。

推进目标：2020 年实现东北亚经济共作体（2018 年完成东北亚 FTA、2019 年完成东北亚经济协议体基础上）。东北亚经济共同体有两大支柱：（1）东北亚 FTA；（2）东北亚经济共作体。

为实现经济共同体应做：

第一，提高共同体必要性、必然性的共同认识；

第二，加强区域内人文交流，以提高共同点；

第三，进行共同研究，成立东北亚经济合作研究院。

性质：经济合作体不是政治同盟、安保共同体，而是部门间的协议体、合作体的集合体。

其前提：东北亚的 FTA 俄罗斯必须参与，因俄罗斯远东不仅在地理位置上隶属于该区域，而且在能源、铁路、环境等方面也需要俄罗斯的合作。若东北亚不能缔结 FTA，那只能停留在经济协议体。

为东北亚经济共同体的建立，其保证与关键条件是建立领导和组织机构。近期目标是应设高层管理会议（属下设工作班子和事务局）或者各分委员会（属下设小委员会和工作班子）；中期目标是在高层管理会议之上，建立副总理级会议或建领导各分委员会的部长级会议；最终目标是建立最高领导机

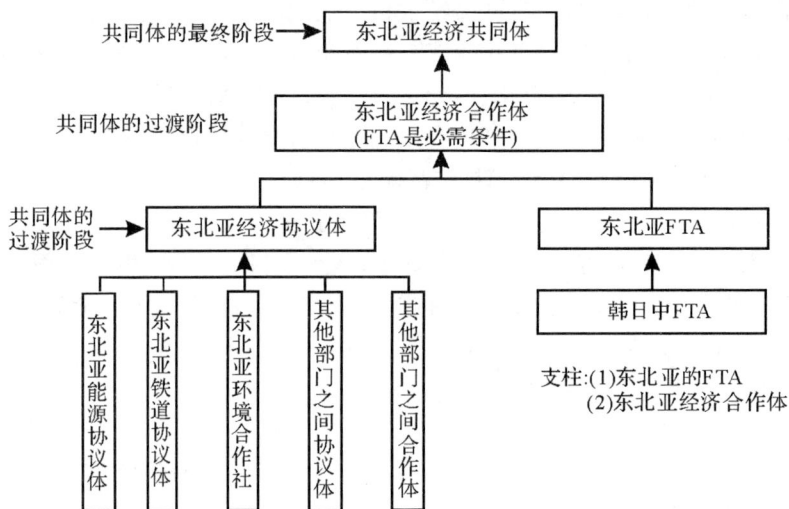

图 5-1　东北亚经济共同体的概念图

资料来源：李昌在、金圣哲等：《为东北亚经济共同体实现的阶段性推进战略》KIEP 政策研究 05－15，第 142 页。

构——首脑会议。即工作班子和事务局→高层管理会议（或各分委员会会议）→副总理级会议（或部长会议）→首脑会议。

三、建立四个协议体

（一）安全协议体

1. 安全协议体简况

东亚现存的安全领域协议体有：ARF（东盟区域论坛），1994 年建立，参加国有韩、朝、美、日、中、俄等 24 个；CSCAP（亚洲太平洋安全合作委员会），1994 年建立，参加国有韩、朝、美、日、中、俄等 21 个；六方会谈机制 2003 年建立，参加国有中、美、朝、韩、俄、日；KEDO（朝鲜半岛能源开发机构），1995 年建立，参加国以美日韩等为首共 13 个国家；NEACD（东北亚合作对话），1993 年建立，参加国有中、美、朝、韩、日、俄六国；TCOG（三边协调与监督小组），1999 年建立，有美、日、韩三国参加；APT（东盟＋中、日、韩），1997 年建立，以中日韩为首的 13 个国家参加。

2. 在安全上应注意的事项

（1）美日同盟对东亚安全的负影响；（2）应签订（在安全领域）保证能源及

战略物资运输合作体(保证海上航运,保证战略物资的运送);(3)构筑经济安全合作体;(4)实行对次发达地区开发援助计划,最大限度地降低域内的政治、军事的不稳定因素,为此,应当建立一个机构来管理;(5)构筑一个预防与消除恐怖、毒品、假币、刑事犯罪等非传统领域的安全机制与机构,在人权领域加强域内的国际合作与沟通;(6)对大量杀伤性武器的开发与武装,各国应采取紧密的合作与协商,以实现域内安全矛盾的发生因素的最少化;(7)"中华经济圈"应加强,沟通域内各国与地区的合作与往来,以消除一些国家对"中华经济圈"的不必要的顾虑。

(二)能源合作协议体

1. 类型与比较

表 5-2　主要区域的能源合作制度比较表

合作体	形态	种类	主要事项
ECSC(欧洲煤钢共同体)1951—2002	超国家的	共同体型	○个别会员国设立独立资格的 High Authority(高层管理机构) ○通过共同目标及共同机构设立共同市场 ○能源、资源、合作的阶段性意义 ○局限的范围:对扩大持慎重态度 ○目的是消除矛盾与对立,设立经济共同体
ECT(能源宪章机构)1998—	政府间	宪章型	○在能源领域制定一个公认的行动原则 ○商业性协商决定 ○以范围更广为目标 ○会员们追求持续扩大
IEA(国际能源机构)	政府间	政府间机构型	○狭窄目标:对 OPEC 战略、对象局限 ○OECD 的联系机构以会员国政府的共同政策作为辅助 ○共同对应紧急事态,最高决策机构,由会员国阁僚们组成
ASEAN—AMEM 东盟会员国部长级会议	政府间	区域一体化型	○推进能源政策的一体化 ○AMEM 东盟能源部长级会议中心 ○设能源领域共同研究机关(ACE) ○推进共同市场

续表

合作体	形态	种类	主要事项
OLADE(拉美及加勒比海沿岸国家能源合作组织)1973—	政府间	区域一体化型	○焦点是技术合作,对能源领域的投资新规则 ○起南美共同市场体的向心作用,还要扩大到区域外
NAFTA—NAEWG 2001—	政府间	区域一体化型	○研究区域能源的影响因素,应对政策与项目、市场开发 ○是北美 NAFTA 会员国之间能源长官协议体

能源合作制度的类型:(1)超国家领域 ECSC(欧洲煤钢共同体);(2)政府间领域(是超国家的,欧盟);(3)政府间协定领域 ECT(能源宪章协议—政府协定)宪章型;(4)地区联合型,国际能源机构 IEA、石油输出国组织 OPEC,北美能源合作集团 NAEWG、ASEAN—AMEM(东盟部长协议组织)、OLADE(拉美加勒比能源合作组织)。(参见表 5-2)

2. 东北亚能源协议体

东北亚能源协议体推进战略内容:(1)2020 年前要完成中日韩商务协议体的建立,商务协议体内容有构筑中日韩石油市场共同价格制和中日韩石油、物流设施的合作等;(2)2020 年建立东北亚能源协议体,其内容有能源合作事宜;(3)中日韩能源市场的统一,争取在 2020 年完成,其内容有:能源统一市场的研究,基本上实现能源市场的一体化,完全一体化。

(三)铁路合作

现存国际铁路合作机构有两个:一为西欧国家 OTIF(政府间的国际铁路组织),会员有 32 个国家,有关运输协定由 COTIE(世界铁路企业协定)制定,其下属机构有 CIM(货物运输协定)和 CIV(旅客运送协定),收费体系是 ETT(按距离比例收费)。二为东欧国家的 DSTD(国际铁路合作机构也叫铁路合作组织),成员有 25 个国家和 5 个观察员国家,有关运输协定由 SMGS(国际货物运输协定)和 SMPS(国际旅客运输协定)制定,收费体系有 ETT 和 MTT (距离逆减制)。

东北亚铁路协议体推进战略内容有三:一,东北亚铁路协议会形成,2014 年完成;二,东北亚铁路示范运行,2014 年完成;三,缔结东北亚铁路运输协定 (2015 年完成)、构筑东北亚铁路协议体(2018 年完成)、构建东北亚铁路合作 机构(2021 年完成)。

四、一体化模式

(一)东北亚区域一体化模式

(顺流长期模式＋逆流短期模式＝东北亚共同体模式)

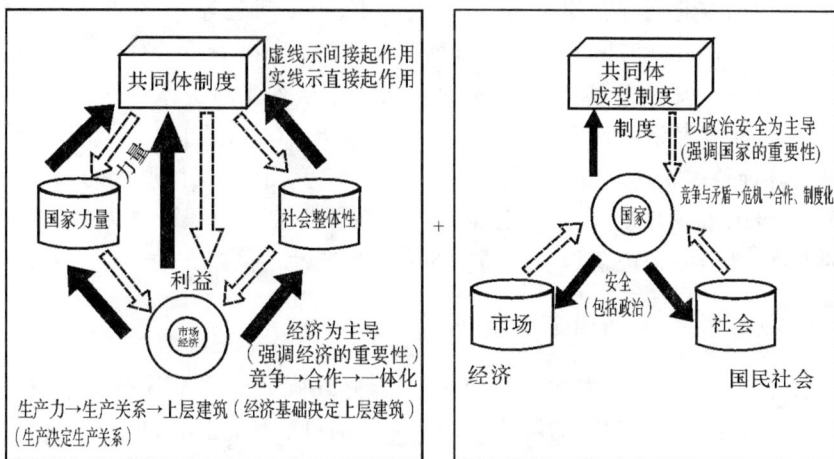

图 5-2　区域经济一体化顺流、逆流模式(左为顺流、右为逆流)

区域经济一体化顺流模式:以利益为主的市场(经济)作用于国家(权力机 关)和社会,最终作用于区域共同体(一体化)的制度。顺流模式强调:竞争→ 合作→一体化、制度化→生产力→生产关系→上层建筑,即生产力决定生产关 系,经济基础决定上层建筑起重要作用的是,经济(即市场)这是长期模式。以 利益至上的市场对国家权力、社会整体性、区域一体化的制度都起长期的重要 作用(参见图 5-2 左侧图)。

区域经济一体化逆流模式:国家(权力)高于市场(经济)和社会,作为一体化的最重要要素作用于共同体的制度和安全。逆流模式强调：上层建筑反作用于经济基础，政治对于经济社会起很大作用，即强调国家的重要作用。竞争与矛盾引起危机，通过国家作用达到合作，出现制度化，强调国家的政治领导权的同时，还强调在社会领域中的知识分子（尤其教育领域）、地方政府的作用（参见图 5-2 右侧图）。

东北亚区域经济一体化模式的依据是：以经济为主导的一体化模式，即顺流模式和以政治、安保为主导的一体化模式，即逆流模式。本模式把各种要素反映到逆流模式里，其特点是在综合（政治社会学、社会经济学、马克思政治经济学）三个学科之间关系的基础上，把国家、社会、市场（经济）整合到模式里。本模式揭示了对三大争论的解决方案：(1)在现实主义立场对东北亚共同体实现的可能性上通过中日韩 FTA，推进市场一体化，注意开发合作、安保合作，提出肯定结论。(2)在经济一体化上，以东北亚为主，在安保合作上，以东北亚为中心（因为东北亚存在朝核问题、领土纷争、历史问题等）。东北亚一体化，关键在于中日韩的经济一体化，中日韩通过经济、文化、社会合作与交流，增进关系，最终达到安保领域的合作，实现东北亚乃至东亚的一体化，强调安保的重要性。(3)在经济合作中需发展制度的一体化。(4)主要阻碍因素是政治与安保，具体而言，朝核问题、中美关系、中日关系等。但共同体形成的积极因素很多，消极因素只有政治、安保与制度等。在各国政府的积极努力、区域内市场的发展、社会的积极参与下共同体的实现可能性还是存在的。

（二）本模式强调国家的作用

强调国家发挥领导力把危机转换成机遇，还强调社会及其教育领域的作用。本模式提出三大问题的解法：(1)一体化的可能性，完全可能，但要由国家领导力量处理好中日韩三国的 FTA 的开发合作，安全合作；(2)东北亚一体化？还是东亚一体化？安全合作以东北亚为中心、经济一体化以东亚为主。没有东北亚中日韩三国的一体化，就没有东亚的一体化，先解决东北亚然后扩展为东亚；(3)东北亚共同体核心问题是复杂的政治与安全问题，各国应集中精力解决。实现东北亚经济共同体的有利因素是世界化和信息技术、高速的经济增长、市场成熟度等。不利因素是政治安保。这是关键，也是核心。

东北亚区域经济一体化模式的依据是：

(1)东北亚经济共同体实现的可能性？有乐观论与悲观论之分。逆流模式指出，把危机转换成机遇，强调政治的领导能力（统率力）（即 Leadership）与意志，对共同体给了一个肯定的答案，同时强调现实主义立场，又很重视实践与转换及开发要素,要求中日韩通过 FTA,推进市场一体化,进行开发合作与安全合作。

(2)共同体的对象,是东北亚,是东亚? 共同体模式告诉我们:安全合作应以东北亚为中心,经济一体化应以东亚为中心推进。东北亚除朝核问题之外,存在教科书问题、主导权问题、历史问题、领土问题、韩美同盟、日美同盟、能源问题等诸多政治、安全问题。再从经济上看,中、日、韩的比重太大了。因此,没有中日韩之间的区域一体化,更谈不上东北亚经济一体化,也谈不上东北亚经济共同体。由此,东亚共同体应以东北亚一体化作为出发点,不仅在经济领域推进,而且在政治、安全领域也要加强合作,并分阶段推进区型一体化。在此基础上把区域一体化扩大到东亚全境。

(3)对东北亚经济共同体的推进,哪个领域是推进共同体的领头羊,是经济? 是安全? 还是社会? 在经济领域功能一体化进展相当快,然而制度的一体化停滞不前,其原因归根结底在非经济领域,主要在政治安全领域。

(4)主导权问题,以中日韩为核心,以中国为核中核。

(三)模式的重点

本模型强调:

(1)把国家的危机转换成政治领导能力(统率力),强调政治领导能力的重要性。

(2)在社会领域,由知识分子和地方政府起重要作用,尤其强调教育的作用。

(3)在市场领域取得进展,但对朝鲜等后进地区的开发援助是必要的。

(4)本模型强调实践与开发要素,具体指中韩日通过签订 FTA,推进市场一体化进程,同时要重视开发领域合作与安全领域的合作。

(5)安全合作应以东北亚为中心,经济一体化应以东亚为中心,推进一体化进程。中、日、韩在东亚中所占经济比重很大,它们之间的政治与安全问题仍存,如没有中日韩的区域一体化,那么东亚的一体化是不可能实现的。

(6)东北亚一体化不仅涉及经济、还涉及政治、安全领域的合作与一体化。而且,在当前情况下,政治与安全已成东北亚一体化的主要障碍。

(四)如何推进东北亚一体化

(1)统一认识,构筑共同体的认识。

(2)对欠发达地区进行开发,应制定并推进其开发计划与援助计划。

（3）在六方会谈框架下设立"东北亚安全合作会议"。

第四节　加强域内经贸合作，破解"东北亚安全困境"

一、东北亚区域内贸易发展缓慢的原因

除了各国间经济规模、经济体制、政治体制、安全体制、法律体制差异很大外，还存在如下几个原因。

回顾历史，无论是日本经济的高速增长，还是韩国和中国的相继起飞，美国始终是这些国家不可或缺的外部市场。实际上，正是美国吸纳了东亚国家输出的大量商品，从需求上带动了这一地区出口工业的发展。目前，处于东亚区域生产网络最终环节的中国已成为日韩两国的重要出口市场。但是，在中日韩的双边贸易中，中间产品占绝大部分，这些中间产品在中国经过组装加工，最终销往美国。因此，从一定意义上讲，美国巨大的消费市场保证了中日韩之间产业内贸易的顺利进行。而中日韩出口导向型发展模式与东北亚最终消费市场的有限规模决定了区域内贸易增长对外部市场的长期高度依赖。

此外，导致东北亚区域贸易发展缓慢的又一重要原因是，该地区大国间能源贸易的巨大潜力未得到充分发掘。尽管同时存在着数量庞大且不断增长的能源需要与能源供给，东北亚能源贸易的总体规模及其在区域内贸易中的比重仍然非常有限。2009年，在世界前十大石油进出口国中，中、日、韩分别位居第二、第三和第六位。目前，俄罗斯原油产量已超过沙特阿拉伯，成为世界第一大产油国，而其天然气储量则居世界第一，产量居世界第二。就出口份额来看，欧洲和独联体始终是俄罗斯的传统油气出口市场。以石油为例，2009年，俄出口欧洲和独联体的石油高达其出口总量的81%，出口亚洲的仅为12%。

从理论上讲，解决东北亚生产—消费双重困境的可能途径有两个：一是通过延伸东北亚区域网络的生产链条，使俄罗斯和蒙古融入这一垂直分工体系。另一个是扩大东北亚地区最终消费市场的规模，从而吸纳中、日、韩三国不断膨胀的生产能力。然而，产业结构的调整与转型并非是一朝一夕之事。考虑到俄、蒙在制造业的长期落后状况，它们对东亚区域生产网络的参与必将经历曲折漫长的过程。在最终消费方面，日韩的国内市场狭小，俄、蒙不但市场狭小而且购买力有限。中国内需规模的扩大与国内经济改革的深化息息相关，

其中涉及收入分配、社会福利与经济增长方式转变等诸多深层次问题。

目前,最有可能提升东北亚区域内贸易层次的领域是俄罗斯与中日韩三国的能源贸易。一方面,俄罗斯具有能源多元化的发展倾向,亚洲已成为其能源外交的发展地区。另一方面,由于经济的迅速发展,中、日、韩的能源缺口呈现不断扩大的趋势。而俄罗斯远东地区的丰富资源无疑为满足三国巨大的能源需要提供了可能。特别是,为了增加资源类产品的附加值,俄罗斯着力发展原材料的深加工贸易,而中国充足的劳动力资源和雄厚的投资能力对于促进俄罗斯经济结构转型具有积极意义。可以预见,俄罗斯和中国能源贸易的大幅度增长不仅有助于东北亚区域贸易的整体扩张,而且将促使区域内大国更加紧密地融入东北亚区域合作。然而推动该地区贸易增长的主要动力将是依托区域生产网络和外部市场的中日韩贸易。

二、东北亚区域内贸易特点对制度化合作的影响

东北亚区域内贸易特点:(1)从区域内流向看,高度集中于中日韩三国,特别是中日两国;(2)从区域内贸易依赖性看,仍然不断增强中;(3)从出口商品结构看,以中间产品出口为主,初级产品、最终产品比重不高,最终产品呈下降趋势;(4)从根本上说,东北亚内贸增长机制同时面临生产与消费双重依赖;(5)尽管东北亚总体经济实力增强,对外贸易急剧攀升,但东北亚地区经济关联密切程度并没有出现同步增长。

从性质上看,推动东北亚区域内演进的主要动力是以追求商业利益为诱导的市场自发力量,而区域合作的机制化是由政府自上而下实施的强制性制度变迁。这种制度变迁的实现是多种因素共同作用的结果,其中,区域内贸易的水平和层次是不可或缺的重要因素。从一定意义上讲,不同的区域内贸易模式将促使区域内国家产生相应的合作需求与动机,进而决定着该地区制度化合作的发展方向。

首先,东北亚区域内突出特点是,区域贸易大国中、日、韩对区域内贸易的依赖性较弱,三国贸易的实现主要依靠东亚区域生产网络和外部市场。其结果是,三国对合作机制的探索并不限于东北亚区域内,而是呈现开放式外向型特征。1997年亚洲金融危机的爆发萌发了这三国在内的东亚多边协商机制。

通过召开一系列领导人会议,中日韩在各个层次和领域均建立起三方对话机制。① 处于"10+3"框架下的中日韩合作明显体现出"东盟主导、中日韩参与"的特点。三国有关合作机制的诸多议题(如签署双边货币互换协议,筹划东北亚外汇储备库)是在包括东盟在内的东亚地区层面上开展的。换言之,中日韩更多的是作为东亚合作、而不是东亚合作的组成部分,正在向制度化方向发展。

其次,东北亚区内大国间不同的贸易模式决定了它们对制度化合作的不同需求,而这些不同层面的需求是很难在统一的合作框架下实现的。目前,中日韩三国通过投资—贸易机制实现了经济上的高度整合和相互依赖。但是三国国内市场开放不均匀、政策法规也有诸多不一致之处。为了促进贸易和投资的自由化,中日韩需要尽早建立自贸区以实现三方共赢。从具体实践上看,2008 年的全球经济危机成为促使中日韩合作走向独立、深化的催化剂。同年12 月,三国领导人首次在"10+3"框架外进行单独性正式接触,在 2010 年 5月的第三次中日韩领导人会议上,三国通过了《2020 中日韩合作展望》。根据这一文件,中日韩三国合作秘书处将于 2011 年在韩国建立。三国还承诺努力在 2012 年前完成中日韩自贸区联合研究,并努力完成三国投资协议谈判。在欧美外部市场逐步萎缩的形势下,中日韩意识到,仅仅依托东亚合作的平台已不足以应付全球经济再平衡的压力。建立自贸区,促进国内改革和转型成为中日韩当前亟待解决的重要问题。

然而对于经济结构单一,过度依赖能源出口的俄罗斯而言,中日韩的自贸区建设显然是走出其参与能力的高水平合作方式。签署自贸区意味着相互开放,这必然伴随着外部的竞争,其结果是本国弱势产业将受到损害。因此,当一国与其他国家间的产业贸易比重很低时,该国面对降低关税、开放市场的国内阻力更会增大。就目前而言,俄罗斯与中日韩的贸易方式是以能源—制成品为主的产业间贸易,而且相对于俄罗斯巨大的能源出口能力和中日韩不断增长的能源需求,它们在能源上相互依赖程度非常有限。因此,俄罗斯对于东

---

① 1999 年第三次"10+3"首脑会议,中日韩举行了首次三国领导人的非正式早餐会。2002 年,"10+3"框架上的中日韩三国首脑会晤成国固定机制。2003 年 10 月,在东亚系列首脑会议上,中日韩三国领导人签署了《中日韩推进三方合作联合宣言》,这是三国领导人首次就三国合作发表共同文件。2004 年,第六次领导人会议通过了《中日韩三国合作行动战略》,它为全面推进各领域合作作出了具体规划。2007 年第七次中日韩领导人会议在菲律宾举行,并发表了《联合新闻声明》。

北亚区域合作的主要需求并不是参与中日韩自贸区建设,而是通过签署双边合作协议或特惠贸易安排,大量引进外资、加快能源产业部门的发展,从而带动远东和外贝加尔地区的经济增长。这方面的突出例子便是俄罗斯政府与中国政府于2009年制定的《中国东北地区与俄罗斯联邦远东及东西伯利亚地区合作的规划纲要(2009—2018)》。[①] 该纲要着眼于依托双边合作来促进中俄国内相对落后的、同时也是参与东北亚合作的前沿地区的开发。

由于大国与小国集团间经济实力和对区域内贸易依赖性的高度不对称,在东北亚地区已形成"小马拉大车"的合作模式。推动贸易一体化的重要因素是,该地区区域内分散在诸多小国之间,并非集中在少数大国之间。因此,对小国而言,它的最优策略是在大国间开展平衡外交,即通过谋求广泛的双边自贸区协定来获得最大利益。显然,蒙古分别与中日韩积极开展的自贸区可行性研究和谈判便是基于以上考虑。[②]

最后,最终消费市场对东北亚的长期外部约束,意味着外部因素在区域合作机制的构建中不容忽视。2009年奥巴马政府提出"重返亚洲"战略。随即,又宣布正式扩大"跨太平洋伙伴关系协定"(TPP)。[③] 上述主张的提出对东北亚区域合作产生了不可估量的震荡作用。目前,日韩正在考虑参加"跨太平洋伙伴关系协定"的讨论并为加入做准备。在东北亚本身机制化合作进程尚脆弱之际,区外力量的竞争性介入无疑增加该地区未来合作发展的变数。

由此可见,不仅从区域内贸易的视角来看,东北亚国家间制度合作的确面临着多重困境。该地区的多数国家在发展区域内贸易之前就与区域外国家建

---

① 2007年8月,俄罗斯政府批准了《俄罗斯远东与外贝加尔地区经济和社会发展2013年联邦专项规划》(简称《专项规划》)。该规划旨在通过利用现有的基础设施,并大力发展新的基础设施,更好地实现与包括中国在内的东北亚国家的经贸合作,促进远东人口的稳定增长和地区经济的快速发展。中国政府于2009年相继批准《关于进一步实施东北地区老工业基地振兴战略的若干意见》以及《中国图们江区域合作开发规划纲要——以长吉图为开发开放先导区》。这两个文件给东北地区的发展奠定了最根本的政策基础,即以长吉图开发开放为先导,立足图们江,面向东北亚。

② 日蒙自贸区已经进入谈判进程,中蒙自贸区的可行性研究已经启动,韩国未来也有望与蒙古签署自贸区协议。

③ 2005年6月,"跨太平洋经济伙伴关系协定"(TPP)由新西兰、智利、新加坡和文莱四国签署并生效。成员国之间彼此承诺在贸易服务与投资等领域相互给予优惠并加强合作。2008年以后,在美国、新加坡、澳大利亚等国的推动下,TPP成为亚太区域合作的焦点。

立了广泛的贸易联系。从某种意义上讲，对外贸易的全球导向对于形成区域性自贸区构成了障碍。区内大国强调全球层面的经济一体化并从国际劳动分工中获益，它们更不可能把对于区域贸易一体化的追求当作全球一体化的某种补充。另外，由于东北亚国家的贸易方式、发展水平各异，它们对于区域合作的不同考虑和分散化需求很难在统一的制度性框架下实现。而合作机制的缺失又导致东北亚各国在资源禀赋方面的强互补性无法转化成区域内贸易的增长动力。显然，东北亚目前的区域内贸易水平尚不足以支撑地区性合作机制的构建。而东北亚自身机制化合作尚未形成时，外部力量的介入也将增加该地区合作的不确定性。①

三、加强贸易合作，破解"安全困境"

在探讨东北亚区域合作的滞后原因时，学术界普遍因循地缘政治的传统思维，这往往导致相关讨论陷入无解的困境。实际上，区域合作的实现是政治目的和经济利益共同作用的结果。其中，经济利益因素作为驱动区域一体化的动机是不可忽视的。从相当意义上讲，地缘政治观念影响政府决策的环境是由经济利益决定的。正是由于东北亚地区的经济很弱或者不明确，地缘政治因素便占据了主导。由此形成的路径依赖，使得该地区的形势向不利于经济合作的方向发展。

基于以上研究思路，我们试图在区域经济关联与制度构建之间搭起一座桥梁，即从区域内贸易视角考察东北亚合作机制化的经济基础。同时分析出区域内贸易的具体特征作用于制度化合作的相关机制。我们发现，无论就质与量而言，东北亚区域内贸易均处于最初级水平，尚不具备支撑地区性合作机制的要素特征。也就是说，即使撇开地缘政治因素不谈，东北亚目前区域经济关联下各国的分散化利益诉求，也很难在统一的制度框架内实现。而区域内贸易增长机制的生产——消费双重困境，又使区外力量成为干扰东北亚合作机制构建的因素。

上述分析在从新视角透视东北亚区域合作症结的同时，也为切实推进和深化地区合作了提供了具体思路。鉴于区内国家间密切的经济关联是实现制度化合作的必要前提，东北亚各国亟需通过加强产业领域的务实合作提升区域内贸易水平。其中，以能源开发和深加工为导向的多国经济合作颇具深远

---

① 富景筠：《从区域内贸易视角透视东北亚经济合作机制》，载《东北亚论坛》2011年第4期，第76页。

意义。它不再是东北亚区域生产网络在东北亚的延伸,而将成为具有独立意义、集合区内各国禀赋优势的区域能源网络。同时,中日韩三国对能源的巨大需求必将直接促进区域消费市场的扩张,并有助于降低区内贸易增长机制的外部依赖。而从长远意义上讲,加强区域合作,进而扩大功能主义区内国家间的共同利益,又可能成为破解东北亚"安全困境"的重要途径。[①]

───────────────

① 富景筠:《从区域内贸易视角透视东北亚经济合作机制》,载《东北亚论坛》2011 年第 4 期,76 页。

第六章

东北亚从经济合作到
东亚经济一体化——迈向东亚时代

东亚共同体关键在于东北亚共同体,东北亚共同体形成的关键是经济持续增长、市场化的不断扩大、和平和谐的政治安保环境。为了保证经济、市场、安保环境,其先决条件是中日韩的 FTA、其核心因素是中日韩的 FTA。三国的 FTA,可以促进三国间的经济交易的扩大、促进三国间的人力资源和文化的交流,从此促进三国间的信赖,缓和安全上的紧张,最终促进东北亚国家关系的"正常化"。三国的 FTA,其意义远远超出经济范畴,其意义还可涉及文化、政治、安全等。东北亚共同体建设的首要任务是中日韩三国的 FTA 的早日实现。中日韩 FTA→东亚(东北亚+东南亚)FTA→促进经济增长、扩大市场、保证安全和谐→东北亚共同体→东亚共同体。

第一节　东北亚经济合作概况

一、经济状况

东北亚地区(不包括俄国)面积占世界的 12%、人口占世界的 22.9%、经济规模占世界的 20.8%

出口总额占世界的 23.2%、进口总额占世界的 20.7%、外汇储备占世界的 54.7%,外国人直接投资占世界的 15.2%、对外直接投资占世界的17.4%。中日韩三国 GDP 占世界的 19.6%(中日韩占东北亚 GDP 的 94.3%)、三国的出口占世界的 18.6%(东北亚的 80.2%)、三国进口额占世界的16.1%(东北亚的 77.9%),三国接受的外国人直接投资占世界的 9%、其海外直接投资占世界的 10.8%(均为 2010 年)。(参见表 6-1)

表 6-1　东北亚地区经济指标

（一）

国　家	面　积（平方公里）	人　口（百万）		GDP（10亿美元）		人均GDP（美元）		出口额（10亿美元）		进口额（10亿美元）	
		1990	2010	1990	2010	1990	2010	1990	2010	1990	2010
中国	9569901	1143	1341	390	5878	341	4382	63	1580	54	1394
日本	364485	123	128	3058	5459	24774	42783	288	772	235	694
韩国	96920	43	49	270	1014	6308	20756	68	442	74	415
朝鲜	120408	20	24	25	23	1217	945	1.7	2.6	2.4	3.5
蒙古	1553556	2.2	2.7	3	5.8	1336	2153	0.1	3	0.1	4
俄罗斯远东	6169300	8	6	23	57	3875	9500	2	190	2	8
香港	1054	6	7	77	224	13368	31514	82	390	82	434
澳门	28	0.4	1	3	28	8425	14512	2	1	2	6
台湾	32260	20	23	165	430	8086	18558	67	275	55	251
中日韩	10031306	1309	1518	3718	12351	2840	8136	419	2794	363	2503
		[6.8]	[23.1]	[22.3]	[16.8]	[19.6]			[12.4]	[18.6]	[10.3]	[16.1]
东北亚	17907912	1365	1558	4014	13118.8	2941	8407	573.8	3655.6	506.5	3209.5
		[12.0]	[24.1]	[22.9]	[18.1]	[20.9]			[16.9]	[23.2]	[14.4]	[20.7]
世界	148940000	5659	6810	22183	62911	3920	9238	3383	15028	3517	15526

（二）

单位：10美元、%

国　家	外汇储备		流　量				存　量			
			对内直接投资		对外直接投资		对内直接投资		对外直接投资	
	1990	2010	1990	2010	1990	2010	1990	2010	1990	2010
中国	30	3847	3	106	1	68	21	579	4	298
日本	76	1067	2	−1	51	56	10	215	201	831
韩国	15	287	1	7	1	19	5	127	2	139
朝鲜	—	—	0	0	0	0	1	2	0	0
蒙古	—	—	0	2	0	0	0	4	0	0

续表

国　　家	外汇储备		流　　量				存　　量			
			对内直接投资		对外直接投资		对内直接投资		对外直接投资	
	1990	2010	1990	2010	1990	2010	1990	2010	1990	2010
俄罗斯远东	2	8	0	1	—	—	—	17	—	—
香港	25	269	3	69	2	76	202	1098	12	948
澳门	1	24	0	3	0	0	3	15	0	—
台湾	72	382	1	2	5	11	10	64	30	201
中日韩	121	5201	6	112	53	143	36	921	207	1268
	—	[47.1]	[2.9]	[9.0]	[22.0]	[10.8]	[1.7]	[4.8]	[9.9]	[6.2]
东北亚	219	5318	10	189	60	230	252	3121	249	3417
	—	[59.6]	[4.8]	[15.2]	[24.9]	[17.4]	[12.1]	[11.1]	[11.9]	[11.8]
世界	—	8918	207	1244	241	1323	2081	19141	2094	20408

注释:(1)[]内数据是在全世界总量中所占的比重(%)。

(2)俄远东外汇储备是俄联邦的数据。

资料来源:根据 CIA World Factbook 数据库;IMF,World Economic Outlook 数据库;俄罗斯统计厅数据库;韩国 KOTRA 数据库制表。

二、东北亚经济合作在功能方面的进展

(一)东北亚贸易

进入 20 世纪 90 年代中日韩三国区域内贸易联系日趋紧密,2000 年代初期中日韩的紧密度超过欧盟,2004 年开始其紧密度持续下降,到了 2010 年较 NAFTA 区域内贸易依存度要稍低一些。但是,中日韩加上港澳台的话,东北亚的区域内贸易依存度较欧盟要高。

在韩国的进出口中,中国的比重急速上升(在出口中 1990 年为 0、2010 年上升为 28.4%,在进口中 1990 年为 0、2010 年上升为 18.2%),而日本的急剧下降态势(出口中 1990 年为 18.6%、2010 年为 5.9%,进口中 1990 年为 25.0%、2010 年为 16.5%)。自 1992 年至 2003 年,日本连续 12 年成为我国的第一大贸易伙伴,但龙头地位去年一举被欧盟赶超。2004 年欧盟和美国分别上升为中国第一和第二大贸易伙伴,而日本下降为第三大贸易伙伴。相反,中国取代美国,成为日本的第一大贸易伙伴。尽管位次发生变化,但日本对中

国来说,仍然是很重要的经济合作伙伴。在中国的出口中韩国的比重始终在4.4%～5.2%之间,在中国的进口中韩国占9%～11.6%比重,而日本在中国出口中的比重1994年占22.7%、2010年减少至7.6%,在中国进口中日本1990年占14.2%,2010年占12.6%。在日本出口中,中国1990年占2.1%,而2010年是1990年的9倍还多则占19.4%,在日本进口中,中国1990年占5.1%,2010年锐增至22.1%。而同样韩国在1990年占日本出口的6.1%,2010年占8.1%,在日本进口中韩国1990年占5%,2010年为4.1%。

1990年韩国出口中东北亚区域①所占比重为18.6%,2010年这个比重上升为34.3%,1990年韩国进口中从东北亚区域内进口的比重占26.7%,2010年上升为41.4%。

1990年中日韩三国间的区域内贸易结合度指数②由1.19,持上升趋势之

---

①　这里指的东北亚为广义东北亚,即,中、日、韩、俄罗斯远东、蒙古、朝鲜,再加上中国的香港、澳门、台湾。

②　区域内贸易结合度＝区域内贸易依存度/区域内贸易额占世界贸易额的比重与此相对比各国间贸易结合度是用于衡量双边区域贸易关系相对重要性指标。它们的公式如下:

$$TII_x = \frac{X_ij/X_i}{M_j/(M_w - M_i)}; TII_m = \frac{M_ij/M_i}{X_j/(X_w - X_i)};$$ 其中, X_{ij} 和 M_{ij} 表示 i 国对 j 国出口额和进口额, X_i、X_j、X_w ,表示 i 国、j 国、世界的出口总额, M_i、M_j、M_w 、表示 i 国、j 国、世界的进口额。

公式, $TII_x = \frac{X_ij/X_i}{M_j/(M_w - M_i)}$ 表示 i 国对 j 国的出口占 i 国的出口总额的比重,与 j 国进口总额占 i 国之外世界进口总额比重的比例。这个比例大于1说明 i 国出口在 j 国进口总额中占的比重大于世界对 i 国出口的依赖,也即 j 国对 i 国出口依赖较大。反之,如果这个比率小于1,则表明 j 国的进口对 i 国出口的依赖较小。公式, $TII_m = \frac{M_ij/M_i}{X_j/(X_w - X_i)}$ 表示 i 国对 j 国的进口额占 i 国的进口总额的比重,与 j 国出口总额占 i 国之外世界出口总额比重的比例。这个比例大于1说明 i 国进口在 j 国出口总额中占的比重大于 i 国对世界进口的依赖,也即 i 国对 j 国进口的依赖性较大。反之,如果这个比率小于1,则说明 i 国对 j 国进口的依赖较小。总之,如果贸易结合度小于(或等于1),说明 i、j 两国之间的双边贸易联系,低于与世界其他国家的联系程度;如果贸易强度大于1,则说明 i、j 两国间的双边贸易联系紧密,高于与世界其他国家的联系程度。并且,贸易强度越大,说明双边贸易联系越紧密;反之,双边贸易联系越疏远。另外,如果 i 国对 j 国的出口强度(或进口强度)与 j 国对 i 国的出口强度(进口强度)出现一高一低的情况,则说明两国的产业内贸易水平不高。

后,2003 年创下 1.74 的记录,之后持续下滑,2010 年降至 1.30。2009 年、
2010 年由于三国的贸易总量急速增加使区域内贸易的比重上升,但实际上三
国间的区域内贸易结合度是下降了。过去 20 年与 NAFTA 和欧盟的区域内
贸易结合度相比较的话,中日韩三国的区域内贸易结合度指数大抵比
NAFTA要高,比欧盟要低。1998 年、2001—2004 年这两个期间,中日韩的区
域内贸易结合度指数超过欧盟,与此相反 2010 年不但低于欧盟还低于 NAF-
TA(参见图 6-1)。

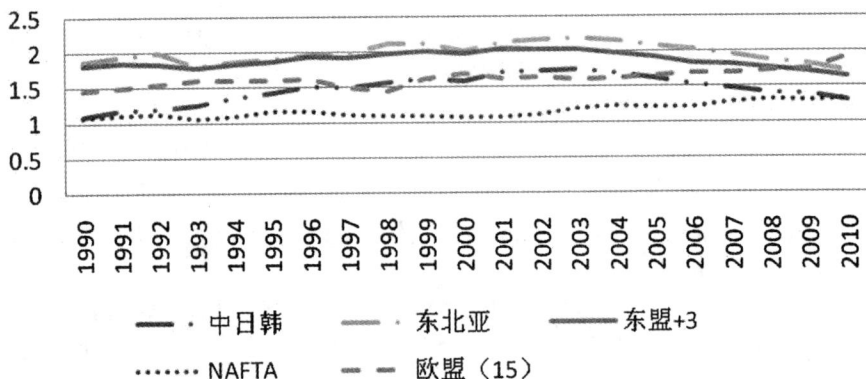

图 6-1　主要经济体的区域内贸易强度指数

(二)区域内投资

中日韩在区域内投资中韩日对中国的直接投资是重要的。中国引进外资
中韩国的比重 1995 年为 2.8%,只占韩国对外直接投资的 0.9%,2004 年为
10.3%呈上升趋势之后持续萎缩。2010 年韩国占中国引进外国直接投资总
额的 2.5%达 26 亿 9200 万美元;而日本对华投资占中国吸收外商直接投资
额的比重 1995 年为 8.3%,2005 年为 9.0%,这期间相对比较稳定,之后呈下
降趋势 2010 年仅占 3.9%投资额为 40 亿 8400 万美元。

2010 年韩国对中国的直接投资额达 31.65 亿美元(占韩国海外直接投资
的 9.6%),2010 年日本对华直接投资额达 72.52 亿美元(占日本海外直接投
资的 12.7%),而日本对韩国的投资额同年达 10.85 亿美元,占日本海外投资
的 1.9%。中国对韩国的直接投资 2005 年最高值达 5.89 亿美元,2009 年降
至 2.65 亿美元;中国对日本的直接投资 2010 年达 3.38 亿美元,占中国对外

投资的 0.5％。①

三、东北亚经济合作在制度方面的进展

东北亚经济合作有不少有利因素(经济互补性、地理位置上的接近),但也有一些不利因素(即经济体制的差异、基础设施的不完善、政治安保、岛屿纷争等)。1991 年在 UNDP 主导下推进的图们江区域开发事业(TRADP),并组织了有五国参与的计划管理委员会,由它来讨论具体事由。1995 年成立由五国参与的协商委员会、由中朝俄参与的调整委员会。并签署了《图们江经济开发区域和东北亚地区关于环境原则的谅解备忘录》。这些均标志着 TRADP 的制度基础已建立。1991 年 12 月朝鲜建立了罗津、先锋自由贸易区。1992 年以后原规划的珲春—罗先—波谢特小三角扩大到延吉—清津—纳霍德卡的大三角地区。2005 年在第 8 次协议委员会议上,把 TRADP 改变为 GTI(大图们江计划),把区域或达到中国东北三省、内蒙古、蒙古东部、俄滨海州、韩国东海岸地区、(釜山、束草、蔚山、浦项)。重点主要涉及四大领域(物流、能源、旅游、环境),并准备成立四大系统咨询委员会。2009 年 8 月中国出台了《中国图们江区域合作开发规划纲要——以长吉图为开发开放先导区》,2012 年 4 月 13 日,国务院正式批准设立中国图们江区域(珲春)国际合作示范区,并印发了《关于支持中国图们江区域(珲春)国际合作示范区建设的若干意见》,这是在国家实施《中国图们江区域合作开发规划纲要——以长吉图为开发开放先导区》(简称长吉图规划)取得显著进展形势下的又一重大举措。

但是,到目前为止,各国中央政府介入力度不够,各国互相猜测、互相竞争的态势没有改变。

---

① 日本的对外直接投资数据来自日本贸易振兴机构;韩国的数据来自韩国进出口银行;中国的数据来自《中国商务年鉴》。

第二节　中日韩经济合作概况

一、中日韩经济合作

(一)在"东盟＋3"框架内合作

1997 年 12 月第一次东盟、中日韩峰会开幕,而自 1999 年起,中日韩三国领导人原则上每年在出席 10＋3 等领导人系列会议期间举行会晤。中国国务院总理出席了历次会晤。2000 年在新加坡召开的第二次三国首脑会议,确立了三国峰会常态化。2000 年第二次三国峰会决定,于 2001 年 1 月成立中日韩加强经济合作的共同机构。又决定成立由有关业内人士参加的实业家论坛,共同研究有关经济合作。2002 年在金边召开的第 4 次三国首脑会议确立了三国峰会制度化,研究了三国携手发展旅游基础设施开发、加强体育交流、和平利用核能等方面的合作。2001 年第三次三国峰会决定成立三国经贸部长级会议、三国财长会议,并定期开会研究有关事宜。2003 年 10 月在印度尼西亚巴厘岛举行了中日韩领导人第五次会晤,并发表《中日韩推进三方合作联合宣言》,联合宣言里提出 14 个部门的合作。① 这是三国领导人首次就三国合作发表共同文件,初步明确了三国合作的原则和领域,并决定成立三方委员会总体协调三国合作,标志着三国合作进入新阶段。2004 年,第六次三国领导人会晤通过《中日韩三国合作行动战略》,为全面推进各领域合作做出了具体规划。2007 年 1 月,第七次中日韩领导人会晤在菲律宾宿务举行,会议发表《联合新闻声明》,向外界传递了三国致力于互信、友好与合作的政治意愿。同年 11 月,第八次中日韩领导人会晤在新加坡举行,确定了三国合作的一系列具体项目,原则同意在三国不定期轮流召开三国领导人会议。

2008 年 12 月 13 日,首次"10＋3"框架外的中日韩领导人会议在日本福冈举行。三国领导人签署的《三国伙伴关系联合声明》指出,三国合作的原则是公开透明、互信共利、尊重差异,目标是建立面向未来、全方位合作的伙伴关

---

① 　包括贸易及投资、IT、环保、防灾、能源、金融安全、科技、旅游、渔业资源保护、人员交流、国际争议、推动 10＋3 合作向东亚合作方向发展、安全军事人才交流、传染病及国际犯罪防范。

系,致力于本地区的和平、繁荣与可持续发展。会议还通过了《国际金融和经济问题的联合声明》、《三国灾害管理联合声明》和《推动中日韩三国合作行动计划》。

2009 年 4 月,在泰国东亚领导人系列会议期间,温家宝总理主持了中日韩领导人简短会晤。10 月 10 日,第二次中日韩领导人会议在北京举行,温家宝总理主持了会议。会议发表的《中日韩合作十周年联合声明》指出,相互尊重、平等互利、开放透明、尊重彼此文化差异是三国合作的基础和保障,也是三国合作应该遵循的原则。三国将秉承正视历史、面向未来的精神,推动三国关系朝着睦邻互信、全面合作、互惠互利、共同发展的方向前进。会议还通过了《中日韩可持续发展联合声明》,就三国在环境、循环经济、科技与新能源、农林水利、气候变化等领域的合作做出规划。

2010 年 5 月 29 日至 30 日,第三次中日韩领导人会议在韩国济州岛举行,就未来 10 年三国合作进行了规划,发表了《2020 中日韩合作展望》、《中日韩加强科技与创新合作联合声明》、《中日韩标准化合作联合声明》,同意继续深化三国经贸合作,推动可持续发展,加强社会人文交流,保持在国际与地区问题上的沟通与协调。深化三国在 5 大领域的 40 多项重点合作内容,包括:机制化与提升三国伙伴关系、可持续经济合作、环保合作、人文交流等。

2011 年 5 月 21 日至 22 日,第四次中日韩领导人会议在日本东京举行。会议通过了经贸、可持续发展、社会人文交流等领域的 13 项合作倡议,发表了领导人宣言以及灾害管理、核安全、可再生能源和能效合作三个文件。三国领导人同意年内结束三国自贸区联合研究并即采取后续步骤,尽早就三国投资协定谈判达成实质性共识。

2012 年 5 月 13 日至 14 日,第五次中日韩领导人会议在北京举行。三方宣布将于年内启动三国自贸协定谈判,并于会后签署了《中日韩关于促进、便利和保护投资的协定》。会议发表了《关于提升全方位合作伙伴关系的联合宣言》、《关于加强农业合作的联合声明》和《关于森林可持续经营、荒漠化防治和野生动物保护合作的联合声明》。三方就拓展经贸投资、财金、环保、教育、农业林业、社会文化等领域务实合作进行了深入探讨。

（二）独立的中日韩三国峰会的成果

2008 年 12 月第一次中日韩峰会①，计划中明确了合作的基本原则及方向。

2009 年 10 月第二次三国峰会在北京举办。通过了《纪念中日韩合作十周年共同声明》②、《中日韩可持续发展共同声明》，开展关于三国 FTA 产官学共同研究。

2010 年 5 月第三次三国峰会在济州岛召开。此次会议通过了"三国合作规划（蓝图）2020 年"，规划指出通过三国的共同努力 2020 年要达到如下五个目标：（1）伙伴合作关系制度化；（2）为了共同繁荣进行可持续经济合作；（3）可持续开发及环保合作；（4）扩大人才、文化交流合作；（5）为地区和世界和平而共同努力。会上三国首脑签署了"中国、日本、韩国政府间三国合作事务局的备忘录"。会上还决定 2011 年建立三国合作事务局（地点为韩国）。其宗旨是支援三国峰会、三国外长会议、三国其他部长级会议、三国高级别会议的运营管理，促进合作事业发展，加强三国间的合作关系。会上发表了第 3 次三国峰会的规范合作共同声明、加强科技创新合作声明等。

2011 年 5 月第四次三国峰会在东京召开。会上研究讨论三国合作和地区及国际问题，讨论了三国首脑会议宣言。要求中日韩 FTA 产官学共同研究要在 2011 年内完成，因此对其研究要加快速度。同意了对尽早完成投资协商的必要性认识。确认了通过三国峰会、东盟＋3、东亚峰会（EAS）、东盟区域安保论坛、亚太经合组织（APEC）等事关东亚合作的组织，增进区域合作。对东亚合作起推动作用的东盟的努力应给与支持。会议欢迎从 2011 年起美俄参与 EAS。会议一致认为有必要在原子能安全方面合作、灾害管理与合作、提高再生能源及能源效率、可持续经济增长等方面进行合作。

---

① 在日本福冈召开。在会上通过了三国加强合作的行动计划，即 2003 年三国峰会共同宣言、2004 年三国合作行动战略、2007 年三国合作行动计划基础上确立的加强合作的行动计划。

② 1999 年 11 月"东盟＋3"峰会上三国首脑第一次会晤。

二、三国 FTA 研究

（一）开展共同研究

1999 年 11 月在马尼拉召开的中日韩峰会上确定了三国共同开展有关经济合作与政策研究，其主要内容：2001 年和 2002 年进行了三国间贸易自由化[①]、三国间加强直接投资方案的研究。2003 年起进行长期经济发展展望、中期政策方向的研究[②]。从 2006 年起各国的实业界代表[③]也参与了每年进行的关于研究计划即中间检查的研讨会。从 2007 年起三国政府官员也以观察员设分参与了研讨会。2003、2005、2007 年，分别进行关于中日韩 FTA、宏观经济效应的研究。

（二）研究历程

中日韩 FTA 共同研究从 2009 年 10 月开始进入第二阶段，即三国产官学（政府主导）共同研究阶段，2012 年 4 月已结束。

三、三国领导人共同宣布启动三边 FTA 谈判

从三国的实际情况看，中日韩三国人口占东亚 74％、占世界 22％，经济总量占东亚 90％、世界 20％，贸易总量占东亚 70％、世界 20％。三国进一步推进合作不仅有利于三国自身发展，还将促进东亚一体化进程，为世界经济增长增添动力。

中日韩经济上相互依赖加深，因此加强合作符合三国乃至地区和东亚利益。中日韩三国经贸合作成效显著。三国间贸易额从 1999 年（三国合作开始之年）的 1300 多亿美元增至 2011 年的 6900 多亿美元，增长超过 4 倍，中国已连续多年成为日本、韩国最大贸易伙伴，日本、韩国在中国贸易伙伴中分别位居第四位和第六位。日本、韩国已成为中国重要的外资来源地。截至 2011 年

---

① 由韩国对外经济政策研究院（KIEP）、中国发展研究中心（DRC）、日本综合研究开发机构（NIRA）从 2009 年起由日本贸易振兴机构亚洲经济研究所来接替 NIRA，他们共同负责三国间经济合作。

② 其第一主题是，中日韩三国 FTA 的经济效果研究。

③ 韩国全国经济人联合会、中国国际贸易促进委员会、日本经团联或经济同友会。

底,日本、韩国累计对华直接投资分别接近800亿和500亿美元。[①] 中日韩之间已经形成了一种基于贸易和投资的经济相互依赖:一方面,日韩两国通过直接投资将产业大量转向中国;另一方面,直接投资的贸易效应使得中国成为日韩两国最大的贸易伙伴。在当前美国经济仍不稳定,欧洲又因债务危机陷入困境的背景下,加强中日韩合作不仅对于三国经济发展,对于整个东亚乃至全球经济的总体表现都具有很积极的影响。因此,深化合作的愿望在三边自贸区建设方面有着很高的期待。2010年启动的中日韩自贸区官产学联合研究,与此前进行的有关研究一样,深入分析了三方合作的积极意义。这说明中日韩三国对于进一步深化中日韩合作、特别是建设三边自贸区已经形成了共识。

第五次中日韩领导人会议期间(2012年5月13—14日)宣布启动三边自贸区谈判,并正式签署中日韩投资协定,为自贸区建设扫除了一个障碍,这对三国自贸区建设将产生重要的经济意义。从长期来看,三边自贸区的建设前景是比较乐观的。但当前国际形势正在经历复杂深刻的变化,世界经济增长仍面临诸多不稳定不确定因素。亚洲地区总体稳定,经济保持较好增长,地位与影响不断上升。东亚合作蓬勃发展,区域经济一体化加速推进。中日韩三国促进经济可持续发展既面临机遇,也面临挑战。

首先,要进一步提升各国互信水平,不断夯实三国合作的战略文化基础。其次,要在产业结构等问题上进一步增进共识,实现合作共赢。最后,地区国际关系的变化发展也是三国经济合作的影响因素。因此,相关各方应以面向未来的态度看待三国的经济贸易合作,毕竟,这是一个面向三国共同体建设的全面、务实交流,增进互信的合作安排,是一个把推动东亚一体化作为建设愿景的合作平台。[②]

---

① 《中日韩合作白皮书》2012年5月9日。
② 王玉主:《加强中日韩经贸合作符合多方利益》,载《经济日报》2012年5月15日。

第三节　东北亚走向东亚时代

一、东亚时代标准

在经济规模上,19—20 世纪前半时期称西欧时代;20 世纪后半期—2050 年称美国时代;2050 年以后可称东亚时代。

东亚时代标志:第一,以中日为首的亚洲 GDP 占世界 50％以上,而东亚 GDP 超过亚洲的 50％;第二,东亚人均 GDP 超过世界人均 GDP。

根据 ADB 预测,到 2050 年时,亚洲的 GDP 占世界的 51.5％,而东亚 GDP 占世界的 28.7％;东亚的人均 GDP 将突破世界人均 GDP100％,而 2010 年仅达世界人均 GDP 的 75％。

根据较乐观的推测,到 2030 年,中日两国 GDP 之和将占世界的 30％,届时中国人均 GDP 也将超过世界人均 GDP。所以进入东亚时代将提前 20 年为 2030 年。上述这些推测则按目前的经济增长和人口增长为假设,还需要国内政局稳定、没有大的战争、灾害,且区域内市场不断扩大为前提。

实现东亚时代的早日到来,其关键因素是能否签署东亚 FTA。因为有了它可以保障经济增速与区域内市场、有了它可以提高政治、安全方面的保障。[①]

二、东亚 FTA 存在的问题和机遇

(一)问题

(1)日本主导的东亚全面经济伙伴关系协定(CEPEA)与中国主导的东亚贸易协定(EAFTA)之间的矛盾。

(2)EAFTA 中由谁来主导的问题,如,是中国还是日本,或者是东盟? 东盟提出由它来主导,但其经济实力与中日之间差距甚远等原因,会对其产生负

[①]　实际上早在 20 世纪 90 年代,日本著名经济学家森嶋通夫就指出,至 2050 年日本的政治无法走出低迷。如果要走出"政治的没落"只有形成亚洲共同体,除此之外没有其他有效的方案。同时提倡建立"东北亚共同体"。森嶋通夫:《なぜ日本は沈没するか》,岩波书店 1999 年版,第 154～155 页。

面影响。

（3）中日韩之间既无缔结两者间 FTA，更无缔结三者间 FTA。

（4）日本要加入以美国为主导的泛太平洋经济伙伴协定（TPP）。

（二）机遇

（1）中日韩之间开展的三国 FTA 产官学（政府的介入）共同研究已结束，下一步需三国间为共同缔结 FTA 的务实协商。

（2）一方面，世界经济低迷、欧债危机等影响，中日韩与欧美间的贸易下滑。另一方面，这实际上是对中日韩三国缔结 FTA 的良好机遇。

（3）对缔结中日韩三国 FTA，日本的态度最为消极[①]，但 2011 年"3.11"大地震的影响，日元持续升值等原因亟待出现一个经济振兴的突破口，此突破口之一无疑是中日韩间缔结 FTA。

（4）如果中日韩间实现 FTA，可以增加对区域内的向心力。

（5）第五次中日韩领导人会议期间（2012 年 5 月 13—14 日），三国正式签署中日韩投资协定，这可成为中日韩缔结 FTA 的推动力。

结论：中日韩要实现 FTA，我认为应三步并做一步走，即由中日 FTA、中韩 FTA、韩日 FTA，直接进入中日韩 FTA。然后进行 FTA 扩大化、深入化，最终实现东北亚经济一体化和东亚经济一体化。

---

① 韩国也非常渴望与中日尽早缔结 FTA，但是日本国内保护农业的呼声较高，还有美国等因素，所以迟迟未能定论。韩国也早已觉察到与日本缔结 FTA 将有一定困难。所以 2012 年 6 月 13 日，韩国总统受日本 6 个主流媒体采访时明确表示，要与中国在两年之内缔结 FTA。（《日本经济新闻》2012 年 6 月 13 日，http://www.nikkei.com/article/DGXNASGM13057_T10C12A6MM8000/? dg＝1）

中编　图们江区域合作开发

图们江地区的地理范围已经有明确的界定,它有狭义和广义之分。狭义的图们江地区是一个包括"大三角"和"小三角"的地区。"大三角"的北角为俄罗斯的符拉迪沃斯托克(海参崴)、西角为中国的延吉市、南角为朝鲜的清津市,其核心,是引起东北亚各国和国际社会关注的"小三角"地区。"小三角"地区包括俄罗斯滨海边疆区南部的哈桑—波谢特地区、中国的珲春和朝鲜的罗津—先锋地区。广义的图们江地区、则包括中国东北地区(吉林省、辽宁省、黑龙江省和内蒙古地区的东部)、蒙古国东部、俄罗斯远东和朝鲜。图们江地区位于中、俄、朝三国的接壤地带,是东北亚的地理中心,是中国从陆路直接进入日本海的唯一通道。

图们江地区开发项目自 1987 年提出以来,得到联合国开发计划署(UNDP)的大力支持和图们江地区周边国家的积极响应。1991 年 10 月,中俄朝韩蒙日等六国代表在平壤确立了 TRADP 计划,1995 年 12 月,中俄朝三国政府签署了《关于建立图们江地区开发协调委员会协定》,中俄朝蒙韩五国签署了《关于建立图们江经济开发区及东北亚开发协商委员会的协定》和《关于图们江经济开发区及东北亚地区环境准则谅解备忘录》等三个法律文件,两个协定和一个备忘录的签署,标志着图们江区域国际合作开发进入了实施阶段。特别是 2005 年在长春召开的 UNDP 图们江区域开发项目第八次政府间协调会议上,各成员国又将两个协定和一个备忘录有效期延长至 2015 年,将图们江地区开发计划(即 TRADP)提升为大图们江区域合作开发计划(GTI),使图们江地区开放开发走上了快速发展轨道。最近,作为图们江开放开发主导省份的吉林省又适时出台了《关于加快图们江区域开放开发的意见》,提出了设立以珲春为龙头的"长吉图开放带动先导区"来推动图们江区域开发促进东北亚经济合作的发展战略。中国于 2009 年 8 月出台了"中国图们江区域合作开发规划纲要——以长吉图为开发开放先导区",这对进一步推进图们江开发开放具有重大意义。因为它是中国参与图们江区域合作开发乃至东北亚区域合作发展的纲领性文件,引起国内外的高度重视。

第七章

图们江区域开发计划(TRADP)的推进

第一节　图们江区域多国合作开发的理论依据

一、理论框架

结合图们江区域多国合作的特点,以区域经济多边合作的条件、环境、机制、利益为切入点,提出区域经济多边合作的条件动因论、共同利益论和资源流动论是图们江区域多边合作开发的理论依据。

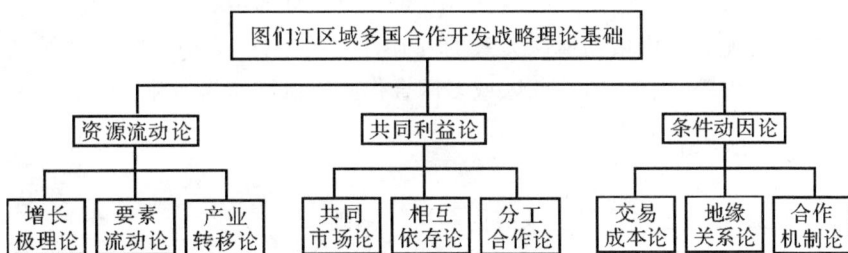

图 7-1　图们江区域多国合作开发战略的理论框架

(一)条件动因论

1. 交易成本论是合作的基本动因

区域国家间经济合作的根本原因是获得合作利益。从新制度经济学的角度来分析,各国为什么在区域内进行经济合作,其主要原因是通过合作,来实现交易成本的节约,实现整个区域受益最大,也就是合作各国实现自身利益的最大化。

美国经济学家罗纳德·科斯在 1937 年发表的《企业的性质》①一文中,提出了企业的性质是什么。交易费用理论的实质是可以理解为企业和市场是两种可以相互替代的资源配置机制。把交易费用理论思想引入区域合作的范畴,以区域内的合作国家为交易主体,把整个合作区域内交易活动内部化,从而降低了区域合作中的交易成本,从而实现合作利益最大化。

2. 地缘关系论是合作的必要条件

地缘经济关系②的形成是至少有两个或两个以上国家或地区组成,各个国家的目的是实现自身的利益,这些区域内国家或者地区通过内部分工的形式,发挥各自优势,实现区域互补,提高各国或者各地区经济发展的活力,促进经济的共同发展,增强区域整体实力和区域经济竞争力,最终实现共赢。

3. 合作机制论是合作的保障条件

区域经济合作机制就是指特定区域内国家一致同意并且制定的具有明确合作规则、在区域经济合作中互动和互利的制度。承认和接受区域经济合作机制,也就是意味着自动承认和接受区域经济合作的约束。合作机制的研究是区域合作理论的重要内容,良好的合作机制是区域经济合作的保障。合作机制包括会议磋商机制(及时修正制度缺陷,保障合作的目的)、组织协调机制(它是会议磋商机制的具体实施内容)、目标机制(保证目标的实际性和有效性)。图们江区域经济合作动因在于中、俄在该区域的主导地位以及中、俄、朝共同发展的愿望。中俄朝地缘关系的互补性与关联性,为中、俄、朝区域经济合作提供了保障,因此,图们江区域多国合作必以机制作为保障。

(二)共同利益论

1. 区域分工合作论是获取共同利益的基础

在古典经济学中,亚当·斯密的绝对优势理论和大卫·李嘉图的比较优势理论,说明了区域间的合作是基于产品成本差异下的分工合作,通过分工合

---

① 《企业的性质》是新制度经济学的创始人罗纳德·科斯(Ronald H. Coase)在 1937 年发表的论文。奠定了现代企业理论的基础,也成为企业家理论探讨上重要里程碑。《企业的性质》是其最终让其获得 1991 年诺贝尔经济学奖的两篇论文之一,另一篇是《社会成本问题》。

② 地缘经济关系特征:在经济运行要素和经济运行特征上产生了竞争性和互补性关系在区域内政治、文化上存在关联性。

作达到获取共同利益的目的。

通过对区域分工理论的研究分析,可以发现,由于各个区域之间存在着经济发展条件和基础方面的差异,因此,在资源和要素不能完全、自由流动的情况下,为满足各自生产、生活方面的多种需求,提高经济效益,各个区域在经济交往中就必然要按照比较利益的原则,选择并发展具有优势的产业。区域分工的意义在于,能够使各区域充分发挥资源、要素、区位等方面的优势,进行专业化生产;能够合理利用资源,推动生产技术的提高和创新,提高产品质量和管理水平;有利于提高各区域的经济效益和经济发展的总体效益。

2. 相互依存是获取共同利益的有效途径

区域经济合作是一个从低级到高级动态演变的过程,在动态演变过程中,合作主体间的相互依赖关系越来越深。随着时间的推移、环境的变化而发生相互依赖程度的变化。为了深入开展区域经济合作,需要各个成员国之间进行协商,以协调各自的政策,达到更好的合作。

相互依存理论涉及的内容:解决全球性问题、加强经济合作、加强对外开放、国际行为主体已形成多元结构。[①]

3. 共同市场论(关税同盟论)是实现共同利益的必要条件

关税同盟是指成员国间在完全取消关税和数量限制的基础上,同时实行对外统一的关税率而结成的同盟。共同市场是指成员国间完全取消关税与数量限制,建立对非成员国的统一关税,在实现商品自由流动的同时,实现生产要素的自由流动的一体化组织。1970 年的欧洲共同体是接近此阶段,南方共同市场目前也基本实现组建共同市场的目标。

共同市场理论主要是探讨在关税同盟的基础上消除生产要素自由流动的障碍后,成员国所获得的经济效应。当经济一体化演进到共同市场以后,区域内不仅实现了贸易自由化,其要素可以在区域内自由流动,从而形成一种超越国界的大市场。一方面使生产在共同市场的范围内沿着生产可能性曲线重新组合,从而提高资源的配置效应。另一方面,区域内生产量和贸易量的扩大使生产可能性曲线向外扩张,促进了区域内生产的增长和发展。

从静态的角度上看,要素的配置收益是共同市场产生的高于关税同盟的经济收益。在建立关税同盟的情况下,通过贸易的方式可以实现要素边际生产率的趋同,而在现实经济中,如果成员国之间生产函数不同,或是在生产中存在规模经济等,则预计从关税同盟到共同市场的发展中将会获得更多的收

---

　　①　霍伟东:《中国—东盟自由贸易区研究》,西南财经大学出版社 2005 年版。

益。图们江区域经济合作过程中,中、俄、朝核心区域的国家以及韩、日、蒙辐射区域的国家,根据共同利益理论,进行国家分工,以多种形式、多种层次展开合作,最后实现合作国家间的共同经济利益。

(三)资源流动论

1. 产业转移是资源有效配置的主要方式

产业转移是国际间或地区间产业分工形式的重要因素,是一国或地区为实现自身产业进步,在资源供给或产品需求条件等因素发生变化后,将处于创新、成熟或衰退等不同发展阶段的产业与行业的产品生产、销售、研究开发甚至企业总部转移到另一国家或地区的经济行为或过程。[①] 目前对产业转移的形式、动因等基本问题还没有明确的统一的认识。只是学者们从不同的角度分析了产业转移的最重要的动因。

美国经济学家刘易斯从发展经济学的角度分析了发达国家与不发达国家间的劳动力密集型产业跨国转移现象,提出催生产业转移的主要动因是发达国家自然增长率的下降,导致劳动力供给不足、劳动力成本上升,因此,在降低成本利益的刺激下,这些产业转移到了劳动力要素更为充裕的发展中国家。

日本学者小岛清提出的"边际产业转移论"的基本主张是对外直接投资应该从本国(投资国)已经处于或即将陷于比较优势的产业——可称为边际产业——(这也是对方国家具有显在或潜在比较优势的产业)依次进行。[②] 以比较成本原理为基础分析本国两种商品成本比率,用来和外国的同种比率相比较这样一个"比较之比较的公式"。小岛清认为,比较成本同比较成本变化的决定,从理论来说其含义并不是一致的。固然把赫克歇尔—俄林的要素比例理论放在中心位置上,但同时应结合供给可能性论、地点选择论、经营学角度的研究方法等考虑进去。[③]

弗农(R. Vernon,1966)提出的产品生命周期理论,则以产品生命周期的变化来解释产业国际转移现象。他将产品生命周期分为新产品、成熟产品和标准化产品三个时期,不同时期产品的特性存在很大差别。他认为,随着产品由新产品时期向成熟产品时期和标准化产品时期的转换,产品的特性会发生

---

① 邹积亮:《产业转移理论及其发展趋向分析》,载《中南财经政法大学学报》2007年第6期,第51页。

② [日]小岛清:《对外贸易论》,南开大学出版社1987年版,第444页。

③ [日]小岛清:《对外贸易论》,南开大学出版社1987年版,第446~447页。

变化,将由知识技术密集型向资本或劳动密集型转换。相应地,在该产品生产的不同阶段,对不同生产要素的重视程度也会发生变化,从而引起该产品的生产在要素丰裕程度不一的国家之间转移。弗农的观点,尽管仍以各国要素禀赋差异的存在为前提,却以产品属性的变化,来解释产业的国际转移现象。①

2. 要素流动是区域经济增长的动力

区域经济增长不仅取决于区域内自有的要素资源及开发能力,而且取决于区域外要素资源的流入。要素流动是区域经济增长与发展的巨大动力。在所有要素中,除了土地要素不可流动之外,其他要素均可流动,只是流动性程度和流动方式不同。以下从劳动、资本和技术要素三个方面的流动,说明要素流动对区域经济增长的推动作用。

第一,劳动要素流动。劳动力在拥有量、价格、质量方面均存在着巨大的区域差别,产生了劳动要素的流动性。但是,这种流动性是在不同的区域表现出不同的流动速度,在小的区域内流动速度快,而在大的区域中,流动速度相对较慢。影响劳动要素流动的要素很多,但一般区域内劳动和生活条件的不满程度越大,并且对区域之间收益差别了解越多,空间流动的可能性越大。确定区域之间收益差别主要指标有收入、工资水平、生活成本、就业结构、提供的工作岗位、城市化水平、居住状况、文化设施等。在经济理论研究中,更多地把工资水平或提供的工作岗位视为劳动力空间流动的决定性因素。

第二,资本要素流动。在经济学和区域经济研究中,资本要素处于中心位置,因为资本形成被视为经济增长的发动机,而且资本的空间分布决定了工作岗位的供给,从而也影响着迁移结构。在经济理论中通常简单地假设投资者所追求的是利润最大化,并且区域间的利润率差别是资本空间流动的决定性因素,因此,资本总是从利润率低的区域流向利润率高的区域。

第三,技术要素流动。技术要素流动增加了区域技术存量的同时,提高了区域的生产潜力。区域经济的发展速度与技术要素流动速度是正相关的。

第四,梯度推移。区域经济理论的重要组成部分,是实现区域经济发展的重要手段。

由于经济技术优势与劣势存在,形成了一种空间推移的力。发达国家(地区)向欠发达国家(地区)推移,形成不同级别的梯度。创新流动是决定区域发展梯度层次的决定因素。梯度推移之所以成为必要与可能,主要是由于市场

---

① 汪斌、赵张耀:《国际产业转移理论评述》,载《浙江社会科学》2003 年第 11 期,第 45~46 页。

的扩大及由此而引发的生产规模扩大，生产费用节约等，从而使处于下一集梯度的具有某些比较优势的城市或地区成为该产品的最大生产地，而取代原来最高梯度的创新发源地，进而实现技术及产品生产的梯度转移。梯度理论实际上是从静态的观点将不同的区域划分成不同的等级梯度，从而使产品的生产技术依此转移。

3. 增长极是资源集聚的必然结果

经济增长极理论是 20 世纪 40 年代末 50 年代初，西方经济学家关于一国经济平衡增长抑或不平衡增长大论战的产物，是法国经济学家弗朗索瓦·佩鲁于 1950 年在其论文《经济空间：理论与应用》中首先提出来的。佩鲁把经济空间中在一定时期起支配和推动作用的经济部门（产业）称为增长极。在经济增长中，由于某些主要部门或有创新能力的企业或行业在特定区域或大都市聚集，形成一种资本与技术高度集中、具有规模经济效益、自身增长迅速并能对邻近地区产生强大辐射作用的增长极，并通过其吸引力和扩散力不断增大自身规模，对所在地区产生支配和影响，从而不仅使增长极所在地区优先增长，而且能带动相邻地区共同发展。

佩鲁在理论中阐述了增长极的四个作用：一是技术创新与扩散。一方面吸引其他地区的最新技术和人才；另一方面又将新技术扩散到其他地区。二是资本聚集与输出。用良好的投资环境吸引和集聚大量资本（从其他地区），又向周围地区和部门输出资本。三是规模经济效益。增长极企业行业集中、生产规模庞大，形成规模经济，产业内在经济效益，因而形成了显著的外部经济效益。四是凝聚经济效果。增长极的形成，将促使产业活动和技术、资本、贸易、人口在地域上的聚集，利用吸引和扩散作用机制，推动整个区域及至一个国家的经济发展。

综上所述，资源流动论分析了资源流动的原因和结果，强调了在区域经济多边合作开发中，资源流动必然性。图们江区域经济多边合作就是要在合作区域内有效配置资源，其前提就是保证资源的合理流动，由于各国之间的经济水平差异，产业转移和梯度推移有利于消除区域间差异，逐步实现资源向内核区流动，使内核区成为图们江区域的经济增长极，带动图们江区域经济大范围内的合作。条件动引论、共同利益论和资源流动论构成了图们江区域开发的理论依据。

从理论上看，图们江区域属于地缘经济区，中俄朝三方经济的互补性、空间可达性具备合作开发的条件。中、俄、朝三方共同利益产生了加强区域合作的共同愿望，使图们江区域开发成为可能。同时，由于中、俄、朝三国均为发展中国家,构成图们江内核区域的地区又是三国经济发展水平较低的地区,使得资源流动成为必然,其结果使图们江开发的外延扩大到辐射地区,从而吸引更多的国家参与图们江区域开发,并使图们江内核区域成为资源聚集的增长极。

二、图们江区域多国合作开发战略的特点、措施

(1)特点:多元性(推进路径、推进组织、推进方法);层次性(联合国开发计划署—中俄日能源合作—各地方政府);动态性(联合国开发计划署—核心国家政府—地方政府)

(2)重点:建立图们江合作开发机构;加强产业领域合作;推动区域物流市场形成;加快工业园区建设。

(3)措施:机制建立工程(建立政府间沟通平台、建立图们江区域开发论坛、定期总理级会晤、建立区域经贸合作联合委员会);产业合作工程(旅游、资源产业带、科技、文化、教育、贸易);基础设施建设工程(空港、中蒙大通道、珲卡铁路配套建设、完善港口设施、建设跨境公路网、完善城市功能);大物流工程;园区建设工程(科技产业园、物流中心)

第二节　UNDP 宣布图们江地区开发计划

在 UNDP 主持下,1991 年 10 月韩、中、俄、蒙、朝、日等六国代表们在朝鲜平壤确立了图们江区域合作开发计划(Tumen River Area Development Program:TRADP),并把此计划确定为东北亚合作开发的首先任务。为了研究此计划的可行性,组成了"图们江开发计划委员会",由此"委员会"来调查研究四个方案:建立罗先、珲春、波谢特小三角经济特区(图们江经济区域建设案);建设清津、延吉、海参崴大三角经济特区(图们江经济开发区域建设案);由有关国家各指定一部分地域,由一个运营机构来统一管理使用东北亚区域开发区(Northeast Asia Regional Development)案;基础设施分担案(根据不重复投资原则)。由此,同意召开业务会谈。平壤会议还讨论了如下开发规划:20 年内投资 300 亿美元修建具有现代设施的港口、建设有 50 万人口的现代产业城市。开发计划所需 300 亿美元具体分配:110 亿美元用于修建与运输有关设施;120 亿美元用于新产业城市建设;10 亿美元用于教育与人力开发;50 亿美元用于备用及其他项目。还讨论研究了图们江区域自由贸易港建设及创设自由贸易区等项目(参见表 7-1)。国境地区开发计划包括:近期以

珲春防川为中心,远期包括延吉在内的出口加工区的建设;近期以罗先地区、远期包括清津在内的中介型出口加工区的建设;建设包括俄海参崴在内的进出口加工区。

一、图们江区域开发的必然性

从现代化发展进程来看,经济全球化已经成为时代发展的趋势,区域合作则成为经济全球化的重要组成部分和主要外在表现形式。区域合作既是各国顺应时代潮流的必然产物,也是各国为减缓全球化无序冲击而采取的合理选择。然而,与发展态势良好的"10+3"、泛北部湾经济合作、上海合作组织等相比,包括中国、韩国、朝鲜、俄罗斯、蒙古和日本在内的东北亚地区作为当今最有经济活力的区域之一,其区域合作层次与深度却相对滞后。究其原因,主要是由于周边各国政治体制不同,历史文化背景各异,发展水平和资源差异较大等。基于此,以加快图们江区域开发为先导,促进东北亚地区各国的共同繁荣,是非常必要的,也是必然的。

二、中、朝、俄三国国境地区的开发计划(TRADP)

表 7-1　TRADP 中、朝、俄国境地区的开发计划

区　　分	中　　国	朝　　鲜	俄罗斯
基本目标	在珲建经贸地区	罗津先锋地区建自由经贸区	海参崴建经贸区
地区类型	出口加工区	中转型出口加工区	进出口加工区
地区城市	小三角:珲春、防川 大三角:延吉	小三角:罗津、先锋 大三角:清津	小三角:扎鲁比诺 大三角:海参崴、纳霍德卡
地区功能	国际内陆港,吉林省中心工业城市、东北亚中心工业城市	国际货物中转、加工出口、国际旅游基地	国际货物中转基地(扎鲁比诺港开发中心)

续表

区　分		中　国	朝　鲜	俄罗斯
开发内容	第一阶段 (1990—1995)	集中开发珲春、防川,建设内陆港、建设所需基本设施	扩充基础设施 培育出口主导型加工产业	建设资源集约开发型加工产业(开发纳霍德卡)解决国际货物滞留问题(开发扎鲁比诺港)
	第二阶段 (1996—2000)	为提高主要产业间连环效果,扩充社会基础设施	扩充基础设施 培育出口主导型加工产业	培育进出口替代产业
	第三阶段 (2001—2010)	培育东北亚中心工业城市,建设欧亚海陆交通运输网	建设综合型国际交流重点城市	培育高新技术集约产业
重点课题(任务)	第一阶段 (1990—1995)	图们江出海权问题 珲春长岭子克拉斯基诺联结铁路的建设 珲春防川公路建设	罗津先锋、清津港的扩充 建与中、俄铁路公路的铁公路,建设新兴、东明、昌平、清界、白鹤工业园	扩扎鲁比诺港 克拉斯基诺扎鲁比诺铁路与中国铁路连接
	第二阶段 (1996—2000)	疏通图们江河道,扩充防川港 建设珲春防川铁路、公路	扩充港口 连接中、俄高速公路 建雄尚、关谷工业园	扩扎鲁比诺港 克拉斯基诺扎鲁比诺铁路与中国铁路连接
	第三阶段 (2001—2010)	扩建防川港 东北地区铁路网的完善	扩充港口 后昌、红衣工业园的建设	扩充扎鲁比诺港

　　资料来源:根据任阳泽:《亚洲大预测》,[韩]每日新闻社 1999 年版;尹承贤:《图们江区域新开发战略和环朝东海圈扩大方案》,[韩]江源发展研究院 2009 年版编制。

三、宣布图们江地区开发计划(TRADP 的宣布)

　　1991 年 10 月 24 日,UNDP 在其纽约总部向全世界宣布了一项被称之为具有历史意义的创举,即在联合国开发计划署的赞助下,地处东北亚的中国、俄罗斯、蒙古以及朝鲜半岛北南双方将在中、朝、俄三国交界的图们江三角地区，用 20 年时间，投资 300 亿美元，在 1000 平方公里的土地上，兴建一个多国经济技术开发区，该开发区"将成为未来的香港、新加坡和鹿特丹，使东北亚地区 3 亿人民受益"。①

中央政府相继给予珲春一系列的优惠政策。1991 年 11 月 18 日，国务院批准珲春为甲级开放城市，允许外国人自由出入；1992 年 3 月 9 日国务院批准黑河、绥芬河、珲春和满洲里为边境开放城市。同年 10 月，国务院批准设立珲春市边境经济合作区，给予一系列优惠政策，这是中国第一个边境经济合作区。国务院决定成立了由国家科委和国家计委牵头的包括中央有关部委和吉林省在内的图们江开发项目前期研究协调小组。至此珲春的知名度大为提高。

1991 年 12 月朝鲜政务院颁布第 74 号令，决定在罗津—先锋地区建立豆满江自由经济贸易区，并宣布罗津、先锋为自由港。该自由经济贸易区面积为 621 平方公里，1993 年 3 月又扩大到 746 平方公里，开发目标是把它建设成东北亚区域重要的国际物流中转基地，以现代化技术为基础的出口加工基地和国际旅游基地。其后，朝鲜政府制定并公布了近 40 条法律法规，包括《自由贸易经济区法》、《外国人投资法》、《合资经营法》、《土地租赁法》等，逐渐完善投资环境。

1991 年，俄罗斯在联合国工业发展组织的支持下，提出建设以海参崴为中心，包括纳霍德卡港、扎鲁比诺等港口群在内的"大海参崴自由经济区"规划，这个规划的地域范围同图们江地区是重叠的。先前一年成立的纳霍德卡自由经济区是俄罗斯政府重点扶植的区域。该区除财政收入外，还可获得俄联邦预算的目标贷款。

联合国开发计划署自 1991 年向世界公布其投资额惊人的图们江开发项目后，就成为图们江地区国际合作开发的组织者和主要协调者。在 1995 年 12 月之前，它主持召开了六次项目管理委员会会议及多次专家会议，1994 年 10 月，为便于工作的开展，UNDP 图们江地区开发项目办公室（或称 UNDP 图们江秘书处）从纽约迁至北京。

在 1995 年 12 月召开的图们江区域开发项目管理委员会第六次会议上，中国、俄罗斯、朝鲜三国签署了《关于图们江地区开发协调委员会的协定》；中、俄、朝、蒙、韩五国还签署了《关于建立图们江经济开发区及东北亚环境准则谅解备忘录》和《关于建立图们江经济开发区及东北亚协调委员会的协定》。这两个《协定》和一个备忘录的签署是图们江国际合作开发进程的里程碑，它不

---

① 王立辰主编：《图们江地区开放开发文献集》，吉林人民出版社 1994 年。

仅为合作提供了必要的法律基础和理论框架,还标志着合作进程完成了从以研究为主到以实际开发为主的转变。根据这三个文件,中、俄、朝、蒙、韩五国组建了"图们江经济技术开发区及东北亚开发协商委员会",负责协调各国间的相互合作和可持续发展;图们江沿岸三国——中国、俄罗斯和朝鲜还组成了"图们江地区开发协调委员会",专门负责经济开发事务,尤其是贸易和投资促进事务;联合国开发计划署也在北京设立了图们江秘书处,负责制定区域规划,取得国际社会的支持。

利用图们江地区国际投资贸易洽谈会(简称图洽会)进行招商引资是UNDP协调推动图们江区域经济合作的重要措施。1996年9月在罗津市举办了第一届图洽会,共签订合同项目7个,对外公布金额为2.85亿美元,其中最大项目是香港英皇集团投资2.1亿美元修建一个五星级宾馆。

1998年9月,中国珲春市主办了"1998年中国图们江地区—珲春国际贸易洽谈会"。同样,这次图洽会得到了UNDP图们江秘书处、联合国工业组织和吉林省人民政府的支持。

中国吉林省政府确立了"借港出海"的开发思路,并与俄、朝达成了合作使用其有关港口的协议,与日本、韩国也达成了开辟海陆联运航线的协议。1995年10月,延边自治州利用公路从珲春圈河口岸经朝鲜罗津、再经海路到韩国釜山港的集装箱定期航线正式开通,至1998年9月的约三年间,已运输标准集装箱一万多个,散货10万多吨。1997年6月,从珲春口岸经俄罗斯扎鲁比诺至韩国釜山港,并至日本伊予三岛的海上运输线开始运营,向日本运输木片,1998年中国又与日本签订了7万吨木片运输合同。1998年第三季度,从珲春口岸经罗津至韩国釜山港,并延伸到日本大阪的海上运输线也开通运营。

2000年4月28日,韩国束草—俄罗斯扎鲁比诺—中国珲春口岸的客货联运航线正式开通,其首航仪式在韩国束草港举行。它的意义在于实现了中、俄、韩的陆海客货航线的开通。

在公路和铁路方面,中俄合作修建了珲春口岸—俄罗斯克拉斯基诺口岸28公里的公路,并于1998年5月5日开通了旅客通道;珲春—长岭子口岸铁路铺轨至中俄边境,俄马哈林诺港至中国珲春口岸的铁路已将宽轨铺至边境线,实现了中俄国际铁路接轨。2000年3月31日,一列由俄罗斯马哈林诺站方面开来的满载着木材的火车驶进珲春铁路口岸,它标志着珲春—马哈林诺铁路正式实现了批量过货。由于马哈林诺车站与俄罗斯远东各口岸相连,所以珲马铁路的开通形成了一条新的便捷经济的陆海联运通道。

在通讯设施方面,珲春—海参崴、珲春—俄斯拉夫扬卡、珲春口岸边检—

库拦斯基诺口岸边检三条通讯线路已经开通，并铺设了长春经珲春至朝鲜罗津的光缆通讯线路；延吉至首尔的国际直达卫星通讯电话开通。

第三节　TRADP 特点、各国态度

一、TRADP 特点

从全球贸易的观点看，图们江下游地区有着巨大的潜力。它既有便利的通道进入中国工业大省——吉林省和黑龙江省的市场，又可利用朝鲜、俄罗斯、蒙古的劳动力和自然资源等有利的供给因素，它还有接近日本、韩国和提供到欧洲通道的机会。东北亚地区的资源和区内各国间的互补性，更增强了图们江三角洲成为未来的香港、新加坡或鹿特丹的信念，它在中转港贸易和区域各国相互联系的工业发展上具有潜力。简而言之，"图们江地区开发规划有两个相关因素：地区工业化的巨大潜力、便于物流中枢的战略位置"[1]。

图们江区域经济合作的比较优势在于它本身的地理区位优势以及它所在的东北亚地区的经济互补性，也就是说，图们江下游地区可以利用它的地理区位优势，像催化剂一样带动东北亚地区的经济发展，当然，处于生产要素流动中枢位置的图们江地区也将从中受益。

经济绩效的实际进程却并非像设计论证的那样简单。从 1991 年以来，图们江次区域经济合作的热、冷和小步实施的曲折历程来看，生产要素的流动和更高效率的配置还要取决于政治信任、市场制度、市场化水平、基础设施、融资能力等一些更具基础性的问题。图们江区域各国之间的生产要素构成具有互补性。

国际政治关系具有复杂多变性。图们江区域合作与开发涉及东北亚地区，它是近 100 多年来世界政治矛盾最为突出的地区之一。在这里，中、美、俄、日四大国和朝韩、日俄等双边或多边关系复杂多变，相互交织。尽管 20 世纪后期以来东北亚地区的国际关系开始由对立走向合作，但仍有诸多政治问题，如日俄之间的北方四岛问题、朝鲜半岛的统一问题等阻碍该地区的健康发展。这种复杂动荡的政治环境势必会给图们江地区的合作开发带来极大的风险性和不确定性。

图们江地区的合作开发具有经济运行层次的多样性。图们江区域开发各

---

① 王立辰主编：《图们江地区开放开发文献集》，吉林人民出版社 1994 年，第 531 页。

参与国政治制度、经济发展水平差异悬殊,即使在核心地域中、俄、朝三国交界地区,经济运行层次也呈现多样性。这表现在:中国处在社会主义市场经济的初级阶段,俄罗斯仍处在经济转轨时期,朝鲜则实行的是计划经济体制。这种经济运行多样性和层次性,会导致各方经济利益驱动的不一致性、经济利益协调的复杂性。

图们江地区的合作开发具有开发建设任务的艰巨性。图们江区域开发是一个地域的综合开发,其开发内容十分丰富、庞大。这包括港口、航道、铁路、公路、机场等交通运输及城市公共工程等基础设施建设,以及工业项目、农业项目、服务业(含商业、金融、运输代理)、外贸业、旅游业、新城市建设、环境保护、人才培养等区域综合发展内容。还涉及海关、税收、货币、治安等一系列更为复杂的法律制度等等。①

图们江地区的合作开发还具有经济利益的难以协调性。图们江区域国际政治关系的复杂性、经济运行层次的多样性导致了其经济利益的不一致性及其协调的困难性。比如,从图们江地区开发的总体利益来看,三国的认识就存在着很大的差异。中国认为会给各国带来共同的利益,俄、朝则认为最大的受益者是中国。所以俄罗斯与朝鲜对图们江地区的开发积极性相对弱些。

图们江地区的合作开发具有鲜明的国际性。图们江区域开发的关键是多国通力合作。"如果没有中国东北的参与,朝鲜和俄罗斯就因为没有经济腹地而受制约,日本扩大市场、韩国发展北方市场的规划也会受到影响,蒙古也无捷径可走;反之,如果朝鲜和俄罗斯死不开放、不配合,中国开边开放也有困难。"

东北亚地区(大图们江区域)的经济合作表现为层次性。第一层次是联合国推动的东北亚合作。在联合国开发计划署的推动下,中、俄、韩、朝、蒙5国正式签署长达10年的《关于建立东北亚和图们江开发区协调委员会的协定》等三项协议。第二层次是东南亚国家联盟框架下的国际合作。2002年,中国与10国签署了《中国东盟全面经济合作框架协议》,决定2010年后建成中国东盟自由贸易区。之后,日本与10国签署了《广泛经济伙伴联合声明》。2003年,中、日、韩发表了《中日韩推进三方合作联合宣言》。第三层次是双边国家的经济合作,其中以中日、中韩之间的合作最具代表性。

---

① 　袁树人、李秀敏:《试论图们江陆桥枢纽共同体成特点、模式及其演进展望》,载《世界地理研究》第9卷第1期,2000年3月,第45页。

二、互补性的比较

为了更好地理解东北亚各国和地区的互补性，我们不妨与 ASEAN 区域贸易依存度做比较。

在东盟的区域内贸易依存度是采用 CEPT（共同有效特惠关税计划）来衡量的，1993 年为 20.9％，1996 年上升至 23.8％。1997 年印支 4 国（柬埔寨、老挝、缅甸、越南）加上东盟 6 国，区域内贸易依存度为 24％，仅增加了 0.2％，印支 4 国加入几乎没有效果（参见表 7-2）。2000 年的区域内十国贸易依存度不但没有上升反而下降了 1.8％，其重要原因是受到了亚洲金融危机的影响。更重要原因是印支 4 国的贸易额规模非常小。1997 年的 ASEAN 贸易总额为 3527 亿美元，印支 4 国仅为 104 亿美元。ASEAN 区域内贸易总额为 846 亿美元，而印支 4 国只占 ASEAN 的 3.3％为 29 亿美元。这说明：(1)印支 4 国的贸易额在 ASEAN 贸易总额中的比重非常小；(2)ASEAN 各国生产结构不具有互补性是极具竞争性；(3)在 ASEAN 区域内贸易主要由新加坡和马来西亚进行。正如穆罕穆德所说："在东盟自由区域内贸易比率达到很高的水平几乎是不可能的。即使提高到 30％左右，其后也会停滞不前（绝对额将继续增加）"，其理由有：(1)东盟经济的开放性；(2)与区域外联系的密切性；(3)区域内生产结构互补性低，但是从区域外引进外国直接投资多；(4)提高东盟产品的国际竞争力是东盟自由贸易的主要目的。

表 7-2　ASEAN 区域贸易

单位：百万美元

出口＼进口		文莱	印尼	马来西亚	菲律宾	新加坡	泰国	印支 4 国	ASEAN 合计
文莱	1996		44	325	3	1717	74	n. a	2157
	1997		34	271	3	1395	69	n. a	1772
	2004		268	13	n. a	141	358	1	781
印尼	1996	1		1218	90	2875	846	n. a	5030
	1997	6		1231	113	2384	1377	150	5261
	2004	32		3016	1238	6001	1976	735	12998
马来西亚	1996	4	1124		687	22515	2014	n. a	26344
	1997	23	1461		862	21871	2483	201	26901
	2004	317	3073		1937	18994	6040	1373	31734

续表

出口＼进口		文莱	印尼	马来西亚	菲律宾	新加坡	泰国	印支4国	ASEAN合计
菲律宾	1996	n.a	561	938		2297	631	n.a	4427
	1997	n.a	761	1174		2947	698	213	5793
	2004	4	376	2070		2631	1064	693	6838
新加坡	1996	187	4565	16014	1227		6749	n.a	28739
	1997	193	4089	15767	1802		6406	724	28981
	2004	488		27280	3916		7757	4217	43658
泰国	1996	195	856	3207	780	7069		n.a	12132
	1997	79	836	2819	499	5784		326	10343
	2004	56	3210	5296	1829	7014		3782	21187
印支	1996	n.a	n.a	n.a	n.a	n.a	n.a		n.a
	1997	n.a	548	793	138	2827	1230		5536
	2004	1	395	632	405	1919	1706		5058
ASEAN合计	1996	387	7138	21702	2694	36494	10314	n.a	78829
	1997	301	7729	22055	3414	37208	12263	1614	84587
	2004	898	7322	38307	9325	36700	18901	10801	122254
出口总额	1996	2329	49814	78246	20417	125024	55787	n.a	331617
	1997	2375	53443	78904	25088	124986	57538	10404	352738
	2004	4514	71261	125744	39689	179615	97414	30955	549192
区域内贸易依度	1996	17	14	28	13	29	19	n.a	24
	1997	13	15	28	14	30	21	16	24
	2004	20	10	30	24	20	19	35	22

资料来源:根据西口清胜《东南亚区域经济合作 ASEAN 的 30 年》,[日]北原淳、西口清胜、藤田和子、米仓昭夫著《东南亚经济》世界史想社 2000 年,第 74～75 页;IMF, Direction of Trade Statistics 2005,2005 编制。

再让我们看一下东北亚区域贸易(参见表 7-3),1994 年的东北亚区域贸易额为 479 亿美元,东北亚地区区域内贸易依存度出口为 9.5%,进口为 12.2%,但是到了 2000 年区域内贸易额达到 679 亿美元,2004 年上升至 928 亿美元。区域内贸易的绝对值增加的同时,区域内贸易依存度却下降的很快,2004 年的区域进出口贸易依存度分别为 7.0%、4.9%,这是因为东北亚地区与世界贸易的增幅比东北亚区域内贸易的增幅大很多。再以国家为单位时的贸易依存度上看，出口为 20.2％，进口为 29.3％。这要大于东盟的区域内贸易依存度。1994 年日本在东北亚贸易额 占 56.4％，2000 年占 51.9％，韩国各占 29.3％、33.3％。这与东盟是以马来西亚、新加坡为主的贸易十分相似。朝鲜的区域内出口贸易储存度，从 1994 年的 69.2％上升至 2004 年的 74.1％，2004 年的中国东北为 42.4％、俄罗斯远东为 54.7％（俄罗斯远东 2004 年进口依存度为 69.5％）。蒙古国比较特殊，从表 7-3 中可以看出，它的区域贸易依存度（进口）从 1994 年的 24.2％，2004 年猛降至 1.7％。但这并不表明贸易依存度下降，蒙古国与中国东北的贸易额是下降了，但它与中国的贸易额是上升了，2004 年的蒙古国的贸易额为 8.6 亿美元，中国就占 53.5％，为 4.6 亿美元。

　　从中国东北地区、俄罗斯远东这样的特定的地区来看，其东北亚区域贸易依存度比国家为单位时要高得多。看来东北亚一环的中国东北、俄罗斯远东其主要的贸易形式是以区域内贸易为主的发展模型。因此，比东盟更具有互补性、更有可能实现合作共赢。

表 7-3　东北亚区域贸易

单位：百万美元

进口＼出口		中国东北地区	俄罗斯远东	蒙古	韩国	朝鲜	日本	东北亚	世界	区域
中国东北地区	1994		92	2	944	425	3323	4786	10730	44.6
	2000		142	85	1749	320	5136	7432	14579	51
	2004		797	2	2879	542	6089	10309	24317	42.4
俄远东地区	1994	149		0	127	3	972	1251	1498	83.5
	2000	1119		n. a	384	3	755	2261	3809	59.4
	2004	1607		n. a	671	n. a	1161	3439	6290	54.7
蒙古	1994	12	0		19	0	58	89	368	24.2
	2000	n. a	n. a		2	0	10	12	466	2.6
	2004	2	n. a		5	0	8	15	860	1.7
韩国	1994	369	99	19		18	13523	14028	96031	14.6
	2000	1669	180	56		273	20457	22635	172268	13.1
	2004	2267	410	61		439	22063	25240	272660	9.3

续表

进口＼出口		中国东北地区	俄罗斯远东	蒙古	韩国	朝鲜	日本	东北亚	世界	区域
朝鲜	1994	199	4	0	176		323	702	1015	69.2
	2000	37	0	0	15		257	309	566	54.6
	2004	527	n. a	0	258		163	948	1280	74.1
日本	1994	1315	108	24	25390	171		27008	395600	6.8
	2000	3020	133	73	31878	207		35261	479300	7.4
	2004	5417	1145	74	46144	89		52869	618320	8.6
东北亚	1994	2044	303	45	26656	617	18199	47864	505242	9.5
	2000	5845	455	214	33978	803	26615	67910	670988	10.1
	2004	9820	2352	137	49957	1070	29484	92820	1901540	4.9
世界	1994	5676	629	258	102524	1287	274742	385116	4285663	
	2000	12037	1036	615	160496	1407	379868	555459	6528600	
	2004	23705	3386	1011	224459	2280	454816	1319376	9470000	
区域内贸易依存度	1994	36	48.2	17.4	26	47.9	6.6	12.4		
	2000	48.6	43.9	34.8	21.2	57.1	7	12.2		
	2004	41.4	69.5	13.6	22.3	46.9	6.5	7		

资料来源:根据环日本海经济研究所:《东北亚—21世纪最前沿 东北亚经济白皮书,》[日]每日新闻社1996年,第24页;环日本海经济研究所:《ERINA情报》2007年7月编制。

三、问题

(一)基础条件

(1)从基础设施来看,交通运输合作严重滞后是图们江区域合作的重要瓶颈。首先,中、俄、朝图们江区域的交通运输资源没有整合及配置好,港口、道路等交通基础设施建设严重滞后,国际合作开发的运输载体构建不够完善,成为国际合作开发中的瓶颈。其次,中、俄、朝经图们江地区口岸通关等法律制度不统一,不符合国际惯例,自由度、开放度很小,没有实施自由口岸制度,严重地制约图们江区域运输通道的畅通,极大地影响了贸易、投资、旅游等活动的自由化和便利化。最后,投资软环境不完善,严重制约了交通运输设施的建设。

(2)从融资渠道来看,开发资金严重匮乏是该区域发展缓慢的核心问题。

据有关人士估算 20 世纪 90 年代,整个图们江地区发展需要大量资金,前期30 多年大约需要 1716 亿美元,仅基础设施建设考虑到回收再投资,估计需要370 亿美元。这样巨大的开发资金是中、俄、朝三国政府无法承受和筹措的。世界银行、亚洲开发银行等国际金融组织更没有对图们江区域开发进行投资。国际商业银行和私人资本也没有对图们江区域进行投资。这都极大地影响国际合作开发的进程。

(3)松散型、软约束、非制度化的开发模式是图们江区域经济合作不够迅速的根本症结。在中、俄、朝各国图们江区域开发的初始阶段,朝、俄政府选择了"以我为主,各自开发"模式,在此背景下,中国政府被迫实施了单边开发与双边开发相结合的模式。中、俄、朝、韩、蒙五国政府 10 年间召开了 8 次协商协调会议,对涉及图们江区域合作开发的全局性、关键性、实质性问题却毫无进展。这些制度安排无法在一些重大、关键性问题上发挥权威、约束、统合和制裁作用。图们江区域合作开发的范围的确有所扩大,但国际合作开发的程度却没有实现紧密化和一体化。究其原因,在于国际合作开发的模式选择上。

(4)中央政府及其首脑的介入不充分是制约图们江区域经济合作发展的重要原因。图们江区域经济合作应当是参与国的中央政府及其首脑介入并主导的行为,但是 10 年来仅停留在一年一次的副部长级层面的国际协商协调。图们江区域经济合作大量的经常性工作,现仍仅限于不能做出最终决策的参与国的省级地方政府的接触谈判,参与国中央政府及其首脑介入不足。①

(5)实业界的热情却不足。例如,日本企业对华投资主要分布在华东、华南地区,在中国东北的投资主要集中在大连市,而在中国东北其他地区的投资却比较少。在参与东北亚区域经济合作问题上,尽管韩国企业比日本企业的积极性高,目前中国延边州约有 70% 的项目都是韩国企业投资,但其投资规模在韩国对华投资中所占的比重也很小。此外,图们江地区吸引的外部投资规模非常有限,并且大部分都是中小企业的投资,大企业、大集团的投资较少,特别是该地区的开发活动还没有引起跨国公司的足够兴趣。不改变目前企业界重视程度不高、参与较少的现状,东北亚区域经济合作很难摆脱进展缓慢的困境。

针对这一问题,联合国开发计划署从投资资金来源和吸引大企业进入着手,促进大图们江区域的开发。2005 年 9 月在长春召开的图们江地区投资论

---

① 何志工、安小平:《东北亚区域合作——通向共同体之路》,时代出版社 2008 年,第85 页。

坛上,联合国开发计划署投资与发展负责人 Khalil Hamdani 宣布要"重组联合国图们江秘书处"。

(6)市场制度供给不足,也是图们江地区经济合作中面临的一个严重问题。自 90 年代初期,中、俄、朝三方有关地区才开始对外开放,因此,三方的市场意识、市场机制和经济市场化水平处于一个较低层次。这个地区的法律制度供给比较短缺,还有一个问题是,有关参与方还违背市场规律制定的法律条规。图们江地区次区域经济合作的关键就在于促使生产要素更有效率地流动起来,然而,过高的过境费用以及外币合法性等问题,使得有限的边境货物贸易也很难。

(二)合作

早在 1990 年,东亚就开始了区域合作的酝酿进程。马来西亚总理马哈蒂尔提出了"东亚经济集团"(EAEG)的构想。但是,由于该设想将美、加、澳等国排除在外,遭到美国的非议和批评。为了淡化集团色彩,"东亚经济集团"更名为"东亚经济核心论坛"(EAEC),以体现自愿合作、平等开放、非歧视和非排他性质。该论坛的提出得到了中国的大力支持和东盟各国的赞同。但是,日本顾及到美国的反对态度以及日美的特殊关系,最终未明确表示支持,致使这一倡议不了了之。但到 2001 年第一次全面阐述了"东亚共同体"构想。2005 年 12 月首届"东亚峰会"召开,签署《吉隆坡宣言》,将以"10+3"为渠道,由东盟发挥主导作用。

(三)安全

安全合作机制的时机还不成熟。所以,应该分层次地以某些热点问题为平台,在实践中逐渐形成一些机制,在此基础上寻求在东北亚地区建立全区域的安全体制。"在错综复杂的东亚,如果没有次区域体制,全区域体制就有可能是一幢无从建构的想象中的空中楼阁。"这说明东北亚区域的安全机制的建立是一个循序渐进的过程。围绕解决朝鲜核危机举行的"六方会谈"被认为是东北亚安全合作机制的雏形。东北亚安全合作机制的形成,不仅取决于各个国家面临的共同利益,而且还取决于在文化上形成共识,包括对各国文化的尊重,对不同意识形态的包容和对历史问题的正确认识。

2006 年 1 月,美国高官麦克尔·麦克拉克(Michael Mchalak)就亚洲的一体化进程发表评论称,美国不认为"10+3"或东亚峰会会损害美国利益,美国也不需要参加亚洲国家之间举行的每一次会议和对话。不过,麦克拉克也同时强调了泛太平洋关系和机构的重要性。2006 年 5 月，助理国务卿希尔更明确表示，亚洲国家希望加强它们自己的地区架构，就像世界上其他地方的地区集团所做的那样，这是完全可以理解的。这种一体化的制度建构的努力是亚洲内部发展着的经济与金融一体化的反映，这并不令人意外，美国对此表示欢迎。尽管美国的态度越来越务实，但由于东北亚一体化的目标和路径尚不明确，美国对这一进程仍在观望和评估，其基本政策尚未完全定型。美国目前态度是，对东亚一体化表示理解，甚至谨慎的，有条件的支持，同时积极应对，以确保美国在本地区的利益和影响不被削弱。

在 21 世纪的今天，从建立相互信赖关系，推进区域政治与安全的稳定、处理历史遗留问题、扩大区域合作等问题上可以看出，东北亚各国的认识和行动尚未一致。东北亚区域历史及地缘政治经济现实的特殊性与复杂性，导致了区域内各国之间存在严重的互信危机和政治安全困境。尽管东北亚地区由于历史原因和现代的政治对立，区域的组织化程度还没有很好地解决，但是超越意识形态和政治局限而日益活跃的经济关系，则正在缓慢地向区域一体化方向发展。通过双边和多边对话的协调与合作，建立东北亚区域安全竞争与危机管理的有效机制符合有关各国的共同利益。加强区域合作、实现共同繁荣并最终实现东北亚整合和东亚共同体，已经成为东北亚乃至东亚各国的共识。促进区域政治与经济合作、推动区域一体化和各国社会政治经济共同发展，构建以东北亚和东南亚各为半壁疆土，共同繁荣与和谐的东亚共同体，是东亚各国的目标。

(四)TRADP 制约因素(目前因素)

目前，制约图们江区域开放开发的因素主要有以下几个方面：

(1)地区差异较大。由于东北亚地区各国政府制度、经济体制、文化传统和利益需求不尽一致，再加之历史上存在的遗留问题，虽然经济上存在着互补性，但要推进合作项目，协调难度非常大。

(2)地区合作决策层次低。主要表现在两个方面：一是各国政府间仅限于副部长级的协调、协商机制，这一机制在研究阶段和初期实施阶段发挥了十分重要的作用，但随着开发建设的不断深入，就表现出决策职能不够，缺乏硬约束作用，组织推动力弱小。二是 UNDP 图们江区域项目秘书处协调各成员国解决困难和问题的力度不够。

(3)经贸环境较差。一是通道通而不畅，由于俄朝公路、铁路等口岸基础设施较为陈旧，通关能力弱，制约了运输及物流的形成。二是通关规则不能与国际惯例接轨,口岸收费项目多、标准高,没有法律约束。三是俄、朝方面通关速度慢,人为障碍因素较多,要实现通关便利化还有很长距离。

(4)资金投入不足。由于 UNDP 在国际社会融资力度不大,世界金融组织和机构还没有介入图们江区域合作项目,再加上这一地区多数国家经济欠发达,导致资金投入明显不足,基础设施落后的现状很难改善。20 多年来,虽然有关部委对少数几个大项目给予了资金支持,从实际需要上看却是杯水车薪,一直没有设立用于图们江地区开发的专项资金。

四、态度

1995 年以后,俄罗斯制定了《图们江自由经济方案》加大对图们江地区的投入。在行政管理上俄罗斯政府对图们江地区开发的行政管理实行中央控制。并指定有关部门具体实施开发开放措施,全权处理相关事务。同年,它宣布其毗邻珲春的滨海边疆区、哈桑区为自由贸易区,设立了克拉斯诺国际商贸城,并加强修建与珲春口岸联结的基础设施。1996 年俄罗斯与日本大藏省等三个日本政府部门以及 13 家日本企业达成协议,由日本投资 2.3 亿美元,利用 5 年时间将扎鲁比诺港改造成为年吞吐量 150 万吨的现代化港口。另外,在联合国工业发展组织和 UNDP 的帮助下,俄罗斯还在 1998 年 5 月成功地主办了“1998 年俄罗斯远东海参崴国际投资贸易洽谈会”。但是,总的情况是,由于俄罗斯资金十分短缺,因而,其单边开发的发展进度,迄今为止仍然较慢。俄在中国投资兴建的俄工业园于 2007 年 7 月 18 日在珲春奠基,标志着中国对俄贸易合作进入一个新的发展阶段,标志着本地区国际合作开发又取得了实质性的进展。

朝鲜政府于 1991 年 12 月决定建立“罗津—先锋自由经济贸易区”,并实行中央直接管理的体制。近年来,为促进该地区开发,朝鲜政府编制了《总体规划》,出台了 51 部法律法规,在出入境、税收、土地等方面提供了一系列的优惠政策,并下放了铁路、港口、项目审批、外事、土地管理等方面的管理权限。截至 1998 年,在该区投资的总额(包括外国独资企业)为 1.3 亿美元,投资企业数目达 130 家,其中合营企业 70 家,合资企业 60 家,而与日本合作的就有40 家。该自由经济贸易区的开放调子很高,政策宽松,朝鲜政府宣布:“目前区内的所有企业,在企业管理和经营方面,无论采取资本主义还是社会主义方式都不受任何限制。”它对外商投资企业所得税的税率定为 14%,比中国还低1 个百分点。朝鲜政府为了鼓励外国人员进入该区,允许经珲春圈河公务通道进入朝鲜罗津—先锋地区的第三国人不用签证,可居留 15 天,许多国际公司都派代表团到该区进行考察访问。①

　　韩国是图们江地区国际合作开发的积极倡导者。韩国的积极态度基于两个基本因素：可以借机增加同朝鲜的接触，从而建立朝鲜半岛双方互信的关系；还可以借机转移韩国国内的劳动密集型等夕阳产业，充分利用图们江地区的丰富物产资源和廉价劳动力。韩国自1992年在中国珲春设立第一家合资企业—珲春东一针织有限公司以来，到1998年止，累计在珲春建有28家独资、合资、合作企业，总投资额约为9000万美元，占外商在珲春投资中的大部分。韩国实行投资多元化政策，加强了对俄远东的森林资源、渔业、天然气开发，投资额达1亿多美元。韩国将进行第三次产业结构调整，高附加值产业、尖端产业和软件产业会迅速发展，从而形成更加优化的产业结构，在这一过程中，韩国大量劳动密集型的轻工业，连同资本密集型的重工业要迅速向海外转移。

　　另外，韩国积极支持联合国开发计划署的协调和调研工作。韩国政府在1995年以前已拿出500万美元支持UNDP进行图们江地区开发研究，1996年底又向UNDP图们江项目秘书处资助100万美元作为图们江地区依托基金，用于图们江开发的前期费用。②

　　蒙古积极参加东北亚的经济合作。它认为图们江地区的开发开放可以为地处内陆的蒙古提供一条出海通道，作为内陆国家，蒙古的客货运输要依靠铁路。而蒙古目前只有两条相互孤立的南北向铁路，因此，蒙古十分关心修建一条连接乔巴山到中国阿尔山的铁路，从而使得蒙古东部的货物运输与中国东北铁路网直接相联。蒙古希望通过这条铁路把蒙古东部地区纳入图们江地区的开发开放，从而依靠外资外贸来带动蒙古东部地区的资源开发。1995年11月，蒙古政府批准《蒙古参与东北亚地区合作中的图们江流域开发的计划》。蒙古政府专门设立了由原国家发展委员会牵头、基础设施等有关部门高级官员参加的图们江开发国家工作小组，负责协调图们江地区经济开发的有关事项。2000年9月20日蒙古国国会已通过了关于将扎门乌德建成国家级自由贸易区的提案，制定相关政策和法律法规。

　　日本学者和官员多次呼吁建立"环日本海经济圈"，日本鼓励和支持民间团体和地方政府参与图们江地区的国际合作开发。日本海沿岸西部地区经济发展速度远落后于日本东部太平洋沿岸地区。因此，以新潟为中心的日本西

①　《中国经济时报》2007年7月24日。
②　丁斗：《东北亚地区的次区域经济合作》，北京大学出版社2001年版，第96页。

部地区希望积极介入图们江地区的国际合作开发,来推动日本西部的相对落后局面。到目前为止,日本还不是图们江开发项目管理委员会正式成员,只是以观察员身份参加有关活动。

自 20 世纪 90 年代初,图们江区域国际合作开发项目由联合国开发计划署向世人公布以来,在东北亚五国政府的积极参与下,在中、俄、朝三国大力推动下,对图们江下游中、俄、朝三国接壤地区进行了开发。"开发地区定位于朝鲜的清津、中国的延吉、俄罗斯的纳霍德卡三点连线的内侧地域。域内面积为5.5 万平方公里,人口约 430 万人。"[①]此后,UNDP 图们江秘书处以务实的工作态度,做了大量的组织协调工作。例如,1996 年围绕促进口岸过境、过境运输、转口贸易、投资评估等方面,1997 年,开展环境保护、旅游和技术援助项目、招商引资、人员培训等方面工作,1998 年又在促进图们江地区跨国旅游,开辟中、朝、俄三国口岸贸易和海陆运输通道,召开图洽会等方面,它都积极地穿针引线。这些活动的展开,是任何一个单方国家都不能取代的,有力地推动了图们江地区次区域经济合作一步步地向实质阶段迈进。

第四节　TRADP 的推进

实质上 TRADP 于 1991 年 7 月在蒙古国乌兰巴托东北亚小区域开发会议上被选定为韩、中、俄、朝、日合作开发东北亚地区的重点工程,到 2005 年前是分三个阶段推进的。1991 年—1996 年为第一阶段,1997 年—2000 年为第二阶段,2001 年—2005 年为第三个阶段。

一、TRADP 阶段性目标、展望

(一)TRADP 阶段性目标

1. 三个阶段

第一阶段:分别组织构建中俄、中朝、中蒙(跨国)经济合作区。由联合国开发计划署图们江区域项目秘书处组织制定《中俄珲春—哈桑边境(跨国)经济合作区规划》、《中朝珲春—罗先边境(跨国)经济合作区规划》及《中蒙二连

---

① 梁峰主编:《东北亚区域经济发展与合作》,中国财政经济出版社 2007 年版,第108 页。

浩特—扎门乌德边境(跨国)经济合作区规划》和研究制定《中俄朝珲春—哈桑—罗先边境(跨国)经济合作规划》,制定具有可操作性的区域政策,签署双边投资贸易协定,积极有效地吸引国际资本。这一阶段主要围绕基础设施,包括铁路、港口、口岸、公路等衔接合作,以相关旅游、贸易等产业开发为主体,由成员国自主开发转向联合开发,进而实现双边与多边区域经济的联动发展。

第二阶段:在中俄、中朝及俄朝等双边区域经济合作的基础上,利用4~5年的时间,构建东北亚图们江次区域经济技术贸易合作区,由联合国开发计划署图们江区域项目秘书处组织制定《东北亚图们江次区域经济技术贸易合作区规划》和区域政策。这一阶段主要在中、俄、朝三国合作基础上,通过中蒙、韩朝、俄朝、日韩等的双边合作,进一步扩大对外合作领域,提高对外开放水平,致力于发展高新技术产业、一般贸易、边境贸易、转口贸易、加工贸易及过境贸易第,以推进图们江地区国际合作开发向纵深领域发展。

第三阶段:再利用4年的时间,充分发挥环日本海地方首脑会晤机制和中、俄、朝、韩、蒙五国东北亚图们江经济开发区协商委员会机制,敦促日本成为该项目成员国,进而推动东北亚经济会议组织委员会成为东北亚区域经济合作组织委员会,构建中、俄、朝、韩、蒙、日等六国共同参与的东北亚图们江自由贸易区。此阶段主要是随着俄罗斯、蒙古国和朝鲜改革的不断深入和朝鲜半岛局势的发展以及日朝关系的改善,各成员国间签署双边自由贸易协定,从而实现组建东北亚图们江自由贸易区最终目标。①

2. 合作区特点

(1)拟建中的中俄珲春—哈桑边境(跨国)经济合作区。其具有如下的性质与特点:①它不是在两个国家之间组建,而是建立于两国相毗邻的部分地域之间的地缘经济体。②它是属于作为转型经济国家(俄罗斯)的后进地区同作为发展中国家(中国)的边远地区的地域组合形式。③它不同于在中国已经出现的仅在中国一方所建立的"三区"(互市贸易区等),而是具有鲜明的跨国性。④它是目前集"三区"为一体的一种国际性经济特区。⑤采用层次较低的地缘经济一体化的形式——边境(跨国)经济合作比较符合当前的实际。

该区组建共同的管理机构——中俄珲春—哈桑边境(跨国)经济合作区管理委员会。该委员会有中俄双方行政官员、企业家、学者等共同组成,在人数上对等,实行中俄双方两主席协商一致的制度,下设若干分委员会。该管理委

---

① 王胜今、于潇:《图们江地区跨国经济合作研究》,吉林人民出版社2006年,第160页。

员会的主要职能是制定统一规划和共同的政策和法规,协调区内诸种社会经济矛盾,统一处理外事等。

珲春—哈桑边境(跨国)经济合作区的建立具有复杂性的特点,是一项巨大的系统工程,不能妄想一蹴而就,必须循序渐进,逐渐完善,其全部建成大致需要 15~18 年的时间。本区的建设将经历下面几个阶段:宣传酝酿阶段(2~4 年);起步阶段(3~5 年);全面实施阶段(8~10 年);完善阶段(3~5 年)。

(2)拟建的中朝珲春—罗先边境(跨国)经济合作区。位于东北亚新大陆桥的端点,是中朝两国参与东北亚国际合作开发的前沿地带,经过多年的自主开发和建设,已经具备一定的发展基础,再经过一个阶段的合作开发,必将对中国、朝鲜、韩国、日本、蒙古国乃至亚太地区形成巨大的经济吸收力,并将成为未来东北亚的重要物流中心和新的经济增长点。它包括中国珲春和朝鲜罗先地区,面积各约 740 平方千米,目前已经具备建区的基本政策软环境与物质硬环境的基础条件,能够保证在较短时间内该边境经济合作区的各项工作顺利启动,并取得实际效果。中朝珲春—罗先边境(跨国)经济合作区的具体地域范围包括:中国方面包括珲春市市区以南、以东的部分老城区,珲春防川国家风景名胜区、中朝圈河口岸、沙坨子口岸、中俄长岭子口岸,以及九沙坪、敬信、白石山、小朝阳、板石、柳庭、孟岭。西崴子、三家子、杨泡、英安等乡镇。朝鲜方面包括厚仓里、武仓里、逾舰里、罗津市、新兴里、新海洞、宽谷洞、白鹤里、先锋郡、牛岩里、屈浦里、四会里、下汝坪里、元汀里、下桧里、豆满江里等在内的罗先自由经济贸易区整个区域。

通过中朝合作开发,把本区建设成以现代化的港口为龙头、以多功能的口岸为枢纽、以通畅与便捷的水陆交通网络为纽带、以广阔腹地与中心城镇为依托,集出口加工、现代物流、国际贸易、跨国旅游为一体的产业开发园区,并使商品、人员、技术与资金在区内自由流动,为珲春及罗先地区的经济发展注入活力,进一步发展延边少数民族地区的经济,并以此带动吉林省和辐射东北地区,最终带动图们江下游地区水上通道的开辟,加快有关港口的建设与相关问题,组建中朝珲春—罗先边境(跨国)经济合作区,并相对划分为近期(2011—2016 年)、中期(2016—2020 年)及远期(2020—2025 年)三个发展阶段。

辟建中朝珲春—罗先边境(跨国)经济合作区的地缘政治经济战略意义重大。它能适时地把图们江地区国际合作开发和中朝双边正常经贸关系推进到一个新阶段。以建立中朝珲春—罗先边境(跨国)经济合作区的双边协调、磋商为契机,适时展开外交谈判,尽快解决中国在图们江下游的航行权利与出海口问题,是中国区域发展政策的一个选择。该区域是以中朝间中央与地方政府的协商、合作和协调的双边行为为基础，以基础设施、物流与通讯网络的合作开发的建设为先导，通过富有成效的产业合作开发，组建国际性经济区域。

（3）为组建中俄朝珲春—哈桑—罗先边境（跨国）经济合作区创造条件。从地理位置上看，中、俄、朝三国交界地区正处于东北亚的几何中心，从政策配套和机制建立方面看，罗先自由经贸区建立以后，朝鲜政府赋予它明确的法律地位，并随之出台《自由经济贸易区法》、《外国投资法》等一系列法律法规，而且还具备了一定的协调管理机制。根据中、俄、朝签署的《关于建立图们江地区开发协调委员会协定》，实行统一管理模式，为组建珲春—哈桑—罗先边境跨国经济合作区创造了有利条件。①

3. 合作的必要性与可行性

边境地区素有"桥头堡"之称，其实这种铁路、公路线到此终止，交通网络到此截断的桥头堡景观正是边境边缘性特征和消极功能的外在体现。只有消除这种边缘性，提高边境地区的畅通性，通过合作开发吸引各类生产要素在区域内聚集互动，才能从根本上改变边境地区的经济滞后状态。

图们江地区是三国体系的交汇点，地理位置决定了除了合作发展外，别无选择。回顾延边州近20年来积极推进的图们江合作开发，大致经历了两个阶段：20世纪90年代初发展的"口岸经济"，建设口岸城镇，拓展口岸物流功能，改善交通设施和通关环境，利用珲春边境地方流形成边贸中心；21世纪以来推进的以地方政府为主体的次区域合作，通过开展与俄朝接壤地区的制度性合作环境建设，深化和扩大合作领域，跨境经济合作就是次区域合作的重要平台。

（二）加快图们江区域开发的建议

1. 政策建议

随着时代的发展，东北亚各国在经济发展中的互补性不断增强，相互依存度越来越高，可以说中国的发展离不开东北亚各国，东北亚各国的繁荣也需要中国。我们有必要从战略的高度，用历史的眼光来加快图们江区域开发，从而进一步促进东北亚区域经济合作，最终形成各国在政治上应相互尊重、协商，在经济上相互促进、共同发展，在文化上应相互借鉴、共同繁荣，在安全上相互信任、共享和平的新局面。为此，提出以下几点建议：

（1）继续深化睦邻友好，进一步提升合作机制。

---

① 李玉潭：《东北亚区域经济概论》，吉林人民出版社2011年，第32页。

我们要继续深化与东北亚各国的睦邻友好和互利合作关系,进一步加强高层交往,既要正视国际关系中的摩擦和分歧,更要以诚相对,通过协商消除分歧。东北亚各国之间建立互信关系和相互协调的机制,有助于开诚布公地讨论任何问题。即使是极为敏感的话题,都可以通过增信释疑,找到解决的办法。中国改革开放的总设计师邓小平曾经多次表示过,东北亚各国在冷静处理新老纠葛时,"唯一的办法就是不断加强友好、发展合作。"我们应该把它作为东北亚地区睦邻友好的重要准则,长久坚持下去,东北亚地区的繁荣稳定将会对世界经济的持续发展和社会进步做出积极贡献。

目前,东北亚各国政府在图们江地区开发项目上主要限于副部长级协调,组织程度较低,推动作用较弱,建议在进一步完善现有协调机制的基础上,着力提高各国中央政府的参与、支持与领导力度,提升区域合作机制层次和水平,适时建立以图们江地区开发为基础的综合协调机制框架。在中、俄、朝图们江地区开发协调委员会基础上,通过外交渠道建立中、俄、朝总理级会晤机制,切实促进中俄朝图们江地区贸易、投资及过境运输便利化。同时,中、俄、朝、韩、蒙五国协商协调机制从副部长级提升为正部长级,参照大湄公河次区域合作领导人(总理级)会议机制,适时发起大图们江区域合作首脑会晤机制,以利于我国引领东北亚区域合作的主导权。

(2)加快长、吉、图先导区建设,逐步推动图们江地区开放开发。

以加快长、吉、图先导区建设来逐步推动图们江地区的开放开发。长、吉、图先导区战略的核心是充分发挥长春、吉林两个特大城市和图们江区域的比较优势,以珲春为开发窗口,延吉—龙井—图们为开放前沿,长春吉林为东北腹地为支撑,坚持对内对外开放并举,通过区域合作带动大区域合作,双边合作、促进多边合作。用新思路、新体制、新机制和新载体来探索建立我国内地对外开放新模式,打造东北地区对外开放新门户,闯出带动老工业基地振兴之路,构建我国面向东北亚区域国际合作新格局。

(3)积极应对金融海啸冲击,推进区域金融合作。

金融是现代经济发展的核心,它对促进东北亚地区经济合作、稳定社会、造福人民具有重要的作用。不少有识之士较早就提出了设立东北亚开发银行的构想,就是希望能够筹措推进东北亚区域经济合作的资金。设立为东北亚地区各国经济合作的区域性银行是一个创举,不管是官办、民办还是官民合办,都可以探讨和论证。不同看法总会存在的,重要的是要保护好银行家、企业家和愿意参与推进解决本地区资金有效配置人士的积极性。

(4)发挥互补比较优势,共同解决能源安全问题。

　　能源问题是东北亚地区各国今后发展的重大问题,伊拉克战争后的中东石油供应的现状,使得美国、日本、中国、韩国的领导人十分关注国际石油供应的问题。最近,中国政府正在抓紧制定和实施国家可持续发展油气资源战略,其中提出要继续发展国际石油贸易和合作开发。从全球石油资源分布和供应情况分析,中、日、韩等国过多地依靠中东石油,困难越来越多,而远东和西伯利亚地区拥有俄罗斯石油资源的72%,其运输距离短、成本低和相对稳定的优势,已经成为东北亚国家能源进口多元化的较优先选择。通过中国把远东石油运输到日本、朝鲜和韩国有着明显的地理优势,中国愿意并有能力参与远东的石油开发、在维护东北亚地区能源安全方面发挥重要作用。

　　(5)加强中小企业跨国合作,发展中小企业集群。

　　所谓中小企业群,是指基于专业化分工和协作的众多中小企业集合起来的组织,他们既具有大公司规模经济优势,又具有中小企业柔性生产的特点,其具有技术效应以及核心能力的传播与共享等优势,可以形成分散状态下的单个中小企业所不能达到的高效率。人们往往忽视中小企业是创造巨大财富的庞大经济体,有人说中国已经成为亚洲和世界的加工厂,而承担这个重任的就是中小企业群。东北亚地区的中小企业跨国合作有着广阔的前景。对本地区的未来发展有着至关重要的作用。目前东北亚地区的汽车、造船、钢铁、零部件等传统产业方面已经融入了一大批中小配套企业集群,在电子、轻工、化工、生物工程、金融、环保等高技术领域,一批中小企业集群也蓬勃兴起。加强东北亚各国中小企业合作而形成新产业集群,为此,需要解决好三个问题:一是东北亚地区各国应努力优化中小企业跨国经营的外部环境,建立起跨国经营的服务体系,为中小企业跨国经营提供信息、经营指导、职业培训以及研发、中介和咨询等方面的服务;二是需要在区域内加强国际产业分工、建立协作网络,通过在区域内加强国际产业分工合作,组织起紧密的中小企业集群网,以提高中小企业跨国经营的整体抗风险能力;三是需要各国营造良好的经济社会运行机制,包括税收优惠政策、信贷扶持政策,建立境外投资保险制度,完善金融支持的辅助系统等。

　　(6)整合各国基础设施,建立物流合作网络。

　　在东北亚经济合作的进程中,将各国经济发展优势进行整合的渠道,就要通过建立国际化的地区现代物流中心来实现。特别是山东、天津、河北和东北三省已经设立了上千万家合资及对外加工企业,其加工原料和商品输出需要通过海运和空运发往日本、韩国、俄罗斯等国家及世界各地,需要通过陆运发往俄罗斯、蒙古、和欧洲各地。统筹规划、发挥各国交通运输业的优势,构建东北亚的区域物流中心,已经成为大家共同关注的热点问题,也是推进地区合作的一个务实的要求。另外,东北亚各国都有着特点各异的人文、历史和风景旅游资源,蓬勃兴起的国际旅游活动,不仅增强了各国人民的交流和友谊,而且成为各国经济发展的新增长点。加快推进东北亚物流中心的建设,还可以充分利用各种交通设施,支持、鼓励各国文化、媒体、学术、旅游、社会团体和各界人士的相互交往,促进各国人民的相互了解、和谐共处。[①]

2. 相关建议

由于三国体制和发展的差异,建议采取政府推进、企业运作、贸易先行、工业支撑、旅游拉动的方式,先易后难,逐步推进。一是图们江规划建设管理机构设立跨国合作专门小组,进行跨境合作可行性研究,启动编制中俄、中朝跨境经济合作区的建设规划。二是将跨境合作区建设纳入三国政府首脑或副总理会晤议程,建立跨国专家组,共同制定区域合作发展规划。三是设立国家跨境合作专项基金,资助跨境合作开发项目,并争取联合国开发计划署的资金支持。四是加快跨境区域基础建设,共同规划构建陆地通往口岸的设施网络。五是争取跨境结算、境内关外等特殊政策,先行跨境合作区口岸试点。六是以高效务实、合作共赢为原则,建立联合管理机构和边检体系。七是开展区域各国间教育、文化、环保、文学艺术交流,搭建政府、学术机构、企业和民间沟通平台。

珲春"三区"政策优惠,经过多年的建设,基础设施不断完善,跨国合作条件基本成熟,延边州及吉林省已有此设想,作为中俄、中朝经贸合作的重要载体,图们江跨境经济合作区建设将进一步促进双边资源转化、也将在深化中俄、中朝双边合作中发挥重要示范作用。

初步构想中方以珲春边境经济合作区为核心,周边支撑区为中方地域范围,朝俄方以罗先、哈桑经济特区为核心,双方共同设立相应机构,在区域内实施"一区两国、封闭运行、境内关外、自由贸易"管理模式,吸引人流、物流、资金流、技术流在区域内聚集和互动。充分利用两种资源、两种市场,实现区域发展和繁荣,逐步将珲春—哈桑、珲春—罗先跨境经济合作区建成集投资贸易、出口加工、国际物流为一体的多功能经济区,通过产业辐射效应带动周边地区经济发展。

---

① 范力:《加快图们江区域开发,促进东北亚经济合作》,《宏观经济研究》2009 年第 2 期,第 66～69 页。

(三)展望

(1)东北亚区域合作的奠基性工程是图们江地区开发,而推进这一奠基性工程的核心国是中俄朝三国。因此中俄朝三国以大开放原则为先导,搞好跨境基础设施建设,简化通关手续,降低过境成本,保证人流、物流畅通;以互惠互利的原则为动力,活跃三极的边境互设贸易和过境贸易及转口贸易,发展边境旅游和跨境旅游,营造一个"无国界自由经济贸易区"的气氛,以此带动形成跨国自由贸易区,为国际投资到位营造"强引力场"。在远期实现中、俄、朝三国开发区连成一体,构筑"三国一制式"开发模式,最终形成跨国经济特区。

(2)21世纪中叶图们江开发与东北亚区域合作将进入鼎盛时期。欧盟于20世纪末完成经济一体化后以后,继续向东扩展,2015年至2020年间实现全欧经济一体化;亚太经济合作组织"茂物宣言"所制定的目标:发达国家和发展中国家要分别在2015年到2020年间自由贸易也得以实现;受东盟"10+3"机制的促进,东盟十国建立自由贸易区以后继续扩大其合作范围,到2015年左右可能发展成东亚自由经济贸易区。届时图们江地区开发将进入高温期。

(3)未来20年是在区域经济集团化潮流的冲击下形成众多一体化的经济板块的快速发展期。在这种趋势的推波助澜下,形成世界政治多极化格局。在未来政治格局中对话和缓和依然是主基调。在多极化的驱使下,一些国家的"别劲"削弱,干涉主义收敛。以内需为动力的中国经济的持续发展把中国的经济总量推向世界第二的地位,中国在国际舞台上发挥更大的作用,尤其在东北亚问题上所起的作用更加明显。从而东北亚合作成为可能,图们江地区开发将有望成为火车头、奠基石。

(4)在一体化潮流的驱使下,日本深感"孤独",不得不改变其依附于美国的外交政策,放弃"远离邻居"的错误做法,加入到东北亚区域合作行列中来。俄罗斯走上稳步发展的轨道,随之政局稳定,社会经济走向健康发展的道路。朝鲜也经过改革开放更趋稳定和发展,在南北经济统合的道路上会有大踏步地跃进。届时,俄朝两国具备推进图们江地区开发的潜力和能力。

东盟成功实现经济一体化作为不同政治制度融为一体的国际性范例,将对世界格局以及东北亚区域合作产生深刻的影响,会促动东北亚区域合作的形成。因此,可推断21世纪20年代,东北亚区域合作与图们江地区国际合作开发将进入新的历史时期。

(5)为建立大图们江自由贸易区奠定基础。联合国开发计划署从投资资金来源和吸引大企业进入入手,促进大图们江区域的开发。2005年9月3

日，在"东北亚经济合作暨大图们江区域投资发展论坛"上，联合国贸发组织投资企业发展部负责人 Khalil Hamdani 表示，图们江开发地区的区域范围要不断扩大，并逐渐扩大投资的行业类别。①

在基础设施、口岸和港口建设方面也取得了重要的进步。现已建成并完善的基础设施有：克拉斯基诺公路口岸、卡梅绍娃亚铁路口岸、中国珲春铁路换装站、俄方铁路站房、给水与信号系统等、俄方的卡梅绍娃亚的换装站；完成换轮并建复合轨或单独铺轨等项工程；完善中俄铁路与俄方"三港"的衔接；实现中俄铁港联运和国际联运。② 在产业开发与城镇建设方面，依托珲春与斯拉夫扬卡之间的铁路、公路线及其南部的港口系统，大力发展现代物流、出口加工业和国际旅游业，加强城镇建设，最终形成珲春—斯拉夫扬卡的沿线经济带。

2006—2010 年间，中国与朝方合作，加快对先锋、罗津两个港口的改造。远期规划方面，中方考虑在罗津港附近设置"中国工业园区"，朝方划出约 5 平方公里土地，由中方投资者负责开发，包括规划、区内道路基础设施建设、招商服务管理等。该项目可促进延边州与朝方在跨境海洋运输及海洋物流业、海洋渔业、旅游业的合作，保持和增强合作区对外部投资的吸引力，为跨国经济合作区的经济发展创造良好的软环境，并最终基本实现其成为东北亚重要物流中心、现代化产业园区、重要的跨国旅游观光的目标。③

为解决资金来源问题，中、朝、俄三国在各自经济合作区内实施了一系列投资优惠政策。联合国开发计划署也为帮助解决图们江地区资金投入不足的问题，曾成立图们江信托基金，接受各国与国际组织对图们江地区开发的捐款与投资。鉴于民间对推进图们江开放开发的热情很高，在 2005 年图们江开发项目的第八次政府间会议上，各方提出充分发挥民营企业作为潜在投资者的作用。

2007 年 11 月 15 日，在俄罗斯远东城市符拉迪沃斯托召开大图们江区域合作开发委员会第 9 次国际会议，这次会议主要讨论了工商咨询理事会、能源理事会、旅游理事会、环保合作以及共同基金和资金的问题。这表明大图们江

---

① 《东亚经贸新闻》2005 年 9 月 4 日。

② 朴承宪：《图们江开发所面临的新形势和新课题》，载《延边大学学报社会科学版》2006 年第 3 期。

③ 延边朝鲜族自治州发展和改革委员会：《延边朝鲜族自治州国民经济和社会发展"第十一五规划纲要"》，2005 年。

区域开发从范围上已经从初期的贸易往来转变到投资、能源以及金融等更高层次的合作，合作领域不断扩大；而且随着联合国图们江项目秘书处的重组、新机构的成立，大图们江开发已经走上了一条制度化、机制化的道路。这为今后大图们江经济开发一体化和东北亚区域经济一体化奠定了基础。

2005年大图们江区域开发战略实施以来，图们江地区国家之间、特别是地方政府之间，开展了较广泛的交流与合作，充分发挥联合国开发计划署、"三国协调"、"五国协商"和"环日本海地方政府首脑会议"等国际组织的作用。同时，有效推进东北亚经济一体化进程，推进东北亚各国的全面合作。

从实践上看，图们江区域国际合作开发方式可以采取多种合作模式来进行深入合作，以取得更好的效果。双边合作的基本模式有：中朝双边联合组建珲春—罗先跨国边境经济合作区、中俄双边联合组建珲春—哈桑跨国边境经济合作区、中蒙双边联合组建二连浩特—扎门乌德跨国边境经济合作区。多边合作的基本模式有：组建中俄朝珲春—哈桑—罗先跨国边境经济合作区、中日韩俄蒙图们江—日本海经济体发展模式、组建中俄朝蒙图们江次区域经济技术贸易合作区、组建东北亚图们江自由贸易区。参与图们江区域国际合作开发的相关国家，积极开展双边合作，以中、俄、朝小三角地区的跨国经济合作为龙头，创造条件，为最终建立东北亚图们江自由贸易区奠定基础。①

二、内容

1992年3月—1995年12月共举行了六次政府间计划管理委员会会议，1996年4月—1999年6月举行了四次当事国协商委员会会议，2001年4月—2003年9月举行了三次政府间会议（详细内容参见表7-4、表7-5、表7-6）。

---

① 何志工：《东北亚区域合作：通向东亚共同体之路》，时代出版社2008年，第88～89页。

表 7-4 第一阶段 TRADP 政府会议中讨论的内容及签订协议的内容

区 分	日 期	地 点	会议中讨论的内容
第一次 PMC (政府间计划管理 委员会会议)	1992 年 2 月	首尔	PMC(Program Management Committee) 研究分科委员会组成及运营(工作)方案,以各 国代表为中心进行工作,讨论 TRADP 开发方 案、开发地域、资金落实等问题
第 2 次 PMC 会议	1992 年 10 月	北京	同意推进 TRADP 和四个基本原则 同意设(二元化的)政府间调节机构
第 3 次 PMC 会议	1993 年 5 月	平壤	暂定图们江区域开发有关协定,暂定设立图们 江区域开发公司及设立市政府间调节协商委 员会
第 4 次 PMC 会议	1994 年 7 月	莫斯科	签署政府之间委员会协议,结束环境谅解备忘 录协商,确定渐进式区域开发战略
第 5 次 PMC 会议	1995 年 5 月	北京	签署协调委员会协定、环境谅解备忘录,讨论 设图们江事务局,暂定贸易、投资、基础设施等 六个重点领域
第 6 次 PMC 会议	1995 年 12 月	纽约	签署了当事国协商委员会协定,环境谅解备忘 录,讨论在政府间调节协商委员会属下设立通 讯、基础设施、环境、调节、调和、广告等实务分 科委员会

资料来源:赵明哲、金知演:《GTI 推进动向与国际合作方案》,对外经济研究院,2010年。

表 7-5 第二阶段 TRADP 政府间会议讨论的内容

区 分	日 期	地 点	会议中讨论的内容
第一次当事国协商 委员会 会议	1996 年 4 月	北京	当事国协商委员会(Consultative Commission) TRADP 事务局所在地在前三年设在北京,此 后地域国五国首都轮换设立,事务局经费由五 国每年分担 25000 美元,审议中长期工作计划 (1996.7—1997.12)

区　　分	日　　期	地　点	会议中讨论的内容
第二次当事国协商委员会会议	1996 年10 月	北京	讨论资金、图们江事务局组织机构及运行，1997 年工作计划。通过了劝日本参与图们江开发及成为会员国的决议案
第三次当事国协商委员会会议	1997 年11 月	北京	讨论基础设施扩充所需资金筹措方案，签署了有关国家第二阶段工作计划(97—99)通过了日本作为观察员身份参与 TRADP 事业
第四次当事国协商委员会会议	1999 年6 月	乌兰巴托	同意构筑图们江地域投资网络

资料来源：赵明哲、金知演：《GTI 推进动向与国际合作方案》，对外经济研究院，2010年。

表 7-6　第三阶段 TRADP 政府间会议讨论内容

区　　分	日　　期	地　点	会议中讨论的内容
第五次当事国协商委员会会议	2001 年4 月	香港	日本作为会员国参与 TRADP 问题(各国劝说日本正式成为会员国问题)，TRADP 对象与地域的扩大问题，加强会员国的作用问题，得到一致同意，2001 年—2003 年工作计划的确定及签署
第六次当事国协商委员会会议	2002 年6 月	符拉迪沃斯克	UNDP 劝说日本加入 TRADP 事业，成为正式会员国。构筑与 ADB(亚洲开发银行)的积极的合作关系。支持朝俄成为 ADB 会员。讨论构筑本地域基础设施的必要性，由此推动东北亚合作的深入
第七次当事国协商委员会会议	2003 年9 月	北京	UNDP 同意 2005 年以后也继续支持 TRADP 事业。确定今后东北亚经济合作方向与东北亚经济合作的运行方针(以现实性为主)

资料来源：赵明哲、金知演：《GTI 推进动向与国际合作方案》，对外经济研究院，2010年。

三、TRADP 在核心地区的推进

(一)在延边的推进

10 多年来图们江地区国际合作开发步伐从来没有停止过,具体可以概括为以下几点:一是合作的机制不断完善,已经形成了国际平台。二是相关政府体系不断健全。三是对外开放的环境不断优化,包括基础设施条件、路、港的环境。已经开辟了中国珲春到俄罗斯扎鲁比诺港再到韩国束草与日本新潟这样国际航线,韩国游客由首尔—束草—扎鲁比诺—珲春,日本游客由东京—新潟—扎鲁比诺—珲春的航线进入延吉,观光长白山,启动延边 11 个对外口岸的建设和连接境内外的公路建设。吉林省委、省政府的共识是:一要坚定图们江区域国际合作开发的方向和目标,图们江区域国际合作开发是东北振兴及吉林发展的重要战略选择;二是图们江区域国际合作开发,对促进吉林、延边发展起到了重要推动作用;三是要深刻洞察国内外经济发展形势变化,牢牢把握图们江区域国际合作开发的历史机遇;四要充分认识到图们江区域国际合作开发的复杂性的制约因素;五要尽快形成自上而下推动的新局面,加强对上和对外协调,争取各方面进一步重视和支持;六要尽快落实省委、吉林省政府要求,从当前和实际出发,抓好重大项目的实施;七要下大力气抓好珲春的开发和建设;八要强化舆论宣传,创造更好的舆论氛围。如果说在第一轮图们江区域合作开发热中,延边是一个"主动参与"者的话,那么,10 年后的今天,以推动第二次升温为载体,延边在迎接新一轮图们江区域国际合作开发热潮中,则更多的是扮演着"主导发展"的角色。

1. 延边经济快速发展,为合作开发提供产业支撑

与十几年前的开发热不同,此次开发开放的升温,体现更多的是内生动力的驱动。1992 年以来,延边累计新增固定资产 1250 亿元,初步形成以林产加工、食品卷烟、医药、能源矿产四大支柱产业为主,以纺织服装、新型建材、旅游和劳务经济等优势产业为辅的新型产业格局。截至 2007 年,全州拥有外贸进出口企业 750 家;全州施工项目 861 个,比上年同期 252 个,41.4%;当年新开工项目 591 个,比上年同期增加 186 个。

2011 年延边全州地区生产总值 651.7 亿元,同比增长 15.4%,比 1993 年增加近 20 倍、全口径财政 112 亿元,同比增长 27.3%,比 93 年增长 13.3 倍,其中地方财政 53.5 亿元,同比增长 29.6%。社会消费品零售总额 302.9 亿元,同比增长 27%。全社会固定资产投资完成 507.3 亿元,同比增长 31.8%。

2011 年工业投资完成 226.6 亿元,同比增长 42.8%。① 实现工业总产值 740 亿元,同比增长 37.5%;规模以上工业增加值 268 亿元,同比增长 27.5%;实现利润 43 亿元,同比增长 39.2%。针对人参、矿泉水等 12 个重大产业制定推进计划,启动实施新一轮"掘金工程",食品(卷烟)、能源矿产、林产、医药等支柱产业实现增加值 192 亿元,同比增长 24.5%,产业份额上升到 73%。民营经济主营业务收入 1380 亿元,增长 37.2%,上缴税金占财政收入的 34.8%。②

对外合作不断深化,与朝鲜启动共同开发、共同管理罗先经济贸易区,完成元汀口岸至罗津港公路主体改造,内贸货物跨境运输常态运营。与俄罗斯符拉迪沃斯托克市建立友好城市关系,珲卡铁路恢复运营进入倒计时。中国图们江区域(珲春)国际合作示范区进入审批程序,中国(图们)朝鲜工业园建设正式启动。延吉与厦门同安区、延吉高新区与长春高新区建立合作关系,"窗口"、"前沿"与"腹地"互动更加紧密。口岸功能得到提升,双目峰口岸开放,三合口岸升级纳入国家口岸"十二五"规划。延吉空港旅客吞吐量突破 100 万人次,对韩航线过客量 38 万人次,成为东北地区第五大机场,在全国支线机场保持领先水平。延吉成功举办第七届"图洽会",全面参与第七届"东博会",国内招商引资到位资金 394.3 亿元,同比增长 49%;实际利用外资 2 亿美元,比前年增长 22%;因私涉外收入 8.5 亿美元。全州开发区、工业集中区实现规模以上工业增加值 119 亿元,比前年增长 29%。全年接待国内外游客 876 万人次,比前年增长 21%;旅游总收入 110 亿元,比前年增长 30%,占地区生产总值比重达到 16.5%。③

2. 延吉进入全国经济百强县,增加内生驱动力

延吉市 2011 年地区生产总值达 247.6 亿元,比 2006 年增长 2.7 倍年均增长 17.9%;一般预算全口径财政收入完成 55.73 亿元,比 2006 年增长 2.5 倍,年均增长 19.6%,十一五期间固定资产投资累计完成 744.8 亿元,比十五期间增长 3.8 倍,始终位居全国县域经济基本竞争力百强县(市)行列。全市招商引资到位资金累计完成 178.2 亿元,年均增长 50%。外经外贸持续扩大,全市外贸进出口总额累计完成 7.9 亿美元,年均增长 9.5%,外贸企业达

---

① 延边朝鲜族统计局:《延边朝鲜族自治州 2011 年国民经济和社会发展统计公报》,2012 年 2 月。

② 《延边州 2012 年政府工作报告》。

③ 《延边州 2012 年政府工作报告》。

到 577 户,比 2006 年增加 228 户。通道建设成效显著,延吉机场已开通 14 条空中航线,旅客吞吐量位列全省第一。延吉以"五力"闻名全省,"工业强市",打造"实力延吉",全面实施以"壮大 10 户税收超千万元的现有企业和新 10 户税收超千万元的企业"为主要内容的"3151"工程,培育支柱企业。全市规模以上工业总产值从 2005 年的 51.22 亿元跃升至 2008 年的 110 亿元,三年实现翻番,2011 年达 128 亿元。[①] 同时,重点壮大食品、医药、机械制造、高新技术等优势产业,形成多元化工业产品框架;投资拉动,打造"潜力延吉";服务业兴市,打造"活力延吉";开放开发,打造"效力延吉";优化环境,打造"魅力延吉"。

正在构建以延吉为核心区域的延龙图一体,预计到 2020 年,延龙图总人口 120 至 125 万人,城镇人口 105 至 110 万。其中,延吉至朝阳川(包括小营镇、依兰镇)达到 70 万至 90 万人。

延吉高新技术产业开发区已入驻企业 301 户,全区规模以上企业完成产值 63 亿元,上缴税金 15.21 亿元,园区总产值多年来始终以年均 25% 以上的速率递增。2008 年招商引资 140 个,到位 205 亿。开发区实施"153"工程,即形成一个 IT 产业集群(产值达 25 亿元),使区内 IT 企业达到 100 家,投资 6.6 亿元年产 10 万的玻璃纤维项目、投资 18.7 亿元的热电厂项目和还原铁项目等 5 个亿元项目;拉长以喜来健、延吉卷烟厂和插秧机厂和 3 个龙头企业的产业链。5 个亿元项目和 3 个龙头企业[②]的进展都很顺利。在中小企业工业园中"孵化"的高新技术企业还有"海皮拉因"、"可洗安"、"瑞林热辐射"、"起林半导体"等 37 家高新技术企业。2008 年实施"415"工程(四个"15",即 15 个千万以上项目开工及竣工,15 个千万元以上企业达产达效,重点培育 15 个产值

---

① 《延吉市 2011 年政府报告》。

② 5 个亿元项目和 2 个龙头企业情况是:第一、总投资 1200 万美元的延吉东方水上娱乐项目于 2007 年举行了奠基仪式,2008 年 6 月投入使用。第二、热电灰潭水泥粉磨站项目即新型建材项目总投资 3.5 亿元。科研报告获吉林省环保局批复,初步石灰石矿储量 1 亿吨以上。第三、年产 10 万吨玻璃纤维制品项目计划总投资 6.6 亿元,建设 2 年,目前已开工建设一期工程。第四、年产 100 万吨直接还原铁项目由延吉东方创新资源有限公司自筹资金投资 16 亿元,该项目 2007 年投资 5 亿元。第五、总投资 18.7 亿元两台 30 万千瓦的热电厂项目已报到国土厅。解析:"153"、"3"为 3 个龙头企业的产业链条拉长延伸。a. 烟厂配套企业已有烟用咀棒、烟用纸箱包装、烟用铝箔和烟用香精等 4 个项目入驻;b. 喜来健 7 家配套企业已专入生产,另有塑料膜包装制品、纸箱制品和静电喷涂 3 家企业即将入驻创业园;c. 插秧机配套企业(投资 7000 万、产值 1 亿元)已有亚细亚等 4 个项目签订入驻合同(2007 年 12 月 20 日延边晨报)。

达 5000 万以上企业)，延吉经济开发区(高新技术产业开发区)经济总额翻番指日可待。

3.“掘金”工程取得成果，增加内生驱动力

经济的发展，要依托于资源。延边矿产有 93 种，其中能源矿产 10 种、金属 33 种、非金属 48 种、水气矿产 2 种，占全省发现矿种 69％。已探明煤储量 8.8 亿吨、金保有储量 124 吨、铁远景储量 10 亿吨、钼远景储量 100 万吨、铜探明储量 32.1 万吨。煤、钼、金、铜、钨、镍等七种矿产的查明储量按现价计算其经济价值达 5400 多亿元(不算其深加工潜在价值)。2007 年延边州共开工建设 1617 个项目，其中新建设项目 1264 个。在这些项目中，矿产开发类项目是耀眼的亮点。(延边矿山企业 403 家，其中大中型矿产企业有 23 家。)

2007 年 5 月 12 日，州政府与通化钢铁集团股份公司等 6 方签署《合作与支持议定书》，敦化塔东铁矿①开发主体从此确定，2007 年 7 月 17 日，吉林天池矿业有限公司 120 万吨球团项目举行开工奠基典礼。与此同时，与之相关的工贸和龙市官地年产 80 万吨铁精粉选厂建设紧锣密鼓地开展。位于安图两江镇西江村境内的金龙铁矿年产 50 万吨铁精粉项目(第一期工程已投产，一、二期工程投资 2.3 亿元)加快建设步伐，2007 年 6 月 11 日，珲春紫金矿业有限公司等 5 方签署协议，珲春杨金沟钨矿确立开发主体，该项目填补了我国北方没有特大白钨矿的历史，2007 年 8 月 8 日，珲春矿业集团八连城煤矿举行隆重的建成投产仪式(月产 7.5 万吨)，实现当年投产即达产的目标，2007 年 11 月 27 日，锦州新华龙实业集团与延边州签署协议②，作为国内最大的钼系列产品生产企业之一，该集团将视条件部分或整体搬迁至延边州，2007 年，潆丰矿业重振天宝山铜、铅、锌矿雄风，年底确保向龙井市缴税 1500 万元，成

---

① 矿石储量为 1.36 亿吨，总投资 20 多亿元。铁矿投产年处理铁矿石 500 万～600 万吨，可产出初级产品就地转化，同时可建成年产 200 万吨的铁精粉厂、年产 40 万吨的磷肥厂、年产 50 万吨的硫酸厂。项目可在 2008 年 3 月末基建动工，12 月本采选达到试生产。目前，通化钢铁集团、省地质局、天池工贸公司、黄林 4 家股东组建的公司已正式成立(《延边晨报》2007 年 10 月 19 日)。

② 已探查清楚并提交地质报告的有 6 个矿区，14.9 万吨钼金属量，而且还有几十个矿点正在做勘探工作，有望提交更多的储量。协议的签署对加快延边钼矿资源开发，精深加工钼资源，做大做强钼产业具有重要的意义。锦州新华龙实业集团是国有最大钼系列产品生产企业之一，是钼采矿、选矿、冶炼、加工、贸易一体化的专业企业集团。2006 年集团总 6 亿元，员工 1500 人，销售 21 亿元，上缴税金 1.6 亿元。(《延边晨报》2007 年 11 月 28 日)

为龙井财政支柱,汪清龙腾能源(即油页岩开采项目)2007 年将为汪清创造税收 1000 万元,和龙双龙铁合金有限公司是锦州新华龙实业集团的子公司,已建成并投产两条回转炉生产线,预计 2007 年实现产值 6 亿元,龙井市德新乡天然气开采项目建成后产量可达 100 万立方米,正在建设的安图星岛绿色饮品公司的 30 万吨矿泉水项目,达产后年销售可达 4000 万元。今后,我们要大力发展这样的"掘金工程",同时也要注意对能源矿产的深加工和综合利用,延长产业链条项目多、项目大、起点高、有规划、涉及县域广,是延边州"掘金工程"的突出亮点。

4. 珲春经济在崛起,增加内生驱动力

珲春迎来第二次热,"增加内生驱动力"。相继设立的边境经济合作区、出口加工区、中俄互市贸易区,让珲春在全国率先打造了"三区合一"的开放平台。辟建吉林日本工业园、韩国工业园、香港工业园、俄罗斯工业园、形成了"三区四园"的对外开放平台。建设四个对朝、俄的公路铁路口岸,形成全国独一无二的县级口岸群,实施落地签证业务,无假日通关等制度,口岸累计通货、过客 272.8 万吨、3794 万人次。2011 年工业总产值 202.8 亿元,同比增长 37.9%。① 先后建设超亿元项目 17 个,10 亿以上项目 4 个。能源矿产、纺织服装、林木制品、电子科技、生物制药、农副海产品六大产业基地初步形成。2006—2008 年上半年珲春累计引进域外 37 亿元,引进项目 244 个,其中超一亿元项目 17 个(2011 年,全市招商引资项目 263 个,实际到位资金 85.6 亿元。新开工项目个数 112 个,实际到位资金 39.4 亿元)。年出口额 1.8 亿美元的日本小岛制衣公司,从上海和武汉向珲春转移。韩国特来针织公司在珲春落户长达 10 年之久,年销售 2.3 亿元。珲春创新国际开发模式,辟建了珲春俄罗斯工业园,开创了俄罗斯人在中国创办工业园的先例,引进俄罗斯、英国等国多个企业入驻。2006 年跻身全省经济十强行列,2011 年地区生产总值突破 100 亿元,人均超过 5000 美元,财政 5.5 亿元,固定资产投资 38 亿元,2011 年,外贸进出口总值实现 7.5 亿美元,同比增长 12.8%。其中,出口总值实现 6.9 亿美元,同比增长 10.8%;进口总值实现 5884 万美元,同比增长 43.0%。旅游业增长较快。全市全口径接待国内外游客 77.7 万人,同比增长 15.3%。其中,接待出入境游客 6.3 万人,同比增长 8.1%;接待国内游客 71.4 万人,同比增长 16.0%;实现旅游业总收入 8.0 亿元,同比增长

---

① 《珲春市 2011 年国民经济和社会发展统计公报》,2012 年 2 月。

25.0%。① 近年来，珲春金矿业②、裳邦尔纺织、小岛衣料、兴业地板、森林王木业等 240 多家国内外企业落户珲春，使珲春工业实力剧增。2006 年外贸进出口总额达 4.5 亿美元，GDP 突破 40 亿元，跻身全省工业经济十强行列。特别是总投资 26.8 亿元的大唐珲春电厂二期工程投产（总发电能力 80 万千瓦），吉林省最大煤田珲春矿业集团形成年产 500 吨煤生产能力，继续向千万吨迈进。宝力集团③投资 10 亿元的手机生产线项目第一期工程年内如期投入生产，日产手机 3000 部，年产值可达 15 亿。2007 年 9 月，美国马得利集团与东林经贸有限公司签订合同，投资 30 亿元启动中朝"路港区"④一体化项目，已报国家商务部申请境外投资许可证；还有老龙口水利枢纽工程⑤开工建设等，这些项目使珲春工业化负载能力大幅提高。企业增多，带动物流发展，也是与第一次珲春"热"相比的本质区别。

珲春开放 15 年来（1991—2005）来，概括起来呈现三方面特征：

第一，口岸工程有效发挥。十几年来先后开通了珲春经俄罗斯扎鲁比诺和朝鲜罗津至韩国釜山的运输航线。现在国家一类口岸珲春公路、珲春铁路口岸与俄罗斯通货过客，国家一类口岸圈河口岸和国家二类口岸沙坨子口岸与朝鲜通货过客，珲春—俄罗斯马哈林诺国际铁路投入运营。中朝"路港区"工程建设项目、中俄"路港关"（公路铁路—港口—海关）工程项目正在积极推进。

第二，产业基础日益雄厚。15 年来（1991—2005）累计引进国内外资金 101 亿元。新中国成立以来延边最大的投资项目——珲春电厂二期扩建工程并网发电，珲春矿业集团改扩建项目完成后年产原煤 500 万吨以上，并向千万

---

① 《珲春市 2011 年国民经济和社会发展统计公报》，2012 年 2 月。

② 在中国 500 强企业中提名第 13 位的紫金矿业到珲春投资，第一期工程投资 6 亿元，产值 4 亿元，日处理紫金矿石 20 万吨/日，居世界第一。

③ 宝力公司完成了对纽约上市公司——美国超导技术公司的控股并购，使超导滤波器、多网络、一键通高技术落户珲春。

④ 中朝"路港区"项目是指经珲春圈河口岸至朝鲜罗津港的入海通道，"路"即建设珲春圈河口岸至朝鲜罗津港区间 73 公里二级公路；"港"即朝鲜罗先市罗津港，改造三号码头、新建四号码头增加港口拖船、塔式吊车（起重机）等设备及仓储敝诈"区"即围绕罗津港建立出口加工、保税仓储、商贸服务等功能的物流园区。中朝"路港区"项目建成后，将开辟一条中国东北从陆路进入日本海的通道，也将是中国水路到俄朝（东海岸）日（西海岸）乃至北美、北欧的最近点（延边晨报 2007 年 10 月 20 日）。

⑤ 总投资 10 亿，可满足 150 万人口城市供水需求，建国后吉林省最大的水利项目。

吨迈进,以及投资 6 亿元的紫金矿业公司项目等。

第三,基础设施日益完备。至 2007 年底累计完成固定资产投资 129.86
亿元,城市综合服务功能明显增强。长珲高速公路全线建成通车。珲春各口
岸与东宁、绥芬河、黑河等边境口岸全线贯通。已完成水利基础设施建设项目
投资 4.22 亿元。初步实现“借港出海”战略目标。珲春已与 15 个国外城市缔
结友好关系,成功举办图洽会、旅交会等大型活动,积极开展与东北亚各国的
经济、文化交流。对外贸易从无到有,发展进出口贸易企业 212 家,贸易进出
口总额达到 6.8 亿美元。旅游业长足发展,开辟珲春至俄罗斯符拉迪沃斯托
克、珲春至朝鲜罗津先锋市等多条跨国旅游线路,设立防川国家级风景名胜
区,全市年接待国内外游客超过 10 万人次。

5. 农业项目正在兴起,增加内生驱动力

年产 2 万吨的吉林丰正大豆食品大豆分离蛋白加工项目正在抓紧施工建
设,按照 2007 年的价格,年产值可达 4 亿,当年利润可达 1 亿。2007 年敦化
大豆种植面积达 7 万公顷,原料充足;位于图们凉水镇的延边大河实业养鹿及
鹿制品深加工项目进展神速,梅花鹿现已存栏 4000 多头,有望建成亚洲最大
的鹿场;和龙市的仙峰国家森林公园项目正在启动;龙井市的犇福 10 万头黄
牛综合加工项目,在全州已建立了 45 个基地,带动农户 1 万多户。实施农村
基础设施建设、社会事业、产业发展等项目 560 个,完成投资 6.5 亿元。大米、
黄牛、人参等特色产业进一步壮大。州级以上农业产业化龙头企业已发展
142 户。农民组织化程度不断提高,各类农村合作经济组织达到 527 个。
2008 年粮食总产量达到 105.2 万吨,首次突破百万吨大关,连续五年大丰收。
农村经济总额 71.1 亿元,同比增长 10.5%。林业经济、林区全民创业和新林
区建设取得新成绩。

6. 对外贸易与外国直接投资稳步增长

2008 年外贸进出口为 18.20 亿美元,创历史新高,其中出口总额 14.9 亿
美元,进口总额为 3.3 亿美元;2009 年进出口总额为 13.50 亿美元,比上年下
降 25.8%,其中进口总额为 2.6 亿美元,下降 22.4%,出口总额 10.9 亿美元,
下降 20.6%。在外贸进出口中,对俄出口为 3.5 亿美元,对韩出口为 1.0 亿
美元。下降的主要因素是受世界性金融危机影响(请参见表 7-7)。2012 年上
半年,延边州外贸进出口额完成 8.7 亿美元,同比增长 15.5%,完成省下达的
必保目标的 40.6%。其中,出口完成 7.1 亿美元,同比增长 19.8%,进口完成
1.6 亿美元,同比下降 0.3%。

2009 年吸收外资有所下降。2009 年批准外商直接投资合同项目 82 项,

外资合同金额 1.3 亿美元,下降 3％;外商直接投资 5301 万美元,增长 9.8％。全年制造业外资合同项目 39 项,合同金额 5076 万美元;09 年批准总投资在 200 万美元以上的外商投资项目 16 项,吸收外资合同金额 1.4 亿美元。2009 年末,全州实有注册登记外商投资企业 675 家。2012 年 1—9 月,全州新设外商投资企业 21 家,同比减少 44.7％;投资总额累计 1344 万美元,同比减少 96.9％;合同外资总额累计 1018 万美元,同比减少 95.6％;实际利用外资完成 2.0 亿美元,同比增长 53.7％,完成年计划的 79.2％。①

2012 年上半年进出口贸易主要特点是,从主要贸易国别来看,对俄罗斯、日本进出口额大幅增长,分别完成 2.6 亿美元、1.0 亿美元,同比分别增长 55％和 23.5％。对韩国贸易大幅下降,仅完成 8006 万美元,同比下降 26.8％。

从主要贸易品种看,纺织原料及制品出口完成 2.2 亿美元,同比增长 87.3％,其他均呈下降趋势。其中,木制品出口下降 5.3％,农产品出口下降 42％,海产品出口下降 1.7％。木及木制品进口完成 1185 万美元,同比增长 39％;海产品进口完成 1174 万美元,同比增长 60.4％;农产品进口下降 2.1％。

从贸易方式来看,一般贸易完成 2.0 亿美元,同比下降 14％;加工贸易完成 1.7 亿美元,同比仅增长 6.3％。

对外贸易存在的主要困难和问题及下半年形势分析如下:

一是重点企业进出口形势严峻。上半年,佰山东北(延边)木业有限公司完成出口 5006 万美元,同比仅增长 3.2％;延边天池工贸有限公司完成进口 1514 万美元,同比下降 43％;延边泛西方聚合物有限公司完成进出口 601 万美元,同比增长 23.1％,但 6 月份仅完成进口 20 万美元。

二是受欧债危机蔓延的影响,欧元区经济整体不景气,导致对欧洲和美国的木制品和农产品出口订单大幅减少。

三是由于朝鲜政策多变,贸易结算难,进口许可证被朝方几家公司垄断,进口成本增加。另外,水、电、通讯、交通等硬件条件无法满足外国投资者的要求,许多投资者对在朝投资的风险考虑较多,不敢做大做强。

四是韩国目前经济不景气,购买力下降,农产品、干明太鱼价格低,企业无法接订单,加之延边州企业之间竞争激烈,不利于延边州对韩贸易发展。

---

① 延边商务局:《2012 年 1—9 月份全州实际利用外资统计快报》,2012 年 10 月 18 日。

五是人民币持续升值,增加企业的外汇风险和出口压力;特别是原材料价格、职工工资持续大幅上涨,加之企业流动资金紧张,中小企业面临的成本压力更大。

对策:

一是加大对重点企业扶持服务力度。鼓励扶持珲春中俄互市、东北延边木业、珲春旭程、珲春兴家地板、天池工贸、延边秀爱、延边海华等企业扩大进出口贸易。协调解决企业存在的困难和问题,促进企业进一步扩大出口规模。

二是做大做强边境贸易。抓住俄罗斯加入世贸组织和朝鲜对外开放、实施"长吉图"规划纲要等历史机遇,早日设立驻俄、朝商务代表处,加强与俄、朝政府、企业间的交流与合作。抓好对朝、俄市场开拓,组织好对朝、俄重大经贸活动,确保对朝、俄贸易继续保持快速增长势头。

三是搭建外贸平台,不断开拓新市场。以加工贸易重点承接地建设为依托,鼓励境内外有实力的企业落户延边开展加工贸易和进出口贸易;鼓励内贸企业及生产企业参与国际市场竞争,培育外经贸新主体;积极组织企业参加东北亚博览会、"延吉·图洽会"以及国外贸易展洽会,帮助出口企业巩固现有市场,不断扩大新兴市场;扶持有实力的企业"走出去"在境外建立原材料生产基地。

四是加大进口力度,缩小进出口不平衡的差距。通过政策扶持和指导,积极推动珲春盛海水产品加工有限公司、延边海华进出口贸易有限公司、天池工贸有限公司等企业,增加水(海)产品、煤炭、铁矿粉、燃料油(重油)等原材料进口。

五是加强外贸企业的指导和服务,提高企业竞争力。加强对省级出口基地的管理和服务,注重行业协会、公共平台建设;加强出口品牌建设,提高出口商品的国际竞争力;对州内企业省外代理情况进行调查,并采取措施,引导其走州内窗口;协调海关、商检提高服务质量和效率;帮助企业协调金融部门解决融资问题。[①]

7. 借港出海

为解决出海通道问题,延边州政府"开边通海"战略,已分别与俄罗斯、朝鲜达成有关港口协议,与日本、韩国达成开辟陆海联运的协议。

---

① 吉林省商务厅:《延边州上半年外贸进出口工作简析》,2012年8月9日。

表 7-7 延边州贸易的推移

单位:万美元

区分 / 年份	贸易总额	出口总额	进口总额	贸易收支	边境贸易	一般贸易
1991	14548	8832	5716	3116	11193	3355
1992	30712	15926	14786	1140	26621	4091
1993	46770	23039	23732	—692	44259	2511
1994	38345	20340	18005	2335	34254	4091
1995	15453	10069	5384	4685	6571	8882
1996	21020	10400	10620	—220	3592	17428
1997	22757	12344	10413	1931	4138	18619
1998	22975	12611	10364	2247	5081	17894
1999	22875	15341	12534	3807	11438	16437
2000	30723	18132	12588	5544	10781	19939
2001	33912	18898	11825	7073	11976	18747
2002	33912	21852	12060	9792	11986	21926
2003	40848	28152	12696	15456	13091	27757
2004	57249	36699	20550	16149	25064	32185
2005	72014	50654	21360	29294	23819	48195
2006	111400	87803	23597	64206	35593	75807
2007	144723	119979	24744	95235	29813	114910
2008	182000	149000	33000	116000		
2009	135000	109000	26000	83000		
2010	155000	127000	28000	99000		
2011	186000	145000	41000	104000		

资料来源:延边统计局编《延边统计年鉴》各年版。

(1)1995年,珲春口岸经俄罗斯的波谢特港至日本秋天港的集装箱定期航线开通。

(2)2000年4月,开通了珲春—扎鲁比诺—束草陆海联运航线。

(3)全长62千米的中国吉林省珲春—俄罗斯的扎鲁比诺港间的铁路建成后,珲春—扎鲁比诺继大连港成为中国东北第二个出海口,也是中国面向日本海的第一个出海口。

(4)2008年10月25日,来自日本的旅客顺利抵达中国珲春,宣告了中日俄韩4国经过3年多的努力打造的4国联运航线试航成功,2009年3月正式通航,成为中国东北地区第一条横贯日本海、直达日本西海岸的航线。① 该航线自吉林省珲春市由陆路抵达俄罗斯扎鲁比诺港,海上经韩国束草,最后抵达日本新潟,航线长约800海里,航行时间一天半。与现有的对日航线比较,具有时间短、运距短、航行成本低等优势。目前中国东北的大量货物从陆路到大连,经渤海、黄海再转运日本海,航行大约需12天。这些航线的开通,为延边的对外开放、加工出口业、旅游业都起到了积极推进作用。对于促进以中国、日本、韩国、俄罗斯为重要成员的东北亚环日本海经济圈的形成与发展,推动图们江地区各国的经贸、文化、旅游、物流等领域的广泛合作都具有重要的意义。

8. 珲春经济开发区

1992年,中、朝、俄边境城市珲春被批准成立国家级开发区,设立了"珲春边境经济合作区管理委员会"。

珲春市是一个新兴的边境开放城市。1992年3月9日,国务院批准珲春市为进一步对外开放的边境城市,同时批准设立珲春边境合作区。俄罗斯工业园、日本工业园、韩国工业园、香港工业园先后在珲春边境合作区成立。从1992年11月起,至2000年末已投资3.5亿元用于2.28平方公里起步区的基础设施建设,到2002年总投资额达9亿元。截至2003年4月,在该合作区注册登记企业有68家,其中外商投资企业37家,占54.4%。珲春出口加工区于2000年4月经国务院批准设立,规划面积2.44平方公里,起步区面积0.6平方公里,是全国首批设立的15个加工区之一。2001年2月,国务院批准设立中俄互市贸易区,占地面积9.6公顷,2001年2月7日开始试行。截止2003年4月,入区俄罗斯边民31932人次,中方边民44900人次,入区海产

---

① 俄方将负责该航线在俄境内的通关、仓储、装卸及运转手续,中日双方负责为航运组织货源。据协议,投入新航线的船舶总吨位为15000吨级,旅客定员500人以上,货物运送能力120国际标准集装箱。4国企业共同出资在韩江原道束草成立了公司,负责航线的经营管理。

品 9775 吨,实现互市贸易 12358 万元,其中进口 6000 万元,出口 8000 万元。在加大基础设施建设的同时,招商引资也取得了一定的成果,区内的互贸商城、万吨冷库、娱乐城等重点项目也在积极推进之中。

珲春 2008 年新开工项目 83 个,续建项目 33 个,固定资产投资达 55 亿元。(这里有图珲高速公路建设、紫金矿业扩建、宝力工业园一期工程投产、粉煤灰多孔砖及耀天煤层气开发、珲春电厂三期扩建、钨矿开发、20 万吨铜冶炼改造、粉煤灰提炼等 1.5 亿元以上的项目。)全口径财政收入 6 亿元、全口径工业总产值 70 亿元、招商引资 35 亿元,大大增强了内生动力。

一系列的数据使珲春边境经济合作区格外引人注意。2008 年上半年,珲春边境经济合作区完成地区生产总值 8.4 亿元,同比增长 110%;完成进出口总额 1.8 亿美元,同比 73.1%;完成固定资产投资 5.8 亿元,同比增长 58.8%;截至 2008 年 6 月末,全区新开工项目 21 个,续建项目 15 个,招商引资和项目建设全口径到位资金占全市比重的 79.3%。

(二)核心地区延边州今后的对策

一是进一步解放思想,创新体制机制。努力提升多边合作机制,尽快组建驻俄、朝办事机构。二是加快建设形成吉林省东部的增长极。为图们江地区开发增添内生动力,要狠抓事关延边的大唐珲春电厂三期、敦化塔东铁矿、珲春钨矿、大河子钼矿等投资十几亿、几十亿的重大项目建设,要在谋划好钢铁工业园区、金铜工业园区、钼加工工业园区、矿泉水工业园区的建设上倾注力量,以园区建设拉动矿产品的深加工,以产业集聚提升矿产品资源转化为经济增量的能力。三是全国突破对外通道建设瓶颈制约。继续实施"借港出海"的战略,加快推进中朝"路港区"、中俄"路港区"项目建设,推进东北东部建设即二道白河—和龙(已建成)—珲春—东宁铁路建设,还要建议推进阿尔山(伊尔施镇)—塔木察格布拉克国际铁路这个欧亚大陆桥的最近线路的建设,加快延吉机场改扩建,形成便捷畅通的立体交通网络。四是全力开拓朝俄市场,有效扩大对外经贸合作(对俄组织"中国年"活动,对朝推进经贸与生活用品等四个出口加工基地)。五是以中、俄、朝、蒙边境地区"跨境经济合作区"为切入点,加快大图们江地区建设步伐,加快建立"中、俄珲春—哈桑跨境经济合作区"、"中朝珲春—罗津跨境经济合作区","中蒙二连浩特—扎门乌德跨境经济合作区"。六是中、朝、俄共建国际特区。在我国的珲春与图们、俄国的哈桑开发区内和朝鲜的罗先开发区内各划出一块地出来,共同建设图们江经济合作开发和自由贸易区,在这个区域内形成独立的免税港口群、贸易加工区、物流中心。

合作开发区可由三国共同管理和经营,区内自由通行,互免关税。目前如果有一国的合作尚不成熟,可由两国合作开发,再逐渐扩大。这对振兴东北老工业基地计划的实现,日本西部和韩国东部地区的发展,俄远东经济的复苏都起推动、带动作用。

以图们江地区开发为核心的东北亚经济合作的框架正在形成。东北亚地区的贸易、投资等经济交流不断增加,这会给东北亚各国带来各自的利益,也将会促进经济一体化进程。但是随着东北亚各国的交流与相互依存不断增加,经济摩擦不可避免。21世纪的东北亚地区经济、政治、贸易等确实存在着很多不确定的因素,但东北亚合作会在矛盾中发展,图们江地区开发会在奋斗中前进。

(三)2009 年 8 月前 TRADP 与 GTI 的推进

1. 在中国的推进

在 2009 年 8 月国务院批准建设长吉图开发开放先导区以前,2000 年和 2001 年中国国务院批准了珲春出口加工区、中俄互设贸易区、中国图们江地区开发规划。中央政府、吉林省为图们江区域开发开放做了如下工作:

(1)国家成立协调领导小组。

1992 年国家批准珲春建立进一步对外开放的城市,联合国的开发计划署在北京设立了项目的秘书处,国务院也成立了协调领导小组。吉林省政府在 1994 年成立图们江地区开发办公室。1999 年国家计委批复了中国图们江区域开发规划,吉林省政府编制了规划纲要。规划有个很明确的构想,具体说是"一核、两轴、两带"。("一核"为珲春核心区、包括出口加工区等三区;"两轴",一为珲春口岸—扎鲁比诺,二为圈河口岸—罗津港;"两带",一为蒙古—俄朝港口通道两侧产业带,二为牡丹江—延边—通化—丹东一线的延边产业带)。

(2)国家领导人在关注。

胡锦涛总书记 2007 年 1 月 28 日在吉林省考察时指示:吉林省可以选择有条件的地区在改革开放、科技创新方面先行试验,带动全省发展。温家宝总理在 2007 年春天访问韩国期间也指出:尽早提出中韩互利双赢方案,为制定中韩自贸区奠定基础。2007 年 8 月份,吉林省委省政府向温家宝总理等领导进行了汇报,温家宝总理批示:"请发改委统筹考虑"。《图们江区域开发规划》是按中央领导批示精神,于 2008 年上半年国务院批准,由国家发改委牵头组织编制实施的一项国家级发展战略规划。这预示此项工程规划将迎来一个春天。

(3)国家五部委进行了调研。

2007 年 8 月 23 日,韩长赋省长带队,向国家发改委马凯主任进行了关于先导区设想的汇报,马凯主任给予充分肯定。当年 11 月 27 日以国家发改委、商务部、科技部、外交部、国务院振兴东北办有关人员组成的国家调研组到达延边,就建设长吉图(们江)开放带动先导区进行调研。国家调研组认为,长吉图开放带动先导区及 8 个工程框架清楚、思路清晰、想法成熟、准备充分、工作扎实。

其总体构想是:以珲春为开放窗口,延龙图为开放前沿,以长春市、吉林市为主要依托,实施边境与腹地联动开发、努力形成具有较强实力的经济隆起带,引领和带动图们江区域合作开发取得新突破,打造新的对外开放平台。争取在 2009 年上升为国家战略。

(4)国务院振兴东北办在推波助澜。

根据国务院振兴东北办 2007 年 8 月 20 日公布的《东北振兴规划》,我国将把东北地区建设成综合经济发展水平较高的重要经济增长区域,形成具有国际竞争力的装备制造业基地,国家新型的材料和能源保障基地、国家重要商品粮和农牧业生产基地、国家重要的技术研发与创新基地、国家生态安全的重要保障区,实现东北地区的全面振兴。这反过来对图们江地区开发开放起支撑、保障、促进、依托作用。

(5)全国人民代表大会领导重视再度升温。

2007 年 8 月 6 日,中国图们江地区开发项目协调小组专家咨询座谈会在延吉召开。全国人大常委会副委员长蒋正华出席会议并讲了话,他在讲话中指出,全力推进图们江地区开发项目,有利于拓宽中国与东北亚国家经贸合作的渠道。从经济发展和社会安定来说,东北振兴与东北亚发展是密切联系的。就图们江地区开发项目而言,建议做好 6 个统筹工作:①统筹区域各方面的利益要求;②统筹多边与双边的合作;③统筹全面发展和重点合作的关系;④统筹国家投入和地区投入的关系;⑤统筹龙头企业带动和多元投入关系;⑥统筹自主开发和外部推动相结合。

(6)联合国工业发展组织重视再度升温。

阿吉盟(联合国工业发展组织驻华代表)表示,2007 年 9 月,联合国工业发展组织(UNIDO)总干事去盖拉接受邓凯的邀请,同意由阿吉盟带领联合国工业发展组织投资与技术促进会(北京)主任胡援东、联合国工业发展组织投资与技术促进处(首尔)主任南相旭、联合国工业发展组织驻华代表处项目协调员马健等人来延边访问。关于珲春市开发,联合国工业发展组织支持在珲春投资建设手机配件项目,这次南相旭主任来延边访问是考察进一步合作机会,回国说服韩国政府来延边进行更大规模的投资。

联合国开发计划署(UNDP)图们江秘书处主任娜塔丽女士参加 2008 年第三届中国·延吉国际贸易洽谈会暨第四届图们江地区国际贸易洽谈会,与会并在开幕式上致辞。

(7)中、日、蒙三边委员会重视再度升温。

由中、日、蒙三边委员会主办,中国图们江开发办参加,珲春市政府承办的中、日、蒙东部区域合作开发国际研讨会于 2007 年 11 月 10 日闭幕。围绕构建以蒙古国东部地区(以乔巴山为中心)经中国内蒙古东部(兴安盟、阿尔山)、中国吉林省(白城市、长春市、珲春市)至日本海西岸诸县的带状经济区;加快中蒙通向日本海关联港口的东方大通道建设;尽快启动阿尔山——乔巴山铁路建设项目;启动珲春作为作为带状经济区物流中心建设项目等内容,与会代表展开了深入研讨,并最终签署《珲春协议》。①

(8)中、朝、俄召开铁路货物运输会议,并达成在关协议。

2007 年 12 月 25 日,中、朝、俄(地区间)铁路货物运输会议在图们市召开,三方代表就图们—豆满江—哈桑国际铁路货物运输的有关问题达成协议。(朝鲜清津铁路副局长韩哲诰、俄远东铁路局副局长卡拉瓦耶夫、沈阳铁路局副局长付明吉等人在协议书上签字)。此线路一经开通,图们口岸过货量将大大提高。2007 年 7 月 18 日珲春俄罗斯工业园及东北亚运输走廊开发论坛在珲春举行。全国开发区协会会长刘培强、延边州委常务副州长高勇、俄北方远东问题国家杜马副主席伊万诺维奇、韩国世达株式会社代表等与会。会后就中俄组建木材采伐和初加工企业等三个合作项目举行了签字仪式。赵传君还提议,通过各方协商成立"欧亚大陆促进与协调委员会",研究、论证、协调、促进建设欧亚大陆桥的相关事宜,解决合作中的难题与矛盾,把这一重大合作项目真正提上东北亚地区交通运输合作的议程。

(9)日本媒体 NHK、经济界在重视。

---

① 《协议》达成了构建以蒙古国乔巴山为起点,经中国长春至珲春,并通向日本海关联港口的东方大通道的共识。中、日、蒙三方共同开展乔巴山、珲春两地资源深加工、物流、仓储、资源节约型、环境友好型等相关方面的合作。同时,支持在珲春设立蒙古物流加工园区。《协议》特别提出,三方将推动该项目第一期融资 100 亿美金,并将先期启动乔巴山至阿尔山铁路建设这一重要项目。同时,加快推进图们江国际区域合作开发已在相关地区和国家当中引起了共识,世界各国政府、企业家和媒体包括专业研究人员,都认识到了图们江区域合作开发正在升温。

　　2007年11月7日，吉林省委党委、州委书记邓凯在白山大厦接受了日本NHK电视台的采访。就图们江开发开放及东北亚区域合作、延边州的发展等问题回答了记者的提问。邓凯说，对于图们江地区国际合作开发，日本政府应该以最大的热情、最主动的行动来参与。单就珲春市来说，珲春市有足够的资源，有大量的基础设施可以完善，最希望日本的高新技术企业和大量资金进入，这样图们江开发开放就会取得实际性的突破。

　　日本国秋田商工会议所会长渡边靖彦为团长的秋田经济代表来延吉参加了2008第三届延洽会暨第四届图洽会。渡边靖彦表示，为延边欣欣向荣的景象高兴。秋田县与延边有着广阔的合作空间，今后双方要加强通道建设，便利交往，充分挖掘双方的合作潜力。

　　2008年9月2日州长李龙熙在长春会见了应邀来参加第四届中国吉林·东北亚贸易博览会的日本新潟县代表团副知事森邦雄。森邦雄说，图们江地区的开发，最重要的是出海通道的建设。通过一年多的努力，中国珲春—俄罗斯扎鲁比诺—韩国束草—日本新潟这条航线的开通有了新进展，新潟县将全力推进这条航线的开通（现已开通）。

　　(10)韩国政府在重视。

　　2008年9月2日省委常委、州委书记邓凯在长春国际会展中心会见了韩国前总理李海瓒，李海瓒表示，自己曾到过延边，对延边有所了解，这两年也有许多韩国人到延边投资。在软件开发方面，中韩两国的确有很好的合作发展前景，期待双方能有更好的合作。

　　2008年8月28日州长李龙熙会见了参加2008第三届中韩（延边）IT论坛的嘉宾韩国总统科技特别辅佐官朴赞谟说，我一直关心延边IT产业发展，这几年延边IT产业发展迅速，论坛让两地的合作进一步密切。朴赞谟表示，要为延边IT产业发展多做贡献，同时期待延边的IT产业得到长足发展。

　　2008年9月2日下午，第四届"东博会"期间，韩国务安中韩经济开发区代表在长春国际会展中心举行韩国商务日暨全罗南道务安中韩经济开发区投资说明会。之后每届"东博会"都会举行类似的投资说明会。

　　(11)省政府下发《意见》。

　　图们江地区开发开放骤然升温。从2005年起，国家商务部、吉林省政府连续3次举办"东北亚投资贸易博览会"，并取得积极成效。2007年、2008年、2009年，在全省经济工作会议和省人大、政协"两会"上，吉林省委书记王珉、省长韩长赋都在讲话和报告中提出要加快图们江区域开发开放。2007年2月，吉林省政府专门下发了《加快图们江地区国际合作开发的具体意见》，这表明,吉林省委、省政府已将加快图们江地区国际合作开发作为当前全省对外开放工作的重要任务。

(12)省委领导进行调研。

2007年6月17日,调任不久的省长韩长赋到珲春调研。

2008年年底吉林省第九次党代表大会提出在更高的起点上实施开放带动战略,将加大图们江区域开发开放列为重点。2007年5月9日、2008年9月1日吉林省、州政府在长春分别召开了《加快图们江区域开发开放座谈会》和《东北亚经济合作论坛》,与会10多位专家提出了富有远见的建议。与会的联合国秘书长助理沃伦·萨希表示:"东北亚各国表现出强烈的经济融合愿望,区域贸易投资额不断增长。联合国将继续通过支持图们江区域开发促进东北亚区域加快区域一体化进程。"2007年6月吉林省委省政府决定,全力支持珲春申报类似于"浦东试验区"、"天津滨海新区"的国家综合改革试验区。这有利于加快图们江地区国际合作开发,特别是打开吉林省的对外通道,培育新的经济增长极等方面创造更加广阔的发展空间。于2009年1月18日召开的吉林省十一届人大二次会议上,韩长赋省长的工作报告总共8次提到延边的发展和延边的项目,这在历届政府工作报告中是最多的一次,而且报告还提出:"启动实施长吉图开发开放先导区规划,立足吉林和东北老工业基地的振兴,面向东北亚区域合作与发展……"这句话的核心意思就是,延边州的经济社会发展已成了全省的战略重点,随着长吉图开发开放先导区战略的不断实施,延边及图们江区域合作开发将迎来更大的变化。

2. TRADP(GTI)在中国的具体进展(2009年8月之前)

经过多年开发、目前我国图们江地区开放开发在初步形成了以吉林省为主导,以延边州、珲春市为核心板块格局,呈现出良好发展态势。2008年3月,中国图们江地区开发项目协调小组召开了全体会议,就吉林省提出的9个方面的22个关于图们江地区开放开发问题,形成了会议纪要;5月,国家发展改革委等六部委又组成专题调研组,到吉林省就图们江地区开发专题调研,正在抓紧出台《图们江地区开发规划》并将上报国务院予以批准。这些都表明,中国政府推进图们江地区开放开发的决心是大的,措施是有力的。与此相应,俄罗斯2007年签署了开发俄远东和东西伯利亚地区协议,韩国也出台了一系列措施,日本在2008年年初胡锦涛主席出席的暖春之旅时签署了支持日本中小企业协会参与中国经济发展的备忘录,其他东北亚各国政府也都出台一系列措施来促进这个区域的经济合作与发展。中国国家领导人提出的"完善合作机制、扩大合作领域、增强合作实效"及"打造大图们江品牌"的目标正在稳步扎实推进。

目前,图们江区域开发工作取得的积极成果主要体现在以下方面:

(1)构建了比较完整的组织支撑体系,合作机制等。UNDP 在北京设立了 UNDP 图们不江区域开发秘书处,负责各成员国的总体协调工作;我国在上世纪 90 年代初就成立了中国图们江地区开发项目前期研究协调小组,后调整为中国图们江地区开发项目协调小组,目前协调小组成员单位已增加到 20 个部委(省、区),国家发展改革委为组长单位;吉林省于 1994 年成立了图们江地区开发领导小组,下设办公室;延边州和珲春市也相继成立了图们江地区开发领导小组,建立了组织机构。这样,在国际、国家及地方三个层面上,构建了比较完整的组织支撑体系。在 UNDP 中、俄、朝、蒙、韩五国协商协调机制基础上,还建立了一系列双多边合作机制。双边合作机制主要有中俄总理定期会晤委员会及下设的各分委会机制、中朝科技经贸联委会机制,中俄吉林省与滨海边疆区混合工作组会议机制等;多边合作机制主要有东北亚博览会、东北亚经济合作论坛、东北亚地方政府首脑会议机制等。这些合作机制的建立,为双边及多边合作搭建了平台,促进了双边及多边合作的开展。

(2)战略规划不断完善,形成了有力的政策支撑体系。国务院授权原国家计委,于 1992 年和 1999 年先后批复了《图们江下游地区综合开发规划大纲》和《中国图们江地区开发规划》,目前,国家发展改革委与吉林省正在积极编撰新的《图们江地区开发规划》,新规划经国务院批准后将为我国参与图们江区域合作开发指明方向;吉林省也组织编制了《吉林省参与大图们江区域合作开发建设"十一五"规划纲要》和《吉林省加强对俄滨海边疆区经贸合作发展规划》,明确了吉林省推进图们江地区开发的发展思路。我国政府一直高度重视图们江区域的开放开发,并在相关政策上给予了有力支持。1992 年国务院批准珲春为边境开放城市,并相继批准在珲春市设立了边境经济合作区、互市贸易区和出口加工区,享受边境地区对外经贸合作的各项优惠政策;2001 年,国家赋予延边州享受国家西部大开发政策,2003 年,党中央、国务院又提出东北振兴战略,使该地区成为统筹实施国家西部大开发和东北振兴两大战略的结合点;国务院 2005 年出台的《关于促进东北老工业基地进一步扩大对外开放实施的意见》(国办发[2005]36 号),具体提出了继续扩大图们江区域国际合作开发。积极探索边境地区开发和对外开放的新模式。加快建设边境经济合作区、互市贸易和出口加工区,使黑河、绥芬河(东宁)、珲春、丹东等边境地区具有物流贸易集散、进出口加工和国际商贸旅游等功能。促进对俄路、港、口岸和对朝路、港、区一体化建设,推动境外合作项目的实施。国家在实施对外援助上,优先安排连接东北地区边境口岸的交通、港口、机场等基础设施建设项目"。这些都为图们江地区开放开发构建了良好的政策支撑体系。

(3)对外开放环境不断优化,对外通道建设初见成效。在国家的大力支持下,十多年来,中国政府和吉林省相继投入100多亿元人民币,对图们江地区的交通、能源、水利、口岸和城市基础设施建设进行了大规模的建设,使图们江地区对外开放环境不断优化,为双边及多边联合开发奠定了基础。经过多年建设,延吉航空口岸已正式对外开放,珲春也建设了4个口岸,对俄、对朝各2个,其中有3个是国家一类口岸。以这些口岸为依托,进一步加强了对外通道建设,修建了中俄珲春—马哈林诺铁路,现已接轨贯通;正式开通了中俄延吉—乌苏里斯克双向客货运输线路;珲春口岸实行了落地签证;交通部批准了吉林省利用朝鲜罗津港,开辟过境朝鲜至我国东南沿海港口的陆海联运航线;同时利用俄朝港口,开辟了珲春至韩国和日本的海陆航线,至此图们江地区对外通道建设已取得初步成效。

(4)重大项目建设扎实推进。在UNDP图们江区域开发项目第八次政府间协商协调会议上,我国政府发布了中俄珲春—哈桑"路港关"工程、中朝珲春—罗先"路港区"工程、中俄珲春—卡梅绍娃亚铁路改扩建工程、中俄木材加工储运基地建设工程等重点合作项目,引起相关成员国的极大关注。目前,吉林省已与俄滨海边疆区政府达成共同推进中俄"路港关"工程、构建中俄珲春—哈桑跨国边境经济合作区的共识,签订了会议纪要;吉林省对负责实施中俄珲春—卡梅绍娃亚铁路改扩建项目的中方企业进行改制,并在2008年5月召开的中俄总理定期会晤委员会运输分会上,与俄方达成了早日恢复铁路国际联运的协议;中朝珲春—罗先"路港区"工程建设的前期工作也正在有效推进中。

第八章

GTI 背景及推进

第一节　GTI 诞生背景

一、TRADP 的不足

TRADP 存在四个问题:第一是体制的差异性、不确定性。朝韩双方的政治体制、思想理念存在很大差异;中朝对日本的戒心等。第二是除了地理上的邻接之外还存在很多不协调因素:(1)国家规模的差异性太大,如东北三省、环渤海各省市的面积是韩国的 13 倍,俄远东地区面积是韩国的 63 倍;(2)经济发展上看,东北亚合作区 GDP 的 88% 集中在日本,对外贸易额的 73% 集中在日本;(3)东北亚合作区,尤其是图们江地区的交通等基础设施太薄弱;(4)朝鲜经济政策的连贯性较差。第三是参与国对图们江区域合作开发的立场、形式、方式、目的等不很一致。中国希望借用朝鲜的罗津、先锋、清津港,开通日本海物流通道,从此把东北货物输往上海等地;朝鲜希望通过招商引资独自开发罗先经济特区;俄罗斯希望建设海参崴(包括纳得霍卡)的自由经济地区,以此推进远东地区的开发。还要通过朝鲜半岛铁路(TKR)—西伯利亚铁路(TSR)连接,构筑欧亚大陆交通网;蒙古国希望成为西伯利亚"高速铁路"物流中心中转地,通过将要出世的日本海通道,开发大小三角洲(指图们江地区大小三角),通过 TSR—TMR(蒙古铁路)的连接,把丰富的地下资源出口到周边国家、日本海对岸国家,增加其经济活动;韩国希望通过 TRADP,打下南北统一的经贸基础,还可以扩大与开拓中国东北市场、欧亚大陆市场,各国的关注点是不同的。第四是资金不足。前期日韩对这一地区投入不多,当时中国的重点开发在沿海地区,对这一地区相对投入缺少;俄国当时经济状况不好,图们江地区又离俄中心很远,无力投资;朝鲜由于政府对罗先经济特区过度干预,基础设施差,不许韩国投资,朝美关系紧张,2002年又建新义州经济特区等原因,朝鲜对此地区的投资非常少。加上各国中央政府对TRADP的关心过问不足,TRADP推进非常缓慢,为克服这些不足,为加强东北亚地区经贸合作,2005年决定把TRADP转换成GTI体制,把合作开发范围由朝、中、俄国境地区扩展到中国东北、韩国江原道及束草、蔚山、釜山等东海岸地区,蒙古国东部、日本西部、俄远东。

二、TRADP推进中存在的问题

(1)项目很多,缺少措施。

开发计划项目很多,没有提出具体的各国合作制度的整合。如人力、技术、资金等保障措施。TRADP推进之初,朝鲜提出了很多开发项目,资金达40亿美元的规划,但是实现这计划所需要的资金、制度、技术、人力、保障等没有提出。所以罗津、先锋的开发规划几乎成为泡影。中国和俄罗斯也曾出现了类似状况,如:扎鲁比诺的整修项目等。

(2)指导思想缺乏远见。

有些地方政府混淆了地方经济开发与国们江区域合作开发的概念;把地区开发置于合作开发之上;强调三国国境地区,从而推进本地区的开发与发展,忽视图们江区域的国际合作开发。

(3)地方积极,企业消极。

没有引起国际大企业的重视。没有动员宣传引导国际大企业投资。没有提出有关招商引资的有效制度、政策。

(4)图们江合作开发有关国家之间没有形成统一的合作开发制度与政策。

(5)忽视安保、环境等方面,难以推进合作开发。

安保与合作开发是分不开的,TRADP推进初期忽视了安保环境,这也是TRADP计划没有取得较大成果的原因之一。

还有,有关国家过多强调经济合作;美日欧等发达国家的不关心;图们江区域各国的企业、经济存在着零散性、小型性等问题。

三、GTI初期阶段的主要任务

1. 物流基础设施的扩充

(1)罗津、扎鲁比诺两港的基础设施的扩充完善;

（2）中朝、中俄、朝俄连接公路网的扩宽整修及提高物流水平；

（3）中朝、中俄、朝俄连接铁路，提高运输能量问题；

（4）与铁路、公路相匹配的物流中心、仓储中心、足够车辆、内陆物流基地建设等问题。

2. 扩大物流基础设施所需资金的筹备

（1）短期与亚洲开发银行加强合作，长期应专设国际金融机构；

（2）中长期应专设东北亚开发银行，或在亚洲开发银行内专设东北亚开发基金，或由民间资金来专设东北亚图们江投资公司。

3. 构筑综合运输体系，并改善与之配套的法律制度、行政体系

（1）通关手续的简便化、标准化、情报化；

（2）减少对物流产业的不必要的限制；

（3）缔结与综合运输体系有关的多国间共同协定；

（4）改善为构筑综合运输体系所需的法律制度、行政体系（即复杂又不统一的通关手续、不标准的各种收费体系、不统一的出入境口岸工作时间、受限的汽车行驶区域等）。

4. 构筑多国间合作体系

（1）在珲春、哈桑、罗先的边境地区、设立边境经济合作区；

（2）边境经济合作区由多国合作机构统一管理、或多国共同管理。

四、GTI 的策略及其意义

（一）合作开发策略

（1）制定有实效性、合理性、可行性的开发计划，提出具体的实施方案。

（2）选好项目、任务，重点要突出，应集中力量、集中资金来突破。

（3）GTI 开发事业应由各国家的中央政府来主导。因为图们江区域的国境地区即中国东北、朝鲜北部、俄远东，都是各国的经济落后、基础较差、文化发展较低地区，要完成 GTI 任务必须由中央政府主导，这样利于资金、人力资源的投入，利于解决外交问题。

（4）需要韩国、日本经济利益的一致性而努力。因为在中、朝、俄国境地区推进 GTI，开发的利益明显，而韩、日与这些国家是非国境国家，其直接的经济利益不明显。而韩日具有资金、技术、经验，韩日的参与对促进 GTI 事业至关重要。GTI 成功之后，对开发对象的利用最多的国家还是韩、日。为此要提升 GTI 对其的经济利益，将 GTI 事业与韩日地方经济结合并联动是其中的关键。实际上 GTI 事业跟韩国东海岸、三陟、浦项、蔚山、釜山及日本西海岸新潟、鸟取、北海道等地区的经济是紧密联系的。

(5)合理地处理东北亚经济合作与 GTI 事业的关系,并彼此独立地推进。东北亚经济合作事业主要包括中日韩三国之间的经济合作、能源合作、产业合作、贸易合作、渔业合作等,还要计划推进韩日日三国之间的 FTA(自由贸易协定),以此把东北亚经济合作推向更高层次。而 GTI 主要是以中、朝、俄国境地区为中心展开的开发投资合作工程。虽然 GTI 事业是东北亚经济合作的一个重要组成部分,但其推进内容、对象、国家各有侧重。如偏强调东北亚经济合作,可能把朝鲜排除在外,这样就不利于朝鲜北部的开发,不利于促进朝鲜的改革开放。

(6)GTI 事业应促使朝鲜实行市场经济体制,成为朝鲜实行改革开放的催化剂,如朝鲜实施市场经济体制、改革开放,一可使日本的参与度提高,二可以促进美国、欧盟资本的投入。

(二)GTI 意义

近年来,中俄两国互办"国家年",进一步加强了战略伙伴关系,最近举行的中俄首脑会议上,达成了我国东北老工业基地振兴战略与俄罗斯东部大开发战略衔接互动的共识;朝核六方会谈取得了积极进展,朝鲜内外环境有所改善,中韩两国政治互信不断加深,各领域的交流与合作持续扩大,全面合作伙伴关系不断巩固和发展;中蒙间建立了睦邻互信伙伴关系,能源开发和基础设施建设两大重点领域的合作已经开始启动。可以说目前东北亚区域内已基本形成积极、主动和寻求合作的开放态势,这些都为我们加快推进图们江地区开放开发带来了重大历史机遇。

图们江区域的开放开发是我国加快东北振兴战略、促进东北亚区域经济合作的重要平台,具有重要的战略意义。以"长吉图"为先导的图们江区域地处东北亚地理几何中心,是我国参与东北亚合作的核心区,具有独特的人缘、地缘优势。首先,设立开放带动先导区加快推进图们江地区开放开发,不仅可以破解吉林省乃至东北地区外贸运输瓶颈,加快对外通道建设,提高边境经济合作规模和水平,深化与沿海地区的区域合作,承接沿海地区产业梯度转移,而且有利于巩固我国边境少数民族地区的安全与稳定。同时,东北亚地区在世界政治、经济格局中占有重要地位,加快图们江区域开发、促进东北亚经济发展,有利于我国在日本海地区的权益,进一步加强我国与周边国家区域合作,极大增强我国在东北亚区域国际合作的主动权,形成"以我为主,牵动中日韩三国合作，带动中朝、中俄、中蒙合作的战略布局"。从长远看将是一步"先手棋"。另外，加快图们江区域开发，促进东北亚经济合作，有利于全面促进东北老工业基地振兴。自 2003 年以来，中国政府实施了加快振兴东北老工业基地战略，这对进一步促进图们江区域开放开发提供了良好的契机，使该区域成为统筹西部大开发和东北振兴两大战略的结合点。在"长吉图"打造以开放为主导的先导区，可以直接服务吉林、黑龙江东南部和内蒙古东部，促进我国东北地区整体开放，对于充分利用国际国内两种资源，两个市场，全面振兴东北老工业基地，将起到积极作用。

　　2005 年 5 月，在联合国开发计划署召开的五国协调委员会会议上，把图们江地区开发确认为"大图们江区域合作"（GTI）。2005 年 9 月 2 日，图们江区域投资发展论坛和联合国开发计划署图们江区域开发项目第八次政府间协商协调会议期间，与会的中国、朝鲜、韩国、俄罗斯、蒙古国五国组成的图们江流域经济发展项目咨询委员会一致同意，签署了"大图们江行动计划"①，将1995 年签署的项目咨询委员会协议再延长 10 年（至 2015 年）。从合作形态上看，有三种提案：一是三国各自设立经济特区；二是三国接壤处设立经济合作区；三是三国在保有领土权的前提下提供土地共建经济特区。② 这标志着，从 2005 年开始，图们江区域开发进入了一个新的阶段——"大图们江区域合作开发"阶段。

　　所谓大图们江区域合作开发是指与原图们江地区开发相比，具有更大的区域、更高的层次、更宽的领域和更大的动作。大图们江区域合作，首先表现在参与开发的主体范围的扩大。2005 年 5 月，联合国开发计划署召开了五国协调委员会会议，大家一致同意扩大合作范围。蒙古增加了与中国接壤的两个省，俄罗斯增加了萨哈林州。中国也在以吉林省为主体的基础上，先行增加内蒙古自治区东部；并逐步增加辽宁省和黑龙江省。这样，大图们江区域开发的主体区域共包括：中国东北的吉林省、辽宁省、黑龙江省以及内蒙古自治区东部；朝鲜的罗先经济区；俄罗斯的滨海边疆区、哈巴罗夫斯克和萨哈林州；蒙古国东部的东方省、肯特省、苏赫巴托尔省；韩国东部沿海城市。扩大后的大图们江区域拥有 3.5 亿人口，包括丰富的人力资源、自然资源与广阔的市场。

---

　　①　这里的大图们江计划，主要是包括中国的东北和内蒙古东部、朝鲜罗津经济贸易区、蒙古的东部省份、韩国的东部沿海城市和俄罗斯滨海边疆区的部分地区。

　　②　王振锁、李钢哲：《东北亚合作：中国与日本》，天津人民出版社 2002 年版，第 29页。

从开发的对象上看,作为大图们区域合作,可从图们江下游地区扩展到图们江上游,图乌线沿线,并辐射吉林、内蒙古乃至全东北。[①]

大图们江区域合作,也意味着图们江区域的开发需要在更高的层次上进行运作。目前已形成由国际机构与图们江区域相关国家全力推进此区域经济开发的整体格局。在联合国开发计划署框架下,大图们江区域合作开发已形成多种机制:联合国开发计划署图们江区域项目秘书处机制(在北京设立)、中俄朝三国协调委员会机制、中俄朝蒙韩五国协商委员会机制、中俄朝蒙四国协调机制。这些机制的启动与运作将协调合作各方发挥并将继续发挥积极作用。

中国政府对此项目给予一定的重视,将其置于国家间合作的框架内,并将其纳入东北振兴的总体布局中,在北京成立了中国图们江地区开发项目协调小组。2004年该协调小组成员已增加到20个部委(省)。与20世纪90年代的图们江地区开发相比,21世纪开始的大图们江区域合作开发将有更宽的领域。20世纪90年代的图们江地区开发,主要目标是要打通图们江出海口,进而促进这一区域国家间的商品贸易。现在的大图们江区域合作开发,在打通中俄、中朝两条出海通道的基础上,开发的对象范围也要向更宽的领域拓展。比如建立具有出口加工、保税仓储、商贸服务等功能的物流园区;组建跨国公司,联合开发图们江区域的资源;加强基础工程、基础设施的建设;加强投资环境等软环境建设,培训人员等。所以,大图们江区域合作开发是一个以开边通海口为突破口,带动延边和相关区域商贸、工农业等全面开发开放,从而振兴东北,并实现与图们江区域各邻国双赢的综合开发。2009年8月中国国务院批准了长吉图开发开放先导区的规划,意味着吉林省进入全面发展时期,给大图们江区域合作带来一个新的机遇,这是一个重要的转折点。

(三)各国目标

俄罗斯的主要目标是开发海参崴,实现“大海参崴计划”。主要制约因素是此计划只能使俄国自己受益,难以吸引日、韩及欧美的大量投资。俄认为“新欧亚大陆桥没有必要由珲春上岸,可由海参崴联运直接进入西伯利亚铁路。此外,其也不赞成中国在图们江下游浚河建港,认为中、朝工业会对水质

---

① 何志工、安小平:《东北亚区域合作——通向东北亚共同体之路》,时事出版社2008年版,第57页。

造成污染,破坏俄境内生态环境。①

朝鲜的主要目标是将清津、罗津、先锋各港扩建为东北亚的主港,使之成为新欧亚大陆桥东端的起始点,以争取更多国际投资和经济利益。主要制约因素是这些港口的大部分腹地货流在中国。

蒙古国的主要目标是要打通图们江出海口。蒙古国东方省是蒙古国与中国及俄罗斯接壤的地区,而目前的道路条件对蒙古国商业和经济联系造成障碍。由联合国开发计划署推动的"两山"铁路建设项目,能为蒙古国经贸发展打通一条出海口,使蒙古有了便捷的出海通道,有利于铜、煤等矿产品和农牧产品的对外出口。2006 年 8 月开工建设,铁路竣工后,将形成蒙古乔巴山—中国阿尔山—白城—长春—珲春的中蒙铁路运输大通道,成为东连图们江区域、西接蒙古、北通俄罗斯的一条新的欧亚大陆桥。这有利于蒙古与东北亚各国的联系及其更好的参与图们江合作与开发。②

韩国是图们江开发的积极参加者,也愿意为图们江地区开发提供一些前期研究经费。韩国积极参与图们江地区开发,一是为了求得俄、中、蒙等稳定的能源、原材料和粮食的供应基地;二是拓展市场和需求的投资场所,为剩余资金和较为先进的技术设备找到稳定的市场;三是为了利用新的欧亚大陆桥增强与欧洲的联系,促进其东海岸落后地区的开发。韩国是图们江地区的积极投资者,在中国珲春、延吉等地已有相当的投资,开设了一些独资或合资的工业企业和第三产业企业。

日本很重视图们江地区开发,认为通过它可以加强与其他亚洲大陆的经济联系,可以取得稳定的能源、原材料与粮食供应,又为其投资提供广阔市场。尤为重要的是,图们江地区开发可以带动日本海地区的繁荣,促进该地区一些港口的振兴,进而活跃日本沿日本海地区的经济。日本可以发挥其资金、技术、设备优势,参与中、俄、朝、蒙各国各地区尤其是大陆桥沿线的开发,促进这些地区的工业化发展并从这种合作中取得利益。

图们江区域开发项目是东北亚区域合作的经济支撑,它在东北亚区域合作中占有十分重要的地位和起着决定性的作用。从区位优势上看,图们江地区位于东北亚腹心地带,是联结东北亚各国经贸合作的最紧密的纽带。从已经具备的各种条件上看,图们江周边地区是相关国家开放程度最高的地区之

---

① 陆建人:《图们江地区开发项目的进展与现况》,载《当代亚太》1995 年第 5 期,第 41~48 页。

② 《加快图们江地区国际合作开发专家座谈会资料汇编》,2007 年 8 月 28 日。

一,是相关国家赋予政策最优惠的地区之一。这里的公路、铁路、海港、空港、通讯等基础设施建设有了很大改善,已经具备了进行多国合作开发的最基本条件。因此,图们江区域开发项目是东北亚各国开展区域经济合作最现实的载体。从发展前景看,图们江地区周边国家具有丰富的资源、先进的技术、雄厚的资金、充足的劳动力和巨大的市场,是诸生产要素最佳结合的地区,具有发展经济的巨大潜力。多年来的实践表明,随着图们江区域开发项目的不断推进,必将有力地带动东北亚各国间的经济合作。同时,东北亚区域合作与交流的不断增强,也会进一步促进其核心区域图们江区域合作开发的不断发展。

第二节　GTI 的推进

一、GTI 内容

(1)在交通领域投资计划项目有:①修建东北亚跨边境基础设施,开通扎鲁比诺—束草—新潟定期海运航线(费用 5 万美元);②扎鲁比诺港现代化——建扎鲁比诺港集装箱码头(费用 8 亿美元);③中蒙跨境铁路可行性研究、工程设计详图(费用 50 万美元);④重新运营珲春—马哈利诺铁路(费用 5 万美元);⑤中国与朝鲜边境公路及港口的运营(费用 5 万美元)。

(2)能源领域计划项目有:修筑能源储、销、运设施,费用 20 万美元。

(3)旅游观光领域计划项目有:发展旅游观光产业,包括旅游资源的开发、设施的建设,需费用 20 万美元。

(4)投资领域计划项目有:对 GTI 会员国干部进行市场经济的培训,费用 5 万美元。

(5)环境领域计划项目有:①研究越境环境影响评价及环境标准化,费用 5 万美元;②保护图们江水源及水源地环境,费用 5 万美元。GIT 会员分担费用(2009 年计):中国已缴 21 万美元(还差 5 万美元);韩国已缴 18 万美元(多缴 4.3 万美元);俄已缴 15.9 万美元(还差 4.9 万美元);蒙已缴 2.5 万美元。

二、GTI 计划的进展

表 8-1　GTI 体制出世后会员国政府会议的主要内容

区　分	日　期	地　点	讨论通过的内容
第 8 次 会员国会议	2005 年 9 月	长春	一致同意把 TRADP 替换成 GTI，把会员国协定文、环境谅解备忘录再延长十年至 2015 年
第 9 次 会员国会议	2007 年 11 月	海参崴	GTI 体制出世的第一次会议，设立了能源理事会、旅游观光协议会、企业招商引资咨询会、环境合作协议体等 4 大组织
第 10 次 会员国会议	2009 年 3 月	乌兰巴托	为提高工作效率，同意引入"高速轨道"工作法（即两个以上国同意的事项，可以推进），成立交通理事会
第 11 次 会员国会议	2010 年 8 月	长春	确定了会员国资金分摊，确定 2011 年召开第 12 次会员国会议（地点：韩江原道平昌）；第 11 次会议长春宣言中劝请朝鲜复归 GTI（把中、俄、蒙图们江事务局意见写入宣言里）；构建会员国地方政府之间合作体系；成立贸易无障碍委员会；确定 2011 年 12 项工作及支援资金（25 万美元）

资料来源：赵明哲、金知演：《GTI 推进动向和国际合作方案》，KIEP 研究资料 10—16，第 42 页。

第 11 次会员国会议于 2010 年在长春召开，讨论决定如下七个问题：(1)第 12 次会员国会议于 2011 年在韩江原道平昌召开，会议费用 7 万美元，从 GTI 共同基金中支出。(2)中、俄、蒙图们江事务局共同希望与要求朝鲜抓紧回归 GTI 会员国行列。(3)韩国江原道与庆尚北道、中国表明了支持 GTI 会员国之间为扩大合作制定新协议的意见，对此俄代表表示与地方政府协调之后发表意见。中国提出在 GTI 工作中要创立跨国境经济特区意见，俄代表以不具体为由提出"暂缓"，以后再说。(4)设立贸易无障碍委员会，并制定了委员会运行细则(TOR)，由于俄代表的同意，为解决对俄国境地区通关问题奠定了基础。为此韩国于 2011 年起举办"会员国干部市场经济教育"培训班，环境培训班改名为"无障碍"化教育培训班，其所需资金由韩中两国支援（韩国出 25 万美元，中国出 6 万美元）。(5)确立了 GTI 事务局人力补充计划。(6)从

2012 年起,会员国的费用以 GDP 作为依据分摊,GTI 总费用暂定为 65 万美元。其中 55 万美元由韩、中、俄按 GDP 比例分摊,剩下 10 万美元由中、韩、俄、蒙等四国分摊。(7)在今后的一段时间里,应该把图们江事务局作为独立法人来对待,而当前应得到 UNDP 的行政、技术等方面的支持,对此取得了一致同意。(当前 APEC 事务局是具有独立的法人资格,而 GTI 事务局暂不具有独立法人资格)。①

---

① 　赵明哲、金知演:《GIT 推进动向和国际合作方案》,KIEP 研究资料 10－19,第 39～40 页。

第九章

GTI 潜力

第一节　图们江地区的地理优越性

一、地理上的优越性

(1)图们江区域处于中朝俄三国交界处,其腹地是中国东北、蒙古国、俄西伯利亚与俄远东地区。(2)图们江区域是东北亚的中心地区,是日本海海陆空运输的重要据点。从图们江入海口到罗津港的距离只有 40 千米,至清津的距离 80 千米,到海参崴的距离 160 千米,到新潟的距离 800 千米,到釜山港的距离 750 千米。[①] 它又是通过西伯利亚大铁路通往欧洲的大陆桥始发地,是一条最简捷的欧亚国际大通道。(3)图们江区域是东北亚地理中心、几何中心,是海运的中心地区。这里有罗津、先锋、哈桑、扎鲁比诺等日本海港口。罗津、先锋由于中国,扎鲁比诺由于韩、中的投资修建,将成为现代化的港口,可从海上与俄、朝、韩、日等东北亚各国及北美相通。(4)图们江地区是日本海沿岸的唯一一个三角洲。(5)图们江地区可成为我国北方对外开放的一个新的大支撑点。目前我国对外开放的城市和地区主要分布在东部和南部沿海地区。在我国北方沿海地区或近日本海地区尚没有一个大的对外开放"窗口"。如果图们江地区开放开发能有较大发展,不仅能够填补我国面对日本海对外开放的空白,而且能够从根本上改变我国对外开放的不平衡格局。如果珠江三角洲、长江三角洲是我国南部地区两个对外开放的支撑点,那么图们江三角洲可成

---

　　① 　沈义燮、李光勋:《图们江开发 10 年的评价与展望》,KIEP,2001 年。

为我国北方对外开放的一个新的支撑点。从以上诸方面优势可以看出,图们江地区作为对外开放地区的"品位"是很高的,它不仅具有地区(东北亚)意义,而且具有全国意义乃至世界意义。

二、欧亚大陆桥的最佳路径

图们江出海口的优势:(1)基本满足吉、黑两省对东北亚国家出口运输发展的需要。这条通道有可取的比较经济价值,可省钱、省时,比过去的通道近910公里。(2)促使通过我国东北地区的新的亚欧大陆桥的建成,可使东北有了经营国际运输业务的可能,可带动沿线的经济发展,由于该大陆桥运距短,运费低,其国际运输业务发展将会很快。

表 9-1　亚欧大陆桥运输路径比较表

陆桥起点港口	经由地点及铁路	接轨站	距 离（千米）	备 注
纳霍德卡港	西伯利亚大铁路	赤 塔	3223	全在俄境内
扎鲁比诺港（经珲春）	图们、牡丹江、哈尔滨、满洲里	赤 塔	2001	经中、俄
扎鲁比诺港（经珲春）	图们、长春、白城	乔巴山	1649	经中、蒙、俄

从上表 9-1 可以看出,经由中国的两条路线相较于经由西伯利亚大铁路的路线短。其中经由牡丹江、哈尔滨、满洲里的路线短 1222 千米,经由长春、白城的路线更短;短 1584 千米(3223 千米-1649 千米=1574 千米)。

另一个优势指的是:西伯利亚大陆桥至欧洲,只经过俄罗斯一个国家,而新亚欧大陆桥还要经过中国和蒙古,由于经过的国家多,用户就更多,货源也就更广。特别是中国东北地区和蒙古国的东方省都是物产丰富、发展潜力很大的地区。其中蒙古国的东方省境内额尔特铜矿储量高达 10 亿吨,是亚洲第一大铜矿,官称山区是蒙古国的富铁矿产区,畜牧业也比较发达,该省是今后蒙古国重点的发展地区。正因为新亚欧大陆桥具有更多的优势,不仅东北亚国家看好这条路线,北美及其他太平洋国家也看好这条路线。1999 年 6 月 18 日,美国华盛顿州同俄罗斯的滨海边疆区、中国的吉林省、黑龙江省在符拉迪沃斯托克签署协议,决定建立东方国际走廊一事就是明证。

第二节　物流潜力

一、铁路网

从表 9-2 显示，中朝间铁路有四条，中俄间有两条，朝俄[①]间有一条；海参崴是连接西欧的西伯利亚大铁路 TSR 的始发点，俄蒙中朝间有一条铁路干线联结。

表 9-2　图们江区域中朝俄铁路连接状况

区　分	区　　间	备　　注
中国—朝鲜	(1)图们—南阳—清津（图—南—豆—哈桑）	图们—南阳 1435 毫米(标准轨)
	(2)图们—南阳—罗津（实际上的大西伯利亚铁路起点）	—
	(3)集安—满浦	联结轨道 1435 毫米(标准轨)
	(4)丹东—新义州（北京—平壤）	同上（北—平 1347 千米）
中国—俄罗斯	(1)图们—珲春—卡梅索巴亚	珲春—卡梅绍娃亚 42 千米
	扎鲁比诺—哈桑（连接扎鲁比诺—波谢特—纳霍德卡—海参崴）	珲春—卡梅绍娃亚 1520 毫米(宽轨)
	(2)绥芬河—满洲里—海参崴(TSR)	绥芬河—克劳德哥特 1520 毫米(宽轨)
朝俄	洪义—图们江—罗津—哈桑—海参崴　TSR—欧亚大陆联结铁路	洪义—图们江 9.5 千米　图们—哈桑—宽轨

---

①　2013 年 5 月 28 日，俄罗斯铁路公司明确表示，连接俄罗斯远东沿海地区的哈桑与朝鲜罗先的罗津港铁路(54 千米)修复项目已完工，列车有望 6 月调式运行。撤去哈桑—罗津间老化的线路，新铺设了宽轨和标准轨。

续表

区　分	区　　间	备　　注
俄—蒙—中国—朝鲜	俄赤塔（扎鲁比诺—哈桑）—蒙古乔巴山—中国伊尔施—阿尔山—白城—长春—图们——朝罗津	410 千米
	俄赤塔—（扎鲁比诺—哈桑）—蒙古乔巴山—阿尔山—白城—长春—图们—罗津—清津	520 千米
	俄赤塔—（扎鲁比诺—哈桑）—乔巴山—毕其格图—赤峰—锦州—白城—长春—图们—朝罗津—清津	1600 千米
中国东边道铁路	大连丹东图们珲春绥芬河(1318 千米)最终与朝俄铁路连接	
蒙古计划修建	Tolgoi—saynshand—乔巴山铁路联结蒙东西部,然后与蒙中央铁路连接（中蒙合资）	

资料来源:白钟实:《为构建东北亚物流网络的图们江复合运输体系的建设方案》,载[韩]《流通情报学会会志》第 8 卷第 3 号,第 60 页。

中国货物经珲春公路口岸或者铁路口岸,运抵俄远东波谢特、扎鲁比诺等港口,并经过这些港口运往其他国家和地区的国际联运航线。目前,制约中俄通道的首要问题是中俄铁路通道仍处于"通而不畅"的状态,由于俄罗斯国营铁路与私营铁路之间的矛盾,使珲春—卡梅绍娃亚铁路自 2004 年 11 月后基本处于停滞状态,严重制约了中俄贸易和物流的发展。

二、公路网

一是中朝通道,中朝公路网共有以下通道,丹东—新义州;古城里—大丹红、长白—惠山、南坪—茂山;南阳—图们;珲春—圈河—元汀里—罗津;延吉—三合—会宁—清津;延吉—沙坨子—赛别尔—罗津;龙井—开山屯—三峯。其中图们江地区中朝通道主要有两条公路,一是中国珲春—圈河口岸—

朝鲜元汀里口岸—朝鲜罗先的公路通道,[①]二是中国珲春—沙陀子口岸—朝鲜罗津公路通道。中朝通道原来存在的主要问题是朝鲜公路、铁路状况较差。但是,2012 年 10 月 26 日,历经一年多的建设,作为中朝共同开发和共同管理的罗先经济贸易区的首批项目,元汀至罗的 50.3 千米二级公路维修改造工程顺利竣工。新公路的开通,大大缩短了珲春至罗先的行车时间,极大改善了两国该区域的交通环境。图们至罗津、清津的铁路存在路况差、站点配套设施较落后、电力不足以及火车车厢紧缺等问题有待改善。另外还有三条公路,南平—茂山、图们—南阳、开山屯—三峯,均存在运输量少、设备陈旧的问题。

二是中俄通道。中俄公路网共有两条,即珲春—长岭子—克拉斯基诺—扎鲁比诺—斯拉夫扬卡、绥芬河—滨海州。其中图们江地区中俄通道已经实现公路和铁路交通系统地连接,即中国珲春—长岭子口岸—俄罗斯克拉斯基诺—扎鲁比诺—斯拉夫扬卡公路通道,该公路为中国标准二级公路。

三是中蒙通道(参见图 9-1)。中蒙图们江通道是一条连接中俄朝蒙的国际大通道,即俄罗斯赤塔—蒙古乔巴山—中国阿尔山)—白城—长春—图们—朝鲜罗津、清津(以及珲春—俄罗斯哈桑—扎鲁比诺),目前该通道只有蒙古乔巴山—中国阿尔山之间的铁路还没有修通。为此,我国地方政府和企业提出了几条中蒙铁路建设计划,主要包括:(1)两山铁路南线,即蒙古乔巴山—中国松贝尔口岸—阿尔山铁路,该线由吉林省推进建设,全长 410 千米;(2)两山铁路北线,即蒙古乔巴山—中国克尔伦口岸(新巴尔虎左旗)阿尔山铁路,该线由内蒙古自治区推进建设,全长 520 千米;(3)锦州—乔巴山铁路,即蒙古乔巴山—中国毕其格图口岸—赤峰—锦州铁路,该线由辽宁省推进建设,全长 1600 千米。[②]

---

① 2012 年 10 月 26 日上午,中朝共同开发和共同管理罗先经济贸易区元汀—罗津公路通车仪式在朝鲜元汀口岸举行。在通车仪式上,中朝双方共同见证了元汀至罗津公路通车,延吉(珲春)—罗先市国际客运班车实现互通。《中朝罗先经济贸易区元汀—罗津公路通车》,载《延边日报》2012 年 10 月 29 日。

② 于潇:《长吉图开发开放先导区的国际大通道建设》,载《吉林大学社会科学学报》2010 年第 2 期,第 15 页。

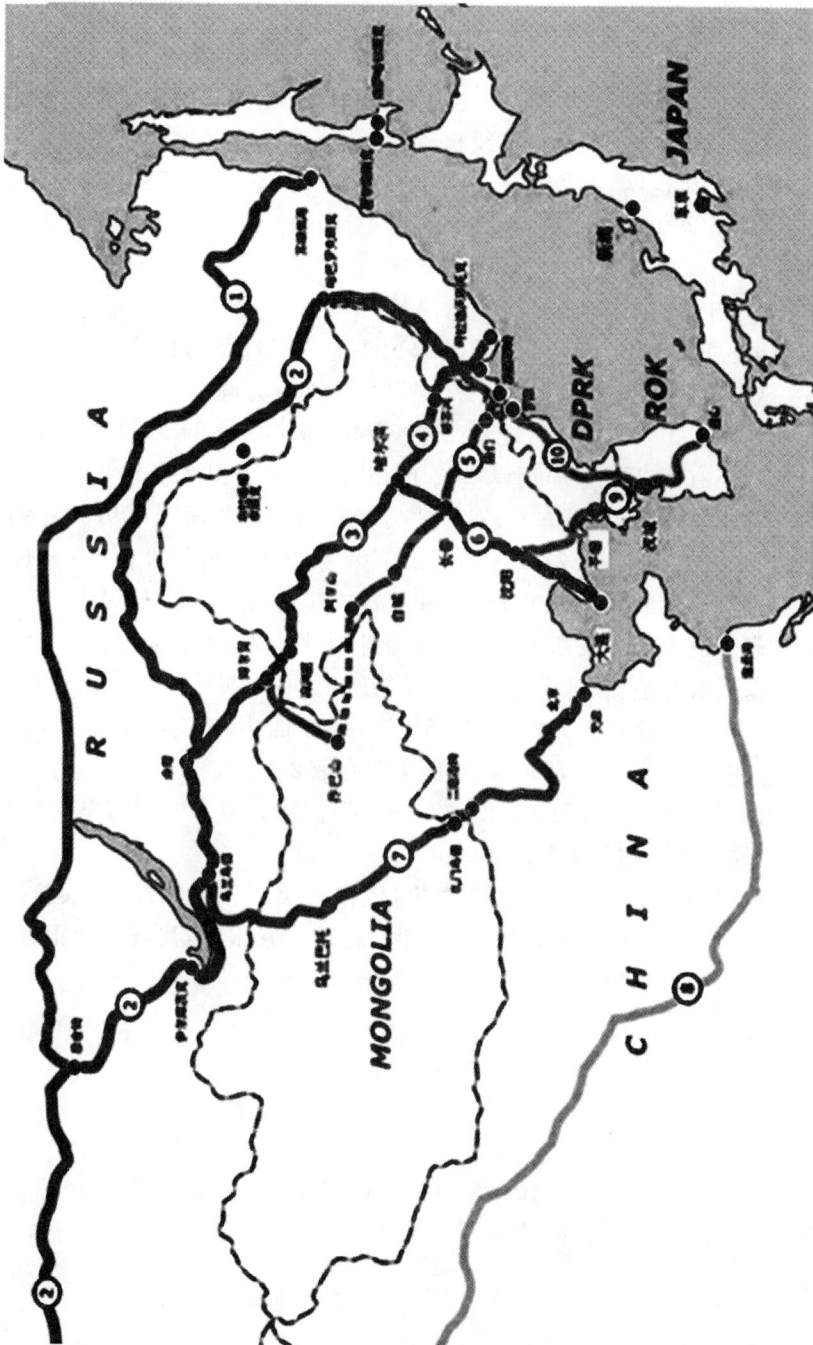

图9-1 东北亚地区国际交通运输通道

三、海运网

（1）朝鲜海运网：罗津—釜山（连接东北亚与欧亚大陆的中转港）；罗津—香港；罗津—蔚山（非定期运输航线）。

（2）俄罗斯海运网：扎鲁比诺—伊予三岛；扎鲁比诺—秋田；扎鲁比诺、海参崴—束草（扎鲁比诺—束草航线 2000 年 4 月开通、2004 年海参崴—束草航线开通）。

罗津、先锋、清津三港基础设施状况是：

罗津港：总靠岸能力 16.5 万吨（1 号码头为 7 万吨，2 号码头为 6.5 万吨，3 号码头为 5.5 万吨）；水深 9～11 米；装卸能力 300 万吨/年（1 号为 50 万吨、2 号为 150 万吨、3 号为 100 万吨）；岸壁长 2448 米（1 号 924 米，2 为 914 米、3 号 610 米），还有水产与造船用岸壁长 1335 米；仓库面积 27308 平方米（1 号 5430 平方米、2 号 16019 平方米、5859 平方米）；露天储货面积 129763 平方米（1 号 45414 平方米、2 号 27742 平方米、56607 平方米）；装卸设备有 5～10 吨旋转式起重机 3 个（1 号码头）、5～10 吨旋转式起重机 4 个（2 号码头）、5～10 吨旋转式起重机 4 个。装卸主要货物有肥料、木材、煤、杂货等。

罗津港还设有造船所（设有 2 万吨级船所、船坞）。

清津港：靠岸能力 2 万吨，水深 10 米，装卸能力 800 万吨/年，岸壁长 5270 米，装卸设备有 15 吨起重机，功能主要有散装货物。

先锋港：靠岸能力 20 万吨，水深 23 米，装卸能力 30 万吨/年，岸壁长 555 米，功能有原油及原油加工品的装卸。

扎鲁比诺港设施差。共有四个船坞（港内无集装箱装卸设备）其长度为 150 米，水深 9 米左右，启用时间 1988 年。地理位置很好，离海参崴很近（只有 104 千米），离乌斯里斯克铁路只有 116 千米。

四、物流网

（一）物流量

预测到 2020 年图们江地区（图们—珲春）物流量将由 2010 年 1430 万吨增加到 2020 年 2700 万吨，增加一倍左右。

（二）物流网络

环日本海（朝鲜东海）已存物流网，吉林省、黑龙江省→大连港→釜山港→

新潟,需用时间 13 天;新物流网,吉林、黑龙江两省→扎鲁比诺→新潟,需用时间 1.5 天;韩国首尔→束草→新潟,需用时间 1 天。

(三)运输费用、时间的比较

1. 韩国仁川港—大连港—图们江区域的路线:
(1)用海运—公路运输方式
货轮船　　　　　费用 2681 美元/TEU ,需 50 个小时
集装箱船　　　　费用 2361 美元/TEU,需 107 个小时
(2)用海运—铁路运输方式
轮船　　　　　　费用 2194 美元/TEU,需 70 小时
集装箱船　　　　费用 1894 美元/TEU,需 127 小时
2. 束草—扎鲁比诺—图们江区域路线:
用海运—公路运输方式
轮船　　　　　　费用 1316 美元/TEU,需 28 小时
集装箱船　　　　费用 2103 美元/TEU,需 28 小时

最优方案(既省钱又省时间)是选择束草—扎鲁比诺—图们江地区线路,用轮船来航运,再加上用公路陆上运输的方式。[①]

在畅通对俄通道方面,加快推进珲春至卡梅绍娃亚铁路于近期恢复运营,启动建设千万吨国际换装站,谋划建设珲春至符拉迪沃斯托克高速公路,积极争取小型车辆过境政策。深入实施“借港出海”战略,加快改造俄罗斯扎鲁比诺港的装卸设备、场地、库房等配套设施,目前,扎鲁比诺港一期改造工程已竣工。

在畅通对朝通道方面,牢牢抓住中朝两国共同开发管理罗先经贸区的契机,扎实做好综合利用罗津港建设工作,加快推进珲春至罗津高速公路、圈河口岸与沙坨子口岸新国境桥项目建设,争取开辟中朝甩湾子铁路口岸等重点工作。

---

① 白宗实:《为构筑东北亚物流网络图们江区域复合运输体系的建设方案》,载《流通情报学会志》第 8 卷 3 期,第 69~71 页。

第三节　经济的互补性

一、图们江开发有关国家的贸易

表 9-3　图们江开发有关国家的贸易

单位：亿美元

年份	区分	世界贸易	中国	韩国	俄罗斯	蒙古	朝鲜	日本	美国
1990	出口	33832.2	627.4	678.2	—	0.9	17.3	2880.0	3931.1
	进口	35175.3	538.1	744.1	—	1.4	24.4	2353.6	5170.2
	总额	69006.5	1165.7	1422.3	—	2.3	41.7	5233.6	9101.3
1995	出口	50832.4	1489.7	1313.6	776.0	4.7	7.4	4435.4	5836.7
	进口	51458.1	1321.6	1351.1	464.0	4.2	13.1	3362.5	7712.1
	总额	102290.5	2811.3	2664.7	1240.0	8.9	20.5	7797.9	13548.8
2000	出口	63883.3	2492.2	1726.9	1030.0	5.4	5.6	4785.4	7722.8
	进口	65937.1	2251.8	1064.8	338.5	6.1	14.1	3769.2	12382.9
	总额	129820.4	4744.0	3331.7	1368.5	11.5	19.7	8581.6	20105.7
2005	出口	103691.0	7626.5	2854.8	2393.0	10.6	10.0	5951.4	9044.3
	进口	107569.0	6602.2	2612.4	974.1	11.8	20.0	5152.2	17325.4
	总额	211266.0	14228.7	5467.2	3367.1	22.4	30.0	11103.6	26369.7
2006	出口	119947.0	9697.0	3263.3	2918.8	15.4	9.5	6471.8	10371.0
	进口	123493.0	7918.0	3093.8	1325.2	14.3	20.5	5787.2	19192.6
	总额	243440.0	17615.0	6357.1	4244.0	29.7	30.0	12259.0	29563.6
2007	出口	139128.0	12187.0	3737.4	3529.3	19.5	9.2	7148.8	11627.1
	进口	143329.0	9562.6	3568.2	1994.4	20.6	20.2	6218.9	20174.1
	总额	282457.0	21749.6	7305.9	5523.7	40.1	29.4	13367.7	31801.2

续表

年份	区分	世界贸易	中国	韩国	俄罗斯	蒙古	朝鲜	日本	美国
2008	出口	160378.0	14293.4	4267.6	4598.0	25.3	11.3	7828.6	13001.9
	进口	165241.0	11319.2	4352.8	2670.0	32.3	26.9	7624.5	21660.2
	总额	325619.0	25612.6	8620.4	7268.0	57.6	38.2	15453.1	34662.1
2009	出口	123643.6	12034.2	3557.2	2817.8	15.0	10.6	5815.8	10570.5
	进口	128882.5	10039.1	3494.5	1637.2	27.1	23.6	5518.6	16035.7
	总额	252526.1	22073.3	7051.7	4455.0	42.1	34.1	11334.4	26606.2
2010	出口	150891.0	15784.4	4663.8	3485.3	29.1	25.5	7670.3	12782.6
	进口	151966.0	13939.1	4252.1	2114.4	32.0	35.3	6914.5	19131.6
	总额	302857.0	29723.5	8915.9	5599.7	61.1	60.8	14584.8	31914.2
2011	出口	179688.0	18992.8	5554.1	3786.8	—	37.0	8207.9	14804.3
	进口	185123.1	17414.3	5243.8	2786.9	—	43.3	8530.7	22078.2
	总额	364811.1	36407.1	10797.9	6573.7	—	80.3	16738.6	36882.5

资料来源：根据韩国贸易协会（2010）《世贸统计》；KOTRA（2011）《朝鲜对外贸易动向》；韩国统一部；JETRO《ジェトロ世界貿易投資報告 2011 年版》编制。

图们江地区是经济发展快速的区域，按 2006 年统计 GTI 成员国人口总计为 15 亿，其中环日本海地区人口为 1.5 亿，从表 9-3 和图 9-2 可知，1990 年 GTI 成员国的贸易额占世界贸易的 11.4%，2000 年占 13.4%，2005 年占 16.2%，2011 年占 19.4%，如果以出口为准的话其比重更高，2010 年 GTI 成员国的出口总额占世界出口总额的 20.9%，2011 年因日本“3·11”大地震的影响略降一些，占 20.4%。这充分说明，如果 GTI 成员之间加强经济合作，生产要素的合理分配将产生巨大的经济效应，将大大促进成员国的经济发展。

为了更好地了解 2011 年中国、日本、东盟的贸易规模在世界所占的份额（参见表 9-4），该表为 2011 年的主要国家地区间出口数额的贸易矩阵。（可以看作，从表 9-4 的最左端排列的国家、地区出口至横向方向最上端的国家及地区。但如果从纵向方向看的话也可以看成，最上行的国家、地区从最左端的国家进口。[①]）从本表我们可以了解到中国的进口及出口额均超过其他国家（除

① 进口统计本身还含有国际运费、保险金等，故比原进口额要低。

表 9-4　2011 年世界贸易矩阵(出口为准)

单位:亿美元

	世界	NAFTA	美国	EU27	东亚	东盟+6	东盟+3	中国	日本	东盟	APEC
世界	177851	27871	20320	61080	40008	45786	39265	15221	7635	11453	81565
NAFTA	22697	10835	5748	3301	3299	4063	3449	1293	806	843	15686
美国	14807	4783		2696	2835	3427	2900	1039	662	764	8916
EU27	58226	3720	3061	38904	3467	4387	3441	1598	580	862	9676
东亚	44609	6573	5691	6187	18957	19707	17420	6017	3495	6328	30656
东盟+6	51684	7709	6662	7174	21210	21817	19131	5583	3759	7433	34778
东盟+3	45648	7172	6193	6406	18987	18922	16588	4608	3152	6786	31155
中国	19015	3741	3249	3562	5594	4882	4000		1473	1699	11656
日本	8245	1469	1278	958	4408	3818	3509	1618		1230	6222
东盟	12752	1252	1102	1323	6453	7544	6620	1648	1282	3138	9416
APEC	84737	19414	13131	13164	29014	30969	27332	10272	5100	8764	56551

注:1. 各国及区域向台湾的出口是指,把台湾的进口(CIF 价)统计数据乘以 0.9 的价格换算成 FOB。

2. 东亚是指,中国、韩国、香港、台湾及东盟。

3. 东盟+6 是指,东盟、中国、日本、韩国、印度、澳大利亚,及新西兰。

4. 东盟+3 是指,东盟、中国、日本、韩国。

5. APEC 是指,中国、日本、韩国、澳大利亚、文莱、加拿大、智利、香港、印度尼西亚、马来西亚、墨西哥、新西兰、巴布内新几内亚、秘鲁、菲律宾、俄罗斯、新加坡、台湾、泰国、美国及越南。

6. 欧盟区域内贸易占欧盟与世界贸易之比为,根据(38904 亿美元×2)/(58226 亿美元+61080 亿美元)计算约为 65.2%。同理东亚区域内为 44.8%。

资料来源:根据 JETRO:《ジェトロ世界貿易投資報告—企業、人もグローバル化へ》,2012 年版,第 105 页重新编制。

了美国在进口方面超过中国外)。从 2011 年不同国家、地区的世界贸易(名义额)来看,世界最大的进口国美国的进口额为 20320 亿美元,同比增长15.4%。低于发达国家整体的增长率 17.1%。从进口商品来看,原料及其制成品增长占了一半。受原油上涨的影响原油进口比前年增长 29.4%,其他机械器材增长 11.5%。由于资源进口额的增长,美国从沙特阿拉伯(增长51.1%),委内瑞拉(增长 32.3％)的进口显示了强劲的增长势头,从中国进口约占一半的机械器具,但比前年只增长了 9.4％。① 换言之,中国出口至美国的机械器材,较2011 年以前呈减少态势。这说明中国与美国的贸易摩差日益凸显,并与美国的贸易保护主义不断升温有关。

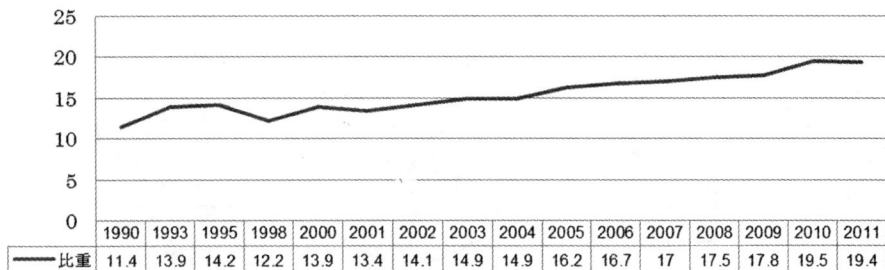

	1990	1993	1995	1998	2000	2001	2002	2003	2004	2005	2006	2007	2008	2009	2010	2011
比重	11.4	13.9	14.2	12.2	13.9	13.4	14.1	14.9	14.9	16.2	16.7	17	17.5	17.8	19.5	19.4

图 9-2　GTI 有关国家(中、韩、俄、蒙、朝、日)占世贸的比重(％)

中国的出口总额达 19015 亿美元,与第二位的美国、第三位的德国的差距在拉大,连续 3 年蝉联全球最大出口国的头衔。欧美等发达国家的出口停滞不前,增长率低于东盟等新兴国家。

二、GTI 有关国家经济互补性分析

(1)中国东北优势有:装备制造,通过技术引进,具有一定的市场竞争力;大豆、玉米等粮食和肉、奶品等畜产品加工;劳动密集型轻工业。因此其出口加工商品主要有:劳动力、能源、矿产、化工品、轻工品、中级技术、农产品等。

韩、日出口:资本与高技术,汽车、精密机械、电子产品、特种钢制制品;朝、俄、蒙出口中有:矿产品、建材。

(2)俄西伯利亚、远东地区优势为石油、天然气、金属矿产、煤、木材、铁矿石、褐煤等天然资源丰富。其出口有能源、木材、矿产、部分高技术等,而韩日缺少上述货物,需要从俄进口;从朝、中进口劳动力、轻工产品;从中、蒙进口农产品粮食。

(3)韩国的制造业集中在东南部,日本的制造业集中在日东部太平洋沿岸,进出口货物只能通过太平洋航线。因此,图们江区域开发为韩、日货物运送带来很大方便。韩、日出口资本与部分高新技术,从朝、中可以进口劳动力,

---

① JETRO:《ジェトロ世界貿易投資報告—企業、人もグローバル化へ》,2012 年版,第 9 页。

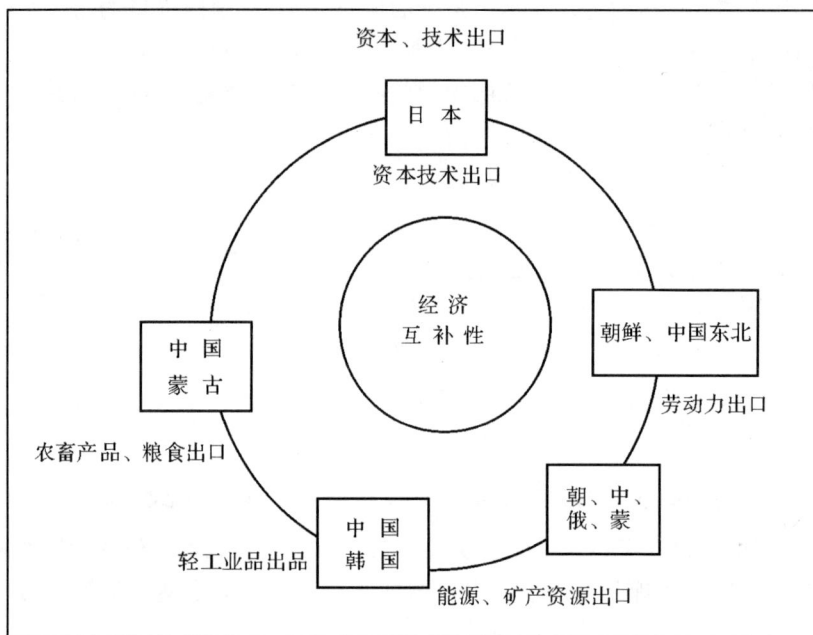

图 9-3　东北亚各国间的互补性

从蒙古进口能源、矿产，从中、蒙进口畜产品、农产品、粮食等，形成较合理的贸易结构。

（4）朝鲜可能形成出口矿产、钢铁制品、水产品、劳动力，从韩国进口资本、高新技术，从中国进口轻工品，从中、蒙进口粮食、木制品的外贸结构。

（5）蒙古国东部出产石油、煤、锌、铀、黄金、盐等矿产品，还有畜牧业产品。蒙古国需要把这些货物出口到东北亚国家，需要进口日韩的基本建设所用的资材、技术。

三、资源

（一）俄罗斯石油、天然气、煤储藏量、生产量

2010 年全球石油产量增加了 2.2％，即 180 万桶/日，但赶不上快速发展的消费增长。增加的石油产量同时来自石油输出国组织和非石油输出国组织国家。石油输出国组织以外地区的石油增长了 1.8％，即 86 万桶/日，是 2002 年以来的最大增幅。中国、俄罗斯、美国的石油产量增幅最大，其中中国石油

产量增幅达到历史最高水平。

表 9-5　2010 年底俄罗斯主要资源储量

区分	探明储量	俄/世界储量（%）	生　产　量	俄/世界生产量（%）
石油	77.010 亿桶	5.6	505.1(百万吨)	12.9
天然气	1580.8 万亿立方英尺	23.9	588.9(10 亿立方米)	18.4
煤炭	1570.0 亿吨	18.2	148.8(百万吨)	4.0

资料来源：根据《2011BP 世界能源统计年鉴》，第 6～30 页编制。

　　2010 年全球天然气产量增加 7.3%。俄罗斯天然气产量快速增长，增幅为 11.6%，为全球最大量的增长。天然气生产量为 5889 亿立方米，占世界生产量的 18.4%，天然气储量占世界储量的 23.9%；而石油生产量为 505.1 百万吨，占世界生产量的 12.9%，石油储量为 770 亿桶，占世界储量的 5.6%；煤炭储量为 1570 亿吨，占世界储量的 18.2%(参见表 9-5)。可见俄罗斯的能源储量及生产均占世界前列。目前煤炭占全球能源消费的 29.6%。2010 年，全球煤炭消费增长 7.6%，为 2003 年以来全球最快增长水平。其中中国的煤炭消费增加了 10.1%，2009 年中国的煤炭消费占全球煤炭消费的 48.2%，几乎占全球消费增长的 2/3。但是，中国以外地区的煤炭消费增长 5.2%，为 1979 年以来的最高水平。[①]

(二)中国全国、东北三省的资源储藏量

　　中国大部分主要矿产查明资源储量保持增长。其中，能源矿产查明资源储量普遍增长，特别是煤层气，剩余技术可采储量增长 72.0%；铁、铝、铅及镍等矿产的查明资源储量增幅均超过 10%。此外，铜、金、银等矿产的查明资源储量也均有不同幅度的增长。(参见表 9-6)

　　2004 年中国已确认的石油储藏量为 216.0 亿吨，其中东北三省占 40%；中国已确认天然气储藏量为 15100 亿立方米；其中东北三省占 13%；中国已确认煤炭储藏量为 1145 亿吨，其中东北三省占 13%。东北三省还有相当丰

---

① 数据来自《2011BP 世界能源统计年鉴》，第 3～5 页。

富的铁矿石、水资源、森林资源。① 国土资源部 2012 年 11 月 1 日公布的东北
地区油气资源动态评价成果表明②,东北地区油气地质资源量大幅增长,其中
石油地质资源量增长 34%。东北地区石油地质资源量 225 亿吨,可采资源量
72 亿吨,比 2007 年开展的油气资源评价结果分别增加 57 亿吨和 13 亿吨。
页岩气地质资源量达 5.9 万亿立方米。东北地区天然气地质资源量 4.5 万亿
立方米,可采资源量 2.5 万亿立方米,比 2007 年开展的油气资源评价结果分
别增加 2.5 万亿立方米和 1.4 万亿立方米。

表 9-6　2010 年底我国主要矿产查明资源储量

矿种	单位	储量
煤炭	亿吨	13408.3
石油	亿吨	31.7
天然气	万亿立方米	3.8
铁矿石	亿吨	727
铜金属	万吨	8040.7
铝矿石	亿吨	37.5
铅金属	万吨	5509.1

资料来源:国土资源部:《2011 中国国土资源公报》,2012 年,第 7 页。

据介绍,东北地区油气地质资源量大幅增长的主要原因在于油气理论创
新和勘查开发技术进步。截至 2011 年底,全国石油地质资源量 939 亿吨,较
2007 年的评价增加了 22.7%,全国天然气地质资源量 54.6 万亿立方米,较
2007 年评价的 35.0 万亿立方米增加了 55.8%。

(三)世界十大资源国之一的蒙古国资源藏量

蒙古政府将对国家安全、国民经济、社会发展有重大影响,每年对 GDP 贡
献超过 5%的矿山定为战略矿山,第一批批准 15 个矿山(见表 9-7)。其中的
奥云陶拉盖(Oyu Tolgoi)矿 30 年内生产总额可达 290 亿美元。对这些企业,

---

① 崔成熙等:《关于完善制度完成东北亚的 FTA 的研究:韩中日能源部分》,[韩]能
源研究院 2006 年版。
② 《国土资源部发布东北油气资源评价成果》,载《经济日报》2012 年 11 月 4 日。

国家持有 34％～50％ 股份。在国家第二批将 30 个以上矿批准为战略矿山。2010 年矿产产业在蒙古 GDP 中份额为 21.8％,对产业生产的贡献为 65.8％。

2005 年后,除了金、锡、钨等个别品种外,大体上有增加的趋势,尤其煤产量急增。如正在推进中的塔木陶勒盖矿、那林苏开特(Narim Sukhait),特森尔台、玛尔代河等战略矿山投入正规生产时,蒙古的矿产生产额将大幅增长。

表 9-7　蒙古的 15 个战略矿山及主要投资企业(2009 年底)

战略矿山	矿物	储藏量	主要投资国及相关投资企业
塔木陶勒盖 (Tavan Tolgoi)	煤	60 亿吨 (焦炭 13 亿吨)	Peabody(美),Shenhua(中)韩、俄、日国际财团等 。美国矿业巨头博地能源公司、中国神华公司、韩、日俄大财团正在竞争
奥云陶拉盖 (Oyu Tolgoi)	铜、金	矿石 64 亿 5150 万吨 (铜 45032 吨　金 1838 吨)	Lvanhoe Mines(加拿大)加拿大艾芬矿业公司、日本三井物产株式会社
特木尔台 (Tumurtei)	铁	矿石 2 亿 2930 万吨 (铁 51.15％)	
保罗 ((Boroo))	金	矿石 2 万 4523 吨 (每吨含 16g 的金)	Centerra Gold Inc(加拿大)
道尔闹德 ((Dornod))	铀	矿石 28868 吨 (氧化铀 0.175％)	
那林苏开特 (Nariin Sukhait)	煤	1 亿 2550 万吨	NinhuaMak Nrlin sukhait Co(中蒙)
巴嘎诺尔 (Baganuur)	褐煤	6 亿吨	Government Coal Minin-gEnteuprise
新乌斯 (Shivee Ovoo)	褐煤	6 亿 4653 万吨	Government Coal Minin-gEnteuprise
查干苏布日嘎 (Tsagaan Suvarga)	铜、钼	氧化物 1064 万吨(铜 0.42％、钼 0.011％) 硫化物 2 亿 4010 万吨 (铜 0.53％、钼 0.011％)	
额尔登特 (Erdenet)	铜、钼	矿石 12 亿吨(铜 0.51％、钼 0.012％)	Erdenet Mining Corp(俄、蒙)

续表

战略矿山	矿物	储藏量	主要投资国及相关投资企业
玛尔代河 （Mardai）	铀	矿石 1104 吨（氧化铀 0.119%）	
古尔班布拉格 （Gurvan Bulag）	铀	矿石 16073 吨（氧化铀 0.152%）	CNNC Lnternational （中）卖掉
布伦汗 （Burenjhaan	磷	矿石 1 亿 224 万吨 （五氧化二磷 21.2%）	
图木尔延敖包 （Tumurtein Ovoo）	锌	矿石 7 万吨（锌 11.5%）	
阿期格特 （Asgat）	银	矿石 640 万 2600 吨 （每吨含 351.08 克银）	

资料来源：根据蒙古国 2010 年计划投资项目、2010 年 2 月蒙古国矿业分析报告做成。

　　图们江地区经济发展潜力很大，其中的一个重要因素是能源和资源开发，从中加强各国经济合作。这里蕴藏着大量的能源矿物资源。中国、蒙古、俄罗斯、朝鲜等都是能源与矿物资源丰富的国家。

　　以上分析可知，在图们江区域内能源市场形成的条件与可能性很高，为区域经济一体化创造了能源基础。

　　能源合作能够加速区域一体化进程。东北亚地区合理的能源合作需要各国之间进行政策协调和在投资方面进行合作，要求各国中央政府直接参与。这样将增强政府间的协调功能，改变东北亚区域合作以地方政府为主体的局面，提高合作的层次和水平。多边性、长期性和工程大规模性的能源合作，将巩固和发展东北亚区域合作的物质基础，可以增强国家间的相互信任，促进东北亚地区的经济发展和政治局势的稳定，对加速东北亚区域一体化进程起积极作用。

第十章

有关国家 GTI 的战略和政策

第一节　韩国的战略与政策

一、积极参与 GTI 的动机

（1）加强与有关国家的经济合作，促进与这些国家的贸易、投资，实现资源合作，确保一定的资源（如天然气、原油、矿产等）安全。通过 GTI 积极参与中国东北三省、俄远东、蒙古东部开发，尤其参与资源开发，达到确保一部分资源的目的。

（2）通过对扩大 GTI 有关国家的投资与贸易，掌握亚洲市场。为深入推进图们江开发事业，中国出台了长吉图先导规划，大大地提高了对东北三省的开发力度。东北三省的内需市场随之也大大扩大。首先占有东北市场也是韩国投资者的目的。2009 年韩国对外贸易总额为 6866.2 亿美元（其中，对华贸易额是 1409.5 亿美元，占总贸易额的 20.5%；对俄贸易额是 99.8 亿美元，占总额的 1.5%；对蒙贸易额是 1.9 亿美元，占总额的 0.03%；对日贸易额是 712 亿美元，占总额的 10.4%；对美贸易额是 66.99 亿美元，占总额的 9.7%；对朝贸易额是 34.1 亿美元，占总额的 0.5%）。[①]

（3）通过参与 GTI 的多国间、多地区间合作事业，扩大南北经济交流与合作。通过 GTI 合作事业，促进朝鲜的改革开放与南北统一。通过南北经贸合作，提高朝鲜的 GDP 与朝鲜经济实力，减少统一所需费用。[②]

---

①　数据来自于韩国贸易协会：《韩国的贸易统计：按国别的进出口》，2010 年。
②　朝鲜把新义洲确定为以轻工业、纺织业为中心的产业城市，清津为重工业城市，罗先为以石油化工为中心的城市。

单位:件、百万美元,%

表 10-1　韩国对 GTI 有关国家的投资规模

年份	韩国对外投资		韩国→中国		韩国→俄罗斯		韩国→蒙古		韩国→日本		韩国→美国	
	件数	金额	件数	金额	件数	金额	件数	金额	件数	金额	件数	金额
1991	891	1318.20	135 (52) [15.2]	42.5 (11) [3.2]	9 [1.0]	17.2 [1.3]	— [—]	— [—]	30 [3.4]	12.1 [0.9]	165 [18.5]	389.5 [29.5]
1994	2652	2365.60	1298 (487) [48.9]	639.9 (116) [27.1]	37 [1.4]	12 [0.5]	3 [0.00]	0.2 [0.00]	33 [1]	58 [2.5]	244 [9]	526 [22.2]
1997	2768	3797.70	1142 (370) [41.3]	770.9 (107) [20.3]	24 [0.9]	8.4 [0.2]	4 [0.00]	1.4 [0.0]	54 [2]	59.9 [1.6]	441 [16]	890.3 [23.4]
2000	3900	5218.90	1399 (324) [35.9]	756.3 (84) [14.5]	16 [0.4]	4 [0.1]	13 [0]	2.6 [0.0]	137 [6]	96.6 [1.9]	1225 [31]	1433.5 [27.5]
2003	5392	4685.10	3120 (421) [51.8]	1772.3 (130) [37.8]	35 [0.6]	24.4 [0.5]	11 [0]	0.9 [0.0]	113 [2]	52 [1.1]	993 [18]	1064.7 [22.7]
2006	10147	11620.50	4687 (584) [46.2]	3424 (223) [29.5]	47 [0.5]	113.6 [1.0]	52 [1]	19.4 [0.2]	391 [4]	247.9 [2.1]	1906 [19]	1805.4 [15.5]
2009	7405	19436.90	2089 (285) [28.2]	2081.9 (278) [10.7]	169 [2.3]	426 [2.2]	113 [2]	25.3 [0.1]	344 [5]	375.3 [1.9]	1264 [17]	3546.5 [18.2]
2011	7721	25571.18	2175 [28.2]	3570.8 [14.0]	79 [1.0]	97.7 [3.8]	129 [1.7]	43.1 [0.2]	263 [3.4]	230.5 [0.9]	1107 [14.3]	5874.2 [23.0]

注释:( )是韩国对东北三省的投资;[ ]是有关国家接受韩国的投资额占韩国对外总投资额中的比重。

资料来源:韩国进出口银行:《海外投资统计》,2011年。

二、对外投资

韩国积极参与 GTI,通过 GTI 加强与 GTI 成员国的经济合作;韩国通过对 GTI 成员国的投资、增加贸易,达到占领市场的目的。中国是对图们江区域开发投资最多的国家,但韩国对华投资不断增加,尤其对东北三省、长吉图的投资,不管在投资件数上还是在投资额上均不断增加(参见表 10-1)。2006年韩对外国投资件数为 10147 件(对华投资件数 4687 件),投资额为 11620 百万美元(对华投资为 3424 百万美元),而到 2011 年上升至 25571.2 百万美元(对华投资为 3570.8 百万美元)。

1992 年中韩建交之后,韩国利用中国的低成本劳动力大举投资中国。中国已成为韩国的第二大投资国和最大的贸易伙伴国。至 2011 年末,韩国对中国的直接投资件数和累计投资额分别为 22552 项、368 亿美元,占韩国对外直接投资总件数和总额的 41.6%、19.1%。[1] 韩国在东北亚各国中对中国的投资件数与投资额均占绝对优势,2001 年中国加入 WTO 以后,韩国对中国的投资件数和直接投资增幅加大,2003 年韩国对中国的投资件数和直接投资分别为 3120 项、17.7 亿美元,占韩国对外直接投资总额的 51.8%、37.9%,超过对美国的 18%、22.7%,中国在韩国对外直接投资所占份额达到了顶峰(见表10-1)。之后,虽然韩国对中国直接投资的绝对额在增加,但占韩国对外直接投资总额中的份额不断减少,2008 年受美国次贷危机引起的世界金融危机的影响,2009 年中国在韩国对外直接投资中所占份额锐减至 10.7%,2011 年恢复到 14%。由于中国的劳动力资本不断上升,一些劳动密集型产业转移到东南亚的后进国或南亚国家,韩国对中国的主要投资更多的转向电子、汽车等技术密集型产业,同时,也会把更多的资本转向资源丰富的俄罗斯远东[2]、蒙古。

韩对俄远东战略概括起来,积极参与资源开发,参与 IT 有关的基础设施建设,利用地理上的接近性扩大出口,向东道国传授产业化经验,加强能源合作。针对"俄远东发展战略 2025"采取如下措施:参与远东交通、运输、信息通

---

① 韩国进出口银行:《韩国对中国投资 20 年的明暗和今后的课题》,2012 年 6 月。

② 针对"俄远东发展战略 2025"采取如下合作措施,韩对俄远东的新的合作措施有:参与远东的交通运输基础设施建设;参与远东信息通讯基础设施建设与扩充;推进能源合作事业;精油化工与港湾建设事业;推进这一地区的多国合作开发;推进韩俄 FTA;积极利用民间资金、"韩国投资基金";应加强与俄联邦政府的协调,加强韩俄战略对话(KRD),应成立"远东、西伯利亚委员会"。

讯基础设施建设、推进能源合作、精油化工与港湾建设、推进韩俄 FTA 等。

　　韩国对 GTI 的立场与政策：通过 GTI 与有关国家加强经济合作，扩大贸易与投资，通过资源开发合作，确保所需资源；增加对区域内国家的投资与贸易，占领市场。认识到中国开发的巨大潜力及其重要性；通过合作开发，促进对朝经贸合作，促进朝鲜的改革开放。

第二节　中国的战略与政策

一、东北三省的 GTI 战略

（一）东北三省经济

　　东北地区生产总值保持较快增长。2010 年，东北三省实现地区生产总值 37090 亿元，同比增长 13.6％。辽宁、吉林、黑龙江三省分别完成 18278、8577、10235 亿元，同比增长 14.1％、13.7％和 12.6％，分别比 2009 年加快 1.0 个、0.4 个和 1.5 个百分点（参见表 10-2）。2010 年，东北三省规模以上工业增加值同比增长 17.6％，与 2009 年相比加快 2.1 个百分点。辽、吉、黑三省规模以上工业增加值增速分别为 17.8％、19.9％和 15.2％，比 2009 年加快 1.0、3.1 和 3.1 个百分点。辽、吉、黑三省规模以上工业分别实现利润 1350.3 亿元、794.7 亿元和 1071.6 亿元，分别增长 50.1％、66.4％ 和 25.2％（同期全国为 49.4％）。东北三省全社会固定资产投资 30726 亿元，同比增长 29.5％，在四大区域板块中位居第一，高出全国、东部、中部和西部 5.7 个、8.1 个、3.3 个和 5 个百分点。其中，辽、吉、黑三省分别增长 30.2％、24.1％和 34.0％。"十一五"期间，东北地区固定资产投资占全国的比重由 2006 年的 9.7％提高到 2010 年的 11.0％。2010 年，东北三省实现进出口总额 1230 亿美元，增长 35.3％，占全国比重由 2006 年的 3.9％提高到 2010 年的 4.1％。辽、吉、黑三省进出口总额分别完成 807 亿、168 亿和 255 亿美元，同比增长 28.2％、43.5％和 57.1％。对美国、日本、欧盟、俄罗斯等主要贸易国家进出口增速均超过 20％。外来投资规模显著增加，2010 年东北三省实际利用外商直接投资额达到 277 亿美元，其中辽、吉、黑三省分别达到 207 亿、42 亿、28 亿美元，辽宁省由 2005 年的全国第六位上升至全国第二位。①

表 10-2 "十一五"期间东北三省地区生产总值

单位:亿元、%

	2006		2007		2008		2009		2010	
	GDP	增速	GDP	增速	GDP	增速	GDP	增速	GDP	增速
全国	216314	12.7	265810	14.2	314045	9.6	340507	9.1	397983	10.3
东北三省	19715	13.5	233373	14.1	28196	13.4	31078	12.7	37090	13.6

资料来源:根据历年《中国统计年鉴》编制。

(二)中国与东北三省的 GTI 战略

表 10-3 中国与东北三省的 GTI 战略

地区	发展计划	发展战略	重点领域
国家	五大发展计划(中俄路港关、中朝路港区、扎鲁比诺珲春铁路接通与港口改造、克拉斯吉诺木材加工基地、中蒙国际物流通道)。	运输通道、物流体系的建设是主目标。一核:把珲春建成出口加工区、中俄自贸区、边境经济合作区。两轴:中俄路港关、中朝路港区的建设。	开发事业重点领域是能源、环境、投资、交通、观光五大领域,其中心是交通物流基础设施的建设。一核:在珲春构筑三区,2010 年货物处理能力达 250 万吨,成为国际货物集散地、国际物流园地。2020 年成为 50 万人口的中等开放型边城。二轴:"路港关"、"路港区",构筑国际物流通道、国内公路、铁路、航运的物流体系,与东北振兴战略密切联系,开发图们江区域。

① 数据来源于国家发展和改革委员会:《东北三省 2010 年经济形势分析报告》,2011 年 3 月。

续表

地区	发展计划	发展战略	重点领域
辽宁省	五点一线 (将大连长兴岛、大连华元产业区、营口沿海产业基地、锦州产业开发区,丹东产业区,把这些连成一线来开发)。	两大基地三大产业: 两大基地指设备制造与原材料,三大产业指高科技产业、农产品加工、旅游与会展。	两大基地:设备制造业领域(汽车、船舶、机床、航空、宇宙等)、原材料产业。 三大产业:高新技术、农产品加工、旅游观光与会展。 五点一线,建设贯通黄渤海沿岸的滨海高速公路、沿海经济带、联结辽宁中部城市群、增强对外开放的新的竞争力。
吉林省	长吉图先导区规划:推进八大重点事业,在内部建设中,一为经济空间配置,二为产业发展,三为基础设施建设;在国内其他地区的联动中,一为与吉林省内地区的联动,二为与辽宁、黑龙江、内蒙联动,三为国内其他省份的联动。	五大基地建设、重点是: 先导区建设(即图们江开发)是东北振兴战略的一部分。	建设汽车、石化、农产品加工、现代中医药与生物工程、高新技术等五大产业基地。 八大重点事业:建设图们江区域自贸区、国际大陆港口、科技创业区、国际合作产业区、现代物流区、生态观光区、服务业集中区、现代农业试点区。
黑龙江省	哈大齐工业走廊计划。	六大基地,组成哈大齐工业走廊。	建装备制造、石化、能源、绿色食品、医药、林产加工等六大基地。 哈大齐工业走廊计划内容:开发碱性土地,利用现有的产业基地及产业竞争力、科技教育及人力资源,实施引进国内外资本与技术的战略。它包括滨州铁路沿线的哈尔滨、大庆、齐齐哈尔、安达等城市、计划把这一地区开发成综合产业重心地,开发成高新技术出口导向型,生态型的经济中心地,开发成黑龙江老工业基地振兴战略的核心地。

　　首先国家的 GTI 战略,分发展计划(五大发展计划)、发展战略(一核两轴)、重点领域(五大领域);辽宁省 GTI 战略中的发展计划(五点一线)、发展战略(两大基地三大产业)、重点领域(两大基地、三大产业、五点一线);吉林省GTI 战略的发展计划(推进八大重点项目)、发展战略(五大基地建设)、重点领域(五大产业基地、八大重点项目);黑龙江省 GTI 战略的发展计划(哈大齐工业走廊)、发展战略(六大基地)、重点领域(六大基地、哈大齐工业走廊)。具体内容参见表 10-3。

　　中国通过图们江区域合作开发要解决的关键瓶颈是通道和物流。重点推进领域是能源、环境、投资、交通、观光等五大领域。其中完善交通、物流的基础设施是前提。把五大领域的推进和东北三省的振兴有机地结合起来,这是完成图们江区域开发开放事业的核心。在东北振兴战略中的辽宁省重点计划,即"五点一线"、吉林省重点计划,即"长吉图项目"、黑龙江省重点计划,即"哈大齐工业走廊的形成",是把辽宁省的"两大基地、三大产业"发展战略、吉林省的"五大基地"发展战略、黑龙江"六大基地"发展战略具体化了。

二、长吉图先导区开发计划

(一)内部建设与联动开发计划

　　长吉图先导区开发计划,大体上分为两大部分:一为内部建设计划(分为空间配置计划、产业发展计划、基础设施建设计划、科技创新计划),二为与其他地区联动发展计划(与吉林省内其他地区联动发展、与黑龙江省、辽宁省、内蒙古联动发展、与其他省联动发展)。长吉图八大重点项目有:建图们江区域自贸区、建国际内陆港、建科技创业区、建国际合作区、建现代物流区、建生态观光区、建现代服务业与总部经济区、建农业示范区。

　　长吉图工程分为内部建设计划、与其他地区的联动开发计划两部分,主要是围绕 8 大重点项目推进(参见表 10-4)。长吉图事业内部建设三大计划:即空间配置计划(主要建设珲春市、延龙图、长吉经济区等三个开发区域)、产业发展计划(产业发展有三大领域:工业、服务业、农业)、基础设施建设计划(五大领域基础设施有:交通设施、水利设施、能源开发、信息基础设施、环保)等。长吉图事业联动开发计划有三大部分(与吉林省内其他地区的合作计划、与黑龙江省、辽宁省、内蒙古的合作计划、与其他省区的合作计划)。长吉图事业以八大重点事业为中心,即构建图们江区域自贸区、建国际内陆港口、建科技创业区、建国际合作产业区、建现代物流区、建生态观光区、建现代服务业与总部经济区、建现代农业示范区。

表 10-4　长吉图开发的内部建设及其他区域的联动开发计划

大区分	小区分	分类	内　　容
内部建设计划	空间配置计划	珲春市	具有对外开放窗口功能,开展多国经济合作。
		延龙图	延龙图地区是对外开放的前沿,具有图们江地区重要物流中心、国际产业合作服务基地的功能。
		长吉经济区	长春、吉林是对外开放的腹地与支撑。利用其产业基础,人才科技优势,提高生产要素,通过产业开发,具有支撑功能,成为地区合作开发的核心腹地。
	产业发展计划	工业领域	建设汽车制造、石油化工、农产品加工、光电子信息产业、冶金建材业、装备制造业、生物工程业、新材料等八大新型工业基地。降低吉林经济对汽车、石化 产业过高的依存度。
		服务业领域	建设现代物流、特色旅游、文化创意、服务外包、商务会展、金融保险等现代服务业基地。建设现代物流网络,构筑以长珲为两极,以吉敦延为节点,依托珲阿尔山哈大东边道为干线,西联内蒙、北联满洲里和绥芬河、南联丹东的物流网络。成为国际物流中心,东北亚商业服务基地。
		农业领域	以扩能力、增收入、强基础、保安全为总要求,加快灌区改造、沃土培肥、黑土区治理、标准良田等耕地自然保护,与农业基础设施建设(全程农业机械化示范,生产技术普及,病虫草鼠害预防,空中云水利等),提高粮食综合生产能力。发展特色农业工程。
	基础设施建设计划	交通设施	构建南北纵横、东西贯通、布局合理、衔接顺畅的立体交通网络。加快以长春为核心枢纽的哈大客运专线、长吉客运专线、吉林至图们高铁等铁路建设。建设高速公路及中心城市环线,形成区域高速公路网。加快国省干线公路、旅游公路建设。建设东边道铁路(珲春东宁;二道白河敦化东京城;和龙南坪)和高速公路,适时的合作建设过境交通运输设施(国际通道)。
		水利设施	重点建设防洪抗旱、供水水源、农田水利三大工程。加强松花江、图们江等大江大河和重点城市防洪建设,实施中部引松供水等重点城市水源工程,加强水源地水土保持及水源污染防治工作,加快实施大型灌区、重点灌区续建配套。
		能源开发	推进火电、核电、抽水蓄能电站、生物质发电、风电等项目建设;启动珲春电厂三期、敦化抽水蓄能电站项目;建设长春吉林天然气运输管线、吉林延边天然气长输管线;加大油页岩的勘查,建设汪清、农安大型油页岩加工基地。

续表

大区分	小区分	分类	内　　容
内部建设计划	基础设施建设计划	信息基础设施	加快第三代移动通讯、数字电视、下一代互联网建设。建设统一的电子政务、新农村综合信息服务平台、数字安全保障数据中心、公共数据交换中心,加强电子商务支撑体系建设,改善电子商务发展环境。
		环　保	发展循环经济,低碳经济;实施长白山天然林保护工程,松花江流域水污染治理,中部土地治理工程。
	科技创新		发展高新技术产业集群;建设共性技术研发平台,研发上取得突破;提升企业竞争力,建设创新中心,研究中心,把长吉图建成为全国重要创新型区域。
与其他地区联动发展计划	吉林省的其他地区		长吉图先导区建设是吉林省的核心工程,与省内其他地区经济联动发展、共同发展、带动发展。把其他地区经济融合到长吉图先导区实现协同发展。
	黑龙江省、辽宁省、内蒙古		完善综合交通运输网络是东北地区联动发展的重点与基础。要以运输通道和交通枢纽为建设重点,统筹协调铁路、公路、港口、航空各种运输方式,提高综合运输能力,建设省际高速公路、铁路客运专线。开展能源开发利用的合作事业,如煤、油、气开发利用与合作,建设油气输送管道网络、三省一区间高压输电线路,推进区域产业分工协作,企业跨区联动与重组,发挥几大城市科技优势,打造东北地区的高新技术产业基地。
	其他省		推动与国内大企业集团在基础设施建设、产业布局、投融资等领域进行战略合作,重点以省际合作园区为载体,大胆创新合作模式。积极承接产业转移,促进长吉图产业优化升级。
长吉图先导区计划产生的背景			(1)图们江区域合作开发早就是中国的国家战略,1992 年在 UNDP 指导下确立了第一次开发计划;主要以珲春为开发对象;1999 年确立了第二次开发计划,主要以延边为开发对象;2009 年出台了第三次开发计划,范围扩大到长春、吉林。2020 年把长吉图先导区经济总量增长 2 倍(在 2009 年基础上)(2)东北老工业基地振兴战略,意图在于把东北建成中国第四大经济增长极,于 2003 年 11 月 16 日中国公布了"振兴计划"。(3)为恢复日本海的出海权,通过罗先基本完成了日本海出海计划(4)为推进东北亚经济技术合作,长吉图将成为东北亚开放的桥头堡。

从地理上看,长吉图先导区在中国东北经济区之内,东北经济区在大图们江区域之内,大图们江区域(含俄远东、朝北部、中国东北、中国内蒙古北部、蒙古东部)在东北亚经济区域之内。因此,长吉图是东北亚的核心之核。

(二)目标

(1)促进 GTI 计划;(2)推进"东北老工业基地振兴计划;(3)加速吉林省经济发展步伐;(4)扩大与周边国家的经济合作,建设中、日、韩俄之间的合作自由贸易区;(5)把长吉图建设成"东北振兴"的经济增长极;(6)到 2020 年将先导区建设成为东北地区的新型工业基地、现代化农业示范基地;(7)向全国提供边境地区开发开放的经验;(8)发挥"先导区"的波及效应,成为东北亚经济技术合作的核心桥头堡。

(三)长吉图八大重点事业

(1)构筑图们江区域自由贸易区。第一阶段:韩、中、日、俄的两国多国之间自由贸易区的建立,第二阶段:推进全区域经济一体化,构建图们江自贸区。

(2)构建国际内陆港口。建长春大陆港、建立统一的关税、商检、安检等运营体系。

(3)构建科技创业区。以长春国家生物产业基地、光电子产业基地为基础,建立高新技术研究中心、产业园区等公共平台。

(4)构建国际合作产业区。中—日、中—韩、中—俄等国际产业园区的建立。

(5)构建现代物流区。以长春隆嘉空港、延吉空港、珲春港口为基础,与保税加工、保税物流、保税仓库结合,建立面向东北亚及东北地区的物流集散区。

(6)构建生态观光区。利用长白山生态资源,国境地区地理优势,构建生态示范区。

(7)构建现代服务业、总部经济。积极引导世界知名企业的亚洲、太平洋总部落户长吉图。构建服务业、文化创意、服务外包、商务会展及金融保险等的东北地区市场,构建现代服务业体系。

(8)构建现代农业示范区。土地的集约化经营及适宜规模经营,推进农业的全程机械化,发展设施农业、精准农业。

三、振兴东北老工业基地战略

2003 年 10 月中国政府在"中共十六届三中全会"上提出了"东北振兴"战略。

（一）提出的背景

（1）经济发展停滞不前。

①从建国初期开始作为国家重化工业中心，为国家建设起核心作用的东北经济，到了二十世纪九十年代，沦落为问题较多的地区。20 世纪 70 年代以前，东北地区 GDP 占全国的 20%，第一个五年计划期间的 156 个国家大型企业中的 1/3 以上分布在东北地区，这些大型企业由钢铁、化工、重型设备、军工企业等组成，成为国家经济的重要支撑，是经济的核心地区。而到 2002 年东北三省 GDP 为 11586 亿元，只占全国的 11.1%；2004 年东北三省 GDP 为 15133 亿元，只占全国的 9.3%。这是由于东北工业主要以国有企业为主，其存在严重的结构性问题，管理、设备、技术落后，企业效率低。

②其原是国家制造业的中心，到了二十一世纪其比重连年下降，制造业比重除黑龙江还占全国的 55.6% 外，辽吉两省制造业比重降至全国平均水平 51.1% 以下。

③招商引资严重滞后于全国平均水平。2002 年东北三省的境外招商引资达 40 亿美元，只占全国的 7.6%，而上海占 8.1%，广东占 21.5%。2002 年东三省外资企业有 1647 个，其产值占全国外资企业的 5.2%，而京津唐地区占 8.8%，上海占 14.1%，广东占 31%。

④经济社会发展严重滞后，出现就业率低、城镇贫困人口增加（1998 年东三省占全国城市贫困人口的 20% 以上），严重影响社会和谐。

（2）东三省地理位置具有很重要的战略性、重要性。

（3）东三省拥有战略性资源，如煤、铁、原油、木材、粮食等。

（4）东三省是交通运输、基础设施较优地区。这里有 50 个港口，有与俄、朝、蒙连接的铁路、公路。东三省铁路密度是全国首位，12 条公路与俄朝蒙连接，成为欧亚大陆与亚太地区连接的桥头堡。

（5）图们江区域合作开发，核心地区就在这里。

（二）阶段分布

第一阶段（2004—2005 年），其核心战略是：建成以机械设备、钢铁、石化、农产物、汽车为中心的各具特色的基础产业基地。通过解决剩余劳力、社会功能的分离，减少国有企业负担，创造良好的企业经营环境。推进股份制改革、多种所有制改革，形成新的经营管理体系。

第二阶段（2006—2010 年），基本结束产业结构调整，构建具有国际知名度、具有特色的大型企业和生产高附加值产品的产业基地，国有企业向股份制转变，培育具有核心竞争力的国际性企业。

第三阶段（2011—2020 年），构建以高新技术产业、机械设备制造、原材料为中心，以产品加工及绿色食品、医药、观光、粮食为辅的产业结构。

东北振兴计划分三阶段实行，现已进入第三阶段。2007 年 3 月国务院发布《促进东北振兴综合计划》，正在推进沿海地区发展、西部大开发、中部地区崛起等地区发展计划。这个计划特点之一是把内蒙古东部地区经济发展融入到东北振兴计划里，一并考虑的。

（三）振兴战略的推进

2002 年 9 月在国务院常务会议上决定了"有关振兴东北地区的基本原则"，同年 11 月在中共第十六大阐明了支援东北老工业基地经济结构调整与改革的意见。

2003 年 2 月国务院办公厅下发了"推进东北等老工业基地振兴"国办 ［2003］28 号文件，并成立了领导小组和办公室，3 月在第十届全国人大一次会议政府工作中再次强调东北老工业基地经济结构调整与改革，9 月 10 日在国务院常务会议上，由温家宝总理主持召开了研究老工业基地振兴战略的推进问题，9 月 29 日在中央政治局会议通过了《关于实施东北地区等老工业基地振兴战略的若干意见》，同年 10 月中共中央、国务院公布了《中共中央国务院关于实施东北地区等老工业基地振兴战略的若干意见》。同年底国务院发改委批准了 100 项东北地区老工业基地改造振兴项目，总投资 610 亿元。

从 2004 年初国有资产监督委公布了《关于解决东北地区中央企业的调整、改造的指导意见》，4 月 6 日人事部提出了，关于东北地区等老工业基地人事管理 6 条方案，4 月 26 日国务院办公厅下发《2004 年东北老工业基地振兴工作要点的通知》，6 月科技部发布了科技实施计划，7 月国家税务局、东北振兴办出台了，关于推进改革和减少不良资产负担等新政策，重点是赋予优惠政策。

2005 年 5 月 17 日东振领导小组第二次会议通过了 2004 年东北老工业基地振兴工作总结与 2005 年工作要点。6 月 20 日国务院办公厅发布了《关于东北老工业基地扩大对外开放实施意见》（36 号文件），强调了对外开放是东北振兴重要组成部分与重要手段。作为国家文件特别谈到了要推进对朝公路、港口、产业地区一体化（路港区）建设。

（四）振兴战略与东北的对外开放

1. 扩大开放政策

为加强与周边国家的技术经济合作，加强引进外资与对外开放。通过企业

"走出去"战略实现资源能源的合作,鼓励东北地区的边贸。为加强图们江区域的国际合作,培育物流中心、进出口加工中心、国际商业中心,国家出台了《关于东北地区扩大开放实施意见》(36 号文件,2005 年 6 月),2004 年吉林省出台了《吉林省老工业基地振兴规划纲要》、2004 年黑龙江省出台了《黑龙江省老工业基地振兴总体规划》、2005 年辽宁省出台了《辽宁省老工业基地振兴规划》这些意见与规划都与图们江国际合作开发开放密切相关(参见表 10-5)。

表 10-5　扩大开放的政策

政府	支援开发内容
中央政府	一、东北振兴计划纲要的诞生(2003.10) "关于东北地区等老工业基地振兴战略的实施意见"(2003) 二、国务院办公厅"东北振兴工作的要点通知"(39 号文件 2004.4) (1)强调金融、保险、商务、观光等服务业的对外开放。 (2)强调引进外资、与周边国家的合作。 三、"关于东北地区扩大开放实施意见"(36 号文件 2005.6) (1)实施对高新技术外资企业的优惠政策。 (2)再次强调加强与周边国家的经贸合作等扩大开放的方针。 (3)提出优先支持与朝、俄基础设施有关项目的方针。 四、国民经济和社会发展第 11 次五年规划纲要(2005) (1)扩大与周边国家的技术、经济合作。(2)通过企业"走出去"战略,实现资源、能源的合作。(3)鼓励东北地区的边境贸易。(4)加强图们江区域国际合作。(5)培育物流中心、进出口加工中心、国际商业中心。(6)构建珲春罗先国际经合作区。(7)促进东边道铁路建设,完善交通基础设施。
吉林省政府	一、吉林省老工业基地振兴规划纲要(2004) (1)加强东北亚国际合作,扩大开发区(图们江开发、珲春合作区)建设,促进与俄、韩、日、朝经贸、科技资源等多方面合作与交流,发展边境贸易。(2)开发韩日俄周边市场与欧美潜在市场。(3)扩大劳务输出,鼓励企业的跨国投资及经营。(4)扩大对交通运输、物流、金融、科技研发、教育、文化、零售业、旅游观光等服务业的对外开放。(5)以接管、合并、参股等形式参与国有企业、外资企业的改革,对此应奖励、鼓励。 二、吉林省第"十一·五"规划纲要(2005)与珲春市"十一五"间图们江区域合作开发规划 (1)扩大招商引资,加强对外经济合作。(2)提高珲春对外开放窗口的作用。(3)发展珲春边境经济合作区、出口加工区、互市贸易区,建设社会间接资本投资平台,改善交通与贸易环境。(4)建设珲春哈桑、珲春罗先国际合作区。(5)推进中俄"路港关"一体化。(6)推进中朝"路港区"一体化。

续表

政府	支援开发内容
黑龙江省政府	一、黑龙江省老工业基地振兴总体规划（2004） （1）引进资本、技术、人才、管理，建大型中外合资企业。（2）扩大服务领域对外开放，提高利用外资的规模与质量。（3）加强与俄交流，把黑龙江打造成欧亚窗口、东北亚产业与金融总部基地。（4）加强与韩日的经贸。（5）推进大庆油田的国际化经营，扩大对外省的招商引资。（6）以主要铁路、公路为中心，构建综合交通运输网络，加速国际贸易通道建设。（7）与吉辽合作推进东边道铁路建设，创建新的出海通道。（8）开发中俄间的水上运输线。 二、黑龙江"十一五"规划纲要（2005） （1）加强对俄经贸合作。（2）推进对外贸易多元化（与港、其他省份的共同合作）。（3）扩大对外投资、劳务出口、资源勘察与开发，实施"走出去"战略。（4）完善交通网络、水利设施、城市基础设施等。
辽宁省政府	一、辽宁老工业基地振兴规划（2005） （1）招商引资等"引起来"和"走出去"战略密切结合，构建开放型经济体系。（2）实现引进外资形式多元化，提高外资的利用质与量。（3）推进"走出去"战略，加强与俄朝资源合作、东北地区的经济合作。（4）推进以大连为中心的东北亚国际航运中心的战略（利用良好的港口条件）。（5）完善水利、能源、城市基础设施、重视环保。（6）发展交通、物流中心。 二、辽宁省"十一五"规划纲要（2005） （1）积极利用中央制定的开放优惠政策。（2）奖励对国有企业的外商投资。（3）推进与韩、日、欧盟的产业合作。（4）促进"引进"与"走出去"政策的有机结合。（5）完善公路、港口、铁路等基础设施，扩大水资源建设。

　　资料来源：国务院办公厅"关于印发 2003 实施东北地区老工业基地振兴战略的若干意见"，2003 年；"中华人民共和国国民经济、社会发展第十一个五年规划纲要"，2005 年；吉林省、黑龙江省、辽宁省"国民经济和社会发展第十一个五年规划纲要"2005 年；"振兴吉林省老工业基地规划纲要"2004 年；"辽宁省老工业基地振兴纲要"2004 年；"黑龙江省老工业基地振兴规划"2004 年。

2. 中朝图们江地区国际合作开发推进体系

　　珲春—罗津边境地区的合作开发。中方由吉林省政府、延边朝鲜族自治政府、珲春市政府、珲春边境经济合作区管委会、珲春东林经贸有限公司、浙江省嘉兴市嘉福开发集团联合参与，朝方由朝鲜经济合作管理局、罗先市人民委员会、罗先市人民委员会经济合作会社联合参与。具体负责开发的企业，中方有珲春市东林经贸有限公司、珲春市边境合作保税有限公司，朝方有罗先市人民委员会经济合作会社。双方合作出资 7490.7 万美元（6090.4 万 URO），双方投资比例为 50：50，中方现金投资 1000 万 URO 和机械设备、建材等实物投资,朝方投土地、整地、港口等物资投资。由中朝合营的罗先国际物流合营会社来经营,经营期限 50 年,其经营范围:公路建设及经营、公路区划及其服务设施的建设经营、保税加工及工业园区开发和经营,货物保管、搬运及运送代理业务,高强度水泥生产、销售及出口。

中国的图们江区域开发开放工程实际上是中国东北三省开放计划的一部分。从小范围上讲与长吉图先导区战略有直接关系,从大范围上讲,与图们江区域周边各国家加强经济合作,推动东北三省的经济发展,进而推动东北亚的经济合作。开拓东北地区第二海上通道、实现"路港区一体化"(参见表 10-6)。

表 10-6 "公路、港口、区域一体化"工程的预期效果

国家地域		预期效果
	中国	东北三省的开发开放,实行国有企业改革,构建东北亚地区的国际物流桥头堡,进一步发展制造业,引进更多的外资,加强国际人力资源的合作,促进旅游观光业发展。
	吉林省	扩大中朝国际贸易,确保稳定的物流通道,在中朝边境地区发展从朝鲜进口的原材料加工业,发展手续简便的进出口贸易。
	延边州	推进口岸贸易,利用地理条件,减少物流费用,提高已进驻珠三角、长三角的外资企业来延边投资的吸引力,使延边成为外资企业的重要桥头堡。利用欧亚大陆横贯铁路起始点的有利条件,起到欧亚铁路的关键国际物流中心作用。
朝鲜		加速改革开放,提高在国际政治、经济方面的信赖,推进国际运输通道建设与交通基础设施建设,由于国际依存度的提高,可降低军费支出,增加建设支出。由于国际经合作的扩大,增加了在国境运输收入与旅游观光收入。
俄罗斯		振兴了远东地区的经济,促进了国际运输通道等基础设施的建设,在远东地区资源及能源等综合开发中获得利益,在物流服务及国境运输中增加收入。
韩国		保证了朝中俄市场的物流通道,提高了东海及釜山等港口城市的东北亚物流中心地位。由此,增加了国际物流服务收入。开发了东北亚大陆的旅游观光。由于稳定的安全和谐环境的出现,降低了国防支出,提高了经济效益。

续表

国家地域	预期效果
日本	有利于原材料、能源资源的安全,提高了本国产品的竞争力,随着物流费用的降低,加强了竞争力,增加了交通基础设施的投资效果、经济贸易效益。

资料来源:尹承贤:(2009),《图们江区域新开发战略与环朝东海圈扩大方案》,江原发展研究院,2009 年,第 57 页。

3. 中国的 GTI 战略

(1)保证运输通道和物流体系建设这两大重点。

(2)以"一核两轴"基础,实行五大计划。

"一核"即把珲春开发成为三区(出口加工区,中俄自由贸易区,边境经济合作区);"两轴"即中俄"路港关"一体化的物流通道、中朝"路港区"一体化的物流通道[通道建设外,包括了位于罗先中间地的关谷洞(1.3 平方千米)的罗先中国投资合作区,位于罗津港背后的 3.7 平方千米面积的保税区]。

(3)实施东北三省振兴战略(分三个阶段实施,现正实施第二阶段)。

①积极的对外开放、交通物流基础设施的建设。由此,加强与周边各国的经济合作。

②为了东北地区物流运输,集中力量开拓第二海上通道。

第三节　俄罗斯的战略与政策

一、俄罗斯及远东概况

(一)俄罗斯联邦

现有 21 共和国、46 个州(oblast)、9 个地方(krai)、1 个自治州(Autonomous Oblast)4 个自治区(Autonomoux okrug)、2 个联邦市(Federal city)。共有(从 2008 年 3 月后)83 个省级行政区(原为 89 个)。

联邦分成 8 大管区。从表 10-7 可以看出,中央联邦管区内生产总值占俄

罗斯联邦 GDP 的35.7%,加上沿伏尔加联邦管区内生产总值可占联邦 GDP
的一半以上,可见这两个联邦管区是俄罗斯的两大经济中心,这两个联邦管区
的人口上也近占俄罗斯人口的50%。在面积上,远东联邦管区和西伯利亚联
邦管区的面积占俄罗斯领土面积的66.2%,资源极其丰富。俄罗斯远东联邦
管区自1990年以来人口不断减少由1990年的805万人减少至2011年的629
万人,11年减少21.9%为176万人。而经济增长方面,2008年的次贷危机之
后出现强劲的势头,2009年开始在俄罗斯8个联邦管区里成为经济增长最快
的地区,2010年经济增长率达6.8%。

表 10-7　俄罗斯八大联邦管区（2010 年数据）

	管区	本部	面积 (万平方千米)	人　口 （千名）	省级行政区 个数	在全国 CDP 中 GDP 所 占比重	经济 增长率
1	中央联邦管区	莫斯科	65	37121	18	35.7	3
2	北西联邦管区	圣彼得堡	168.7	13462	11	10.4	4.4
3	南部管区	罗斯托夫	41.7	14686	6	6.1	5.4
4	沿伏尔加联邦管区	下诺戈罗德	103.7	30157	14	15.1	5.5
5	乌拉尔联邦管区	叶卡捷林堡	181.9	12255	6	13.6	6.8
6	西伯利亚联邦管区	克拉斯诺亚尔斯克	514.5	19545	12	10.9	4.4
7	远东联邦管区	哈巴罗夫斯克	616.9	6460	9	5.6	6.8
8	北高加索联邦管区	皮亚蒂戈尔斯克	16	8215	7	2.4	3.5

资料来源:俄联邦国家统计局;《俄罗斯的区域 2012》,2012 年。

（二）远东

表 10-8　远东地区 GDP 占全国比重(%)

年份	1995	1998	2000	2003	2005	2008	2009	2010
远东 GDP/全国 GDP	5.8	6.4	5.4	5.2	4.6	4.5	5.4	5.6

资料来源:俄联邦国家统计局;《俄罗斯的区域》,2012 年。

俄远东地区总产值占俄联邦国内总产值 5％左右,2010 年为 5.6％(参见表 10-8)。2010 年俄罗斯远东地区生产总值比前年增长 6.5％(俄联邦为 4.5％)达到 21034 亿卢布。俄罗斯也受到了 2008 年世界金融危机的影响,当年呈现负增长。但是,只有远东经济依然维持正增长,1999 年以后持续保持了 12 年的经济增长。其原因是,大规模的公共投资和石油天然气的出口势头强劲。经济增长的同时外国直接投资在减少。2008 年一度超过 42 亿美元的外国直接投资,2010 年降至 12 亿美元。主要原因是,对萨哈林的石油天然气相关的投资告一段落,其他沿海地区的投资也没有增长。

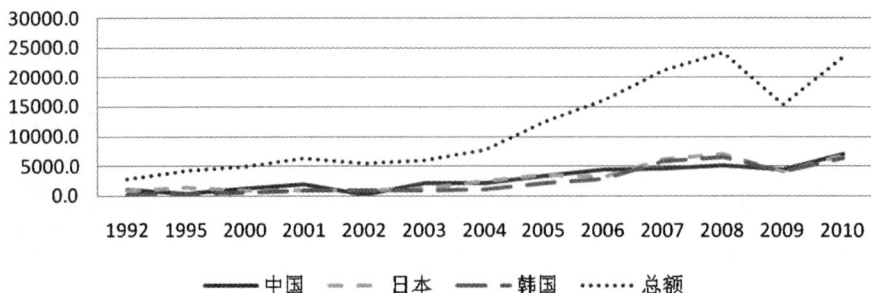

图 10-1　俄罗斯远东与中日韩间的贸易变化(单位:100 万美元)

资料来源:根据堀内贤治・斉藤大辅・浜野刚编:《ロシア極東ハンドブック》,东洋书店 2012 年,资料篇第 38 页编制。

2002 年以后俄罗斯远东的进出口总额一直保持强劲的增长势头,2008 年进出口总额达到 241.9 亿美元,翌年受到金融危机的影响比 2008 年锐减 36.3％,为 154.1 亿美元。2010 年远东的对外贸易恢复到了 235 亿美元。俄罗斯远东的主要贸易伙伴是中日韩(见图 10-1),2010 年与中日韩的贸易额占俄远东贸易总额的 85.7％。可见俄远东区域内贸易依存度极高。

二、《远东发展战略 2013》

在叶利钦时期,俄政府制订了“1996—2005 远东、外贝加尔地区长期发展计划”于 1996 年 4 月 15 日以俄联邦政府 480 号命令向全国发布。2002 年 3 月普京总统对此进行了修订,改称“1996—2005 年及 2010 年远东及外贝加尔地区经济社会发展”,以联邦政府名义发布。2007 年 11 月俄政府对此再一次修改,改称“至 2013 年远东及外贝加尔地区经济社会发展联邦特别项目”(以下简称“远东发展战略 2013”),于 2007 年 11 月 21 日以俄联邦政府 802 号命

令向全国发布。"远东发展战略"总投资额 5670 亿卢布,后又新增加到 12675
亿卢布。由联邦政府负担 91.1% 的资金投资,由地方政府负担其余的 8.9%
资金。

2013 远东贝加尔计划项目有:通过 2012 年 APEC 海参崴会议,大力招商
引资;完善铁路(TSR/TKR 连接、贝加尔—雅库替铁路的连接、新建俄朝 54
千米的铁路)、公路、港口等基础设施;开发能源(建长 4300 千米东西伯利亚输
油管道)、建石化工业等综合产业园区;开发矿产资源、与外商合作发展农林渔
业;建与环境、教育、医疗等有关的基础设施。但均完成的并不理想,这些任务
不得不推迟到《远东发展战略 2025》。

三、《远东发展战略 2025》

(一)三个阶段

1. 阶段性目标

第一阶段(2009—2015):投资增加率超过经济增长率,引进节能技术,增
加劳动人口,在经济发展快的地区实施新的基础设施建设计划与工农业发展
计划。由国家保障远东及外贝加尔地区的超常规发展。因此,国家必须解决
阻碍经济发展的制度的、社会的基础性问题,由此增加国家的参与度。

第二阶段(2016—2020):在能源领域实施大规模的发展计划。提高交通
运输能力、乘客的输送能力,完成主要的交通网建设,提高并扩大矿产品的深
加工和出口能力。

第三阶段(2021—2025):提高俄罗斯在世界经济中的位置,显著提高远东
及外贝加尔地区的经济与世界经济的融合程度和一体化程度。实施并推进这
一地区的经济发展与碳化氢燃料的开采、深加工有关计划。完成大型的能源
输送建设项目,推进科研部门引进先进技术的消化吸收。在教育领域扩大民
间的投资,达到先进国家的水平,加速人力资本的发展。

实现这个战略的基础是核心开发发展计划的完成、国家与企业齐心协力,
政府、财界、社会团结合作,这些条件都是必需的。

为实现 2025 年的发展战略,从联邦政府角度直接抓好交通、能源、信息、
通讯、社会基础设施方面的建设。联邦政府首先要推进交通基础设施的建设,
构建西伯利亚横跨铁路与滨海州北部海上航线、与东北亚其他国家相接的交
通网络,完成远东及外贝加尔南部地区交通基础设施中心网络的建设,打好亚
太地区交通体系与俄交通体系联通的基础。往后还要推进外贝加尔—阿穆尔

之间铁路干线建设，最终实现送往波谢特港、苏维埃港货物运输量达到 1 亿吨。要完善汽车公路网，还要开发北部海上航线，为北极石油天然气的开发输送及海上出口打下良好的基础。

2.《远东发展战略 2025》概况

2009 年 5 月 21 日，俄罗斯政府各部门研究讨论了《发展战略 2025》初稿。在此基础上，从 2010 年 1 月开始编制《远东发展战略 2025》。通过联邦政府审批之后发布实施。

当前这个地区（远东及外贝加尔地区）存在如下严重问题。一是劳动生产率太低（是日本的 1/4、美国的 1/6、韩国的 2/5）；二是能源消费率太高，浪费也严重；三是地区经济还没有形成统一的整体；四是人口流失；五是交通运输体系没有形成；六是单一的落后的能源体系；七是正成为亚太国家的能源供给地，但准备不足。原来的"发展战略 2013"根本上解决不了上述问题，也存在短期行为，在其规模、范围与远东的重要性有很大差距。因此，通过实施"发展战略 2025"解决上述问题，提高本地区在俄联邦的位置，实现可持续发展、居民生活大幅度改善之目的。

（二）目的与任务

1. 目的

发展远东及外贝加尔地区的经济，其发展速度应稍高于全国平均速度。建设安乐的居住环境，达到俄罗斯社会经济发展的平均水平，这就是"远东及外贝加尔发展战略 2025"的目的。战略共有五个部分：绪论；交通运输、能源、信息通讯及社会基础设施的现状及发展等；远东及外贝加尔地区内各州、共和国等各联邦主体的社会经济发展；远东及外贝加尔地区基础产业的现状及发展；各州、区、共和国（即联邦主体）与中国东北、蒙古国以及东北亚各国的经济合作。

2. 任务

第一，本战略的主要任务有：（1）在联邦产业发展战略、各地方政府的发展战略主导下，以本地区资源、产业、人文、学术等潜力为基础，为着重发展各州、区、共和国特有的、有潜力的产业创造有利条件；（2）以舒适的居住环境、保持较高的经济增长地区为依托，构建比较稳定的居民迁移体系；（3）在发展经济、提高服务业竞争力的基础上消除本地区与其他联邦地区间的不统一的、不融洽的法律障碍，构建价格、效率、通关、税收、财政等方面的法律体系；（4）要增加人口，创造人力资源，提高劳动力素质；（5）为保存北部及远东地区少数原住民的传统生活方式,政府应予以资助。

第二,联邦政府非常关心能源基础设施的建设与发展。为了向中国等东北亚国家输送电力,在可行性研究通过的条件下,准备在外贝加尔地区建火力发电厂。尤其关注以外贝加尔—阿穆尔铁路、西伯利亚横断铁路为中心的加强电力网的建设和正在研究并将于 2011 年底开工的东部天然气基础设施工程,包括沙哈林—伯力—海参崴天然气输送管道的建设。远东及外贝加尔地区由单纯天然气供应变为以天然气生产、天然气输送、天然气精炼、天然气化工为一体的综合性、关联性、生产性高的产业综合体。

第三,联邦政府计划发展这一地区的信息通讯产业。建设数字通讯因特网,实现广播电视数字化,建设双向广播、超高速因特网、可视电话等。

第四,联邦政府计划发展社会基础设施。其目标是构建高质的高教体系、扩大高技术、医疗等专门服务,建设保健、社保、教育、文化等基础设施,为培养高素质工程技术人才做出努力。

第五,最终达到本地区 GDP 增加 49%、增速比全国提高 0.5%,产业结构趋向合理。

为完成上述任务,加强与中国、蒙古合作,必须重视交通体系建设与亚太交通网的联结。

远东期待开发的项目有:中国东北—远东港口—美国(加拿大)西海岸航线;中国东北—远东港口—日韩及其他亚太国家港口的航线;欧盟港口—亚太国家港口航线。

3. 参与 GTI 计划的资本投入

需用资金:2002—2008 年需求 4412 亿卢布,2008—2013 年需求 4185 亿卢布;投入到能源、交通、产业基础设施、矿产开发;资金来源:2002—2008 年来自企业、外资、银行资金占投资总额的 86%,而 2008—2013 年来自联邦的资金占总投资的 75.2%。可见不同时期联邦政府对俄远东的重视是不同的,特别是 2008 年次贷危机之后,俄联邦政府对俄远东开发的力度明显增强了。

四、俄罗斯 GTI 的主要战略

(1)21 世纪初发表了新远东开发战略和与它配套的 GTI 的推进战略。

新远东地区开发战略:确定远东、外贝加尔地区开发目标和能源、交通发展的长期战略；确定以统一的能源资源供给体系为中心的计划及其推进政策。①

开发目的：①把远东建设成资源基地。②把远东建成各种资源出口的主体。③远东开发与中国东北振兴战略密切结合，形成经济一体化。所需资金主要靠招商引资。

（2）以港口为中心的开发：以纳霍德卡、海参崴、波谢特、扎鲁比诺等滨海州地区主要港口为中心，推进远东开发。以东北三省货物运输为目的，开发扎鲁比诺港，要努力招商引资。

（3）推进物流网络扩充计划。确保沙哈林与西伯利亚原油、天然气出口通道，推进罗津—哈桑物流网扩充事业。

五、符拉迪沃斯克 APEC 峰会

俄罗斯远东地区资源丰富，地域广袤，但经济基础薄弱，长期以来一直是俄经济发展的一块"处女地"。作为 2012 年亚太经合组织（APEC）领导人非正式会议的主办国，俄罗斯特意挑选了远东城市符拉迪沃斯托克作为峰会举办地，正是希望借此机会改善远东地区经济和社会发展滞后的局面，提升其在东北亚和太平洋地区的经济竞争力。

为此，俄罗斯一方面借助 APEC 峰会大力推介远东地区，正如俄外长拉夫罗夫所说，这是俄罗斯尤其是东部地区展示其学术、科技和资源潜力的绝佳机会。另一方面，俄罗斯也将借此机会，大力改善远东地区面貌，增强投资吸引力。俄联邦总统驻远东联邦区全权代表伊沙耶夫日前表示，2012 年符拉迪沃斯托克峰会配套设施项目总计 50 余个，总投资额 6000 亿卢布，用于符拉迪沃斯托克的机场改造以及道路和桥梁建设，其中九成投资为俄联邦资金。

本届 APEC 峰会固然是俄远东开发的一大助力，但如何利用好峰会带来的积极效应，切实加强俄远东地区的经济基础，仍是俄今后面临的重要课题。为此，俄罗斯正制定一系列的远东地区发展政策规划。

首先，俄罗斯将不断加大投资力度，确保重点项目的顺利实施。俄总统驻远东联邦区全权代表伊沙耶夫日前表示②，2012 年对远东经济的投资额将不少于 1 万亿卢布，主要用于发展基础设施，其中 1200 亿至 1400 亿卢布将来自

① 郑汉玖：《俄罗斯国家政策和远东地区：以地区开发的中心》，[韩]郑余川编《俄罗斯远东区域的经济开发展望和韩国的选择》，对外政策研究院，2008 年，第 75 页。

② 《俄借力 APEC 峰会加快远东开发》，载《经济日报》2012 年 5 月 2 日。

俄联邦预算,超过 500 亿卢布来自地区预算,其他投资来自企业。伊沙耶夫估计,到 2015 年前,俄对远东地区投资额将达 3.3 万亿卢布,2018 年至 2020 年投资额将达 9 万亿卢布。俄总理普京在俄杜马发表政府工作报告时更进一步提出,可以考虑将俄国家福利基金的收入用于发展西伯利亚和远东地区,其中包括将部分收入用于基础设施建设。

其次,继续加强交通和能源基础建设,明确俄远东地区作为未来亚太能源供应中心和交通枢纽的重要地位。俄第一副总理舒瓦洛夫 2012 年初表示,在制定新的俄远东社会经济发展国家计划时,交通和能源应该是首要任务。俄将加速远东地区铁路建设,对既有铁路干线进行现代化改造,集中力量打造运输走廊,例如贝加尔—阿穆尔铁路现代化改造项目将被列为未来俄发展远东和外贝加尔计划的优先内容。同时,俄罗斯还将改造港口设施,提升运力,夯实俄在未来亚太地区能源出口和航线建设中的战略地位。按照规划,到 2015 年俄远东地区港口的装运能力将提高到 1.45 亿吨,新建成的港口每年将能够处理石油和石化产品超过 8500 万吨,液化天然气 1500 万吨,各个煤炭转运站总处理能力将达到每年 6000 万吨。

最后,创新俄远东地区开发模式,研拟成立国有公司发展远东地区。普京建议,成立一个国有公司专门负责远东项目推介,从事港口、道路、通信、机场、地方航空发展和自然资源开采等工作。根据关于成立发展西伯利亚和远东地区的国家公司的新版法律草案,该公司总部将设在符拉迪沃斯托克,直接隶属于俄总统,公司的任务是"吸引投资开发西伯利亚和远东并有效利用自然资源",公司将筛选开发项目并送交俄政府审核批准。

俄罗斯相信,本届 APEC 峰会将是俄远东地区加速融入亚太地区的难得机遇,也将成为其在亚太地区开展多边合作的起点。

俄正在推进与 GTI 相配套的《新远东区域开发战略》(参见表 10-9)。此战略大体上分:远东外贝加尔地区开发项目、能源与交通长期产略 2020 项目,能源资源综合输送体系等三大部分来推进。此战略非常类似于《中国东北振兴计划》,此战略通过招商引资开发俄东部地区,发展俄东部经济为目的。此战略有三大具体目标:(1)远东地区在国家的支持下发展成为资源基地;(2)发展成为亚太地区的资源出口基地;(3)融入到中国东北部经济,以扩大与亚太地区各国的经济合作。

表 10-9 俄远东地区开发战略

项目 区分	远东、外贝加尔湖 地区开发项目	能源、交通长期战略 2020	构筑能源综合输送体系项目
特征	远东、外贝加尔湖地区社会发展计划。	俄政府长期、交通政策（长远计划）。	发展东部地区的能源产业、提供能源产业发展计划。
目的	开发相对落后的东部地区经济，从此实现经济的均衡发展。	实现国家能源、交通事业的持续发展，保证能源的供给及输送，构建现代化、多元化的经济结构的基础。在国家关系上保障俄国的政治、经济利益。	保证东部地区能源供需的安全；保证国家经济、地区经济的稳定发展；走出去，向西太市场进军；保障俄在东北亚地区的利益。
整体特性	依据国家（联邦）预算推进事业，发挥地方政府对招商引资的积极性。	在政府统筹与指导监督下提高效率；在推进过程中根据实践和可能性，可以修订计划，使其切合实际。提出综合性的实践措施。	根据市场需要变化，调整能源开发战略与措施。为推进能源多样化，构筑能源输送的基础设施。通过能源加工企业的建设，生产高附加值能源制品。并邀请外国企业参与资源深加工工业园区的建设。
能源部门	为了提高对地区经济的先导性、带动性，发展能源资源的深加工，生产多种高附加值的能源产品（精油、化学纤维、氢加工、天然气生产等），为此积极地开展招商引资（外资）活动。	向亚太广阔地区出口能源，实现能源出口多元化，形成连接欧亚大陆的交通枢纽。构建能源生产及能源输送的良好法治环境，增大高附加值能源制品生产与出口比重。	

资料来源：根据［韩］成元龙等《远东地区经济发展展望和韩国的选择》，对外经济政策研究院 2008 年编制。

第四节 朝鲜的战略与政策

朝鲜于 2009 年 11 月退出了 GTI,其原因一为罗先开发区进展缓慢,二为对安理会制裁不满。朝鲜目前虽不是直接参与国,但还是通过与中俄的经济合作、罗津港开发,实际上成为间接参与国。还有计划修建第四号码头(货物运量 300 万吨,港内有标准轨铁路 16 千米、宽轨铁路 11.7 千米),中国已获修建四号码头及其经营权。

一、朝鲜罗津、先锋地区开发推进过程

从表 10-10 可知,1990 年代为了招商引资实行了积极的开放政策,1991 年朝政务院公布了《政务院决定第 73 号》,决定中明确了罗先为自由经济贸易地区,施行了改革开放,计划目标是把罗津先锋开发成东北亚货物中转地、出口加工基地、具有观光及金融功能的国际城市。朝鲜为开发罗先对招商引资实行超常优惠政策,大大改善了软环境。为了改变招商引资的硬环境,动员国内力量创造了便于开发罗先公路、港口等基础设施条件。1995 年把三个阶段国土建设总计划修正为两个阶段,并把罗津—先锋市升格为直辖市。1997 年开设国际自由市场,这些改革开放的措施最终由于严格的外国人出入境制度、不完善的基础设施、激进的开发计划、对开放的忧虑、封闭的措施、企业的出入境封锁,还有核试验、半岛安全不确定因素等原因而失败告终。为了挽救失败,改变了战略。朝鲜把罗先市的开发与中国东北三省开发紧密联系来推进。通过对中国的招商引资把罗先市开发成为对外贸易的桥头堡,从而提高对东北三省的物流效率、确保海洋物流网,最终在东北亚经济圈中占有一席之地,2010 年 1 月把罗先市升格为特别市,并修订了《罗先经济贸易法》,此法到 2010 年 1 月修订了五次,其中 1999 年 2 月最高人民会议常任委员会政令第 454 号(此政令把罗先市自由经济贸易区修订为罗先市经济贸易区)和这一次的政令第 583 号(此政令是罗先市确定为特别市之后第一个修订法)是具有真正意义的措施。

表 10-10   罗先开发的推进

时　间	内　　　容
1991 年 12 月	确定了罗津—先锋的经济贸易地区地位。
1993 年 3 月	确定了罗先地区国土总建设计划;第一阶段(1993—1995):扩充公路、铁路'港口等基础设施,为工业园区建设开展招商引资;第二阶段(1995—2000):为提高国际货物基地作用,加强出口主导型制造业的招商引资;第三阶段(2000—2010):将罗先培育成中介贸易、出口加工、旅游观光与金融中心、国际交流的中心城市。
1993 年 9 月	罗津、先锋成为直辖市。
1995 年 1 月	因引进资金不振,修改国土总建设计划;确定了(1993—2000)期间主要任务:成国际货物中转、出口加工基地;2001 年往后十年(2001—2010)主任务:国际交流中心城市的建立,在法律上、制度上改善投资环境(关税规定、建筑物转让与规定等);动员国内资源,用自力完善运输体系、基础设施;开通罗津釜山之间集装箱航线与元汀圈河(中国)之间公路通道;新修元汀罗津间、元汀先锋间水泥路。
1996 年 9 月	召开罗津先锋投资洽谈会(26 个国代表、110 个企业、540 名代表),签订 49 件 3 亿 5 仟万美元投资协议,落实了 22 件、3 仟 4 百万美元。
1997 年 6 月	为了招商引资,培育良好的投资环境,强化制度改革;废除了外汇券,实行了换汇现实化与变动汇率制;地区内允许建私营企业,元汀里国际自由市场的开业;实施国有企业的独立核算制。
1998 年 9 月	在 UNDP、UNIDO 支援下设立罗津企业学校、罗津企业信息中心;改宪后,加强自经贸区的控制;在地区名称中去掉"自由"二字,叫罗津先锋经济贸易区,取缔罗津先锋行政经济委员会;扩大了军队、政府的参与;加强元汀里国际自由市场的管理与控制;停止韩国企业对这个地区的访问(以后罗先市)开发处于低潮。
2001 年 5 月	以罗先直辖市来统一了行政区域。
2005 年 7 月	签订了朝中联合开发罗津港的合同(包括建设罗津—元汀之间公路 MOU);成立了朝中罗先国际物流合营公司。
2008 年 3—4 月	签订罗津—哈桑铁路现代化及罗津港整修协议(俄朝间)。

续表

时　间	内　　　容
2009 年 11 月	中国取得了罗津港 1 号码头的开发权,1 号轮船停泊处(泊位)整修完毕。
2010 年 1 月	升格为罗先特别市;修改了罗先经济贸易区法。
2010 年 3 月	按中国国家旅游局《关于中国旅游团对朝观光的谅解备忘录》,从 4 月 12 日起对朝进行观光旅游。举行了罗先特别市和珲春市,元汀—圈河间图们江桥整修工程开工典礼。
2010 年 4 月	中国同意朝鲜旅游贸易公司驻延吉代表处代签去朝旅游观光的旅游签证。
2010 年 4 月	朝蒙签订了关于公路运输、城市管理、经贸合作发展谅解备忘录。
2010 年 5 月	由中国国家海关总署开通了珲春—罗津—上海运煤海上航线。 开通了三合—清津—七宝山旅游观光线路。

资料来源:金光日:《朝鲜罗先特别市物流开发情况及前景》,《东北亚贸易发展论坛》,2010 年,第 71~98 页;[韩]现代经济政策研究院:《世界经济模式变化和韩国经济》,2010 年,第 4 页;朝鲜民主主义人民共和国罗先经济贸易区法(2010)、最高人民会议常任委员会政令第 583 号于赵明哲、金知演:《GTI 推进动向与国际合作方案》,对外经济研究院,2010 年,第 101~102 页再引用。

二、比较

第一阶段罗先开发没有取得预期效果,其原因:朝鲜对出入境外国人控制严格;基础设施条件差;过度的开发计划与过高的期待;过多地担心开放的负面影响与一些封闭措施;对韩国企业的封锁;核危机的影响;半岛安保因素等。加强与中国的共同开发是第二阶段的特点、在第二阶段,出现了一些新气象、新举措、新效果。

开发罗津港后产生巨大经济效益:2020 年产生 4.3 亿美元(按当年标准)附加值,从东北三省流入的物流量可达 262.5 万吨(按当年标准),当年罗津港总物流量为 400 万吨.如俄韩货物流入罗津港并与旅游联系在一起时,其开发效益更大更多,从而使中朝经济合作更上一层楼。罗津港开发与长吉图先导区密切相关与联动,带动先锋与清津港的开发,推动先、清两港的扩建,进而推动 GTI 计划,使罗津、珲春成为东北亚物流重要节点城市。①

三、朝鲜对 GTI 的立场与政策

(1)2009 年 5 月宣布退出 GTI,但还是间接地参与,与中国和俄罗斯加强合作,尤其通过罗津港开发,参与 GTI。

(2)罗津、先锋开发计划:把罗津、先锋确定为自由经济贸易区,为改革开放采取一些措施,为招商引资构筑基础设施,创造良好的环境,把罗津、先锋升格为直辖市,创办国际自由市场。但由于封闭政策和核开发等原因,这些举措基本处于不成功状态。

(3)罗先市开发计划:

①与中国东北三省开发振兴密切结合,减少了不成功因素。

②2010 年 1 月升格为罗先特别市,修订了罗先经济贸易区法,朝中共同开发在加速。

③随着罗先市的开发深入,到 2020 年其经济效益将达 4.3 亿美元,随先锋港、清津港开发的深入,与旅游观光业结合,其效益将更增大。

第五节   日、蒙等国的 GTI 战略与决策

一、日本

(1)以新潟为中心与西北部地区经济开发联系起来,推进图们江地区开发事业。

(2)日本计划把构筑环日本海经济圈作为目标,并要主导此计划,以观察员身份参与 GTI,与此计划联系起来。

(3)图们江开发初期,日本看准了中国东北巨大开发潜力,通过图们江地区开发,可以促进与朝鲜关系正常化等,故开始时态度很积极。

(4)2004 年以后因人质事件影响的扩散,反朝情绪增长,并中断与朝一切经贸关系。

(5)日本的参与主要由民间企业为主,1992 年 8 月,日本 16 个企业和团体组织了东北亚经济委员会。

---

①   [韩]现代经济政策研究院:《世界经济模式变化和韩国经济》,2010 年。

（6）日本西海岸鸟取县、新潟、高山等地方自治团体和环日本海经济研究所、日本经济研究中心、内外政策研究会等部分研究机关及学术机关对图们江开发很感兴趣，表现出积极性。野村证券、东京银行、丸红商社、日商岩井、日中经济协会、俄东部贸易会、日贸易会、东亚贸易研究会等，也都对图们江开发事业很感兴趣，表现出积极性。[1]

（7）日本对图们江开发总的态度是矛盾的，一是很关心，二是很谨慎。持谨慎态度的原因有三：①考虑美国的态度，美国对图们江多国合作开发事业特别"别劲"；②因历史上的"大东亚共荣圈"的企图怕周边国家的顾忌；③担心经济上的分摊过大。

二、蒙古战略

（1）因过去属于社会主义阵营的经互会的崩溃，蒙古国极需新的经济合作组织。

（2）基础设施很不完备，经济状况很不好。需要发展经济，完善基础设施。

（3）通过参与图们江经济合作，一要通过招商引资，解决极缺的投资资金；二要开发丰富的地下资源，发展经济；三要构筑基础设施，完善基础设施，解决经济发展的硬环境；四要解决通往日本海的出海通道；五要推动经济发展与振兴。主战略是实现资源合作。

三、中、日、美、欧等对俄远东的合作战略

从表 10-11 可知，中国对俄远东的经济合作战略重点是：一是与东北振兴联系、融合。二是加强边境地区的合作；日本对俄远东经合战略重点是与日本西部、北部经济发展联系来，与能源进口多元化、与能源资源开发联系起来，遵循政经分离的原则；美国对俄远东经济合作战略重点是，加强对东北亚的影响力，能源资源的开发；EU 是对能源、矿产资源的开发，通过俄远东向第三国出口货物。

---

① 李成宇：《图们江开发和东亚各国合作展望》，载［韩］《JPI 政策论坛》2010 年第 20 期，济州和平研究院。

表 10-11　中日美欧与俄远东的经合作战略

地区	经济合作战略	领　域	方　式
中国	1. 与东北地区振兴联系起来 2. 加强国境地区的合作	加强全方位的合作，扩大能源合作与进口（油、气、电）	从国家层次推进合作；2009 年 2018 年间，有中国东北地区与俄远东、西伯利亚之间从国家层面上的合作计划
日本	1. 与日西部、北部开发联系 2. 参与能源进口多元化与资源开发 3. 政经分离原则	能源资源开发与进口、水产领域	确定两国政府间的行动计划
美国	1. 维持与加强对东北亚的影响力 2. 能源资源的开发	1. 能源开发领域 2. 水产（鱼类加工中心） 3. 资源节约与环境保护 4. 中小企业的教育 5. 文化交流	从国家层面上推进合作；成立有关的委员会；成立俄远东美西海岸间（practicalbusiness）业务会议；设立对远东地区的支援机关；商工会议代表处及项目（计划）中心；设立美俄投资基金（TUSRIF）
欧盟	1. 能源开发及矿产开发 2. 开发产品向第三国出口	石油天然气的开发矿产资源的开发能源生产设备生产及保修	大型能源企业中心（个别）的参与

第十一章

今后课题

第一节　需要解决的问题与课题

一、TRADP 存在的问题

(1)TRADP 牵涉范围广、项目太多,又没有切实可行的措施。因此,计划本身的可行性严重不足。如,当时朝鲜提出 40 亿美元的投资项目,但没有提出资金、技术、人力、保障等相应措施。

(2)缺乏对图们江合作开发大工程的明确概念,各国都把地方经济发展列在首位,国际合作开展列在后头。忽略了国境地区国际合作的作用与优势,及其对边境地区经济发展巨大的促进作用。

(3)没有诱导企业参与图们江合作开发的积极性。合作开发事业最终还是由企业来操作、运营。没有挖掘企业的积极性是 TRADP 的致命弱点。

(4)没有实现图们江合作开发的制度统一。跨国铁路、公路及港口、空港的建设,交通基础设施、跨国旅游资源的开发、能源合作等都能把各国不同的制度整合起来,制定国际通行的标准与规范作为前提。而 TRADP 却没有实现这一重要前提条件。

(5)安全环境存在问题。图们江区域合作开发除了经济发展外,建立和谐东北亚,实现东北亚安全是其中的一个重要目的。朝核危机,美日、韩日频繁进行军演对图们江区域开发是很不和谐的,影响 TRADP、GTI 的顺利进行,影响招商引资、影响企业的积极性、影响本地区政治。加上日本的顾忌与慎重,欧盟的不关心,美国的观望与"别劲",大型企业的犹豫等都成为影响其进展的因素。

二、GTI需要解决的问题

（一）扩充基础设施

这里关键是建设图们江地区的综合运输体系，如罗津港、扎鲁比诺港的整修与基础设施扩充，中朝、中俄、朝俄国境公路的联结与伸张、整修。三国间国境铁路运输能力需要提高，三国国境地区的港口、铁路、公路、物流中心、换装中心、车辆、内陆物流基地（即 ICD）建设等，都存在很多不足。

（二）所需资金的解决

扩充基础设施所需资金、招商引资没有落实。这里存在朝核问题，美日、美韩军事同盟安全保障问题等不利投资环境的问题。为解决资金，讨论研究的问题有：设东北亚开发银行及东北亚区域国际金融机构，当前与亚洲开发银行合作，中长期应设国际金融机构。如设东北亚开发银行，图们江开发基金，并通过这些机构获得金融的支援，或在亚洲开发银行里专设东北亚开发基金、东北亚投资公司（民间资金）等方案。但到目前为止这些都没有得到落实。

（三）为构筑综合运输体系，改善一些体系（法与行政体系）

为提高竞争力必须简化通关手续，走向标准化、信息化，对物流产业减缓一些限制，走向自由化，各国应缔结与综合运输体系相关的共同协定。（如通关手续的标准化、收费标准体系、出入境事务所的工作时间、货车的行驶区域限制等，都需解决。）

（四）构筑多国间合作体系

如综合运输体系的构筑、基础设施的扩充、投资对象、投资优先对象等。资金来源、通关体系的简便化、必要设施的标准化、来往费用的节减、铁路与公路车辆行驶范围的扩大、机车及货车相互免税、建设珲春—哈桑—罗津边境经济合作特区等，都应通过多国间合作常设体系来及时研究解决。

三、GTI的课题

（1）选定可行性强的目标和开发项目，提出具体的行动方案（包括措施）。选定好项目顺序的基础上，确定每项目的阶段、规模、资金和技术。然后集中力量、持续稳妥地进行。

（2）GTI 开发事业应由各国中央政府主导。图们江地区是中朝俄边境地区，财力有限，是基础设施建设欠账较多地区，缺少中型企业的地区、文化与制度滞后的地区。而 GTI 的项目都是大型的，资金投资大的，涉及地区和产业关联度大的。因此，这必由中央政府主导。且 GTI 项目很多都是需要吸引来自国际社会的投资，如 IMF、WORLD BANK、ADB、EBRD 等国际金融机构的资金投资，还需要引进美日欧的发达国家资金。这些都需要中央政府来操作。

（3）GTI 开发事业，需要韩日的积极参与，但是应把日、韩的利害关系一致为前提。韩日两国是图们江地区的非接境国家（中朝俄是接境国），参与 GTI 事业中利益驱动最大的两国是日韩，而这两国拥有资金和技术、经验。如何让这两国积极地投入到 GTI 中来是这个事业成功与否的又一个关键。因此，必须采取措施与努力让这两国的地方经济发展跟 GTI 推进，密切关联。

（4）GTI 开发事业的核心国是中、俄、朝，东北亚经济合作事业的核心国是中、日、韩。这两大项事业既联系，又各自独立。科学地处理两大事业的关系是推进 GTI 事业的重要因素。

（5）如何提高朝鲜对 GTI 的积极性、如何提高朝鲜的改革开放程度，让朝鲜实行市场经济体制，是促进 GTI 事业大步前进的有一个重要因素。

（6）当前，首先在中、俄、朝中的一国在国境地区设立国际产业综合特区，运营一段顺利发展之后，再扩展到中国珲春的部分地区，俄哈桑部分地区、朝罗先地区，成为国际产业综合特区。或者，先做通朝鲜的工作后，把罗先特区扩展到中国珲春的部分地区和俄哈桑部分地区，成为广域罗先国际产业综合开发特区。设立这种国际特区的优势在于：①使朝走向更加开放、更加合作的轨道，更加诱发各国的竞争开发意识；②促使美日欧（盟）对这种国际综合开发特区的投资，诱发美日欧的投资积极性；③对建设和谐东北亚、保持东北亚的安定起促进作用；④使日本"顾忌、慎重"感降低，⑤使朝鲜的南北关系走向和谐。

国际产业特区的可行性：①中、俄存有意向；②国际社会 UNDP 的期待；③朝鲜在摇摆，需做通工作。

第二节　中国长吉图先导区、朝鲜罗先、俄远东经济合作的课题

长吉图先导区、朝鲜罗先特别市、俄远东之间的经济合作任务：中国吉林省的关键是"借港出海"战略的实现，朝鲜的关键是借罗先特别市的开发开放找出经济振兴的突破口，俄罗斯的关键是促进俄远东地区开发。对图们江区域多国合作开发来说，建设图们江区域国际自由贸易区是非常必要的。

一、重点问题

第一，国际物流通道的构建。（1）通过朝鲜罗津港、俄罗斯扎鲁比诺港连接中国东北地区、中国南方地区的通道的构建；（2）联结蒙、俄、中、韩、日、美洲地区的东北亚区域物流通道的建设。

第二，资源开发、出口加工为中心的产业合作。

第三，图们江区域国际旅游观光的合作。

第四，劳务输出的合作（长吉图剩余劳动力输出远东、朝鲜劳动力进军俄、中等国）。

第五，图们江区域国际合作自贸区的建设。

不利因素：围绕图们江地区开发的利益，中、朝、俄需要调节利害关系；庞大开发所需资金的筹措问题；朝鲜落后的基础设施问题；俄罗斯的资源保护政策；东北亚地区政治、外交环境。

有利因素：合作开发意志明确、在相关国家资源保护政策层次上形成了合作体系、合作开发的目标及具体战略。

二、必要性

（一）实现长吉图先导区战略目标的需要

先导区战略核心是借港出海与构建国际物流通道（借罗津港、扎鲁比诺港，把货物运到东北地区、中国南方地区、日本和韩国、甚至可运到美洲、大洋洲）。

(二)罗先特别市开发开放的需要

朝鲜提出在 2008—2012 年间完善计划经济功能,产业经济发展实现正常化,打开"强盛国家"之大门。为了实现这一目标,朝鲜迫切需要一个新突破。2009 年 12 月金正日委员长到罗先视察[①]、2010 年 1 月朝鲜把罗先升格为特别市、2010 年 1 月 17 日修改了"罗先经济贸易区法"、2010 年 5 月由朝鲜国家建设设计情报研究所和罗先建设设计情报所联合摄制的录像片"罗先城市开发计划案"供外界参考。2011 年初朝鲜发布了"经济开发 10 年计划"。计划显示:朝鲜到 2012 年实现电力 3800 万千瓦、炼油 2000 万吨、铁道 9000 千米、铁 2000 万吨、粮食 1000 万吨、港口吞吐量 26000 万吨、高速公路 6000 千米。2001—2005 年间铁路、公路、港口、空港、电力、钢铁、农业等部门是投资的重点。其规模为 1200 亿~1500 亿美元。[②] 中国的长吉图先导区开发开放,正好成为朝鲜实现上述目标的机遇。朝鲜将把罗先特别市建设成东北亚国际物流的中转站、出口加工中心、金融中心,也把其看作振兴朝鲜的突破口。所以加强长吉图先导区和罗先特别市经济合作是对朝鲜经济振兴具有重要意义。

(三)俄远东地区开发开放的需要

俄远东地区的面积占俄联邦的 41%,这里矿产丰富(尤其是石油、天然气、煤、铁矿石、有色金属)。还有丰富的森林资源、鱼类资源(鱼类海产资源占俄联邦的 60%)。但是由于种种原因(政府的重视度、地理、人口人才素质等)远东地区经济发展滞后,长期处于较落后状态。

2010 年俄联邦政府颁布了《2025 年远东外贝加尔社会经济发展纲要》,纲要规定:其间投资 223 亿美元,建设港口(扎鲁比诺、纳霍德卡、波谢特等港口)、铁道、公路等基础设施,克拉斯基诺边境火车站开发、能源开发、石油化工等综合产业园区的建设,环境教育基础设施建设等。借 2012 年海参崴 APEC峰会机遇投资 55 亿美元,建设海参崴基础设施。俄政府利用远东地区的资源优势,加强与中国东北地区、朝鲜罗先地区经济合作,以此进军亚太地区。图们江区域合作开发对俄远东地区来说是一个很好的开发开放机遇。

---

① 《朝鲜中央通信》2010 年 1 月 17 日。

② KOTRA:《朝鲜经济速报》,www.kotra.or.kr 检索日 2011 年 6 月 29 日。

(四)图们江地区国际自贸区建设的需要

在 2009 年公布的"中国图们江区域合作开发规划纲要"中所提出的八大重点工程中,有一项就是图们江区域国际自贸区建设;2010 年 1 月罗先市被升格为特别市;俄滨海边疆区政府积极向中央政府提出,克拉斯基诺、波谢特、斯拉夫扬卡、扎鲁比诺等地区定位为自贸经济区的申请,2010 年 3 月俄政府确定海参崴卢斯基岛为经济特区。在图们江区域里正孕育着国际自贸区的成长环境。

(五)推进东北亚区域经济合作的需要

当前世界经济发展的突出特征是全球化和区域化。欧盟已实现区域共同体、北美实现自由贸易区、东南亚实现东盟、南美有南方共同市场等等。但是东北亚虽具有很强的经济互补性、较好的经贸关系,还没有形成经济一体化。东北亚经济一体化,需要一个试验场、示范区,这就是图们江区域国际合作。

三、制约因素与对策

1. 围绕图们江区域合作研究中朝俄利害关系的调整

(1)战略目标有差异。中国的主要目标是"借港出海";朝鲜的主要目标是重振低迷的朝鲜经济;俄罗斯的主要目标推进俄远东地区开发。

(2)罗津港成中俄竞争区。1973 年罗津港在旧苏联帮助下成为国际贸易港,成为旧苏联出口东南亚的出口仓库。2008 年 8 月 19 日朝俄签订"罗津—哈桑铁路与罗津港维修协议书",并于 2008 年 10 月 4 日动工。进入上世纪 90 年代开始向中国开放,从 1995 年 10 月开始中国延边现通集团利用该港,2008 年中国大连创立集团取得了罗津港一号码头的使用权。这样一个码头有了两个租赁者,货物量充足时就可出现矛盾。

(3)图们江区域国际运输主导权的竞争。即围绕罗津—束草—釜山、罗津—上海、扎鲁比诺—釜山—新潟这些航线中,俄朝、中国国内企业间不可避免地将出现竞争。

(4)图们江区域产业园地建设中出现一些矛盾。中国长吉图规划纲要提出建设八大产业园地(汽车、石化、装备制造、电子信息、农产品、新材料、冶金建材、医药),具体落实 100 个项目。而朝鲜在罗先特别市里要建设十大产业园地(仓库、物流、装备制造、高新技术、纺织服装、食品、农产品加工、木材加工、农业示范园地)。这样在上述两个地区可能出现招商引资竞争,出现重复引进与建设。

2. 长吉图先导区本身因素

(1)开发开放需要庞大资金,引进资金措施尚未到位。先导区建设 100 个项目,需投资 2908 亿多元。这些只能通过"政府主导、企业主体、市场运营"来实现。

(2)先导区"前沿"与"腹地"联动不足。因为地理、历史原因,两地产业链还没有形成。如长春的汽车、吉林的石化与延边产业基本无关联。

(3)"前沿"经济规模较小,中心城市还未形成。

3. 朝鲜落后的基础设施和滞后的体制改革

4. 俄政府的资源保护政策

从 2005 年 6 月俄政府对 16 种重要资源(包括石油、金属、木材、矿产品等)实施出口许可证制度;对原来出口的石油及石油制品增收关税;限制对能源等战略产业的投资。

5. 东北亚政治外交环境

当前关键是朝核问题、中日、日韩、日俄之间的领土纷争是东北亚经济一体化的最大障碍。

四、图们江区域合作开发事业的成功之路

1. 当事国开发意志明确

中国认为图们江地区国际合作开发事业事关吉林省、东北三省的经济发展,事关造就新的经济增长极,事关构筑东北亚物流体系。2009 年发布了"长吉图先导区中国图们江区域合作开发规划纲要"。朝鲜认为图们江区域合作开发是振兴朝鲜经济最好机遇,把罗先升格为特别市,加强与中国的经济合作。俄罗斯认为图们江区域合作开发是推进远东地区经济发展的绝好的机遇。

2. 在国家层面上建立合作机制,中国实际投入在大幅增加

2011 年 6 月 9 日,中国商务部陈德铭部长、朝鲜国防委员会副委员长兼朝鲜劳动党行政部长张成泽参加中国吉林省和朝鲜罗先特别市在罗先市共同主持的"中朝罗先经济贸易区项目启动仪式"。两国在中央政府层面上成立了"两岛一区①开发合作联合领导委员会和省级联合指导委员会"。2010 年 12 月,两国代表(朝鲜合营委员会代表和中国商务部代表)签订了"关于罗先经贸

---

① "两岛一区"是指黄金平、威化岛、罗先经贸区。

区和黄金平、威化岛经济区共同开发及共同管理协定"、"朝中罗先经贸区和黄金平、威化岛经济区共同开发规划纲要"，从此罗先、黄金平成为中朝经济合作的示范区，在此重点发展六大产业。① 在区域开发上，中国政府把"政府主导、企业参与、市场运营"原则改为"政府主导、企业为主、市场运作、互利共赢"。中国的先导区规划纲要确立了 100 个重点开发项目，投资达 2900 多亿元。这些投资计划包括在 2011—2020 年国民经济中长期计划预算里，并分批分期兑现。

3. 开发目标与战略明确具体

《中国图们江区域合作开发纲要》提出了明确具体目标，如八大产业百个项目建设，2010—2015 年主要建设中国国内的基础设施、产业园地，2016—2020 年主要建设境外运输通道。②

第三节　结　　语

从现代化发展进程看，经济全球化已成为时代发展的趋势，区域合作则成为经济合作化的重要组成部分和主要外在表现形式。区域合作既是各国顺应时代潮流的必然产物，也是相邻国家为减缓全球化无序冲击而采取的合理选择。然而，与发展态势良好的"东盟 10＋3"、"泛北部湾"，"上海合作组织"等相比，包括中、韩、朝、俄、蒙、日在内的东北亚地区作为当今世界最有经济活力的区域之一，周边各国政府体制不同，历史文化背景各异，发展水平和资源差异等原因，合作发展缓慢。正基于此，建议加快图们江区域为先导促进东北亚地区各国的共同繁荣。

2005 年大图们江区域开发战略实施以来，图们江地区的国家之间特别是地方政府之间，开展了较广泛的交流与合作。如举行冬运会、旅游节，进行教育合作、人才交流，举行东北亚博览会，开展东北亚论坛，共建友好城市等。这些都为增进东北亚各国人民间的了解与互信，并在此条件下开展经济合作打下了基础。由此应进一步以大图们江地区国际合作开发为契机，以地方政府和企业，特别是中小企业为主体，以项目带动为纽带，以双边和多边合作互动

---

① 六大产业是指，原材料工业、装备制造、高新技术、轻工业、服务业、现代高效农业。

② 林今淑：《长吉图先导区、罗先特别市、俄远东地区之间经济合作任务》，韩国统一院，2011 年。

为条件，以博览会、城市友好大会为平台，充分发挥联合国开发计划署、"三国协调"、"五国协商"和"环日本海地方政府首脑会议"等国际组织的作用。同时，需有效推进东北亚经济一体化进程，推进东北亚各国的全面合作。

从实践上看，图们江区域国际合作开发方式可以采取多种合作模式来进行深入合作，以取得更好的效果。双边合作的基本模式有，中朝双边联合组建珲春—罗先跨国边境经济合作区、中俄双边联合组建珲春—哈桑跨国边境经济合作区、中蒙双边联合组建二连浩特—扎门乌德跨国边境经济合作区。多边合作的基本模式有，组建中俄朝珲春—哈桑—罗先跨国边境经济合作区、中日韩俄蒙图们江—日本海经济体发展模式、组建中俄朝蒙图们江区域经济技术贸易合作区、组建东北亚图们江自由贸易区。参与图们江区域国际合作开发的相关国家，应积极开展双边合作，促进多边合作，以中俄朝小三角地区的跨国经济合作为龙头，创造条件，为建立东北亚图们江自由贸易区奠定基础，最终建立东北亚（或东亚）经济共同体做出不懈的努力。

下编　中国图们江区域合作开发

　　中国图们江区域合作开发规划纲要——以长吉图为开发开放先导区（以下简称"规则纲要"），于 2009 年 8 月 30 日获国务院批复，引起国内外的高度重视。

　　《规划纲要》赋予吉林省"先行先试，率先发展"政策优势和国家相关部委的资金支持，吉林应把国家沿边开放战略实施与区域经济发展有机结合起来，实现经济快速发展，打造东北亚新的增长极。《规划纲要》不仅是国家在东北亚地区实施沿边开放战略的重要组成部分，也是为加快实施振兴吉林东北老工业基地又一重要举措。《纲要》中明确提出："建设长吉图开发开放先导区，加速推进长吉图地区一体化进程，并作为一个整体参与国际合作，有利于更好地发挥长吉支撑图们江区域合作开发的直接腹地作用，是我国推进图们江区域开发开放的需要，是实现东北地区等老工业基地全面振兴的需要，是加强东北亚区域各国合作的需要。"就《规划纲要》全文看，它不仅内容丰富，具有前瞻性、战略性、针对性、可操作性，并且把长吉图开发开放确定为吉林乃至东北经济发展的重要引擎。

　　长吉图，振兴发展的新引擎。长吉图把吉林最具潜力的开放优势、最有能量的经济增长优势、最具魅力的资源优势叠加，是吉林振兴发展乃至东北振兴发展的强劲动力。窗口更亮，中国图们江区域国际合作示范区落于珲春；前沿更大，延龙图一体化扎实推进；腹地更强，长吉一体牵手发展。

　　长吉图，开放合作新载体。连续举办八届的"中国吉林·东北亚投资贸易博览会"累计成交 57 亿美元。2013 年金秋即将举办的第九届将正式更名为"中国—东北亚博览会"，这标志着东北亚博览会跃升为东北亚各国政府间对话交流的重要渠道、东北亚区域经贸合作的重要平台、中国东北地区对外开放的重要窗口和东北亚各国人文交流的重要通道。

　　长吉图，借港出海新通道。图们江是我国内陆进入日本海最近的水上通道，这里中朝俄 3 国陆域相通，中俄朝韩日 5 国水域相连。在加快国内通道建设的同时，同邻国陆海通道建设步伐加快。"借港出海、陆海联运"大通道以基本形成。

第十二章

"规则纲要"是中国参与
图们江区域合作开发的纲领

1992 年以来,在联合国开发计划署的倡导下,中、俄、朝、韩、蒙共同启动了图们江区域合作开发项目,我国政府一直高度重视,并取得了明显成效。新形势下,国务院批复《规划纲要》对进一步推进图们江地区开发开放具有重大意义。因为它是中国参与图们江区域合作开发的纲领文件。

在新的历史起点上进一步推进图们江区域改革开放,加快提升我国东北地区沿边开放的水平和质量,依据国务院长期以来关于中国图们江地区开发开放以及参与东北亚区域合作的有关文件精神,并与《东北地区振兴规划》相衔接,编制"中国图们江区域合作开发规划纲要——以长吉图为开发开放先导区"。本规划中先导区的范围是中国图们江区域的核心地区,即吉林省范围内的长春市、吉林市部分区域(长春市部分区域是指长春市城区、德惠市、九台市和农安县;吉林市部分区域是指吉林市城区、蛟河市和永吉县)和延边州(简称长吉图),同时辐射我国其他参与图们江区域国际合作的辽宁省、黑龙江省和内蒙古自治区等地区,并涉及我方与周边国家合作的相关内容。规划期自2009 年至 2020 年。本规划是指导中国图们江区域特别是长吉图地区合作开发的行动纲领和编制相关专项规划的依据。

第一节 "规划纲要"的内容

19 年来,在合作各方的积极推动下,图们江区域合作机制不断健全,合作领域不断拓展,合作方式不断创新,为进一步推进中国图们江区域国际合作以及东北地区的对外开放打下了坚实基础,长吉图地区特别是对外合作前沿地区经济社会加快发展,开发开放取得明显成效,主要表现在:经贸往来日益密切，珲春边境经济合作区、出口加工区、中俄互市贸易区等合作平台不断健全，作用进一步凸显；国际通道建设进展顺利，长春—图们高速公路、珲春—俄罗斯扎鲁比诺港铁路全线贯通，口岸功能不断完善；保障和支撑经济社会发展的基础设施条件大幅改善，一批能源、水利等重大基础设施工程相继竣工，有的已经开始发挥作用；我国参与大图们江区域合作的主体格局初步形成，珲春市与毗邻地区投资、贸易、旅游和过境运输等领域均有了实质性进展，边境合作开发与吉林省腹地特别是吉林、长春等地区的合作开发呈现互动发展态势。实践证明，图们江区域国际合作开发极大地加快了长吉图地区的对外开放进程，极大地改善了这一地区的基础设施环境，极大地提高了这一地区的人民生活水平，极大地促进了这一地区的经济社会全面进步，充分利用现有基础、深入推进长吉图地区开放开发和图们江区域开发合作，具有十分重大的战略意义。

从当前看，加快图们江区域合作开发还面临着一些不利因素，主要有：对外运输道路通而不畅，产业国际竞争力不强，腹地与前沿联动不够，窗口地区经济总量不大，体制机制创新不足等。要充分发挥优势、积极弥补不足，按照长期谋划、内外结合、突出重点、分步实施、务实操作的基本思路，进一步拓展区域合作的范围和领域，不断创新区域合作的模式和机制，着力增强区域合作的活力和实效。[①]

一、总体要求及战略定位

(一)总体要求

深化改革开放，以长吉图为开发开放先导区，立足图们江，面向东北亚，服务大东北，全面推进图们江区域合作开发。坚持调整和优化产业布局，构建结构合理，技术升级的特色产业新体系；坚持保护与开发并举，探索资源节约、环境友好的开发新路子；坚持大胆创新和率先示范，建设富有活力、运行高效的我国沿边开放新机制；坚持统筹国内与国际合作，培育优势互补、互利共赢的联动发展新格局，努力建设我国沿边开放开发的先行区和示范区。

---

① 国家发改委：《中国图们江区域合作开发规划纲要——以长吉图为开发开放先导区》，2009 年 8 月。

（二）战略定位

要成为我国沿边开放开发的重要区域。以长吉图开发开放先导区建设为主体,鼓励在促进沿边地区与内陆腹地优势互补和联动发展,开拓陆海联运国际运输新通道、探索沿边地区中跨境经济合作模式等方面先行先试,推动图们江区域合作开发在更高层次上向纵深发展,为全国沿边开放开发提供经验和示范。要成为我国面向东北亚开放的重要门户。适时推进跨境交通运输工程合作建设步伐,尽快打通东北东部铁路和公路大通道,逐步建成我国东北地区新的国际通道。打造成东北亚经济技术合作的重要平台。以珲春边境经济合作区为窗口,依托长吉图产业基地,吸引域外投资者参与调整产业结构和优化产业布局,加强边境区域经济技术合作,推动建设跨境经济合作区,使长吉图区域成为东北亚地区优势互补、内外联动的有效合作载体,为构建更加开放的经贸合作区域创造条件。打造成东北地区新的重要增长极。发挥区位独特、政策集成、环境容量大、资源承载力强的比较优势,做大做强特色优势产业,进一步优化区域产业分工协作,合作建设具有核心竞争力的新型工业和现代服务业、现代农业示范基地。充分发挥长吉图开发开放先导区在吉林省经济社会发展的引擎作用,提升东北地区的整体综合实力。

二、主要内容

（一）发展目标

到 2012 年,珲春市对外开放窗口功能显著提升,延（吉）龙（井）图（们）开放前沿功能进一步完善,长吉的腹地支撑能力进一步提高,区域整体综合实力明显提升。长吉图经济总量在现有 2008 年的基础上力争翻一番,产业结构进一步优化。生态环境更加优良,森林覆盖率保持在 60% 以上,基本公共服务体系初步建立,国际合作平台作用凸显,进出口贸易总额大幅度提高,成为我国东北地区经济发展的新亮点。争取到 2020 年,中国图们江区域对外开放水平实现重大突破。特色产业体系形成明显竞争优势,科技创新能力达到国内先进水平,森林覆盖率达到 68%,大中城市污水处理率达到 100%,资源环境承载能力基本满足生产发展和生活富裕的要求,对内区域合作关系协调合理,对外综合运输通道全面形成并实现物流便捷畅通,城市功能完备。长吉图地区实现经济总量翻两番以上,基本公共服务体系进一步完善、建成我国东北地区重要的新型工业基地、现代农业示范基地、科技创新基地、现代物流基地和东北亚国际商务服务基地,基本形成我国东北地区经济发展的重要增长极。

(二)先导区的建设

建设长吉图开发开放先导区,加快推进长吉图地区一体化进程,并作为一个整体参与国际合作,有利于更好地发挥长吉支撑图们江区域合作开发的直接腹地作用,是我国推进图们江区域开发开放的需要,是实现东北地区等老工业基地全面振兴的需要,是加强东北亚区域各国合作的需要。要按照统筹规划、分步推进的原则,优化空间布局、明确重点任务、加大政策支持,加快先导区建设。①

1. 优化空间布局

统筹推进长吉图开发开放,促进长吉图一体化发展,形成窗口、前沿、腹地有机联结、功能协调、有效互动的空间布局。

(1)形成分工明确的区域发展格局。①进一步发挥珲春开放窗口作用。研究赋予珲春更加灵活的边境贸易政策,探索双边、多边合作的有效方式;加快珲春俄、日、韩和香港工业园区建设,增强边境经济合作区经济实力;推进与毗邻边境地区基础设施的合作建设,推进投资贸易和人员往来便利化。适度扩大城市规模,提升国际合作竞争力,把珲春开放窗口建设成为集边境区域性出口加工制造、境外资源开发、生产服务、国际物流采购、跨国旅游等多种对外合作形式于一体的特殊经济功能区,成为图们江区域合作开发桥头堡。②加快提升延龙图开放前沿功能。以总体规划共制、基础设施共建、产业发展同构、公共事务同管,推进延龙图城市整合进程,强化长吉腹地与窗口之间的纽带传导功能。加快生产要素集聚,打造先进加工制造业、现代物流、旅游及高新技术等产业为主体的产业体系;发挥口岸群优势,扩大经贸合作,建设延边国家级经济技术开发区;深化对日、韩、俄科技合作,加快延吉高新技术产业开发区的建设和发展,积极推进其升级为国家级高新区的工作(已于 2010 年升级成功)。把延龙图建设成为图们江区域重要的物流节点和国际产业合作服务基地。③强化长吉直接腹地支撑能力。发挥科技、人才、产业优势,打造"长东北"新区和吉林北部工业新区,加快建设长吉国家重点开发区域,成为图们江区域的资源要素集聚高地,产业和科技创新高地,国际物流枢纽中心和东北亚国际商务服务基地。长吉地区要发挥支撑图们江区域合作开发的直接腹地

---

①　国家发改委《中国图们江区域合作开发规划纲要——以长吉图为开发开放先导区》,2009 年 8 月。

作用,有选择地将相关配套产业向前沿和窗口地区转移,支持和鼓励企业利用对外通道开展国际物流业。

(2)促进城镇协调发展。提高长吉图区域城市化水平,继续巩固长春和吉林两个特大城市核心地位,加快延龙图组合城市向大城市发展,逐步把珲春打造成为大城市,努力把区域内交通轴线的主要节点城市打造成中等城市,分步推进县城镇升级为小城市,因地制宜发展边境贸易、长白山旅游、新能源开发、资源加工、农产品加工等特色产业,加快人口向中心城镇集聚,促进区域内各类城市层次清晰、功能互补、布局合理、协调发展。

2. 加快产业提升

以提高自主创新能力为支撑,大力推进产业结构升级,建设以现代农业和特色农业为基础、以先进制造业和现代服务业为主体的产业体系。

(1)新型工业。要加快提升产业层次,培育壮大龙头企业,重点推进各类开发区和县域工业集中区建设,全力打造具有自主创新能力和核心竞争力的汽车、石化、农产品加工、光电子信息、冶金建材、装备制造、生物、新材料等八大新型工业基地。汽车产业:进一步支持一汽进入世界级跨国公司行列,不断增强具有自主知识产权的整车生产能力,提高整车国产化率,重点推进百万辆汽车增产、专用车基地建设、新能源汽车开发、百户专业化零部件企业集团培育等工程。石化产业:支持中石油吉化公司积极推进石化产业向原料多元化、产品精深化、产业延伸化发展,建设吉林化学工业循环经济示范园区,突出发展基础化工、化工新材料、配套化学品、化纤纺织、生物化工、天然气化工六大产业,推进吉化千万吨炼油、百万吨乙烯工程建设。农产品加工业:适度发展玉米深加工,提高产品附加值;农畜产品加工要向终端食品、生物保健品方向延伸,率先建立食品安全体系,争创全国知名品牌;重点开发长白山林特产品及矿泉水特色资源,向绿色食品、有机食品、高档保健品方向延伸,提高产品的国际知名度。电子信息产业:以长春国家光电子产业基地为龙头,加快提升产业集聚度,培育和发展光显示、激光制造及加工、光电装备制造、汽车电子、电力电子及半导体器件、软件等六大产业。冶金建材产业:加强矿产资源整合,推动技术进步和产品升级,注重节能降耗和环境保护,建设新型矿产资源综合开发基地。规划建设敦化铁矿项目。装备制造业:以中国北车集团长客股份公司为龙头,以长春轨道交通装备制造产业园、吉林风电核电装备产业园、长春和延边农机产业为载体,发展独具特色的装备制造业。生物产业。充分发挥区内生物医药和现代中药等产业发展优势,实施千亿元医药产业工程。重点建设长春国家生物产业基地、吉林生物高技术产业园区,敦化—延吉现代中药产业带,组织实施生物医药、淀粉化工、生物资源保护及开发利用等生物产业高技术工程。新材料产业:依托吉林化工循环经济产业园区、长春高新区、吉林经济开发区,加强资源要素整合,提升自主创新能力,大力发展以特种纤维材料、合成树脂与改性材料、合成橡胶材料为重点的新材料产业。

(2)现代服务业。大力提升现代服务业层次,拓宽产业领域,着力发展现代物流、特色旅游、文化创意、服务外包、商务会展以及金融保险业。[①] 总部经济借助东北亚博览会平台,依托长春南部新城商务区,建设长春东北亚国际商务区。要围绕打造东北亚总部基地,积极促进国内、国际知名企业设立地区总部,引导省内知名大中企业集团设立研发、采购、营销中心等职能总部。现代物流业,依托区域综合交通网络,支持一批物流企业做大做强,构筑长春、珲春为两极,吉林、敦化、延吉为重要物流节点,依托珲春—阿尔山、哈尔滨—大连、东部通道等交通干线,西接内蒙、北连绥芬河及满洲里、南通大连及丹东港,形成双向流动的现代物流网络。积极引进和培育物流龙头企业、开展第三方物流,在长吉重点建设汽车、石化、农产品、建材、冶金等专业物流园区,在延龙图和珲春重点建设面向东北亚的国际物流基地。特色旅游业充分发挥区域内独特的旅游资源优势,以生态游、民俗游、冰雪游和边境游为主题,以长白山自然保护区、松花湖风景名胜区、净月潭森林公园为重点,突出景区升级改造、旅游资源开发、旅游设施建设,着力培育一批特色突出的高品位旅游景区,深入开发一批吸引力强的知名旅游线路,策划宣传推介一批全国一流的名牌旅游产品,建成融生态、民俗、冰雪于一体的国际知名旅游目的地和国内旅游活动中心,形成特色鲜明的长吉图旅游产业带。文化创意产业发挥区域内民族风情和关东历史文化特色,加强文化产业设施和基地建设,打造东北区域动漫及创意产业中心。依托长春、吉林和延边现有的文化创意产业园区,集中力量建设影视、歌舞、汽车文化、出版印刷、艺术品流通、艺术创作、展览等多功能的文化创意产业基地。服务外包产业充分发挥区域内高校、科研机构及企业的信息产业人才和研发优势,大力发展软件与信息服务外包,不断扩大对日、韩服务外包,积极开拓欧美市场。鼓励软件企业与高校、科研院所及国际知名软件企业合作,打造软件与信息服务外包产业集群。商务会展业大力培育会展主体,完善会展基础设施,健全会展业运行监管机制。积极开展国际合作,引进知名会展企业落户,围绕资源、产业、产品、文化、区位等特色优势,把"中国吉林东

---

① 国家发改委《中国图们江区域合作开发规划纲要——以长吉图为开发开放先导区》,2009 年 8 月 30 日。

北亚投资贸易博览会"、"中国长春国际汽车博览会"、"中国长春国际农业食品博览交易会"办成全国著名会展品牌。金融保险业积极推进地方金融机构改革,整合区域内金融资源,壮大地方金融实力,积极引进国内外各类金融、证券、保险等金融机构,拓展国际金融业务,优化区域内金融生态环境。

(3)现代农业。以扩能力、增收入、强基础、保安全、建制度、重民生为总体要求,实施《吉林省增产百亿斤商品粮能力建设总体规划》,加快灌区改造、沃土培肥、黑土区治理、标准粮田、良种培育和推广、全程农业机械化示范、生产技术集成与普及、病虫草鼠害预防、空中云水利用等项目建设,稳步提高区域内粮食综合生产能力。实施畜牧业攻坚战略,推动畜牧业产品、质量、管理、规模全面升级、推进水产标准化健康养殖,发展特色水产品生产。实施园艺特产创业计划、棚膜蔬菜建设、人参产业振兴计划、北药现代化基地、林业产业化等特色农业发展工程。

(4)科技创新。加大科技投入,加快推进技术创新工程,发展高新技术产业集群,促进科技成果产业化,为产业发展提供强劲支撑和动力。积极发挥省部合作平台的指导作用,依托高校、科研院所及企业,瞄准国际国内高新技术产业发展前沿和方向,针对区域内重点产业关键技术和共性技术,建设和完善产业共性技术研发平台,集中力量、联合攻关,在关键领域和核心技术研发上取得突破。企业要以提升产业竞争力为核心,围绕重点产业和技术优势领域,加强自主创新资源整合,建立自主创新体系及运行机制,建立健全政府支持、市场引导的产学研内在结合机制,完善科技中介服务体系,搭建科技成果转化服务平台,促进科技、人才优势转化为产业和经济优势。重点建设和完善一批科技创新中心、国家工程实验室、国家工程研究中心、国家和省认定企业技术中心、国家合作平台或研发中心,把长吉图建设成为全国重要的创新型区域。

3. 加强基础设施和生态环境建设

大力提升交通、水利、能源、信息等基础设施的共建共享、互联互通能力与水平,注重生态建设和环境保护,建立长效生态补偿机制和生态环境共治机制,为推动与相邻省区及东北亚国家的开放合作提供强有力的支撑与保障。

(1)交通。完善区域内综合交通运输体系,以畅通区域对外通道和省际通道为重点,构建南北纵横、东西贯通、布局合理、衔接顺畅、高效一体的立体交通网络。加快以长春为核心枢纽的哈大客运专线、长吉客运专线、吉林至图们等铁路建设,推进干线扩能改造和连接辽宁、黑龙江两省的省际支线贯通工程。重点建设高速公路及中心城市环线,形成区域高速公路网,加快国省干线公路、旅游公路建设。适时开展长春龙嘉机场二期、延吉机场迁建论证工作,统筹研究吉林机场复航改造事宜。

(2)水利。按照确保区域内防洪安全、供水安全和粮食生产需要，统筹该地区水资源的开发、利用、节约、保护及水害防治工作，大力推进水利基础设施建设，重点建设防洪抗旱、供水水源、农田水利三大重点工程。加强松花江、图们江等大江大河和重点城市防洪建设并达到设计防洪标准，加强图们江界河防护，全面完成区域内病险水库除险加固任务。实施中部引松供水等重点城市水源工程，加快农村饮水安全工程建设。加强水源地水土保持及面源污染防治工作。加快实施大型灌区及重点中型灌区的续建配套，努力提高灌区配套率。

(3)能源。优化能源结构，积极推进火电、核电、抽水蓄能电站、生物质发电、风电等重大电源项目建设，提高可再生能源比重。启动珲春电厂三期、敦化抽水蓄能电站项目，努力提高区域内能源自给率。加快大中型现代化煤矿建设。加快建设长春—吉林天然气长输管线，规划建设吉林—延边天然气长输管线，加大煤炭、油页岩等资源的地质勘查，建设汪清、农安等大型油页岩加工基地，做好油页油压尾矿的综合利用。

(4)信息基础设施和信息服务。加强区域内信息基础设施建设，提高长吉图区域数字化水平。提升骨干电信传输网络、宽带接入网络建设水平，加快第三代移动通信、数字电视、下一代互联网建设。促进区域内信息资源开发利用，加快建设统一的电子政务、新农村综合信息服务平台、信息安全保障数据中心，以及公共数据交换中心，实现电子政务网络的互联互通和资源共享。促进电子商务服务业发展，加强电子商务支撑体系建设，改善电子商务发展环境。

(5)生态建设与环境保护。按照产业集聚、布局合理、用地集约、环境友好的原则，积极推进开发区和工业园区提升改造，推进交通基础设施、城乡建设用地集约化。加快区域内城镇和工业集中区污水处理厂建设。支持区域内九台、蛟河、敦化、和龙、汪清和珲春等资源型城市加快转型。加强资源节约与综合利用，大力发展循环经济，推行清洁生产、建立绿色技术支撑体系和节能环保制度。实施长白山天然林保护、松花江流域水污染治理及水体保护、中部黑土地治理工程，进一步提升区域生态承载力和环境容量，构建生态优良、环境优美、人与自然和谐的宜居生态示范区。[1]

---

[1]　国家发改委《中国图们江区域合作开发规划纲要——以长吉图为开发开放先导区》，2009 年 8 月。

4. 推进体制机制创新

(1)理顺政府、市场和企业的关系。充分发挥市场配置资源的基础性作用,加强政府规划和政策引导,发挥好政府的社会管理和公共服务职能。

(2)完善涉外活动管理规制。进一步清理修订完善现有政策和各类法规。建立稳定、规范和可预见的政策环境以及与国际通行做法相适应的法制环境。创新涉外经济和管理机制,提升和完善涉外管理和服务功能,创造良好的商务环境。实施出入境管理改革,简化出入境手续。进一步推进"大通关"工程,设立快速通关通道,加快推行海关与企业一对一的无纸化通关模式。区域内进出口货物的检验检疫、实行直通放行和大企业驻厂制度。

按照国家有关规定,合理扩大区域内县级及以上政府的投资和贸易管理权限。改革开发区管理体制,增强服务功能。改善吸引外资和国外战略投资者参与东北老工业基地调整改造的政策,促进图们江地区产业提升。

第二节 重要意义及思路

一、意义与特色

《规划纲要》的意义概括起来有如下三条:第一、增强我国在图们江合作中的综合实力,推动合作开发再上新台阶;第二、提升沿边地区的国际合作和对外开放水平,形成我国东北地区新的经济增长极;第三、加快延边地区经济社会发展,推动边疆民族地区繁荣稳定和长治久安。具体讲有如下六条:

第一个重要意义,就是有效解决图们江区域开发开放自身面临的主要问题。1992年,我国参与图们江区域开发的地区是吉林省延边州的珲春市,1999年,参与开发的地区扩大到延边州全境。将吉林省的两个特大城市长春市和吉林市整体纳入图们江国际合作开发范围,共同打造长吉图开发开放先导区,增强中国参与图们江区域国际合作开发的整体实力,促进图们江开发取得新进展和新突破。

第二个重要意义,就是促进东北老工业基地全面振兴,有力推进区域协调发展。推进长吉图开发开放,促进我国与东北亚国家资源互补合作,挖掘对外开放合作的潜力,形成具有发展活力的新的增长区域,必将会极大提高这一区域的整体经济实力,促进东北老工业基地全面振兴,进一步推动中西联动发展,在全国形成协调互动发展的良好局面中发挥重要作用。

第三个重要意义,就是为全国广大沿边地区扩大开放提供经验。长吉图区域沿边近海,长春和吉林两个城市是吉林省的经济核心区,延边州在图们江国际合作方面奠定了良好基础,也积累了丰富的经验,所以长吉图区域加快开放能够为我国提升沿边开放提供新的经验。

第四个重要意义,就是促进边疆少数民族地区繁荣稳定。随着图们江规划的实施,延边州将成为直接受益的区域,整体经济社会发展水平会有一个较大幅度的提升,这对于促进边疆繁荣稳定,增进民族团结意义重大。先导区是我国沿边开放水平的重要战略部署,是进一步推动东北老工业基地振兴的重要举措,是加快吉林改革开放和振兴发展的重要机遇。

第五个重要意义,就是有利于增强我国在图们江区域合作中的综合实力,推动合作开发再上新台阶。经过十几年的开发建设,图们江区域已成为我国参与东北亚地区合作的重要平台。牢牢把握区域经济一体化不断加快的大趋势,统筹国内和国际两个大局,在东北地区加快培育基于图们江、面向东北亚的开放载体。有利于增强我国参与图们江区域合作的综合实力、不断提升合作开发的层次,有利于生产要素跨境流动和优化组合,加强我国与东北亚国家经济互补关系,实现互利共赢,进一步营造东北亚地区和平发展的国际环境。

第六个重要意义,就是有利于提升沿边地区的国际合作和对外开放水平,形成我国东北地区新的经济增长极。发展形成长吉图开发开放先导区,有利于挖掘对外开放合作的潜力,形成具有发展活力的新的增长区域,为全面振兴东北老工业基地和促进区域协调发展发挥促进与支撑作用。

《规划纲要》特色比较突出。首先,它是突出开放合作的发展规划,旨在通过加强国际、国内合作,加快重点区域的发展,推进图们江开发进程。其次,它是承前启后的规划,图们江开发一直是国家战略,国家分别于 1992 年和 1999 年编制了开发规划,现在这个规划已是第三次规划,从规划范围看,是一个不断递进的过程,1992 年是珲春市,1999 年是延边州,本次规划是长吉图,随着形势的变化和发展的需要,中国参与图们江开发的重点区域范围还将有所变化。再次,它是强调重点区域带动的规划,这个规划最显著地特点就是有个副标题"以长吉图为开发开放先导区",设立这个副标题就是要强调长吉图的先导作用,通过长吉图的先导作用,通过长吉图先导区的率先发展,带动图们江整体的开发开放迈上新台阶。最后,它是促进共同发展的规划,在国际金融危机的影响,国际和国内都需要整合力量,共同应对。这个规划同辽宁沿海经济区规划相互衔接,同时也很好地呼应了俄罗斯的远东地区发展规划,必将有力地推进东北振兴、图们江开发和东北亚国际合作进程。

二、思路与层次

《规划纲要》明确确定了现在的发展思路,即以长吉图为开发开放先导区,立足长吉图、面向东北亚、服务大东北,提出"四个坚持"和"四个新"的要求,建设"两个区"的发展目标。"四个坚持"即坚持调整和优化产业布局、坚持保护与开发并举、坚持大胆创新和率先示范、坚持统筹国内与国际合作。前两个"坚持"是立足长吉图,重在修炼"内功"。即强调产业升级,把老工业基地打造成新型产业基地,又突出加强环境保护和生态建设,以此来提升综合竞争力。后两个"坚持"是面向国内、国际,重在拓展开放,通过先行先试,提升合作机制,扩大合作领域。"四个新",从产业、方式、机制、格局方面描绘了长吉图开发开放的路径,即构建结构合理、技术升级的特色产业新体系,探索资源节约、环境友好的开发新路子,建设富有活力、运行高效的我国沿边开放新机制,培育优势互补、互利共赢的联动发展新格局。"两个区"即我国沿边开发开放的先行区和示范区。这个思路是整个《规划纲要》的统领。

《规划纲要》除前言外,包括 6 章、20 节,全文 1.5 万余字。总体来说,分为三个层次:第一个层次是前两章,这是《规划纲要》的主基调,阐述了推进图们江区域合作开发的重大意义、面临的机遇和挑战,以及图们江区域开发发展目标。第二个层次是第三、四、五章,这是《规划纲要》的主体,分别从长吉图开发开放先导区自身建设、长吉图与国内区域联动和图们江国际区域合作三方面予以阐述,明确了空间布局、产业发展、基础设施、体制机制、国内合作、国际合作的重点任务,这是推进长吉图开发开放的具体部署。第三个层次是第六章,即规划实施保障,阐述中国图们江区域合作开发的相关保障措施,这是《规划纲要》顺利实施的有效保障。《规划纲要》既结合了我国图们江地区开发的实际,又充分考虑了东北亚区域合作未来发展的需要,明确了新目标、新任务、新要求、新措施,是加快图们江地区开发进程的纲领性文件。

三、重点与范围

规划的重点主要是前面提到的第二个层次,即长吉图开发开放先导区自身建设、长吉图与国内区域联动和图们江国际区域合作,这三部分各自独立、各有侧重、又相互依存、相互支撑。加快建设长吉图开发开放先导区是基础和核心,主要是凸显长吉图在我国参与图们江区域合作中的重要地位和作用,强调加快长吉图区域自身发展,增强图们江区域合作开发的支撑能力,对加快产业升级,着力提高基础设施保障水平,切实加强生态建设和环境保护,推进体制机制创新做出了全面部署,积极促进长吉图与国内区域联动是借势和整合,主要是突出图们江区域合作开发在全国的战略地位,强调在更大范围内谋划长吉图开发开放,全面提升图们江区域合作开发的整体实力。着力从加强与吉林省其他地区的有机联动、加强与东北地区的协同互动、推进与其他省区的深度合作三个方面,实现资源优势互补、产业合理分工、基础设施协同共建、区域经济协调发展;大力推进图们江国际区域合作是关键和途径,旨在破解制约图们江区域合作开发的瓶颈问题,强调在重点领域和关键环节取得突破,逐步形成全方位、宽领域、多层次、高水平的图们江区域开发与国际合作新格局。重点从加快建设国际大通道畅通工程、积极推进跨境经济合作区建设、加强资源合作开发利用与环境领域合作、加快国际产业合作园区建设,加强智力和文化及旅游等领域交流与合作、创新图们江区域国际合作机制六个方面进行破解。

我国参与图们江区域合作开发范围由吉林省扩展为辽宁,黑龙江,内蒙古。通过东北东部通道等基础设施建设和产业的互补对接,加快辽宁沿海经济带、长吉图开发开放相互融合,把沿海沿边开发和境外资源开发、区域经济合作、承接国内外产业转移结合起来,形成东北三省全面推进东北亚区域合作的局面。

四、作用(定位)与优势

《规划纲要》从国家、东北亚区域、东北新一轮振兴三个层面上,明确了长吉图的四大战略定位。第一,它是我国沿边开发开放的重要区域,这是站在国家层面上的一个战略定位,迄今是唯一一个国家批准实施的沿边开发开放的区域;第二、第三个分别是东北亚区域重要门户和经济技术合作的重要平台,这是站在东北亚区域上的一个战略定位;第四,它是东北地区新的重要增长极,这是立足东北新一轮振兴做出的战略定位。在全国,有八个省区是沿边地区,有代表性的如澜沧江湄公河次区域合作、中亚区域经济合作、图们江区域合作等。其中以长吉图为开发开放先导区的图们江区域合作具有独特优势。一是东北亚六国的经济总量大,有经济总量居世界前列的日本和中国;二是发展潜力大,有金砖四国的中国和俄罗斯;三是合作空间大,这里有丰富的自然和人力资源、巨大的市场、雄厚的资金和先进的技术,合作空间与市场潜力都很大;四是长吉图区位优势明显,与俄、朝港口群及蒙古国东部、俄罗斯西伯利亚远东腹地紧密相连,是我国对外开放的重要陆上通道。这种独特的优势也赋予了长吉图提升沿边开放的历史使命,将为我国探索沿边开放做出新贡献。

五、地位与影响

2011 年东北亚区域的 GDP 总量占到世界经济总量的 1/5 强。中、日、韩三国的 GDP 总量占亚洲 GDP 总量的 62%,虽然曾经受到亚洲金融危机的影响,但是东北亚至今仍然是全球最具有发展潜力的区域。近年来,随着经济全球化进程的加快,以地缘关系为基础的区域性经济合作日趋加强,东北亚地区在亚洲乃至全球经济发展中的地位和作用也将越来越重要。

至于图们江区域开发开放对东北亚国际合作未来的影响,用两句话来概括,一是图们江区域合作开发是我国整个对外开放格局中的重要组成部分,对于促进东北亚的经济技术合作具有十分重要的战略意义。二是图们江区域合作开发将成为我国建立和谐东北亚乃至和谐世界的重要战略支点。

第十三章

长吉图开发开放先导区
战略的必然性、必要性

第一节　先导区战略的必然性

一、从大图们江地区合作开发看

（一）大图们江地区振兴的重要选择之一

长吉图先导区是大图们江乃至整个东北亚区域的中心地区、关键地区、具有重大影响的地区。因此，它备受东北亚有关国家的关注。

大图们江地区合作开发成为俄罗斯摆脱金融危机影响的重要出路。金融危机以来，世界能源价格暴跌，石油价格最高跌幅近 80％，对俄罗斯经济造成巨大冲击。① 作为俄罗斯能源出口的主要市场，欧盟深受金融危机影响，市场萎缩。加快远东开发、深入与中国东北合作，扩大俄罗斯在华能源市场占有率，成为俄罗斯摆脱经济危机的出路。因此，俄罗斯对大图们江地区合作愈加积极务实。2009 年 9 月，中、俄两国共同批准《中国东北地区同俄罗斯远东及东西伯利亚地区合作规划纲要（2009—2018）》，从口岸及边境基础设施建设、运输合作、发展中俄合作园区、劳务合作、旅游合作、重点项目合作、人文合作、环保合作等 8 个方面确定了合作内容，尤其是中俄双方 205 个（俄方 94 个）重

---

① 伊娜：《油价暴跌俄罗斯经济"命悬一线"》，中证网，http：www. cs. com，2009 年 3 月 9。

点合作项目的确定,使大图们江地区中、俄合作有了实质性进展。[①] 可见,俄方对于区域合作的态度相当积极。金融危机导致欧美市场萎缩,对日本、韩国等典型的出口导向型经济体打击沉重。为此,利用中国市场拉动外部需求成为日、韩两国经济政策的重要取向。2009 年第二次中、日、韩三国领导人会议上,三国明确表示:"今后 10 年将是中日韩合作面临众多机遇的 10 年。我们将从战略视觉审视和把握三国合作关系,不断推动三国合作迈上新台阶。"通过振兴东北与大图们江地区合作开发,将在中国形成一个最具有活力的区域市场,成为日、韩企业对华投资及出口的重要区域。面对萎缩的欧盟市场和充满希望的中国市场,日本、韩国改变对大图们江地区开发的观望态度,更加积极地参与和谋划大图们江地区开发是必然的。

蒙古、朝鲜对金融危机背景下的大图们江地区合作开发更加翘首企盼,美国、日本深陷金融危机,对蒙古援助骤减,蒙古只能寄希望于开发资源、打通市场;而朝鲜在长期经济困境与国际制裁的双重压力下,实行开放、开发资源是摆脱困境的唯一选择。2010 年 3 月 10 日,朝鲜国家开发银行的设立,表明朝鲜在扩大开放方面采取了实质行动,对于加大与大图们江区域有关国家的经济合作具有重要的积极意义。[②]

(二)应对贸易保护主义的有力措施

贸易保护主义由来已久,金融危机以来则愈演愈烈。大图们江地区的日、韩、俄、中、蒙、朝六国,经济外向性强,却缺乏一体化的区域组织,已经成为贸易保护主义的最大受害者。推进区域经济一体化,增强应对贸易保护主义的能力已经成为六国的共同要求。长吉图先导区规划的实施与大图们江地区合作开发能够成为东北亚区域对抗贸易保护主义的有力措施。

(三)提升经济结构的有力途径

不论是东北亚地区的工业化进程,还是尚未结束的全球性金融危机,都对区域内的经济结构调整和产业层次产生了迫切要求。《规划纲要》的实施与大图们江地区合作开发是实现这一要求的有效途径之一。

---

① 《中国东北地区同俄罗斯远东及东西伯利亚地区合作纲要(2009—2018)》,俄蒙市场研究中新网,http://www.manzhouli.gov.cn/zfwz/swdx/Index.asp。

② 高浩荣、姚西蒙:《朝鲜国家开发银行正式成立》,中国新闻网,http://www.chinamews.com.cn。

（1）产业渗透使经济结构中外来成分日增。东北亚六国通过大规模的贸易、投资使产业相互渗透，经济联系紧密。2009 年虽受危机影响，但日、韩两国仍是中国第 2、3 位的贸易对象国①，是中国第一、第四位的 FDI 来源国。②中、韩两国制造业的许多核心技术和关键部件都是来自日本，东北的汽车、钢铁、化工产业大量引进日本和韩国的专利权技术及生产线，丰田、本田、三菱、三星、现代、LG 等跨国企业在东北亚区域的发展和壮大，已经为产业渗透开了一个好头；中国和俄罗斯的产业合作也正在深入，未来合作领域更加宽广。

（2）垂直分工利于产业转移。从产业结构和产业布局来说，蒙古、朝鲜和俄罗斯迫切需要开发资源，中、日、韩三国又是这些资源的重要需求方；日本、韩国的制造业有向中国、俄罗斯转移的梯度优势，中、俄两国的制造业也有向蒙古、朝鲜转移的梯度优势；通过转移可实现共同进步、互利共赢。

（3）产业创新可优化整体经济结构。大图们江地区各国在装备制造、电子信息、航空航天、汽车、造船、钢铁、医药、生物技术、纳米技术等产业具有较强的互补性，国际合作开发已经取得许多成果。如果日、韩、俄、中四国利用大图们江地区开发的契机，共建科技创新合作平台，深化科技合作与产业创新，完全可以抢占科技创新的高地，形成新的产业，优化结构，提升六国的产业层次，形成对欧美的整体竞争优势。③

（四）推动世界经济重心转移的重要举措

俄罗斯强调自己"也是亚洲国家"，面对其欧洲部分资源的衰竭，决心大力开发西伯利亚和远东市场，培育新的经济增长极。日本一反百余年的"脱亚入欧"态势，提出"回归亚洲"，在中、美、日三国之间形成"等边三角形"。尽管中、日、韩三国与东盟目前形成了"10＋3"的机制，但三大经济体都处于东北亚地区，和俄罗斯远东的长远经济利益相关联及东北亚合作的前景远胜于和东南

---

　　① 中国海关网，此数据以国别计算，不含香港特别行政区，同时欧盟按各国单独计算。

　　② 商务部新闻办公室：《2009 年 1—12 月全国吸收外商直接投资情况》，中华人民商务部网站：http://www.mofcom.gov.cn/aarticle/tongjiziliao/v/201002/20100206785656.html。

　　③ 赵玉梅、赵光远：《新时期大图们江地区开发与东北亚经济技术合作研究》，载《社会科学战线》2010 年第 5 期，第 2 页。

亚(东盟)的经济联系。大图们江地区的合作开发具有光明的前景。[①]

二、从培育吉林省增长极看

(1)从地理空间条件来看,长吉图地区位于东北三省的地理中间地带,为图们江区域的几何中心,有哈大线、东边道等交通基础设施的支撑,而随着中蒙大通道建设的推进,这里还将成为由蒙古乔巴山至中国珲春的主要路段。而且,长吉图地区有较为充裕的地理空间可以布局重点产业,也有适于产业布局的地理条件。以此为中心,近可辐射吉林全省,远可连接黑龙江、辽宁、内蒙古等地,甚至影响大图们江区域。

(2)从经济基础看,吉林省主要的产业如交通运输设备制造、石油化工、生物医药、微电子、现代农业、旅游业等都布局在这一地区。只是这些产业没有发挥出对区域经济的拉动作用。长吉图主要覆盖的长春市、吉林市、延边州,它们2008年的GDP在吉林省GDP中所占比重达61%(长春占37%、吉林占19%、四平占9%、辽源占4%、通化占6%、白山占4%、松原占12%、白城占4%、延边占5%)。

(3)从政策条件来看,延边朝鲜族自治州的珲春等地已有较为丰裕的对外开放政策支持。此次《规划纲要》获得国务院批复后,长吉图地区不仅享有充分的对外开放窗口的支持政策,而且拥有"先行先试"的特殊政策。这些政策优势将推进这些地区率先发展,更好地吸引内外资,形成集聚效应,进而形成区域经济新的增长极。

(4)从人文社会因素来看,长吉图地区也在吉林省内拥有得天独厚的条件。长春市是吉林省省会城市,是吉林省的政治经济文化中心。整个长吉图地区拥有大专院校数10所,其中有吉林大学、东北师范大学、延边大学等全国知名的"211"工程大学。此外,还有中国科学院物理所、地理所等高级科研机构,可以为长吉图开发开放先导区的建设提供充足的智力支持。[②]

由此可见,以长吉图地区为开发开放先导区,有其充分的经济社会基础,也能够借助其政策优势实现《规划纲要》中建设东北地区新的经济增长极的战略目标。

---

① 赵玉梅、赵光远:《新时期大图们江地区开发与东北亚经济技术合作研究》,载《社会科学战线》2010年第5期,第3页。

② 王胜今、赵儒煜:《论长吉图开发开放先导区建设与发展战略》,载《社会科学战线》2010年第4期,第10页。

三、从俄蒙经济合作愿望看

（1）通过长吉图先导区规划的实施更加加强了中国与周边国家的经济合作与交流，特别是与蒙古、俄罗斯以及中亚诸国在能源开发合作等领域正在建立稳定、深入的联系。

（2）俄、蒙等国也开始重视其国土开发和能源等战略资源的国际合作。俄罗斯正在逐步实施其远东开发规划，蒙古也在着力于其东部开发，长吉图与俄蒙是近邻，为中国参与其区域开发提供了良机。

（3）中、日、韩等国在俄、蒙能源开发合作领域的努力，为国际通道建设提出了迫切要求。俄、蒙两国对此也日益关注。蒙古已经把连接中国铁路网的两山铁路（蒙古国乔巴山—中国阿尔山）列入规划并开始建设，《规划纲要》把两山铁路建设列入规划，俄罗斯与中国在经珲春借港扎鲁比诺出海等方面也达成了协议，成为长吉图规划目标中的一项，中蒙、俄蒙国际大通道建设出现良好势头。

（4）国际金融危机的打击，使俄、蒙两国经济出现较大困难，建设资金紧张，两国与我国开展经济合作的愿望非常强烈，为吉林省以长吉图开发开放先导区为平台开展对俄、蒙的区域经济合作提供了新的契机。①

因此，长吉图为开发开放先导区，有利于中国开展对外能源、资源合作开发，以探索我国与俄罗斯远东开发计划、蒙古东部开发进程的衔接及融合路径，推进中俄、中蒙国际通道建设，从而加速图们江区域国际开发合作的进程。

第二节　先导区战略的必要性

一、为吉林省产业结构调整带来机遇

（一）产业结构的问题

1. 传统制造业比重过高，产业结构应对经济波动缓冲力不足

吉林省加工制造业占经济比重较高，且绝大多数属于传统加工制造业，现

---

① 王胜今、赵儒煜：《论长吉图开发开放先导区建设与发展战略》，载《社会科学战线》2010 年第 4 期，第 8 页。

代加工制造业比重很低。其中汽车、石化和农产品加工三大支柱产业的比重又占规模以上加工工业 60% 左右，形成高中之高。这样的结构表现出的问题有：一是投资边际效益递减，投资产出系数降低。近几年，吉林省工业投资的产出系数持续下降。[①] 二是产业中差异化、个性化的成分比例少，只能与竞争对手处于低水平同质竞争状态，经济景气度高时，彼此皆大欢喜。经济景气度下降时，则听天由命。三是经济增长主要靠规模拉动，高新技术比例较低。吉林省以高新技术为代表的信息产业明显低于全国平均水平。[②] 这种发展模式，面对国内市场渐趋饱和的状况，发展空间越来越小，产能过剩的压力越来越大。

2. 玉米工业化加工与未来粮食紧缺趋势相悖，会遇到原料困境

过去十几年，基于粮食资源优势的考虑，吉林省玉米加工业规模迅速扩大，"十一五"期间各企业都快速扩大加工能力，按规划，"十一五"末吉林省玉米总加工能力可超过 1500 万吨，已接近 1900 万吨的玉米总产水平。[③] 据分析，全球粮食紧缺仍然是未来的主要问题。所以，以玉米为原料进行加工是与未来粮食紧缺趋势相悖的。

3. 经济增长方式仍属粗放型，经济转型任重道远

吉林省是经济欠发达省，正处在工业化发展和赶超阶段。但是，我们没有利用好后发优势，粗放型的高能耗、高污染、低技术仍然是制约吉林省经济发展的主要问题：一是经济增长中能耗居高不下，在全国处于较高水平。二是环境问题突出。工业高排放造成的空气污染、水系污染和工业垃圾污染问题仍然严重，农业生产中农药、化肥造成的面源污染还在继续恶化，城乡生活污水、垃圾污染治理进展缓慢。三是产业缺乏自有技术。过多依赖外部技术，以汽车产业为例，我国只有部分自主品牌，大部分产品都是引进的国外品牌和技术。四是新兴产业储备不足，经济再增长缺乏后劲。近些年，吉林省加工制造业之所以发展较快，是因为与发达国家或发达地区比，存在产业转移梯度优势，这个优势可能还会持续一段时间，但只能是越来越小，直至消失。未雨绸

---

　　① 吉林省工业投资产出系数 2006 年为 4，2007 年为 3.12，2008 年又有所下降。详见王祖继：《吉林省新型工业化的路径选择》，载《经济纵横》2008 年第 6 期。

　　② 2007 年，全国以高新技术为代表的信息产业在第二产业的比重达到了 40%，而吉林省还不到 10%。

　　③ 吉林省发改委：《吉林省第十一个国民经济和社会发展规划》，2006 年。

缪,要想保持经济增长的后劲,必须有新兴产业储备。[①]

(二)为产业结构调整带来机遇

吉林省当前的发展存在四大问题:第一,产业结构单一,长期以汽车、石油化工及农产品加工为主,新兴产业,特别是高技术产业发展较慢;第二,空间结构不合理,长春和吉林两个城市经济产量约占全省的 50％以上,没有形成可以覆盖全省主要区域的大中城市群落和产业群落;第三,固定资产投资偏重于基础设施建设,新增生产能力有限,投资效益受到发展限制;第四,图们江流域开发已经历 20 余年,仍未形成新的产业增长点。

推行长吉图开发开放先导区建设的重要意义,就在于通过"先行先试",进一步调整吉林省的产业结构,优化经济发展的空间布局,促进城市和城镇化发展,探索边疆地区发展的新模式。另一方面,探索与发达国家合作影响周边欠发达地区,是长吉图开发开放先导区的一大特征。朝鲜、俄罗斯远东都属于欠发达地区,日本、韩国属于经济发达国家,积极探索和这些国家的合作具有双重意义:一方面,可以充分利用发达国家的优势资金和科学技术,另一方面,可以将欠发达国家的市场、资源作为吉林省产业发展的一个重要支撑。[②]

二、大图们江地区合作开发需要一个发动机

先导区建设是我国以长吉图地区一体化为整体参与国际合作、推动图们江流域乃至大图们江地区合作开发的重要举措,必将在新的历史时期成为大图们江地区开发与东北亚合作的发动机。

1. 先导区是引领大图们江地区合作开发的核心

从地理位置看,大图们江地区涉及陆地区域 70％以上在中国境内,而先导区正处于中国东北地区中部,西接京哈线,东临日本海。从大图们江地理位置看,先导区处于区域的几何中心。

先导区建设纳入国家区域发展战略,使图们江地区合作开发由珲春到延边再扩展到长(春)、吉(林)、图(们江)区域,将长吉图全部资源用于服务图们江区域开发,增强了图们江区域合作开发的基础实力。先导区进一步与哈大

---

① 郑正、丁晓燕、姜俊:《以长吉图开发开放先导区带动吉林省经济结构调整》,载《载社会科学战线》2010 年第 4 期,第 2 页。

② 郑正、丁晓燕、姜俊:《以长吉图开发开放先导区带动吉林省经济结构调整》,载《社会科学战线》2010 年第 4 期,第 1 页。

齐工业走廊、辽宁中南部及辽宁沿海经济带乃至呼(和浩特)、包(头)、鄂(尔多斯)经济带互动发展,并通过辽宁连接我国东部地区,通过内蒙古连接我国中、西部地区,使图们江区域开发向我国腹地延伸,将形成以长吉图先导区为核心的我国参与大图们江地区合作开发的有机整体和强有力平台。在大图们江区域建设东北亚地区新的增长极,形成大图们江区域、环黄渤海区域、日本海沿岸、俄罗斯远东四大区域共同推动东北亚合作开发的新格局,先导区可以成为凝聚国内外开发大图们江地区的核心。

2. 先导区是推动大图们江地区合作开发的最佳节点

(1)推动大图们江地区合作开发的产业节点。长春高新区、吉林高新区、长春经开发区、延吉高新区等一批国家级开发区和合作园区,为大图们江地区合作开发提供了重要平台,是国内外扩大区域合作的基础,既有利于国内生产要素的投入,也有利于日本、韩国的技术与资金,俄罗斯的森林资源,蒙古、朝鲜的矿产资源集聚于此,使先导区成为重要的产业节点。

(2)推动大图们江地区合作开发的通道节点。随着中蒙两山(阿尔山—乔巴山)铁路的修建,中俄珲(春)—海(参崴)铁路的畅通,中朝图(们)—罗(先)公路的拓展,先导区将成为我国东北与蒙古、朝鲜、俄罗斯的联结枢纽,也是东出日本海连通韩、日两国,西出蒙古达俄罗斯西部与欧洲的交通要冲,成为大图们江地区国际海路通道的最佳节点。

3. 先导区是大图们江地区合作开发的基础

先导区在公铁交通、通讯、能源等基础设施方面具有优势,可满足区域开发初步需要。

经济发展水平,产业特色优势和科技支撑能力三驾马车夯实了先导区经济基础。一是经济相对发达。2009年,长春、吉林和延边州三个地区人均GDP分别为5700、5100和3030美元左右,先导区人均GDP达到6000美元以上,已经达到工业化后期水平,同时产业优势明显,基础设施健全、劳动力素质相对高,既是吉林省经济最发达的区域,也是大图们江地区最具有经济活力的区域之一。[①] 二是产业特色优势明显。目前,先导区的汽车、石化、农产品加工、医药等行业在全国具有重要地位,新能源汽车、汽车电子、高速动车组、艾滋病疫苗、玉米化工醇、碳纤维以及依托长白山中医药资源形成的中药产业等高新科技领域正在形成新的优势。三是科技支撑能力较强。高等院校、科研院所构成了科技支撑体系的基础,大中型企业构成了科技支撑体系的主体,

---

① 　根据长春市、吉林市和延边州三地区的《2010年度政府工作报告》有关数据测算。

各类高新园区、特色产业基地成为科技支撑体系的有力补充,为先导区建设提供了强劲的科技支撑。

4. 推动大图们江合作开发是先导区建设的终极目标

纳入国家层面的先导区建设,其根本任务是推动图们江区域乃至大图们江地区开发。大力推进长吉图参与图们江国际区域合作,创新图们江区域合作机制等具体任务的提出,显示出先导区建设在图们江区域及大图们江地区开发中与东北地区其他战略开发地带的不同,先导区建设直接为图们江区域开发服务,是大图们江地区开发的不可或缺的重要支撑点和核心部分。大图们江地区的繁荣是长吉图先导区建设的终极目标。①

---

① 陈玉梅、赵光远:《新时期大图们江地区开发与东北亚经济技术合作研究》,载《社会科学战线》2010 年第 5 期,第 6 页。

第十四章

长吉图开发开放先导区战略
的艰难性、可行性

第一节　图们江区域开发与先导区战略的艰难性

一、长吉图开发要解决的难点

(一)东北亚经济合作存在复杂性

俄罗斯与吉林省接壤的部分处于远东末梢,不是其在远东的主要城市,经济实力很有限。朝鲜经济受政治因素影响,发展变数很大。这些问题我们没有办法控制,我们要做的只能是让邻国认识到,与我们合作能够给他们带来巨大的利益,这样对方才有积极性。

(二)确定对接图们江国际合作的新兴产业

目前我们所做的大多数是基础的通道建设工作,而核心问题是在图们江地区发展什么样的新兴产业可以与邻国的优势产业直接对接或者具有关联性,从而真正形成国际区域经济合作与联动。具体来说,就是上可以与日本、韩国的优势产业对接,下可以充分利用俄罗斯、朝鲜的资源优势。长春、吉林和唯一图们江地区的延边朝鲜族自治州将实施联动发展,沿交通轴线布局,构筑以珲春为开放窗口、延边朝鲜族自治州为开放前沿,长春、吉林为直接腹地、相关特色功能区为补充的带状布局,大力发展国际间优势产业合作。

（三）探索创新体制与发展模式

《规划纲要》明确提出要在"延边地区与内陆腹地优势互补和联动发展"、"开拓陆海联运国际运输新通道"、"探索延边地区跨境经济合作模式"三方面进行"先行先试"。我们所面临的考验是既要面对发达国家，又要面对不发达国家，需要探索和发达国家合作又能影响周边欠发达地区的国际合作新模式。

（四）扩大长吉图先导区的经济规模，发展大城市

作为长吉图先导区的开放前沿，延边朝鲜族自治州经济规模较低，而且缺乏支柱产业，因此急需扩大经济总量与规模，发展有影响力的大城市。

仅从延吉市看，无论其城镇人口规模、生产总值、财政收入各方面指标，都属于中小城市的规模，远不能适应长吉图开发开放先导区的要求。如果能够实现延龙图三市一体化的目标，则达到较大城市的规模，在吉林省超过四平，成为第三大城市，也将成为我国边境市中可以接近或超过丹东名列前茅甚至可能位列首位的大城市。实现延龙图一体化的战略目标，其关键还在于形成新的产业基地。从现实情况出发，我们应着力打造六大产业基地：

一是承接东南沿海产业转移，利用土地、人力、资源、农产品加工业优势，发展面向俄罗斯远东、朝鲜半岛和日本的出口加工业基地；二是积极利用吉林省生物技术的研发优势，利用吉林省特别是长白山区农业与生物资源的优势，大力建设并提升生物技术与制药等产业基地；三是积极利用吉林省农业和农产品加工业优势，大力发展出口东北亚的农产品和食品加工基地；四是探索建立利用朝鲜、俄罗斯的能源、矿产、木材、水产品的进口资源加工基地；五是要努力发展新能源和新材料的产业基地；六是要探索产学研一体化的新模式。科技创新依靠企业和科研，吉林省有科研优势，要大力推进吉林省企业及省外企业与吉林大学、东北师范大学、延边大学、长春理工大学、吉林农业大学、吉林动画学院、中国科学院光机所、应化所、地理所等科研单位的合作，打造新的经济增长点。

（五）经济外向度低，发展能力不足

作为东北内陆省份，经济外向度低，整合发展能力不足一直是制约吉林省发展的重要障碍。长吉图把吉林省最具潜力的开放优势与最具魅力的资源优势相叠加，建设吉林省对外开放、招商引资的平台，成为实现全面振兴的新引擎。

二、图们江区域合作开发呈现的"特点"

(一)多种合作机制已经建立,但合作平台尚不完善

目前,联合国图们江区域项目秘书处机制,中、俄、朝三国协调委员会机制,中、俄、朝、蒙、韩五国协商委员会机制,中、俄、朝、蒙、四国协调机制,中、俄、蒙、韩、日五国环日本海地方首脑会晤机制,东北亚博览会、东北亚经济合作论坛、东北亚地方政府首脑会议机制等多种国际合作机制已形成,中俄总理定期会晤委员会及下设的各分委会机制、中朝科技经贸联委会机制、中俄吉林省与滨海边疆区混合工作会议机制等双边机制也已建立。但是,目前的支撑体系和机制建设往往局限在政府层面,在具体落实上缺乏有效的平台。我国参与大图们江开发的合作平台体系已形成,而其他国家的平台建设还远远落后于我国。缺乏有效的、完善的经济技术合作平台,是制约合作开发进程的主要因素。

(二)基础设施逐步改善,但发展极不平衡

我国始终致力于推动大图们江区域经济合作。2008年辽宁、吉林、黑龙江三省和内蒙古自治区在电力、燃气和水的生产供应,以及交通运输仓储和邮政业两个主要基础设施建设行业的固定资产投资共计3814.5亿元,占四省区固定资产投资总额的15.8%。[①] 大连、丹东、珲春、绥芬河、满洲里、二连浩特等市对外口岸基础设施完备。尽管,俄、朝、蒙等国也积极推动基础设施建设,但制约因素较多,进展不快。朝鲜口岸基础设施落后,俄罗斯的卡绍梅尔娅铁路联检设施不健全,蒙古的两山铁路虽已达成合作建设意向,但至今尚未开工。

(三)通道建设有所进展,但通畅程度有待提高

大图们江地区的传统通道发挥着巨大作用。大连对日、韩两国的海空通道,丹东对朝鲜的陆上通道,绥芬河、黑河、满洲里的对俄陆上通道,二连呼特对蒙、俄两国的陆上通道发挥着积极作用。其中丹东对朝鲜出口占全国对朝

---

① 　根据《中国统计年鉴2009》数据整理计算。

鲜出口额的一半以上[①],内蒙古、黑龙江两省区对俄出口占全国对俄出口的33.6%。图们江区域通道建设有所进展。1992年以来,我国以图们江地区珲春市为中心,相继开辟了中俄、中朝公路通道、中朝铁路通道、中韩空中通道和多条"借港出海"海陆联运通道。但通而不畅的问题十分突出。一方面,航线单一,未开辟与欧美等国的航线,已开辟的到韩国的航线港口有限;另一方面,大、小"三角"及图们江区域市场规模小,也制约了通道的利用和进一步建设。

(四)梯度经济利于发展,但深受制度差异和非经济因素制约

大图们江地区既有发达国家,也有发展中国家、欠发达国家和最不发达国家,梯度差距明显,具备产业转移的有利条件;同时该地区既有自然资源丰富的国家,如蒙古、俄罗斯、朝鲜均有大量待开发的矿产资源,又有完全依靠国外资源生存的国家,如日本、韩国。在资源开发、加工技术方面也具有较大的梯度。但是,各国经济市场化程度不同,日、韩两国已经建立起较为成熟的市场经济体制,中国的市场经济体制刚刚形成,俄、蒙两国仍在经济转型过程之中,朝鲜则处于计划经济体制之下。经济开放程度的差距以及生产流动性的不足,制约着东北亚经济合作和一体化进程。六国之间多有领土争端与历史问题争议,有些国家对中国崛起心存疑虑,朝核问题不时矛盾激化,美国对六国合作多方干扰,这些因素导致六国之间互信不足,严重制约了合作进程。

(五)区域内合作导向积极,但外部制约力量较强

为摆脱金融危机和实现长期稳定发展,东北亚六国的合作愿望强烈,但外在因素特别是美国的干预力量起着很强的牵制作用。美国在东北亚地区除了强化安保之外,为确保本国在东亚市场的实力而不断阻挠东亚的联合。日、韩两国是处于美国核保护伞下的"盟国",其军事、外交受制于美国,美国的牵制必然影响日、韩两国对大图们江地区开发的参与程度。[②] 美国对中蒙、中俄能源合作也不可能袖手旁观。另一方面,欧洲、印度对俄远东和蒙古的资源兴趣浓厚,不愿看到东北亚经济一体化,也通过多种方式牵制东北亚合作,这些因

---

① 于国平:《在市直党政机关〈朝鲜半岛人文知识百题〉学习活动启动仪上的讲话》,2009年7月19日,丹东机关建设:http://www.ddjgjsw.gov.cn/Html/lingdaojianghua/093118424.html。

② 韦民:《论东亚地区主义及其理论启示》,载《亚太研究论丛》,北京大学出版社2004年版,第35页。

素都对大图们江地区合作开发形成干扰。①

第二节　图们江区域合作开发与先导区战略的可行性

　　大图们江地区六国既有合作开发的共同利益，又因政治、经济、文化差异呈现复杂关系，因此必须明确战略思路，即坚持政经分开，搁置争议、求同存异、增强互信；政府推动、市场运作、平等协商、互利共赢；先近后远、先易后难、循序渐进、逐步升级，最终实现合作共赢和区域繁荣。近期以中俄合作开发远东能源为重点，带动蒙古、朝鲜的资源开发，进而吸引日、韩两国参加。中期以六国间的产业转移与承接为重点，深化科学技术合作，优化各国的产业结构，全面提升整个区域的产业和科技水平。远期则以高端服务业合作为主，通过信息、金融等领域的实质性合作，使大图们江地区资源、人力、资本、技术良性互动，以深化六国的经济联系，加速区域经济一体化进程，与欧盟、北美自由贸易区建立伙伴关系，并为统一货币——亚元的形成奠定基础。② 同时中国吉林省全方位、宽领域、多层次地提升对外开放水平，图们江区域合作开发与先导区战略的可行性是非常大的。可以说，其可行性是肯定的。

一、协调内外关系，推进合作进程

　　大图们江地区开发在经济发展和政治外交上均具有重要战略意义。因此，大图们江地区开发应列入国家及各部委"十二五"规划乃至中长期发展战略规划，着力协调各方面关系，解决影响深远的重大问题。第一，协调好先导区与省内其他地区的关系，通过先导区建设促进全省共同发展，防止长、吉地区与非先导区差距过大；第二，协调好辽、吉、黑、内蒙古四省区的相互关系，防止东北经济区内各自为战，对大图们江地区的整体发展产生不良影响；第三，协调好自主开发与合作开发的关系，使两种开发互相促进，提高合作开发的效率和效益，防止垄断和恶性竞争；第四，协调好经济合作开发与文化合作、政治合作等方面关系，以经济合作为中心，促进东北亚六国关系全面提升。

---

　　① 陈玉梅、赵光远：《新时期大图们江地区开发与东北亚经济技术合作研究》，载《社会科学战线》2010年第5期，第4页。

　　② 陈玉梅、赵光远：《新时期大图们江地区开发与东北亚经济技术合作研究》，载《社会科学战线》2010年第5期，第8页。

二、提升合作层次，完善合作机制

第一，国内协调机制建设，在东北经济区内形成合理的、有活力的机制，既要建设官方的协调制度，也要建设民间的协调制度，发挥好行业协会、商会在非官方协调机制中的重要作用。

第二，大图们江区域国际合作协调机制建设，这是深化开发合作的当务之急，应加紧推动六国在国家层面设立协调机构，形成有效的机制，这是深化开发合作的当务之急，应加紧推动六国在国家层面设立协调机构，形成有效的机制，努力推动国家、地方政府和民间合作机制共同发挥作用，推动区域内跨国企业的形成，以跨国企业为主体，以市场机制推进区域合作与开发。

第三，在更广阔的多边框架内建立合作机制，除 UNDP 之外，力争在 IMF、WTO、G20、APEC 等框架下建立专门机构，在更广阔的空间里寻求共同利益，促进合作。

三、优化产业布局，共建区域优势

第一，国内布局应合理分工，明晰竞合关系。尤其是东北经济区的五大经济群、带（辽沿海、辽中部、长吉图、哈大齐、呼包鄂）应通过项目审批、企业重组、调整增量与存量，围绕区域内优势产业和战略性新兴产业的发展，合理布局，科学分工，推动产学研结合和区域协调发展，强化科技支撑能力，共建产业优势。辽宁沿海、辽中南地区应继续以电子信息、软件、装备制造、冶金、造船等为重点行业进行发展；长吉图区域应以汽车、石化、新材料、现代中药、农产品精深加工、装备制造（动车等列车装备制造）等为主导产业进行规划；哈大齐地区应围绕动力设备、飞机制造、机器人、能源生产和石油化工等产业方向规划；呼包鄂地区应以能源、冶金、稀土开采、生物制药等产业方向为主导进行规划。通过东北东、西部铁路和哈大客运专线、高速公路网和支线飞机网建设，使东北经济区成为有机网络，成为中国新的增长极和东北亚合作重要平台。

第二，大图们江区域开发布局应针对资源优势、多元开发、促进流动、强化优势。通过 10 年左右的资源开发，将俄罗斯远东、蒙古、朝鲜和我国东北建成石油、煤炭、核电、风能组成的东北亚能源基地；在大三角区域布局石油加工工业，形成石化工业基地；在中国辽宁、内蒙古和蒙古、朝鲜等建设冶金（铁、铜等）工业；在俄罗斯远东地区、我国东北北部建设森林资源加工工业和现代农业加工工业；依托中国东北及朝、蒙等国现有基础，开展现代中药、朝药、蒙药和生物药开发。

四、推行先行先试，创新合作方式

第一，开发合作方式的创新。加快中国和其他五国跨境自由贸易区、出口加工区、产业园区建设，在合作方式上考虑突破区域接壤局限，采用"飞地"式自由贸易区建设，不仅要把延边，更要把吉林、长春等中心城市的交通打造成"飞地"式自由贸易区的组成部分；产业园区应突破行政区域界限，统一规划、统一建设、科学分工、合理布局，逐步实现各有侧重、全面发展的区域开发方式。

第二，投融资方式的创新。积极支持区域内各国有、民营和外资金融机构设立研究机构，探索适合于大图们江区域的投融资方式和管理审批制度；积极推动六国共同组建大图们江区域开发银行和大图们江区域货币基金，探索或引进投融资有效经验，在国际投资、担保、结算等方式上实现创新；通过深层次地金融合作，逐步发展并建立区域货币本位。

第三，人才交流以及其他非经济合作方面的创新。大图们江区域在人才、文化交流方面有很多成功经验，应加大力度，共同组建具有跨国性质的文化传媒、影视制作、动漫创意企业，吸收大图们江区域各民族文化特色，形成产业优势，把大图们江区域建成世界级的传媒中心和文化创意产业基地。[①]

五、发展摸索新路，合作探索共赢

第一，长吉图可为国家沿边地区的发展摸索出一条新路。改革开放以来，沿海地区取得了很大的成功，但沿边地区开放进程相对缓慢、开放程度较低。而长吉图区域沿边近海，具备得天独厚的区位优势，具有近 20 年合作开发的基础和实力，理当肩负起建设沿边开放开发"先行区"和"示范区的"国家使命。

第二，长吉图还将探索与发达国家合作、与欠发达国家共赢的合作新路。我国目前的开放中，东南沿海地区主要是和发达国家、地区合作。和发达国家合作又能影响周边欠发达地区，是长吉图开放开发先导区的一大特色。

六、选好开发模式，保证合作顺利

大图们江地区合作开发伊始必须根据国情、地情、时期，确立正确可行的开发开放模式，以保证开发的顺利成功。开发开放的最终目的是发展。当前，

---

① 陈玉梅、赵光远：《新时期大图们江地区开发与东北亚经济技术合作研究》，载《社会科学战线》2010 年第 5 期，第 9 页。

应以产业主导型、贸易主导型为主线,突出产业、贸易、资本主导性,最终实现合作共赢、共同发展。

1. 产业主导型模式

产业主导型模式指各国以相关产业为对象,以组建跨国或多国企业为主体推动区域合作开发步伐,进而带动各种生产要素全面流动的区域开发模式。产业主导型可以分为两大类,一是共同开发型,如针对矿产资源、森林资源的开采和加工,各国或企业根据自身要素禀赋优势,出资入股,签订合作协议,共同开发,共同获利;二是产业转移型,由大型跨国或多国企业根据市场需要推进不同地区的产品换代和产业转移。两种模式可根据产业类别进行选择,农业、资源开发业(含旅游业)、高新技术产业均可考虑共同开发型模式,制造业、服务业可考虑产业转移型模式。

2. 贸易主导型模式

贸易主导型模式是以扩大需求、强化贸易带动产业、技术等各方面合作开发的模式。需求导向型是市场经济的主特性之一,针对区域内的国际需求,通过减少贸易壁垒、关税,提升边境贸易和加工贸易水平等措施,在现有基础上大力推动自由贸易区建设的有关举措、推动区域六国间的商品和服务流通;针对东北亚各国储蓄倾向强的特性,通过调整收入分配结构、增强社会保障及调控利率、物价等措施,努力扩大内需,扩大各国对他国商品的需求。国际贸易、国内贸易双管齐下,以商品流通为主,服务流通为辅,全力带动东北亚各国的全面合作。

3. 资本主导型模式

资本是市场经济体制下经济社会发展的要素,资本流动与积聚是区域合作开发的重点关注对象。东北亚地区的中、日、韩三国均是世界外汇储备大国,具有采用资本主导型模式的条件。因此,采取资本主导型模式,最重要的是让资本"活起来"和"合起来"。一是资本"活起来",中、日、韩三大型企业的联合、并购、重组、建立世界级的企业集团,提升竞争能力;二是资本"合起来",中、日、韩三国应有效推动资本合作,在东北亚区域内共同开发自然资源,共同提高在世界范围内的话语权,组织联合资本,购并其他区域化组织范围内的具有一定优势或特色的企业。促进资本联合、流动和主导区域合作开发,构建区域特色竞争优势。

七、吉林省实施开放带动战略,提高经济合作能力

《吉林国民经济和社会发展第十二个五年规划纲要》提出,未来五年要深

入实施开放带动战略,提升对外开放水平。要加大跨境经济合作力度,努力提高外经贸规模和质量。在更高层次上推动"引进来"和"走出去"。突出引资引智并重,充分利用"两个市场"、"两种资源",有效整合国内外生产要素,提高开放带动能力,形成全方位、宽领域、多层次的开放格局。特别是要加快长吉图开发开放先导区建设,将其打造成吉林扩大开放、改革创新的重要平台。加大经济合作力度,提高经济合作能力和水平。

继续发挥政府组织推动和企业主体作用,创新招商引资方式,围绕优势特色产业的扩能升级、深度开发和链条延伸,加强产业合作,注重引进附加值高、资源节约、节能环保和基地型、龙头型项目。创造互利共赢的环境,加快社会信用体系、政策促进体系、服务保障体系和风险控制体系建设,依法保护投资者合法权益。精心策划和组织好境内外重大招商引资活动。充分发挥东北亚博览会、汽车会、农博会、长春电影节等各类展会和节庆活动的交流平台作用。

努力提升外经贸规模和质量。《规划纲要》提出,要优化结构,扩大总量,促进产业优势尽快转化为出口竞争优势。大力发展服务贸易和加工贸易,加快发展边境贸易,积极开拓国际市场。推动汽车及零部件、轨道客车、农副产品加工等产业扩大出口规模,形成一批出口优势产业群,加快建设国家级汽车零部件出口基地、吉林特色农产品出口基地、科技兴贸出口创新基地和20个省级出口基地。

完善境外投资重大项目协调机制和"走出去"服务体系。积极引导吉林省有实力的企业"走出去",加大与周边国家和澳大利亚、加拿大等国家在资源和能源领域的合作开发力度。支持皓月等农畜产品加工企业提高国际市场竞争能力。推动吉恩镍业、通钢、金海木业等企业在海外建立资源性产品开发、生产、加工及进出口贸易基地。"十二五"期间,长吉图先导区建设是吉林省对外开放的一大亮点。

突出抓好区域内交通、能源及跨境通道等基础设施建设,巩固拓展国际陆海联云航线,努力在借港出海、内贸外运等方面实现突破;充分利用先行先试政策,建设和运行好长春兴隆综合保税区和珲春保税物流园区,加大行政管理体制、涉外管理体制和金融机制的改革创新力度;加强与东北亚各国合作,充分发挥东北亚博览会作为我国与东北亚国家经贸合作和文化交流的重要平台作用,不断完善吉林省与东北亚各国地方政府首脑会晤机制,积极推动建立跨境经济合作示范区。

第十五章

图们江合作开发与先导区
规划的战略性、突破性

我们应充分认识《规划纲要》的战略意图,通过长吉图开发开放先导区"先行先试"的实践活动,逐步实现其战略目标。

第一节　先导区规划的战略性

先导区规划目标并非局限于有效解决图们江区域开发自身面临的问题,它将对外统筹与沿边开放创新战略、增长极培育与区域经济和谐发展战略、产业化与增长方式转换战略,旅游产业发展战略融为一体,其含义极其深远。

一、内外统筹与沿边开放战略

（一）推进图们江区域合作开发的战略举措

自 1992 年图们江区域合作开发项目启动以来,东北经济区特别是吉林省的对日、俄、蒙、朝、韩的经济交流与合作取得较大进展。对东北亚上述五国的进出口总额 2000 年为 11.5 亿美元,到 2008 年即达到 43.9 亿美元(据吉林省商务厅统计数据)。

但是,与东部沿海发达地区以及黑龙江等内陆边境省份对外贸易的发展相比,吉林省对东北亚五国经济合作的发展还远远不够,对一些国家的贸易额也非常有限。这种现象的形成是多种因素影响的结果。长期以来,由于图们江区域合作主要国家的国家制度、经济体制等原因,以珲春为主要节点的国际通道通而不畅,影响了相关各国的经济交流。珲春等吉林省参与图们江区域经济合作的主要前沿窗口经济总量不大,产业国际竞争力不强,出口能力弱,与腹地的联动不够,使得该地区没有充分发挥出其对外经济合作窗口的作用。

为此,此次《规划纲要》将吉林省腹地的两个超大城市长春、吉林与珲春、图们等前沿城市合为一体,从而实现加速推进图们江区域开发合作的战略意图。

（二）应对图们江区域合作开发新形势的需要

2008 年美国次贷危机诱发世界性金融危机以来,东北亚区域经济形势发生了巨大变化,为推进图们江区域经济开发合作创造了新的机遇。(1)中国经济的长期增长以及金融危机爆发后的稳定发展,加强了中国与周边国家的经济合作与交流;(2)俄、蒙等国也开始重视其国土开发和能源等战略资源的国际合作;(3)美、日、韩等国在俄蒙能源开发合作领域的努力,为国际通道建设提出了迫切需求(蒙的两山铁路,即乔巴山—阿尔山铁路开始建设,与俄在经珲春借港扎鲁比诺出海达成协议);(4)俄、蒙建设投资紧张,两国与中国开展经济合作愿望非常强烈。

（三）统筹国内国际开发,实现"两条腿走路"的战略需要

(1)图们江区域国际开发合作空间广阔,大有可为。一方面,在区域开发合作、能源开发合作等领域,俄、蒙两国与中、日、韩等国之间的交流日益紧密,合作逐步深化;另一方面,朝鲜参加图们江区域合作、发展经济的需求也非常强烈。对于中国东北地区,特别是长吉图地区而言,既存在着参与图们江区域开发合作的巨大空间,也面临着对日、韩等国的技术合作、承接产业转移等方面的机遇。

(2)中国 GDP 在 2008 年达到 300670 亿元,比上年增长 9.0%。2009 年中国 GDP 达到 335353 亿元,增长率为 8.7%。而 2011 年 GDP 已达到 471564 亿元,比上年增长 9.2%。[1] 这种较为强劲的增长势头使得中国的国际地位日益提高。内资越来越多地走出国门,开展对外投资。同时,在国内经济活动中也呈现出超过外资投入速度的态势。在这种新形势下,实施长吉图开发开放先导区战略,更加有利于该地区对内外资的兼收并蓄,统筹谋划。

(3)吉林省在东北振兴过程中取得了较快发展,近年来增长速度提升较快。2000 年,吉林省的 GDP 增速为 9.2%,居全国中游;2008 年为 16%,居全国前列。但在吸引外资及内资方面,吉林省的总量仍然相对较少。2008 年,吉林省外商投资总额为 175 亿美元,远远低于沿海发达地区,东部珲春、延龙

---

[1]　国家统计局《国民经济和社会发展统计公报》,2008、2009、2011 年版。

图等地区经济总量不大，尽管有较为优惠的对外交流政策支持，但 2008 年延边朝鲜族自治州的 GDP 仅占吉林省的 5.5%；西部地区经济发达程度较低且对外开放不足(2008 年白城市 GDP 占吉林省比重仅为 4.2%)。[①] 吉林省长吉图开发开放先导区战略的实施，有利于充分发挥特大城市对延边地区的支撑与拉动作用，加快实现腹地与沿边合作开放的政策效果，实现对外开放的不断提升，形成"两条腿走路"的对内对外开放新格局。由此，为实现长吉图开发开放先导区、中国东北经济区、东北亚区域"三区"互动的开发开放新格局奠定基础。[②]

二、增长极培育与区域经济和谐发展战略

(一)培育增长极是加速吉林省区域经济发展的当务之急

改革开放以来，形成了珠三角、长三角、京津冀等具有全国意义的增长极区域。

东北地区已形成的增长极区域主要包括以大连为中心的沿海经济带(2011 年大连 GDP6150 亿元)、以沈阳为中心的辽中城市群(2011 年沈阳 GDP 为 5914.9 亿元)、黑龙江省的哈大齐经济带(2011 年哈尔滨 GDP 为 4243.4 亿元、大庆市 GDP 为 3740.3 亿元、齐齐哈尔 GDP 为 1065.8 亿元，哈大齐整个 GDP 可达 9000 亿元地区)。而吉林省的长春(2010 年 GDP 为 3329 亿元)、吉林(2011 年 GDP 为 2208 亿元)[③]两市经济总量相对小，在区内的集聚效果也不大。而且长吉两市之间经济一体化进程缓慢，产生结构契合度低，经济联系不够紧密，使得吉林省缺少一个具备足够竞争力的经济增长极。随着市场化进程的推进，全局的发展必将越来越多地通过各个区域增长极之间的竞争来实现。

由此，加速培育吉林省的增长极，是推进吉林省经济快速发展，实现东北地区全面振兴的当务之急。

---

① 吉林省统计局：《吉林省统计年鉴》，中国统计出版社 2009 年版，第 32—35 页。

② 王胜今、赵儒煜：《论长吉图开发开放先导区建设与发展战略》，载《社会科学战线》2010 年第 4 期，第 9 页。

③ 数据来源于各城市的《国民经济和社会发展统计公报》。

（二）先导区战略是统筹区域经济发展的关键

长吉图开发开放先导区的建设，就可以通过增长极的培育，实现中国东中西部区域经济统筹发展的目标。

第一，长吉图开发开放先导区可以凭借其先行先试的政策优势，通过体制机制创新，实现率先发展，迅速成长为吉林省的增长极，并进一步成为东北地区新的重要增长极。

第二，以长吉图区域的经济发展为动力，强化前沿地区与腹地的联动，提高长吉图开发开放先导区以及图们江区域经济合作在全国对外开放中的地位。

第三，推进吉林通化—辽宁丹东、长吉图—哈大齐、长吉图—辽中城市群、吉林珲春—黑龙江牡丹江等地区之间的次区域合作，推进东北地区的经济一体化进程，从而推动中国东中西区域协调发展的战略目标的实现。

第四，推进我国与东北亚各国在图们江区域的共同开发，建设中俄、中蒙、中朝跨境经济合作区及自由贸易区，为促进东北亚区域经济一体化奠定基础。

三、产业优化与增长方式转换战略

（一）以产业升级推进人与自然和谐发展

长吉图开发开放先导区应抓住这一历史机遇，发展新兴产业，以技术进步改造传统产业，实现产业升级，逐步向节能减排，环保高效的新兴增长方式转移。

第一，构建现代交通物流产业体系，建设东北亚地区重要的物流中心。中蒙两国对两山（阿尔山—乔巴山）铁路建设的推进，中俄、中朝之间在港口合作利用上的进展，使得连接中蒙、纵贯东北经济区、过俄朝而至韩日的东北亚新的物流通道指日可待。同时，国内以东边道为代表的区域物流通道建设也在顺利进行。这些都为长吉图开发开放先导区现代仓储交通物流产业的建设创造了有利条件。

第二，通过技术进步，改造传统制造业，扶植新兴产业。在当前以绿色技术为代表的第四次产业革命方兴未艾之际，电动汽车等产业的兴起是大势所趋。以一汽车集团为代表的传统产业，正应乘势加快技术转型。石化、农产品加工、光电子信息、生物制药、新材料等产业向产业集群方向发展，建成新型产业基地。

第三,借助长吉图地区得天独厚的旅游资源优势,实施旅游产业集群战略,以生态游、民俗游、冰雪游、红色游、边境游为主题,形成特色鲜明的长吉图旅游产业带,促进旅游经济的发展。

第四,积极引进国内外金融机构,设立东北亚开发的专门金融机构,完善区域金融体系,支持图们江区域合作开发和东北亚区域经济合作。此外,文化创意产业、会展业等也有较大发展空间。

(二)通过产业布局调整统筹经济发展与环境保护

长吉图开发开放先导区也可以借此良机,同时推进产业布局的调整,集中布局先进制造业和现代服务业,一方面可以推进新的增长极建设,另一方面,确保区域地理空间的合理作用,实现经济与环保的统筹兼顾。

第一,在农业布局方面,大胆推进"东拓西进,保中增边"的战略调整。长期以来,吉林省作为国家商品粮生产基地,有着重要的战略地位。其中,一部分粮食主产区就布局在长吉图区域内。为此,应加快吉林省西部高校农田建设,同时推进以珲春为龙头,以延边朝鲜族自治州为依托,上连吉林,下连通化的"扇形蔬菜加工出口基地"建设,以在不损害原农业生产基础上为长吉工业带腾出一定的地理空间。

第二,在工业布局方面,借助长吉地区产业基础雄厚的优势和东北亚合作平台在技术合作开发、技术引进、内外资引进上的便利,优先在长吉工业带集中布局现代制造业。一方面,改造已有的汽车、石化、农产品加工、机械制造等传统产业,使之向电动汽车、精密化工、高端食品加工、特色机械制造业方向转移。另一方面,大力扶植光电子信息、生物制药、新材料等新兴产业,积极引进环保产业和环保技术。由此,在长吉工业带建设多个高附加价值、低能耗、低污染的现代产业基地。

第三,在长吉图地区的中蒙大通道沿线,特别是长吉之间、珲春、图们等地,建设现代仓储物流中心,构建一个以中蒙大通道、哈大线、东边道等干线为依托,沟通东北经济区以及中、蒙、俄、朝、韩的现代综合运输体系。

第四,在其他服务行业方面,应集中于长吉地区布局总部经济、金融保险业、文化创意产业、服务外包业、会展业等现代服务业。特别是长春,作为吉林省政治经济文化中心,有雄厚的产业合作基础、有较好的社会文化背景、有较多大专院校的智力作支撑,有东北亚博览会、汽博会、农博会等多种会展平台,非常有利于集中布局上述产业。

总之,一要向高附加值低能耗、低污染的新型经济增长方式转移;二要使长吉图开发开放先导区快速成为新的增长极。

四、先导区旅游产业发展战略

旅游产业发展的新趋势是：体验引领与创意激活、特色发展与品牌经营、区域合作与区内整合、资源节约与环境友好、社会责任与又好又快、提高能力与持续发展。

在《规划纲要》中指出"充分发挥区域内独特的旅游资源优势，以生态游、民俗游、冰雪游和边境游为主题，以长白山自然保护区、松花湖风景名胜区、净月潭森林公园为重点，突出景区升级改造、旅游资源开发、旅游设施建设，着力培育一批特色突出的高品位旅游景区，深入开发一批吸引力强的知名旅游线路，策划宣传推介一批全国一流的名牌旅游产品，建成融生态、民俗、冰雪为一体的国际知名旅游目的地和国内旅游活动中心，形成特色鲜明的长吉图旅游产业带。"

（一）先导区旅游产品的优势

1. 资源优势

与国内其他省区旅游资源比较，吉林省具有以下优势：冰雪旅游资源的比较优势（简称冰雪世界），森林旅游资源的比较优势（简称山水生态），民族文化旅游资源的比较优势（简称朝满风情），边境及出境旅游资源的比较优势（简称边境风光）。这些旅游资源呈现"六簇群"和"三带状"空间分布特征。[1] 具体有以下几个"簇群"：以长春市区为中心，以吉林市为中心，以白城为中心，以通化、集安为中心，以长白山为中心以及以三国交界处的图们江三角为中心的六个簇群；"三带状"空间分布特征是指：从旅游资源整体格局分布上来看，六个"簇群"基本上连绵成三大"带状"特征。以长春、吉林为中心的带状区，包括叶赫古城、农安等景区；以白城为中心的向海自然保护区，莫莫格保护区以及以集安—通化、长白山、图们江金三角组成的带状区，而长白山以及松花湖也呈现一定的带状特征。这些资源带状区不仅仅从空间分布上具有一定的连续性，而且从其旅游资源结构和环境特征上看，构成"带状"的"簇群"之间也有其连续性，如在交通通道、自然地形、民族风情等方面。

① 于方涛、顾朝林等：《吉林省旅游资源评价与分析研究》，载《自然资源学报》第17卷第2期，2002年3月，第199～200页。

2. 发展基础优势

(1)入境旅游市场:入境旅游人数从 2000 年的 22.3 万人次增加到 2012 年的 118.27 万人次,同比增长 19.1%;旅游外汇收入从 2000 年的 583.7 万美元增加到 2012 年的 4.95 亿美元,同比增长 28.4%。

(2)国内旅游市场:旅游接待人数从 2000 年的 1809.20 万人次增加到 2012 年的 8854.28 万人次,比上年增长 17.4%,国内旅游收入从 51.91 亿元增加到 1146.89 亿元,比上年增长 26.80%。[1]

(3)旅游发展规则:在过去已有的吉林省旅游规划基础上制作了规划沙盘,编制了旅游综合服务区规划,编制了鸭绿江(吉林省段)旅游发展规划,编制完善了地区旅游发展规划。

(4)旅游项目投资与建设:2008 年全省共开工建设旅游项目 320 个,完成投资 99.6 亿元,比前年同期增长 20%。

(5)旅游信息化建设:12301 旅游服务热线建设全面启动取得阶段性成果;吉林旅游信息化建设取得实效,2010 年吉林省全国启动吉林旅游政务网、吉林旅游咨询网,以及英、日、韩、俄四个语种的外文网站。使吉林旅游网由过去的单一网站发展成为功能完备、服务对象多元化的吉林旅游数字推广网络平台。首次实行全省旅游信息报送机制,打造吉林省旅游资讯优化整合的网络平台;充分利用各级、各类媒体资源,进一步扩大吉林省旅游对外宣传效果。[2]

(二)先导区旅游产业的劣势

1. 区域经济基础劣势

中国社科院发布 2012 年《中国省域竞争力蓝皮书》中指出,2010 年全国各省、市、区经济综合竞争力处于上游区(1～10 位)的依次为:江苏省、广东省、上海市、北京市、浙江省、山东省、天津市、辽宁省、福建省、湖北省;排在中游区(11～20 位)的依次为内蒙古自治区、河北省、四川省、安徽省、河南省、江西省、黑龙江省、湖南省、重庆市、陕西省;处于下游区(21～31 位)的依次排序为海南省、山西省、吉林省、新疆维吾尔自治区、广西壮族自治区、宁夏回族自治区、青海省、云南省、贵州省、甘肃省、西藏自治区。吉林省排名第 23 位,与

---

① 　数字均来自吉林统计信息网。

② 　和忠、张树青、刘雪松:《长吉图先导区旅游产业发展战略研究论纲》,载《社会科学战线》2010 年第 4 期,第 29～31 页。

2006 年相比下降了 3 位,处于下游。①

2. 吉林省的区位劣势

吉林省地处东北腹地,虽然有长白山这样的国内外都属于一流的旅游资源,但是因长白山地处东部山区,离长春、吉林两个大城市很远,交通相对不便。

3. 特色品牌劣势

吉林省的旅游产业在特色品牌上和辽宁、黑龙江相比处于劣势。全省旅游产业的最大品牌就是长白山旅游品牌,但其与吉林省经济文化中心长春相距太远,交通又不便。长春、吉林知名度也不如哈尔滨、沈阳。②

(三)先导区旅游产业发展的战略

战略目标是以"长吉长"(长春、吉林、长白山)广义生态旅游经济为主轴和发展重点,着力打造吉林生态旅游强省实力,最终实现具有核心发展能力的旅游强省目标。战略内容是,一是"长吉长"生态特色品牌战略;二是长吉旅游一体化发展战略;三是延龙图一体化提升实力战略;四是跨国旅游合作战略;五是消费引领战略;六是区内整合发展战略;七是分区侧重发展战略。

以图们江区域旅游一体化为突破口,带动图们江区域和东北亚区域一体化。当前,在世界经济一体化趋势加强的同时,区域化也逐渐成为国际经济关系中所关注的另一个焦点。经济区域化是世界经济一体化进程中生产力发展的优化组合过程,又是这一过程中产生的国际关系及其调整的现实实现。这一新格局同传统的自然经济相比,利于发挥规模经济效益,利于实现互补,利于国家之间的经济联系和协作。旅游产业是融合力最强的产业之一。旅游业与国民经济相关产业的关联度很高。实现东北亚旅游一体化不仅符合各国意愿,差异点较少,也较容易突破。因此我认为在当前形势下应构建图们江区域旅游一体化,以此为突破口,带动图们江区域东北亚区域经济的一体化的路径是可行的。

---

① 李建平等编:《中国省域竞争力蓝皮书:"十一五"期间中国省域经济综合竞争力发展报告》,中国科学文献出版社 2012 年。

② 为改变劣势应:建旅游管理、研究机构;制定旅游可行的发展规划;增加投入;加强国际旅游合作;出台旅游产业创新发展的优惠政策;旅游人才培训等。

五、先导区实施创新驱动战略

（一）实施创新驱动战略的必要性

实施长吉图开发开放先导区战略，是以开发区的诸多优势释放吉林省发展潜力的区域协调发展政策的体现，是深入贯彻落实科学发展观背景下、优化区域经济发展结构的必然要求，是转变经济发展方式进程中、促进吉林省经济又好又快发展的重要举措，是构建区域协调发展新格局、彰显包容性增长理念的有效途径。要加快促进合作的重要平台，提升我国参与东北地区沿海开放的水平和质量，必须以创新为主线、实施创新驱动战略。

（二）实施创新驱动战略的意义

实施创新驱动战略，推进长吉图开发开放先导区建设。创新就是生产力，持续的全方位创新能为经济发展注入动力。实施创新驱动战略，有利于长吉图地区增强竞争能力、成为竞争优势明显的区域发展地带，有利于长吉图地区形成自主创新的建设体系、成为带动东北地区振兴的重要引擎，有利于长吉图地区拓展对外开放领域、成为面向东北亚开放的重要门户。创新驱动战略的实施，能够充分发挥科技对经济发展的促进及支撑作用，加快促进科技带动长吉图开发开放先导区的可持续发展。实施创新驱动战略，有利于把长吉图地区培育成为创新型开发区，以持续的创新能力成为区域经济协调发展战略格局中的创新型先导区。

（三）实施创新驱动战略要运用系统思维

创新驱动战略是优化区域经济发展格局中的系统工程，以创新驱动战略推进长吉图开发开放先导区建设势必要充分运用系统思维、全方位设计。一是从体制和机制层面确立创新驱动导向，形成顶层创新驱动战略格局，尤其是要突破既有思维定势，借助"先行先试"鼓励创新实践，以创新驱动推动长吉图开发开放先导区高起点发展。二是围绕创新驱动战略格局着力发展创新型产业，以高科技含量推进战略性新兴产业的全方位发展，以科技创新能力推动产业转型升级，积极培育产业科技创新优势，努力使创新性产业成为推进长吉图开发开放先导区建设的先导产业和支柱产业。三是加快提高企业的自主创新能力，强化企业知识产权保护，引导企业向依靠科技创新的内涵式发展转变。政府部门要在创新驱动战略的导向下，积极布局科技创新产业园区，构建公共创新研发平台,做好先进技术与产业升级的有效嫁接,大力推进科技成果转化,加快提高企业的科技水平和竞争优势。

(四)实施创新驱动战略的基本形式

创新驱动战略、推进长吉图开发开放先导区建设的形式多种多样,大致可分为以下三种基本形式。一是建立创新型政府,构建政府创新体系。长吉图开发开放先导区的发展需要政府创新体系的支撑,政府应积极搭建创新研发机构,以创新为导向制定扶持性政策,在先导区内营造创新氛围。二是扩大科研机构和高等学校的高科技辐射半径,寻求企业、科研机构及高等学校的创新型合作机制。培育长吉图开发开放先导区的创新优势,需要依托科研机构和高等院校,以其提供的科研成果为技术支撑、以其培养的创新人才为人才支撑、以其孕育的创新思想为理念支撑,加快提高科研机构和高等院校参与长吉图开发开放先导区建设的主动性和积极性,以利益相关者的理念构建新型的合作共享机制。三是立足国际交流,创建新型国际合作机制。作为"提升沿边开放、实现对内对外开放相互促进"的战略性实践,长吉图开发开放先导区建设的创新驱动战略既要立足国内、更要走向国际舞台,积极探索创新型国际合作机制,着力提高长吉图地区在东北亚地区的影响力和号召力。努力寻求与东北亚其他经济体的科技创新合作途径,使创新驱动战略既要引进来又要走出去,以对内、对外创新驱动的合力扩大合作效应,让包容性创新理念惠及东北亚经济体。

第二节　先导区规划的突破性

2011年是实施长吉图先导战略的第二年,"十二五"开局之年,发展的总体要求是谋发展、求突破。谋发展最重要的是坚定不移地实施投资拉动、项目带动、创新驱动,推进"三化统筹"("三化"是工业化、城镇化、农业现代化),使长吉图始终保持持续快速发展势头;求突破,就是在改革体制机制、长吉与延龙图一体化上求突破,在落实《长吉图规划纲要》、建设长吉图开发开放先导区、大胆先行先试上求突破,在解决制约经济社会发展的难点问题上求突破,在寻求具体工作体制机制创新上求突破。

一、吉林省再造了一个"新吉林"

2011 年地区生产总值已达到 10530.71 亿元,比 2006 年增加 6281 亿元。一般预算全口径财政收入 1620 亿元,地方财政收 850.1 亿元,分别增长 34.3％、41.1％,增幅创分税制改革 18 年来的最高水平。开启了"十二五"计划的良好开端。

突破体制"围城"的同时,吉林省的增量投资力度也在不断加大,创造出被外界瞩目的"吉林速度"。初步统计,"十一五"期间,吉林省固定资产投资将累计完成近 3 万亿元,是新中国成立到"十五"末期头 57 年全省投资总量的 3 倍。

(一)吉林省的经济指标

吉林省原有基础较差,在全国属于中西部地区水平,但是 2011 年与 2008 年各项经济指标相比均有突破性的发展。2011 年是"十二五"规划的开局之年,面对日趋复杂的国内外经济形势,突出吉林特色,统筹推进工业化、城镇化和农业现代化建设,实施投资拉动、项目带动和创新驱动战略,全省经济总量迈上新台阶,农业生产喜获丰收,经济效益大幅提升,结构调整取得新进展,物价水平保持基本稳定,民生状况持续改善,各项社会事业取得新成就,实现了"十二五"的良好开局。

表 15-1 吉林省主要经济指标

项　　目	单　　位	2008 年	比前一年(％)	2011 年
面积	万平方千米	18.70	——	——
人口	万人	2734.21	1.6	
GDP	亿元	6424.06	16.0	10530.71
第一产业增加值	亿元	916.70	9.5	1277.40
第二产业增加值	亿元	3064.63	17.2	5601.20
第三产业增加值	亿元	2442.73	16.7	3652.11
每人当 GDP	元	23514	15.7	38321
工业增加值	亿元	2491.28	18.6	4531.64
粮食生产	万吨	2840.00	15.7	3171

续表

项　目	单　位	2008 年	比前一年(%)	2011 年
全社会固定资产投资	亿元	5608.00	40.1	7441.71
全社会消费品零售额	亿元	2484.26	24.3	4116.1
外贸总额	亿美元	133.41	29.5	220.47
出口总额	亿美元	47.72	23.7	49.98
进口总额	亿美元	85.69	33.0	170.49
贸易收支	亿美元	-37.97	——	-120.51
银行储蓄金额	亿元	6433.34	19.2	10961.95
城镇居民人均可支配收入	元	12829.45	13.7	17796.57
农民人均纯收入	元	4932.94	17.7	7509.9
外资利用额(到位)	亿美元	30.08	32.5	49.47
外商直接投资(到位)	亿美元	9.93	12.2	14.81

注:(1)工业增加值是指规模(国有企业和年销售收入 500 万元以上非有国有企业)以上企业的增加值,从 2011 年开始,纳入规模以上工业统计范围的工业企业起点标准从年主营业务收入 500 万元提高到 2000 万元。

(2)从 2011 年开始,固定资产投资统计的起点标准从计划总投资额 50 万元提高到 500 万元,因此 2011 年全社会固定资产投资绝对数与 2010 年不可比,但比上年增速是按可比口径计算的。与此同时,月度投资统计制度将统计范围从城镇扩大到城镇和农村企事业组织,并定义为"固定资产投资(不含农户)"。

资料来源:《吉林省 2008 年、2011 国民经济社会发展统计公报》(2009 年 2 月 23 日、2012 年 2 月 18 日公布)。

(二)未来五年内实现全面振兴

1. 吉林省经济社会将取得长足发展

到 2015 年,全省地区生产总值预计突破 1.5 万亿元,比 2010 年净增 6400 亿元以上。人均地区生产总值将达到 53820 元,按目前汇率测算约为 8000 美元,是"十一五"末期的 1.72 倍。

(1)产业结构进一步调整优化,吉林老工业基地全面振兴迈出更加坚实的步伐。经过"十二五"的努力,粮食生产能力将进一步大幅度提高,有望从现在全国第 7 位实现位次的进一步跃升,土地规模化利用、全程农业机械化、农田水利基础设施水平将显著提高,率先实现农业现代化基础更加牢固。吉林省的一些重点产业仍将会有更大发展,汽车产业、轨道装备制造业创新能力和发展水平继续在全国领先,全省整车产能预计达到 400 万辆,建成世界重要的轨道客车生产基地,国内市场占有率继续保持 50% 以上。生物化工研发和生产保持国内领先地位,赖氨酸、苏氨酸等部分产品规模仍居世界前列,国际市场占有率达 30% 以上,植物化工快速发展,秸秆化工醇规模有望达到 300 万吨。具有吉林特色的文化、旅游产业快速发展壮大,服务业占 GDP 比重预计达到 40%。

(2)基础设施建设快速发展,现代化水平显著提高。交通方便,实现市市通高铁、县县通铁路、县通高速、村通水泥(沥青)路的目标,铁路、公路对经济社会的支撑保障能力将由能力不足转变为略有超前,尤其是时速 200 千米以上高速铁路比重,将超过全国平均水平 16 个百分点,铁路网密度将是全国平均水平的 2.7 倍,各种交通方式有效衔接的高水平综合运输体系基本形成。能源方面,吉林省天然气气化率将从现在的 16% 提高到 60%,县级以上城市天然气管道覆盖率将达到 100%,开发利用水平将居于全国前列;风电等清洁能源的比重大幅提高,风电装机的规模有望达到全国前 5 位。将进一步调整和完善所有制结构,推进行政管理、财税、农村、资源性产品价格、医药卫生等领域改革。加大经济合作力度,提高外经贸规模和质量,加快长吉图开发开放先导区建设,形成全方位、宽领域、多层次的开放格局。

(3)改革开放取得突破,努力提升外经贸规模和质量。优化结构,扩大总量,促进产业优势尽快转化为出口竞争优势。大力发展服务贸易和加工贸易,加快发展边境贸易,积极开拓国际市场。推动汽车及零部件、轨道客车、农副产品加工等产业出口规模的扩大,形成一批出口优势产业群,加快建设国家级汽车及零部件出口基地、吉林特色农产品出口基地、科技兴贸出口创新基地和 20 个省级出口基地。促进涉外旅游、文化产业等服务贸易加快发展。推动对俄、朝、蒙等国家资源合作开发,支持有实力的企业建立国际经营网络,打造品牌,扩大市场份额。鼓励先进技术装备、关键零部件和资源性产品进口。

完善境外投资重大项目协调机制和"走出去"服务体系。积极引导吉林省有实力的企业"走出去",加大与周边国家和澳大利亚、加拿大等国在资源和能源领域的合作开发力度。支持皓月等农畜产品加工企业提高国际市场竞争能力。推动吉恩镍业、通钢、金海木业等企业在海外建立资源型产业开发、生产、加工及进出口贸易基地。长吉图先导区建设是吉林对外开放的一大亮点。

贯彻落实长吉图先导区规划实施方案,完善和落实相关配套规划,加快推进基础设施建设和产业发展,增加节点城市功能,提高国际合作水平,切实推动长吉图先导区建设取得实质性进展。强化长吉腹地支撑,提升延龙图前沿功能,推动建设珲春特殊经济功能区,加快敦化等重要节点城市建设,促进边境地区与腹地联动发展;突出抓好区域内交通、能源及跨境通道等基础设施建设,巩固拓展国际陆海联运航线,(横跨中日俄三国的日本海陆海联运航线通航仪式于 2011 年 8 月 18 日在日本新潟港举行)。努力在"借港出海"、内贸外运等方面实现突破;充分利用先行先试政策,建设和运行好长春兴隆综合保税区和珲春保税物流园区,加大行政管理体制、涉外管理体制和金融体制的改革创新力度;加强与东北亚各国合作,充分发挥东北亚博览会作为我国与东北亚国家经贸合作和文化交流的重要平台作用,不断完善吉林省与东北亚各国地方政府道脑会晤机制,积极推动建立跨境经济合作示范区。

2. 2015 年长吉图先导区的图景

(1)总目标:长吉图地区将形成比较完善的涉外管理体制,畅通我国通往日本海的国际运输通道,对俄、对朝跨境经济合作区建设取得积极进展,打造形成一批特色鲜明、优势明显、有较强集聚能力的国际产业合作园区,延龙图基本实现同城化,长吉基本实现区域经济一体化,长吉图区域的竞争力和影响力显著增强,城镇化率达到 60%。

(2)实现产业突破。推出 180 个代表产业发展方向、总投资 980 亿元合作项目。在 2010 年举办的吉林省投资环境说明暨对外合作项目发布会上,吉林省经合局推出了 180 个对外经济合作重点项目,涉及十大行业,总投资额 980 亿元人民币。这十大行业均事关吉林省经济社会发展战略重点,代表了国际、国内和吉林省未来产业发展的方向,对吉林省谋划新兴产业、创新产业发展模式、形成新的经济增长极,具有重要战略意义。一是客车、专用车及汽车零部件项目 14 个,积极发展新能源汽车产业。有代表性的项目是:长春一汽(2009 年长春一汽进入"世界最大 500 家公司"第 385 位)。客车有限公司年产 5000 辆客车建设项目、长春汽车产业开发区新能源汽车及汽车电子工业园项目、汽车发动机旋压皮带轮技术改造项目等。二是石油化工项目(26 个)。有代表性的项目是:长春市 100 万吨油母页岩综合开发项目、吉林市 10 万吨乙烯深加工项目、吉林市年产 3 万吨高吸水性树脂项目等。三是农产品加工项目(34 个),重点推出农畜产品和特色资源的精深加工项目、产业链延伸项目。有代表性的项目是:长春市大成玉米化工有限公司 10 万吨/年不饱和聚酯树脂项目和 60 万吨淀粉糖项目、百万吨化工醇项目、长春市中龙食品限公司科技合作基地项目、长春市双阳区鹿产品加工项目等。四是光电子及高新技术项目

(11个)。重点推出科技含量高、附加值高、产业关联度高的项目。有代表性的是:长春市智能太阳能冬季采供暖设备(一期)项目、长春市净月经济开发区年产20万太阳能热水器项目、吉林同德科技开发有限公司年产425万套墙壁电子遥控开关系列产品项目等。五是医药产业项目(15个)。依托吉林省医药产业基础,注重长白山特色药用资源开发。有代表性的项目是:长春市一类止痛新药(克罗昔康)项目、长春市鼎汉药业有限公司培南类原料药及中间体建设项目、长春市心舒胶囊及金莲花胶囊生产线改造项目等。六是装备制度业项目(15个)。重点推出农业机械、矿山机械、油田机械等装备制造业项目。有代表性的项目是:长春东方水泵有限公司水泵制造项目、中机北方机械有限公司玉米联合收获机技术改造项目、吉林省东风机械装备有限公司年产5800台纵轴流系列收割机项目等。七是冶金建材类项目(26个)。重点推出高附加值以及资源综合利用、环保、节能等多重性质的项目。有代表性的是:德惠市年产200万立方米页岩陶粒制品项目、吉林市6000吨/年、钼酸氨及2000吨/年钼制品生产项目、公主岭市年产1万吨金属燃料项目等。八是轻工类项目(10个)。重点推出环保、低碳和具有一定产业规模的项目。有代表性项目的是:吉林农科高新产业有限公司年产40亿双植物纤维全降解筷子项目、白山市年产180万平方米实木复合地板改扩建项目、松原市年产10亿只环保餐饮用具项目等。九是旅游业及现代服务业项目(12个),重点推出长白山特色旅游资源开发、少数民族(满族、朝鲜族)风情旅游,以及现代物流园区等项目。有代表性的项目是:长春市赛德购物中心项目、四平市叶赫满族镇特色旅游开发项目、伊通满族自治县牧情谷旅游开发项目等。十是基础设施及其他项目(17个)。有代表性的是:长春市净月开发区动漫产业园项目、吉林市东北亚先导区农副产品物流中心项目、吉林市蛟河天岗石材城项目等。

　　这些项目全部达到了项目建议书或可研发的深度,大部分项目已通过了专家评估论证,为投资者提供了较为深入的项目信息。而投资规模大,效益突出,抗风险能力强,对吉林省经济发展的带动作用较大。①

　　(3)高位推进,重点突破,对外通道畅通构建合作发展大格局。2011年8月,从图们江刮起了一股交流合作之风吹向俄罗斯远东地区。吉林省委书记孙政才率代表团访问俄罗斯,先后出席了中俄珲春卡铁路千万吨国际换装站建设奠基仪式和扎鲁比诺港国际合资有限责任公司揭牌仪式,并为珲春—扎鲁比诺港—釜山、珲春—扎鲁比诺港—新潟新航线启动剪彩,扎鲁比诺港将成

---

① 《吉林日报》2010年9月1日。

为中国连接日本海地区国家乃至欧亚与北美最大的海运交通枢纽之一。对朝通道建设加快推进,利用朝鲜罗津港开展"内贸外运"获海关总署批准,现已成功试运行两次,中朝圈河大桥完成维修加固,由吉林省投资的朝鲜元汀口岸至罗津港二级公路维修改造项目启动实施已于 2012 年 10 月 26 日竣工通车。

二、长春实现发展能量的高突破

(一)前五年经济实力快速提升(2006—2010)

1. 三大板块协调发展

开发区、城区、县域"三大板块"协调发展战略和滚动实施工业、农业产业化、民生、现代服务业和基础设施五大类 150 个重大项目建设等重点举措收到明显成效,长春市主要经济指标增幅持续保持于副省级城市前列,生产总值连续跨过 2000 亿元、3000 亿元台阶。结构调整稳步推进,以支柱优势、战略性新兴产业、现代服务业为支撑的现代产业体系初步形成。农业现代化迈出新步伐,200 万亩全程农机化示范区建设加快推进,30 亿斤商品粮增产工程取得阶段性成果。开发区建设取得新成效,高新、经开、净月、汽车产业开发区等各开发区和特色园区带动增长、促进开放、加快产业集聚集约发展的作用得到充分释放。

2. 前五年工业不断提质提速

规模持续扩大,质量效益显著提升,投资强度大幅增加,要素条件明显改善,节能降耗取得实效,新型工业化进程不断加快,有力地促进了长春市经济社会持续健康发展。全市形成了以汽车及零部件、农产品加工、轨道客车和装备制造三大优势产业,以及先进装备制造、广电信息、生物和医药、新能源、新材料五大战略型新兴产业构成的八大工业产业体系;丰田、通用、爱尔兰CRH、兵装、北车、中航等一大批世界 500 强或中直大企业投资、落户长春。全市节能减排取得明显成效,建立了工业节能目标责任制和节能监察审计机制,节能信息监测考核、政策支持和培训体系提升;全市各类人才资源丰富,科研人员明显增多,产业工人技术熟练,劳动力素质总体较高。全市工业经济科学技术雄厚,拥有全日制高等院校、独立科研机构、国家级重点学科、国家重点实验室等多所科学技术高的实验室,在汽车、光电、材料科学、信息、生物、现代农业、现代中药等领域的研发水平也都处于国内前沿地位。

另外,初步建立了企业创新体系,推动全市工业企业自主创新能力不断增强;同时,规划长东北开放开发先导区,启动建设了生物产业园区、专用车产业园区、新能源产业园区、装备制造产业园区、农机装备制造产业园区以及广东工业园区、铸造工业园区，低碳产业园区、国际产业合作区等一批特色园区，促进了全市土地集约、工业集聚和产业集聚发展。如今，全市开发区、工业集中区已成为实现新型工业化的重要引擎，先进生产力和综合竞争力的重要载体，经济社会发展最具活力、最具潜力的重要增长极。①

（二）推进长吉一体化

2010 年 6 月 11 日，旨在加快长春和吉林两大吉林省中心城市一体化建设步伐的 100 个项目集中启动，总投资达 1127 亿元。这些项目围绕长吉北线、长吉南线和长吉南部（中线）三个产业带，涉及工业、服务业、基础设施建设等多个领域。

按照初步设想，吉林省将在长吉两市之间，构建起三条区域发展带，即城市经济产业带、现代农业产业带和生态休闲旅游产业带。在产业发展上，重点壮大农业机械装备、生物医药、新材料、精细化工等产业园区，同时还将打造保税区、空港经济区等若干各具特色的产业功能区。

长吉一体化是吉林省统筹推进城镇化战略的首要任务，是长吉图先导区建设的核心内容。2010 年 7 月 2 日，长吉两市签署了《推进一体化发展合作框架协议》。这个协议，确定了长吉一体化要遵循体制创新、优势互补、务实合作、积极推动、重点突破、整体推进的基本原则。提出了统筹规划交通、能源、水利设施、信息化的具体事项，明确了重大产业、基础设施、生态环保、市场机制等一体化合作内容，并建立了两市工作层面的协调推动机制。

长春市把长吉一体化视为带动推进区域协调发展，富民强市的重大历史机遇，全面推进和落实这一战略，提出长春城市群布局快速向吉林推进 40 千米，加快两市连接，实现协调互动和共同发展。

（三）长东北开发开放先导区在突变

1. 坐标与目标

（1）长东北的范围。坐标是双九公路—饮马河—雾开河以西，米沙子镇以南，长农公路以东，长吉铁路、长吉南线以北，包括宽城区大部、高新北区、经开北区、二道经济开发区、米沙子工业集中区、九台经济开发区、农安县合隆镇镇区等区域，共涉及"四区、两市、一县"七个建设主体。总规划面积约 1232 平方

① 《吉林日报》2011 年 9 月 6 日。

千米,总建设面积448平方千米。其中已建成面积69平方千米,规划期新增建设面积147平方千米,远期建设面积232平方千米,预留发展备用地面积28平方千米。长春对长东北开发开放先导区在推进长吉一体化中的地位和作用进行了深入研究,先后形成了《关于加快推进长东北先导区开发建设的调研报告》《关于统筹城乡双向一体化综合配套改革方案》《关于支持长东北和北部新城加快发展的若干政策意见》等报告,为进一步完善长东北政策支撑体系奠定了基础。

(2)建设目标。截至目前(2011年7月),二道区围绕"建设新二道、服务长东北、辐射长吉图"的目标,提出了集中建设长春东部中央商务区、东北亚现代物流中心、长吉生态经济区的目标。九台市确立了"三城并进、组团发展"的构想,通过建设九台老城、空港新城和卡伦新城三个组团,使之成为长吉一体化的重要节点城市。

与此同时,长东北加强与吉林市发改委、延边州开发办的联系和沟通,形成了二道区开发区与珲春边境合作区、长东北先导区与吉林北部工业新区的合作框架协议,并就合作的有关事项和推进措施进行了对接,争取近期完成合作协议的签署,力争在产业发展、招商引资、物流通道建设等方面取得实质性进展。

(3)打造开放高地。2011年,长东北在先行先试上迈出一步,在综合保税区建设上迈出一步,打造一个开放高地,真正形成一个与长吉一体化相衔接的"经济走廊"。长春将按照长吉图先行先试和长吉一体化要求,沿长吉轴线,在原有长东北开发建设基础上,谋划启动100平方千米左右的先行先试区。重点在6个方面先行先试:一是在打造开发开放平台上先行先试,规划建立4.89平方千米的集保税、出口加工和物流功能为一体的综合保税区,同时与沈阳铁路局、大连港合作建设长东北陆路干港;二是在发展战略性新兴产业上先行先试,重点抓好中国兵装投资129亿元产业园以及大成玉米生物化工产业园建设;三是在统筹城乡发展上先行先试,沿长吉方向发展兴隆山、卡伦、机场服务区、九台城区等新的城市分团和城乡统筹新区;四是在创新投融资体制上先行先试,吸引PE、VC进驻长春,支持企业上市融资,注重运用市场化方式进行融资开发,切实把长东北变成投资"洼池";五是在管理体制包括公共事务管理上先行先试,加大改革力度;六是在政策体系支撑上先行先试,主要是在税收、土地、环保、项目审批等方面积极争取国家和省政府支持,切实使各种资源、要素向长东北集聚。

2. 长东北吹响产业"集结号"

(1)十大产业园区齐头并进。目前,长东北十大特色产业园区齐头并进,新能源新材料产业园、生物产业园、专用车产业园、装备制造产业园、新兴产业园、农机装备制造产业园等产业园区建设成效显著,2010 年落位项目 160 个,完成投资 425.2 亿元。到 2011 年 7 月,六大重点产业区(新能源生物专用车、装备制造、新型产业、农机等)已完成投资 398.6 亿元,落位项目 226 个,建成 141 个,正在建设 85 个。

(2)新兴产业高地正在崛起。兵装新能源产业园风电叶片顺利下线,大成年产 100 万吨化工醇项目淀粉糖车间投产运行,国电联合动力长春基地项目、华信城轨配套产业园项目奠基落位,一汽通用长春工厂新车下线,长拖集团与中国一拖完成了战略重组,中航长春科技产业园即将奠基。开工、奠基、投产,层出不穷的项目,一个超过一个的建设规模。2010 年,长东北有 579 个项目开工,实际完成投资 537.5 亿元,其中投资 5 亿元以上项目 35 个。2011 年计划开工项目 675 个,上半年有 332 个项目已经或即将开工。2010 年,总投资 120 亿元的兵装新能源产业园项目、总投资 18 亿元的国电联合动力项目等 24 个投资 5 亿元以上的重点项目分别进入长东北,开启了长东北战略性新兴产业发展的历史。与此同时,中航长春航空科技产业园、中国中材集团新材料产业园等项目稳步推进,一时间,代表未来产业发展方向的战略新兴产业在长东北风起云涌。战略性新兴产业是未来经济发展的制高点,率先发展战略性新兴产业将会在未来工业经济发展中赢得主动。长东北开发开放,战略性新兴产业首当其冲。长春市将建设战略性新兴产业的集聚区作为长东北开发的重要目标加以重点培育。目前,战略性新兴产业已在长东北燃起"星火",在新能源、新材料、高端制造业等产业实现了突破,成为长东北加快发展的新增长极。

长东北核心区内,总投资 172 亿元的长东北科技创新中心,规划建设的四个功能分区、五个专业技术平台、七个公共服务平台、六大孵化基地建设进展顺利。目前,囊括七个公共服务平台的高科技广场已投入使用;中白科技园一期主体基本完成,并在上海世博会上正式举行了开园仪式;光电子平台、生态农业平台已开工;新材料新能源平台及华宇种子研究院、长光盛世总部项目即将开工。长东北核心区汇集了中科院长春分院、长春应化所、长春光机所、东北地理所、国药集团生物制品所、吉林大学、东北师大、长春理工大学、长春工大等"一院四所四校"的吉林省最先进创新基因的科技平台,搭建起由政府、企业、科研院所、开发区组成的"四位一体"创新驱动联盟。

(3)项目数量质量创新高。截至 2011 年 6 月底,长东北各开发区实现地区生产总值 296.1 亿元,同比增长 53.1%;实现规模以上工业总产值 445.7 亿元,同比增长 166.7%;实现规模以上工业增加值 128.3 亿元,同比增长 152.5%;实现一般预算全口径财政收入 21.8 亿元,同比增长 52.5%;实际利用内资完成 136.7 亿元,同比增长 54.6%;实际利用外资完成 1.16 亿美元,同比增长 382.5%;完成固定资产投资 308.9 亿元,同比增长 164.8%。长东北已经完成征收土地 4948 公顷,开工项目 473 个,开工率为 70.1%,开工项目计划总投资 1235.7 亿元,上半年完成投资 186.8 亿元,分别比去年同期增长 19.2% 和 40.8%。其中,超过百亿元有 6 个,3000 万元以上项目 389 个,占开工项目总数的 82.2%。在开工项目中,工业项目 349 个,占开工项目总数的 73.8%,完成投资 134.3 亿元,占开工项目完成投资的 71.9%。上半年共有 51 个服务业、社会事业项目开工,实际完成投资 28.8 亿元。新能源新材料产业园的兵装新能源产业项目已开工面积 10 万平方米。农机装备园区现有 112 个项目落位,完成投资 398.6 亿元。

长东北开放载体建设不断拓展。长东北成立以来,重点推进了长春兴隆综合保税区(即将进入审批程序,总投资 5 亿元)、央企战略性新兴产业合作区、国际合作科技园区和广东工业园区等四大载体建设。

(4)中央项目大量落户。央企战略性产业合作区已成规模。截至目前,与 35 户央企进行了对接,洽谈合作项目 45 个,其中,已落位 11 户,即将落位 8 户,正在深入洽谈 26 户,项目总投资突破 1300 亿元。在已落位的 11 个项目中,兵装新能源产业园项目、国电联合动力长春基地项目、中航长春航空产技产业园项目已经开工;际华长春国际商贸物流园项目、中信集团电子科技总部基地项目、中农发现代农业科技产业园、国药集团北方医药产业园项目、吉林华宇麦之香有限公司现代农业产业园项目即将开工;中建集团长春三新产业园项目、中节能集团长春节能环保产业园项目、国机集团北方先进装备制造产业园项目即将签约。此外,中石化集团生物炼制产业园项目、中国通用汽车零部件及原药项目、中国轻工集团长春绿色产业基地项目、中国核工业集团长春核技术应用产业园项目正在深入推进。

(5)国际合作科技园区正在深入推进。长春中俄科技园在长东北启动了占地 60 万平方米二期工程,2010 年 10 月,中国——白俄罗斯科技园在上海世博园举行了开园仪式,标志着长东北国际合作科技园区建设全面启动。截至目前,开工面积 11 万平方米,重点建设 5 个研发机构和中试基地、1 个工程中心,并在此基础上组建中俄技术联合研究院。

由吉林与广东省陆游间共建的广东工业园,经过 3 年多的开发建设,已完成投资 6.5 亿元,在 10.8 平方千米范围内实现了"七通一平"。共落位企业 87 家,完成投资 63 亿元。目前,先后与台湾富士康集团、旺旺集团、吉林省粤隆集团等知名企业进行了对接,总投资 10 亿元的富士康——清华科技园项目、投资 17 亿元的吉林广东现代物流商城项目、总投资 10 亿元的阿满食品工业园项目即签约落户园区。

(四)长春高新技术产业开发区获丰硕成果

两年来,长春高新区引进世界 500 强 10 家、央企 11 家,引进内资 330 亿元,利用外资 16.3 亿元,分别是 18 年总和的 130% 和 54%。2010 年全区营业收入达 2396 亿元,工业总产值 2374 亿元、GDP532 亿元、固定资产投资完成 410 亿元,全口经财政收完成 367.6 亿元,一般预算收实现 62.1 亿元,可支配财力突破 90 亿元。150 个产业项目走进高新区。截至 2011 年 3 月,高新区已经与 28 户央企洽谈合作项目 38 个,规划总投资额 921 亿元,总占地面积 1400 万平方米,总建筑面积 900 万平方米,总产值 2986 亿元,总税收 185 亿元。[①]

2011 年经济指标中,营业总收入 3000 亿元、工业总产值 2850 亿元、GDP665 亿元、固定资产投资按新口径完成 320 亿元、利用内资 290.4 亿元、外资 24 亿美元、全口径税收收 390 亿元、一般预算财政收入 80 亿元、可支配财力 300 亿元。高新区北区(长东北核心区)作为长春市融入长吉图、推进长吉一体化的前沿阵地,随东北振兴战略的深入实施,必将成为重点建设的桥头堡。

一批事关全局的重大项目相继落位,两年来,开工建设产业项目 150 个,其中,投资百亿元以上项目 1 个,10 亿元以上项目 15 个。一轿二厂竣工投产,兵装新能源产业园风电叶片顺利下线,吉林恒隆光纤激光器项目主体完工,鸿达公司疫苗项目完成车间框架。全区企业总数达到 3392 户。证明,产业集群是建设现代化产业体系、调整优化产业结构的有效途径。

(五)现代服务业与轨道客车产业在崛起

2011 年 5 月 18 日举行了长春市 50 个 5 亿元以上现代服务业重大项目暨净月经济开发区国家级服务业综合改革试点重大项目正式开工仪式。此次集中开工的 50 个 5 亿元以上现代服务业重大项目总投资近 1500 亿元。其中

---

① 《吉林日报》2011 年 3 月 5 日。

投资 10 亿元以上项目达 37 个,占开工项目总数的 70% 以上。项目主要分布在净月经济开发区、高新技术开发区、经济技术开发区、朝阳区、南关区、宽城区、二道区、绿园区、双阳区 9 个区域,涉及城市综合体、批发市场及物流、商贸流通、商务总部、文化产业、信息产业、社会发展等 7 大行业。本年度预计完成投资 323 亿元。

双阳区今年计划开工项目 115 个,总投资达 626.5 亿元。此次集中开工投资超 5000 万元项目 53 个。其中,净月南湖"香港小镇"建设项目计划投资50 亿元,重点建设净月南湖香港小镇、生态湿地科普公园、精锐创意产业等五大基地,并拟筹建长春至双阳轻轨项目。

长春有"汽车城"、"电影城"、"文化城"之称,还被称为"轨道客车都"。2009 年长春轨道客车产业产值达 90 亿元,2010 年完成生产 120 亿元,俨然成为长春市新的产业[1],为实现世界级轨道客车产业基地宏伟理想迈进。2015年长春市轨道客车产业和装备制造工业总产值目标 1500 亿元,其中轨道客车1000 亿元,力争实现轨道客车 5000 辆整车生产能力[2](其中高速动车组 1500辆、普通客车 500 辆、城轨车 3000 辆)。

(六)长春经济开发区实力显著

1993 年 4 月被国务院批准为国家级经济开发区(以下简称"经开区"),目前辖区面积 112 平方千米。2010 年长春经开区 GDP 达 442 亿元,比建区初增长 359 倍;全口径财政收入 100 亿元,比建区初增长 172 倍;工业产值达1005 亿元,比建区初增长 930 倍。2011 年 GDP 达 524 亿元,工业总产值达1206 亿元,一般预算全口径财政收入 64.5 亿元,实际利用外资 10.5 亿美元,实际利用内资 80 亿元,固定资产投资 336 亿元。经开区到 2015 年实现GDP950 亿元,年均增速在 17% 左右。2011 年可开工项目 130 个,总投资达464 亿元,其中,投资 100 亿元以上项目 1 个,10 亿元以上项目 11 个、510 亿元项目 25 个,至 6 月已开工项目 85 个(吉林日报 2011.7.26)。综合经济实力显著增强,开放型经济水平逐渐提升,投资环境日臻完善,成为区域经济发展最具活力的增长极。

目前,已有 29 个国家和地区的 87 家跨国公司来经开区投资兴业,世界500 强投资兴办的企业 35 户。经开区累计投入 100 亿元,用于基本设施配

---

① 《吉林日报》2011 年 9 月 21 日。

② 《吉林日报》2011 年 5 月 18 日。

套。修建了水、电、气、热,通讯等设施,全区已有近 50 平方千米实现了"九通一平"。通过了 ISO14000 环境质量体系和 ISO9001 质量管理体系双认证,成为国际认可的绿色、规范化的投资区。在商务部 2008 年投资综合评价排中,长春经开区在 54 个国家级经开区中排名 14 位;在中部 9 个国家级经济技术开发区中连续三年排名第一位。目前,经济技术开发区确定了新一轮发展战略的总体构想。未来几年长春经技开区的总体定位是,把握机遇,提升优势,构筑南北联动的发展格局,建设"九大特色产业园区",即西南区建设汽车零部件园区、快速消费品园区、生物制药园区、光电信息产业园区四个园区,北区建设生物园区、专用车产业园区、装备制度业园区、综合保税及物流园区、新兴产业园区五个园区;发展"八大产业",即做大做强专用车及零部件、生物化工、现代服务业等三大支柱产业,发展壮大装备制造、快速消费品等两大主导产业,加快培育光电信息、生物制药和新兴产业;打造"三大商圈",即会展中心—监河街—自由大路商圈、东方市场商圈、兴隆山商圈;建成"两个千亿级产业基地",即专用车及零部件产业基地生物产业基地。①

三、吉林市率先发展,收获赫赫

(一)五年吉林市收获赫赫战绩

过去五年的发展,江城收获了许多宝贵的经验:坚持"四个坚定不移",突出工业、全面发展;过去五年的实践,江城收获了赫赫战绩:经济总量翻番、环境立市显效,经济结构进一步优化。在诸项科学决策的推动下:过去五年,吉林市地区生产总值年均增长 24%,2010 年达到 1855 亿元,相当于 2005 年的 3 倍;固定资产投资年均增长 35.4%,2010 年末达到 1820 亿元;全口径财政收年均增长 23.1%,现已达到 192.3 亿元;地方级财政收入年均增长 25.4%,现为 73.2 亿元;三次产业比重调整到 9.8∶50.6∶39.6;城市居民人均可支配收入、农村居民人均纯收分别达到 17720 元和 6300 元,2010 年实现同比增长 14% 和 12%。吉林经开区升格为国家级开发区,北部工业新区、中新食品区、吉林深圳产业合作示范区建设起步推进,五年累计利用外资 16.8 亿美元。加速新型工业化,大力实施投资拉动和项目带动战略,新建续建投资 3000 万元以上项目 1607 项,其中工业项目 1151 项,包括 300 万吨精品钢一期、恒基多晶硅太阳能电池等 7 项重大产业工程和 1 万吨氯酰胺、10 万套汽车天窗等

---

① 《吉林日报》2011 年 9 月 6 日。

45 项重点项目竣工投产；百万辆整车生产基地、碳纤维产业基地、40 万吨 ABS 等批投资 10 亿元以上重大产业工程，18 万吨苯胺、吉福参科技人参深加工等近 100 项亿元以上工业项目眼下正在全力推进；加快产业融合，已组织建设汽车、化工配套项目 29 项；哈达湾老工业区整体改造开始实施，冀东水泥搬迁已在永吉选址并开工建设。明阳风电等重点企业主要装置负荷率大幅提高，百户重点工业企业产值增长 25.2%；快速推进现代服务业领域项目建设，欧亚商者、吉林站改扩建一批项目投入使用或基本具备运营条件。中东二期大型综合商贸开发、世贸广场五星级酒店等 10 个重点商贸项目开工建设。

(二)后五年,再造一个"新吉林市"

总量要再翻番，人口数量要向特大城市规模扩张：到 2015 年，全市地区生产总值要达到 3750 亿元。人均 GDP 要由目前的 4.25 万元，提高到 8.5 万元；逐步实现产业结构高加合理化，三次产业比重调整到 6：51：43；城镇化率提高到 63%。中心城区人口将突破 200 万人并向 250 万人迈进；单位 GDP 能耗和二氧化碳排放要比 2010 年降低 15%；城市居民人均可支配收入 3.4 万元，农村居民人均纯收入 1.1 万元。[①]

全力打造北部工业新区，5 年后全市 70% 的工业产值出于此；投入 100 亿整体改造哈达湾老工业区。腾笼换鸟后，哈达湾将成为以物流、商贸、居住为主的靓丽城市核心区；建设南部新城，往口前一线的"温德河至蓝旗"区域将成为现代新城；有序开发"一江两岸"，控制沿江建筑密度和高度，亮出天际线，造建筑精品；扩大丰满、越北、双吉等城市外围组团；船营区突出发展现代服务业、丰满突出发展旅游休闲业、龙潭区着力建设化工循环经济示范园区——各城区差别发展，定位更明晰；加强长吉区域节点城镇建设，按照"一环、三带、八大组团"布局；建起连接庆岭、天岗、北大湖、旺起等 10 个乡镇的一级公路，与长春经济圈全面对接。加强长吉北线、南线等三地带的小城镇建设；培育"岔路河—万昌"等八大城镇组团，兴起一批小城市、做强一批工贸镇、发展一批旅游镇。

加快推进农业现代化：稳定提高粮食生产、大力发展精品畜牧业、加快发展园艺特产业、提高农业生产经营组织化程度、深化农村改革；加快建设新型工业基础：建千亿级化工产业基地、建百万辆整车项目、冶金产业以黑色、有

---

① 2011 年实现 GDP2350 亿元，全口径财政收入 260 亿元，地方财政收入实现 100 亿元。

色、炉料为主线深度开发,五年后销售收入计划达到 1000 亿元。大力培育碳纤维、电子、生物等战略性新兴产业;改造提升能源、农产品加工、非金属矿产,轻工纺织等传统优势产业;培育骨干企业、助力中小企业,生成企业集群。

打造松花江旅游观光带等项目,全面完成轻轨前期工作,打通松花江吉林江段航道,把旅游培育成支柱产业。

(三)打造"中国碳谷",实至名归

锐意打造"中国碳谷",吉林市申报成立"国家级碳纤维高新技术产业基地"。国家科技部 2010 年 1 月 5 日给予批复认定。吉林市因此成为拿下这一产业的全国唯一的国家级基地品牌。

吉林市是新中国碳纤维科研与生产的摇篮。中钢吉炭早在 20 世纪 70 年代就建成了国内第一条碳化生产线,是国内第一个军工碳纤维定点生产企业;中油吉化在国内最早涉足碳纤维原丝及碳纤维研发生产,并第一个突破了关键技术瓶颈,实现了产业化生产;吉研高科建有国内第一套单线生产能力最大的碳化生产线——年产 160 吨的碳纤维装置,并于 2008 年一次开车成功。这样的研发生产优势在国内也是绝无仅有的。

技术人才优势:吉林市拥有"二甲基亚砜一步法"和"二甲基乙酰胺两步法"两条不同的碳纤维原丝生产工艺路线。其核心技术均获得了国家发明专利,有自主知识产权,并实现了规模化生产。其中,吉林化纤碳谷公司采用的"两步法"属国内首创,更适合原丝的大规模生产。吉林市曾为我国碳纤维工业培养和输送了大批专业人才。目前基地内从事碳纤维产业的工程技术人员有 769 人,其中包括中国工程院院士提名 1 人,国家有突出贡献的中青年科技专家 3 人。基地内已建成了国家碳纤维工程技术研究中心 1 个,培育了 3 支技术创新团队,建成了复合材料等企业技术中心 2 个,组建产业合作联盟 2 个,成立了产业协会,还拥有 1 个省级大学生科技园。

产业集群优势:目前,基地内已有吉林化纤碳谷公司、中钢江城碳纤维等 7 家碳纤维产业规模企业。中石油、中钢集团、恒天集团、吉林化纤这四大国有上市公司都把在江城发展碳纤维产业列入了集团优先发展的战略中。2009年以来,上述国有控股企业已在基地内投资近 30 亿元。

产业链优势:基地现在拉出了"吉化丙烯—丙烯腈聚丙烯腈基碳纤维原丝—碳纤维—碳纤维下游制品"这样一条国内最完整的碳纤维产业链条。2010 年 7 月,中油吉化千吨级碳纤维项目将开工,中钢 2000 吨碳纤维项目一期 500 吨将投产,2010 年 8 月,吉研高科 8 万辆碳纤维自行车项目一期将投

产。2010 年 9 月,吉林碳谷 5000 吨原丝项目可投入运行。

四、延边的新突破、大发展

延边提出六大工程(通道畅通、基础设施再造、城市扩充、产业重塑、沿边开放、生态经济化建设)及九大突破。

九大突破任务是:第一,制定专项规划,在发展战略谋划上实现突破;第二,加快通道畅通,在重大基础设施建设上实现突破;第三,推进重大项目建设,在产业结构转型升级上实现突破;第四,做强珲春开放窗口,在沿边开放上实现突破;第五,做大延龙图前沿,在提升开放程度上实现突破;第六,加快开发区和园区建设,在招商引资力度上实现突破;第七,加强生态环境保护,在建设生态经济区上实现突破;第八,建立开放合作机制,在国际经济技术合作领域实现突破;第九,抓好政策研究落实,在体制机制创新上实现突破。

(一)前五年取得突破

1. 经济快速发展

2010 年,全州地区生产总值达到 545 亿元(其中第二产业占 38.3%),同比增长 17.2%,"十一五"期间年均增长 16.7%,绝对值是 2005 年的 2.6 倍;全口径财政收入 88 亿元,是 2005 年的 2.7 倍;固定资产投资累计完成 738 亿元,是 2005 年的 5.9 倍;实现社会消费品零售总额 261 亿元,是 2005 年的 2.2 倍。项目建设取得新突破,投资与后劲积累迈上新台阶。"十一五"期间,全州滚动实施投资 3000 万元以上项目 2630 个,亿元以上项目 431 个。经济发展方式转变和结构调整取得新成效。三次产业结构由 2005 年的 14.8∶39.8∶45.4,调整为 2010 年的 9.3∶48.9∶41.8。农业经济稳步发展,大灾之年粮食产量保持在 100 万吨。工业主导地位进一步提升,2010 年,全州规模以上工业预计完成现价产值 585 亿元,比 2005 年增长 2.63 倍,年均增长 29.4%,增速比"十五"加快了 20.9 个百分点。第三产业保持强劲发展势头,服务业整体发展水平不断提高,生态州建设扎实推进。第三产业实现增加值 240.4 亿元,同比增长 18%,全年接待国内外游客 719 万人次,实现旅游总收入 83 亿元,分别增长 18% 和 25%;城镇化率达到 66.4%,高出全省水平 13.2%,高出全国 19%。

2. 项目建设成效显著

2010 年施工项目 2416 个。其中,3000 万元以上项目 848 个,亿元以上项目 77 个。图珲高速公路竣工通车,老龙口水利枢纽下闸蓄水,国电吉林龙华延吉热电厂并网发电。延边天池矿泉水一期、汪清华夏石头纸一期、安图华祥钼矿、和龙基恩镍业铜镍矿采选等项目投产。吉珲铁路客运专线、延边长安500千伏安输变电、国电吉林龙华和龙背压机示范项目开工建设。敦化抽水蓄能有限公司挂牌成立,龙源延边风电、敦化塔东铁矿项目得到核准,延边义乌国际商贸城项目启动实施。争取国债项目成效显著,到位资金24亿元。还有珲春大唐电厂三期工程,上报国家发改委待批;龙井石油天然气综合开发利用项目已由国土资源部设延边专项;和龙天池矿产有限公司年产80万吨直接还原铁项目已完前期工作;240万吨特种钢等项目已进入可研发阶段;延吉中国朝鲜族风情园项目已列建设日程;珲春防川风景区综合服务项目即将竣工。

3. 对外开放取得突破

2010年全面贯彻实施《长吉图规划纲要》,延边州获批国家加工贸易梯度转移重点承接地,延吉经济开发区升格为国家级高新技术产业开发区。中俄企业合作改造俄扎鲁比诺港,恢复运营珲卡铁路的体制性障碍得到破解。维修改造了圈河口岸跨境桥,正式运营珲春经朝鲜罗津至我国东南沿海的内贸货物跨境运输通道。开通了长春经珲春至符拉迪沃斯托克的公路客运班线。新增通韩国的空中航线航班,成功对接延吉经韩国至日本的空中航线,中俄两国民航部门批准延吉至符拉迪沃斯托克空中航线,延吉空港的辐射范围进一步扩大。

朝鲜元汀口岸至罗津公路维修改造工程已完工通车;珲春—罗津—釜山航班已复航;和龙南坪铁路工程顺利推进;珲春春化分水岭口岸、开山屯铁路口岸已纳入吉林省口岸建设与发展"十二五"规划。

借港出海的航船驶向日本新潟和敦贺,是中国从陆域进入日本海的最近通道,打破了东北货物从陆路到大连,经渤海、黄海再转日本海到达日本的运输格局,有效缓解东北铁路运输压力;图们铁路与朝鲜铁路相通,这使图们至清津、罗津铁路成为吉林省出海的另一条通道;借港出海为图们、珲春通向我国长三角地区、东南沿海地区创造了便捷运输通道。

图们公路口岸被国家确定为一级口岸,双目峰、古城里、沙坨子口岸基础设施进一步完善。获批对朝鲜边境旅游异地办证试点和在珲春开办卢布兑换业务、成功举办图们江区域重点城市论坛、东北亚贸易论坛、中国朝鲜族企业家论坛。参加了上海世博会、东北亚博览会,延边展示区被评为世博园城市最佳实践区。国内招商引资到位资金260亿元、同比增长35.4%,实际利用外资1.6亿美元、同比增长15.6%,实现因私涉外劳务收入8亿美元。全州开发区、工业集中区实现工业增加值130亿元,同比增长24%。

4. 2011 年在项目、开放上上新台阶

实现地区生产总值 651.7 亿元,同比增长 15.4%;全口径财政收入 112.0
亿元,同比增长 27.3%;地方级财政收入 53.5 亿元,同比增长 29.6%;全社会
消费品零售额 302.9 亿元,增长 17.6%;外贸进出口总额 18.6 亿美元,同比
增长 19.5%;城镇居民人均可支配收入 19558 元,同比增长 12%;固定资产投
资 507.3 亿元。[①]

争取新建圈河口岸跨境桥,合作开发罗津港,开通罗津至釜山集装箱定期
运输航线,与周边国家联动发展重大产业项目,签署人员、货物、车辆通关便利
化协定,提升合作水平。推动珲卡铁路恢复运营,稳定内贸货物跨境运输,促
进跨境经济合作,做好图们江沿江出海工作。加大对"环渤海"、"长三角"、"珠
三角"地区招商引资力度,做好"东博会"和"图恰会"等重大展会活动的参展、
组织工作,国内招商引资增长 30%,实际利用外资增长 12%,实现因私涉外劳
务收入 8.5 亿美元。

(二)后五年取得更大突破

1. 加快构建现代产业体系

以增量带动产业结构优化升级,争取完成工业投资 2000 亿元,工业总产
值前三年翻一番。做大做强食品(卷烟)、能源矿产、林产、旅游、医药五大支柱
产业。推动吉林烟草工业大发展,全面实施"双调双百"工程,到 2015 年产销
卷烟 150 万大箱,实现税收 100 亿元以上。重点谋划和推进和龙进口资源加
工园区、汪清低碳循环经济示范园区、珲春能源基地、安图及和龙钼矿精深加
工、敦化塔东铁矿等重点项目。全力推进现代农业,做大做强黄牛、人参、食用
菌、大米、烟叶、蜜蜂等特色产业,农产品加工业产值年均增长 18%,农村经济
总收入年均增长 10% 以上。

2. 进一步改善基础设施

重点推进吉珲铁路客运专线,和龙至南坪、白河经敦化至东京城、珲春至
东宁铁路建设,构建连通俄、朝港口及国内腹地的铁路通道网络。珲卡铁路已
于 2011 年 9 月份恢复运营,与之配套的千万吨国际换装站项目总投资 2.7 亿
元也将奠基建设。千万吨国际换装站项目建成后,必将进一步提高珲卡铁路
的货物通告能力,有力促进中俄经济与贸易合作,扩大吉林省以及延边和珲春

---

① 　延边朝鲜族自治州统计局:《延边朝鲜族自治州 2011 年国民经济与社会发展统计
公报》,2012 年 2 月 23 日。

的对外开放。中俄珲卡铁路是珲春长领子铁路口岩边界点至俄罗卡梅绍娃亚车产区间的国际铁路。扎鲁比诺港釜山、珲春扎鲁比诺港新潟航线等陆海联运新航线的开通将进一步加强中、俄、日、韩之间的经济合作，促进各方的投资贸易往来、经济文化交流、旅游资源开发、物流产业等发展。加快建设延吉至大蒲柴河、鹤岗至大连敦化段等高速公路，形成连接周边地区和州内 8 个县（市）的高速公路骨架，实现"县县通高速"的目标。实施延吉机场移地新建工程，将其打造成为东北地区重要的干线的机场。

3. 全面提升对外开放水平

加快建设与周边国家毗邻的公路、铁路、港口、跨境桥及延吉空港国际通道，重点抓好珲春至圈河、龙井至三合、和龙至南坪等通往口岸的高等级公路建设，争取珲春甩湾子、和龙南坪等铁路口岸实现开放。加快建设跨境经济合作区、进口资源加工区、国际产业合作区、出口加工区，打造国家能源储备、林产品加工、信息服务业、优质农产品出口加工基地。全力培育壮大旅游产业，将我州打造成东北亚地区重要旅游目的地。积极探索金融合作。加强与长春、吉林及发达地区经济技术合作，主动承接产业、资金、技术转移。

4. 为更加突破，采取四条措施

为实现"十二五"发展目标，我们要采取四个方面的措施。一是着力提高投资质量和项目建设水平，努力保持经济持续快速增长。将坚持实施投资拉动，确保"十二五"期间固定资产投资年增长 15％。同时，注重优化投资结构，提高投资质量和效益。2011 年计划实施 3000 万元以上项目 480 个，亿元以上 180 个，固定资产投资增长 25％，其中工业投资占 40％。二是加快转变经济发展方式，推动产业结构优化升级。加强产业政策引导，注重科技进步和技术创新，优化资源开发利用方式，推动食品（卷烟）、能源矿产、林产、旅游、医药支柱产业及优势产业扩能升级，大力发展战略性新兴产业，深入实施七大产业跃升计划，加快用先进实用技术改造提升传统产业。积极发展高新科技产业，以服务业跨越式发展促进结构调整，切实提高资源利用效率和循环发展能力，不断提升可持续发展能力。三是积极推进先行先试，加快图们江区域开发开放进程。四是坚持突出特色，切实提高城镇化建设水平。认真编制《延边州城镇体系规划》及相关专业规划，逐步形成"一核带两级、三点衔三代"的城镇化发展格局。

(三)延吉高新技术产业开发区(国家级)蓄势待发

1. 展示延吉速度

一组数字,可以让人感受到延吉高新区的发展速度。截至 2010 年末,延吉高新区实现工业总产值 106.7 亿元,完成销售产值 102.5 亿元,实现一般预算全口径财政收入 30 亿元,招商引资到位资金达 10.5 亿元,完成固定资产投资 30 亿元。延吉高新区已成为延边州经济增长最快的地方之一,鲜活地展示着"延吉速度"。2010 年,延吉高新区招商引资 105 个项目,吸引了敖东 BP 素项目、人参深加工、啤酒厂移地改造项目、科源双昊汽车项目、龙泉热能综合利用项目、众成电气电缆项目、大裸机电开关及机电产品项目等一大批项目入驻。总投资 22 亿元的延吉热电厂 2 台 20 万千瓦热电机组项目于去年(2010年)12 月 30 日竣工投产;新增投资 1.88 亿元的吉林敖东产业 BP 素(注射用核糖核酸Ⅱ)生产项目于 2011 年 4 月开工建设;总投资 1 亿元的延吉众成电器有限公司电线电缆生产项目投入 3000 万元建设主厂房;总投资为 1.2 亿元的吉林天顺药业有限公司盘活顶项目已完成股东、许可证变更,到位资金 6000 万元;总投资超过 1 亿元的延吉龙泉热水有限公司热能综合利用项目、延吉市新韩装饰材料有限公司家具用门板项目(总投资 1.05 亿元)、延边阿里郎包装有限公司纸质包装项目(总投资 1.18 亿元)、吉林省烟草公司延边州公司烟草物流配送项目、总投资 1.2 亿元的玻璃棉项目、延边神力节能环保科技有限公司节能剂项目、延边恒达实业集团洋葱汁项目均在建设中。2011 年 6 月总投资 10 亿元、占地 16 万平方米、总产值 20 亿元、创利税 4 亿元,集中药、西药生化药等多种制剂型于一体的国药制药企业落户于延吉高新区的列入东国药基地。

2. 延吉高新区质升量增

作为长吉图轴线上的第三家国家级高新技术产业开发区,延吉高新区正呈现出"质升"与"量增"齐头并进的好势头。2010 年全区谋划包装 46 个新项目,总投资不少于 100 亿,其中 10 亿元以上项目 4 个、5 亿元以上项目 4 个、1 亿元以上项目 38 个。围绕着高新技术领域及长白山的天然资源优势,包装中药材、保健食品、药品项目;围绕毗邻的韩、日、俄、朝等国家的市场需求,包装加工生产项目;围绕吉林敖东等投资大、贡献突出的龙头企业,包装产业链长、投资额大、贡献突出的项目。最终目标是将高新区打造成为我国与日、俄、韩等国家高新技术交流的转接地。

到 2015 年年末,GDP 达 210 亿元,年均增长 25%;工业增加值达 180 亿元,年均增长 28％;高新技术产值达 180 亿元,年均增长 30％;财政收入达 80 亿元,年均增长 22％;进出口总额达 1.2 亿美元,年均增长 20％;招商引资实到资金达 37 亿元,年均增长 30％;培育高新企业 5 户,省级科技企业 80 户,年销售额亿元以上的高新技术企业达 15 个;建国家级企业技术研发中心 3 个,省级企业技术研发中心 15 个,与国内外高校共建"产学研"合作基地 2 个;建设完善的园区信息化体系。发展坚持六项原则:创新主导原则;开放带动原则;集群发展原则;结构优化原则;人才兴业原则;可持续发展原则。建设好有机食品基地、软件和信息服务基地、医疗器械基地、生物工程基地、文化创意产业基地等五大特色的产品基地,发展好新材料产业、现代物流业、商贸会展业、金融服务业等四大特色产业。

(四)延龙图一体化推进迅速

作为长吉图开发开放先导区的另外一个重点组成部分,延边朝鲜族自治州将承接长吉腹地,成为发展的窗口和桥头堡,延龙图一体化也被提上了日程。

1. 一体化快步推进

在延龙图一体化发展与改革的推动下,2010 年,延龙图地区经济与社会发展不断取得进步,地区生产总值已达到 260 亿元,占延边州的 47.7％,同比增长 16.5％;全口径财政收入 51.4 亿元,占延边州的 58.4％,同比增长 23.4％。

2010 年,延龙图开放前沿发展规划编制工作进展顺利,目前进入意见征求阶段;延龙图一体化旅游发展规划完成评审;延龙图现代物流产业发展规划基本完成;《延吉、龙井、图们一体化公路网规划报告》在 2010 年正式颁布实施;延吉—龙井一级公路市政化改造工程完成项目规划、设计及报批工作。

重点基础设施和重点产业项目建设取得了积极的成果。国际、国内通道和边境口岸基础设施等重点工程建设按预期目标顺利推进。图们公路口岸已恢复为国家一类口岸。龙井三合、开山屯口岸国境桥新建项目纳入"吉林省十二五"口岸建设规划。开山屯口岸封闭工作及三合海关监管仓库工程已竣工投入使用。中国图们—朝鲜南阳—清津韩国釜山集装箱国际陆海联运项目已由韩方上报韩国统一部待批,中国图们—朝鲜南阳—图们江—俄罗斯哈桑国际铁路联运通道的恢复工作得到积极推进,图们中朝便民互市贸易通道已经开通。龙井丹东铁路客货专线投入运营。延吉市和图们市被国家商务部正式批准为国家级现代物流示范城市,中国物流国际集团有限公司正式进驻图们市。

积极推进改革与创新。延龙图行政管理体制一体化积极推进改革探索。广电资源整合前期工作正在推进,金融同城政策得到进一步落实,三城户籍制度改革稳步推进,签订旅游框架协议,三城一体化数字化建设取得进展三市的有关规定也正在顺利推进。[①]

2. 先行先试,大项目取得进展

重大产业项目和重大产业发展取得重大进展。延吉市重点实施了"040后劲"、"250 储备工程"和"030 扶持工程"三项重点工程,延吉热电厂、敖东 BP素、大京纺织移地改造、紫金药业人参深加工、世迪斯 LED 生产、众成电气电缆生产、龙泉热能综合利用等 40 个重点工业项目建设推进顺利,于 2011 年 6月,以敖东国药基地项目为代表的 20 亿元以上项目,计划总投资为 68 亿元,涉及工农业、服务业、基础设施、社会事业等多个领域;龙井市加大项目建设力度,今年共计实施各类投资项目 179 项,完成固定资产投资 39.2 亿元,其中开工建设 3000 万元以上项目 58 个,完成投资 28.6 亿元。2011 年 4 月,延吉市组成以市长赵哲学为团长的经贸代表团赴厦门开展招商引资活动。签约六个项目合同金额达 15.4 亿元,取得显著成果。开工建设项目数量和投资额度均达到历史最高水平,全部招商引资到位资金突破 50 亿元。图们市投资 1.5 亿元的磨盘山水电站工程、投资 1.5 亿元大河实业鹿产品深加工项目和投资5000 万元的方正化工年产 6000 吨滤失剂改扩建项目等重点建设项目已全部竣工投产;投资 3.2 亿元的吉林正德药业采幽洗液及中药制剂项目也已进入试生产阶段;利安石化重新启动,生产经营得到回复性发展;延边异性钢铁已完成节能减排和技术改造,钢能力达到 10 万吨。招商项目 107 个总投资34.8亿元。

延吉市坚持率先发展,率先建设,率先突破,实现了经济社会发展的新跨越,项目后劲十足,创造了 150 天内 30 个超亿元项目开工建设的奇迹,长吉图"前沿"功能逐渐显现。[②]

龙井市去年初确定了长吉图专项规划编制、石油天然气综合开发前期工

---

① 《延边日报》2010 年 11 月 18 日。

② 2011 年发展目标是:GDP260 亿元,同比增长 20％;一般全口径财政收入 55.5 亿元,同比增长 20％。而到 2015 年主要目标是:GDP 达 539.9 亿元,年均增长 20％;固定资产投资(五年累积)1656.97 亿元,年均增长 15％;财政收入 101.42 亿元,年均增长 17％;外贸进出口总额 3.34 亿美元,年均增长 15％。

作和热电厂扩建项目建设等 32 项重点工作任务。

3. 推动国际合作开发

延吉市积极参与推动图们江地区国际合作开发，把招商引资作为扩大对外开放的重要手段，把经济开发区（即，高新区）和新型工业区作为开发开放的平台和载体，提升了图们江及东北亚地区的知名度及影响力。延吉市专门成立 16 个招商机构，依托国内、国外两个市场、两种资源、利用"中国延吉图们江地区国际投资贸易洽谈会"、"中韩（延边）IT 论坛"等开放载体，积极开展招商引资，2010 年全年招商引资到位资金达到 50 亿元；"两区"在基础设施建设上已累计投入 23.6 亿元，IT 产业园、科技工业园、能源工业园、汽车工业园、人参工业园等特色园区在不断完善、承载功能不断加强，成为拉动延吉经济快速发展的引擎。

目前，延吉市在完成《延吉市城市总规划（2007—2030）》的基础上，又完成了西部新区二期修建性详细规划、中心城区绿线专项规划，未来延吉的城市空间将进一步延伸。

在龙井工业集中区搭建招商引资平引入项目 19 个，成功吸引香港、杭州等地客商落户投资，到位资金达到 17 亿元，外贸进出口总额实现 1.5 亿美元。同时，龙井市加强了口岸基础设施建设，三合、开山屯口岸通关条件得到进一步改善；开山屯至朝鲜三峰里铁路恢复；三合—会宁—清津两个对外通道项目以及三合进出口加工贸易园等项目的基础性工作正在积极推进。

图们市是吉林省唯一有公路、铁路与朝鲜相连的边境口岸城市，是长珲高速公路、东北东部铁路、长珲高速铁路及"中蒙日三边委员会"倡导发起的东方大通道的重要驿站，图们市大力推进对外通道建设，利用朝鲜清津港、罗津港开通国际陆海联运及内贸跨境运输；全力推进中国图们—朝鲜图们江—俄罗斯哈桑铁路国际联运恢复工作。为搭建边民互市平台，图们江建设并启动了中朝互市贸易市场。与此同时，图们市发展国际物流取得重大进展，被商务部批准为"全国流通领域现代物流示范城市"。

五、先导区开放"窗口"——珲春

（一）综合实力大幅跃升

1. 五年经济翻两番

"十一五"期间，珲春实现了主要经济指标 5 年翻两番，县城综合实力跃居全省第 12 位；基础设施全面加强，人口素质和体制机制环境持续改善，发展综合支撑能力大幅跃升。2010 年经济继续高位运行,GDP 实现 85 亿元,地方级财政收入实现 9.5 亿元、工业总产值实现 145 亿元、固定资产投资达到 100 亿元、贸易进出口总额 7.5 亿美元,分别是 2005 年的 3.9 倍、4.4 倍、6.4 倍、5.5 倍、3.4 倍。工业经济总量、地方级财政收入、人均地区生产总值均已进入全省前 10 名,县城经济综合实力位居全省县级城市第 12 名,先后获得吉林省工业提速增效十强市、全民创业先进市和县域突破明显进步奖。

2. 产业支撑力提高

产业支撑能力显著提高,三次产业结构日趋优化,发展后劲明显增强。能源矿产、木制品加工、电子信息、纺织服装等主导产业形成规模。大唐珲春发电厂二期工程建成投产,三期工程 2011 年将开工建设,总发电能力达到 186 万千瓦。千万吨煤炭基地建设顺利推进,珲春矿业集团煤炭产能提高 600 万吨。老龙口水利枢纽建成蓄水。东北亚边境贸易中心、循环经济产业园、百万吨再生能源深加工等项目开工建设。外经贸规模位居全省前列。旅游、物流等新兴产业拉动作用日益凸显,防川景区入选"吉林八景",景区"五个一"工程加紧建设。三国环游线路试运行顺利。农业基础地位更加巩固,珲春河牌大米被评为国家"金奖大米",珲春市被农业部确定为延边黄牛特色优势产业试点市。

3. 开发开放突飞猛进

全面实施《中国图们江区域合作开发规划纲要—以长吉图为开发开放先导区》,对外开放取得实质性突破。图们江地区重要交通节点初步形成,珲春—东宁公路建成,图珲高速公路通车,吉珲客运专线开工建设。珲春—东宁铁路、中国珲春—朝鲜罗津高速公路项目前期工作进展顺利,圈河口岸大桥完成维修,内贸货物跨境运输取得重大突破,束草航线平稳运营,四国航线、釜山航线成功试航。边境合作区龙头作用充分发挥,2009 年第二产业产值在全国14 个边境经济合作区中排名第一,2010 年实现生产总值 34 亿元,比 2005 年翻了三番。日、韩、俄、港工业园建设扎实推进,出口加工区、中俄互市贸易区和日韩俄港工业园运行良好,开放型经济进入崭新阶段。

(二)扩大开放,多点突破

通过对外通道的建设,扩大对外开放。项目大突破,产业大提升,实现大开发。对内联合,对外合作,实现大联动。城市扩容,总量增长,实现区域大发展。

1. 实施开放战略

珲春的经济发展方式发生了重大变化,新型工业化核心、对开放主导、项目建设突破、环境建设保障,这些都成为珲春人耳熟能详的词汇。这里是中国唯一集边境经济合作区、出口加工区和互市贸易区"三区合一"的地区。从 20世纪 90 年代开始,先后设立了珲春边境经济合作区、珲春出口加工区和中俄互市贸易区 3 个国家级开发区。《珲春边境经济合作区规划》获吉林省政府批复后,投入园区基础设施建设资金 6500 万元。目前,全区在建项目 33 个,预计到位资金 15 亿元。区内现有国内外企业 200 多家,相继启动了俄罗斯工业园、日本工业园、韩国工业园和吉港工业园等项目建设。目前(至 2011 年 3月),已有来自日、韩、俄 等国 48 户外资企业东北汇聚,总投资 100 亿人民币的东北亚边贸中心一期工程将在年内开工。

珲春提出了"一区、两港、三路、四园"的发展方向,积极向国家争取设立跨境经济合作区,打造东北亚各国经济合作新平台;依托俄罗斯扎鲁比诺港和朝鲜罗津港实现借港出海、连线出境、内贸外运的战略目标;积极推进公路、铁路、航空三位一体的立体通道建设;全面做好 4 个国际化工业园区建设,引进大项目,实现产业升级,推动地区经济跨越式发展。长春到珲春的高速公路,已于 2010 年 9 月 27 日通车。在开通中国珲春—俄罗斯扎鲁比诺—韩国束草国际陆海联运航线后,近年来,珲春市不断加大口岸通道建设,通过借港等方式打通中国图们江区域交通"大动脉",又相继开通了珲春—朝鲜罗津—韩国釜山,珲春—波谢特日本秋田等国际陆海联运航线。珲春—俄罗斯扎鲁比诺—韩国束草陆海客货定期联运航线全长 500 余千米,创造了世界海运史上的奇迹。航线开通十年来,运行近 1200 余航次,运输货物 5 万多吨标准集装箱,运送旅客已突破 60 万人次。2010 年 5 月 18 日,珲春中联海运有限公司暨珲春宇联国际货运代理有限公司成立,开启了珲春海运事业新的篇章,使"借港出海"战略又迈出了重要一步。2010 年 10 月 21 日,随着一声清脆的笛声鸣,一艘满载货物的货轮离开俄罗斯扎鲁比诺落驶向新潟,40 多个小时后顺利到达目的地,至此珲春—扎鲁比诺—新潟的跨国陆海联运航线试运行成功。来自中国货物装上船后,可直接运送到日本。

2. 对外开放多点突破

通道建设取得重大进展,长珲高速公路建成通车,吉珲客运专线开始征地拆迁;圈河国境大桥完成维修,内贸货物跨境运输试点运行,对朝旅游异地办证获国家批准;珲春铁路口岸换装站、扎鲁比诺港改造工程全面启动,珲卡铁路即将恢复运营;浦项国际物流基地开展前期工作;敦贺航线完成考察,釜山、新潟航线成功试航。外贸旅游日益兴旺,预计实现进出口总额 7.5 亿美元,同比增长 31%。三国环游线路试运营,防川观光塔主体封顶、服务区建成使用。2010 年"四园"建设上,韩国工业园建设取得重大突破,珲春与韩国浦顶集团签订了合作协议,项目前期工作进展顺利(已投资)。

3. 合作区作用增强

投资 2 亿元完善区内"七通一平"和四大园区设施建设。全年新开工项目 36 个,其中亿元以上项目 11 个,到位资金 25.5 亿元。硼化物加工项目建成,直缝焊管项目年内投产;百万吨再生能源深加工、煤矸石制砖余热发电等项目奠基;欧标超低温冷库、誉鹏新兴建材等项目开工;循环经济产业园获省政府批准;紫金矿业技改、金铜冶炼等项目积极推进。出口加工区区域通关模式启动运行。预计合作区实现生产总值 38 亿元,同比增长 40.7%;出口加工区实现进出口总额 2 亿美元,同比增长 53.8%;互市贸易区入区人数突破 8 万,同比增长 31.1%。

2010 年合作区新开工项目 36 个,到位资金 25.5 亿元。互市贸易区俄边民入区突破 8 万人次,同比增长 31.1%;出口加工区实现进出口总额 2 亿美元,同比增长 53.8%。

(三)投资项目,实现突破

1. 项目建设收益明显

2010 年"项目年"活动收效明显,制定出台一列优惠政策、管理办法和奖惩制度,强化项目跟踪服务,完成固定资产投资 100 亿元,同比增长 34.8%;实现招商引资 52 亿元,同比增长 53%;建设实施 3000 万元以上项目 82 个,其中亿元以上项目 19 个。总投资 25 亿元的百万吨再生能源深加工项目于 2010 年 9 月 21 日开工(青岛万家集团齐能化工股份有限公司投资);当天同时开工的项目还有投资 1 亿元的煤矸石烧结多空砖生产线及隧道窑余热发电项目,总投资达 4.6 亿元的东北亚边境贸易市场一期工程,总投资 5.2 亿元的欧标超低温冷库及配套水产品加工项目,总投资 8 亿元的大豆加工项目,投资 1.5 亿元的"延边动物药品"GMP 新建工程项目,投资 1 亿元的誉鹏新型建材项目等。2011 年 4 月 19 日,珲春市政府在长春与世界 500 强企业中国建筑股份有限公司的骨干企业中国建筑第六工程局有限公司就珲春生态新城区开发建设战略合作签约协议。

2. 新城区建设稳步推进

珲春生态新城位于珲春市老城区东部,总投资 1500 亿元,总规划区域面积 30 平方千米,相当于老城区的二倍。一期(2011 年至 2013 年)投资 50 亿元建设 11.2 平方千米基础设施、公共服务设施、产业园区及生态居住区;二期(2014 年至 2020 年)为生态文化新城扩展区开发建设。珲春市市长姜虎权与中国建筑第六工程局有限公司副总经理孙立新就珲春市新城区基础设施、公共服务设施和生态居住区开发建设共同签约,其中正在进行的项目还有元宝山木制品加工项目、旭唐高端玉磁发热鞋生产项目、吉兴年产 100MW 太阳能电池及组件项目、珲春欧式街改造项目等建设现场,并详细了解了项目进展情况。

3. 大型基础设施项目陆续开工

吉珲高铁路客运专线已开工。珲春至东宁铁路工程项目进入可研编制阶段。这两条铁路开工建设,再加上全线贯通的长珲高速公路,以及已有的鸡圈公路、图珲公路等,珲春将形成四通八达的对内交通网络,为珲春发挥对外开放的窗口作用打下了坚实的基础。大唐珲春电厂三期一台 60 万千瓦机组项目正在上报国家发改委核准,原计划于 2010 年内开工建设。

完善的能源、水利设施,对加快珲春市、延边州乃至吉林省经济的发展具有重要意义。总投资 7.6 亿元的集防洪、供水、发电、灌溉和环保于一体的老龙口水利枢纽工程,于 2010 年 9 月 6 日正式下闸蓄水,该工程年发电量达 5199 万千瓦时,预计每年可为城区提供用水 2.8 亿立方米,保障 200 万人口的城市规模日常用水需求,为水库下游 15.13 万亩农田提供灌溉用水。此外,派高生物制药抗肿瘤药物进入临床阶段,氮化硼加工项目部分投入试生产。2011 年计划开工建设 3000 万元以上重点项目 75 个,其中续建项目 23 个,新开工项目 52 个,谋划储备项目 50 个,计划完成 GDP110.5 亿元,预算全口径财政收入 12.35 亿元。固定资产投资 80 亿元,招商引资额 85 亿元,其中一般预算全口径财政收入 12.35 亿元。

在珲春,投资拉动主要依靠基础设施、产业、商贸、旅游等 4 大类项目。2010 年,珲春基础设施项目和产业项目建设有很大突破。全市谋划的 109 个项目已开工 32 个,其中亿元以上项目 17 个,依托有利区位,珲春正努力做活边境贸易,发展物流产业。同时,积极开发跨境旅游、民俗旅游、红色旅游、自然观光旅游等,在防川谋划了"五个一"工程:一座观光塔、一知"望三国"观光木栈道、一处综合服务区、一景区大门、一座展览馆。

大唐电厂三期提交国家发改委待核准;珲春矿业集团产能提高到 600 万吨远期要达 1 千万吨;老龙口水枢纽下闸蓄水;哈达门、杨泡水电站主体完工;耀天煤层气发电项目投入使用,编制完成《产业发展规划》。银企合作、银企对接成效突出,提供担保贷款近 8000 万元,中小企业发展活力进一步提高。2010 年实现招商资金 52 亿元,同比增长 53%。在项目建设的带动下,目前,珲春形成了能源及矿产加工、纺织及服装制造、高新电子加工、保健食品及生物制药、木制品精细加工、新兴建筑材料等 6 大主导产业,正在成为集出口加工制造、境外资源开发、生产服务、国际物流采购等多种功能为一体的特殊经济功能区,成为图们江区域合作开发的桥头堡和边境区域中心城市。[①]

珲春前五年(2006—2010 年)经济总量大幅跃升,提前 3 年完成"十一五"规划主要目标。5 年来,珲春 GDP 累计完成 2706 亿元,财政收入(全口径)33.6 亿元,固定资产投资 300 亿元,外贸总额 33.2 亿美元。

(四)今后五年实现再翻两番

1. 今后五年,珲春经济总量指标增速将超全省平均水平,主要经济指标进入吉林省前列

到 2015 年,珲春地区生产总值突破 300 亿元,年均增长 30%以上,争取实现翻两番;财政收入超过 30 亿元,年均增长 26%以上;全社会固定资产投资累计 600 亿元,年均增长 25%;社会消费品零售总额达到 100 亿元,年均增长 32%;外贸进出口总额达到 35 亿美元,年均增长 36%。

2. 打造四大基地

珲春提出了打造国际性能源矿产、现代化外向型加工业、图们江地区国际物流、面向东北亚的跨国旅游等四大基地。

3. 积极实施投资拉动战略

全力推进重点项目建设。2011 年,将确保吉珲客运专线、大唐电厂三期工程、珲东铁路、金铜冶炼、循环经济产业园第开工建设;推动珲春矿业集团的 7 项扩能工程顺利实施;全面完成老龙口水利枢纽和哈达门、杨泡水电站建设,确保运营发电。

4. 积极实施跨境合作战略

事实上,光开放不行,珲春还要开展跨境合作,形成跨境经济合作区。实施"三步走"战略,将珲春建设成为自由贸易(经济)综合配套改革试验区。第一步,加快推进珲春边境经济合作区独立运行。积极争取综合保税区政策,在俄罗斯哈桑区设立境外加工区。第二步,利用 2 到 5 年的时间,以合作区为主题,在划定区域实行封闭管理,海关后移,打造东北亚区域自由贸易示范基地。

---

① 《延边日报》2010 年 10 月 22 日。

第三步,利用未来 5 到 15 年时间,构建东北亚自由经济区。从区域内单纯经济导向逐步向服务国家整体外向战略转变,促成珲春与俄罗斯哈桑、朝鲜罗先建立跨境自由贸易区,并建成完全意义上的东北亚自由经济区。

珲春将以纺织服装、食品加工、仓储物流和旅游观光为起点,逐步扩大合作范围,在石化、建材、森工、汽车等多领域建立协力合作,形成独具特色的跨境产业体系。支持企业建立加工农产品和原材料基地,适当发展境外加工,争取对俄产业合作取得新突破。①

5. 重点抓好五项工作

第一,提升产业综合竞争力。全力打造“四大”基地,发展现代工业,发展现代服务业,发展现代农业,发展信息电子产业成支柱产业。

第二,促进城乡统筹发展。科学优化城镇布局,着力构建“三区三带三重镇”的城镇空间体系。到 2015 年,全市人口达到 30 万人以上,建成区面积达 30 平方千米以上。

第三,建立现代化基础设施体系。建立“四线一点”的图们江立体交通网络,着力破解“一核两翼”关键问题。“四线一点”,即“东线”畅通对俄铁路、公路,开发俄罗斯港口,发展对日、韩联运航线;“南线”开辟达到南方沿海航线等;“西线”推动吉珲客运铁路专线、图珲高速公路建设,拉开东北中部轴线;“北线”加快建设珲春东宁铁路、珲春—绥芬河高速公路,构建东北东部边境走廊。“一点”即借助延吉空港扩能改造,开辟通往东北亚主要城市的空中运输通道。推动大型国有航运集团参与周边港口及航线开发。

第四,提高开放和区域合作水平。全面实施扎鲁比诺综合利用六项工程,完成珲春铁路换装站改造,确保中俄珲卡铁路尽快恢复运营;争取新开中俄分水岭口岸和中朝甩丸子铁路口岸;正式开展中朝内贸货物跨境运输;争取珲春罗津高速公路、元汀—罗津既有公路改造和新建圈河、沙陀子口岸跨境桥项目开工;争取正式开通新潟、釜山等陆海联运航线;以朝鲜拟在罗先建立 9 个加工园区为契机,积极谋划建设罗先(珲春)工业园;依托陆海联运通道,积极发展中俄国际物流和跨境旅游。

第五,建设资源节约型和环境友好型城市。大力发展循环经济,加强生态建设和环境保护,倡导生态文明,促进人与自然和谐发展,建设资源节约型和环境友好型城市等。

---

① 《吉林日报》2011 年 1 月 5 日。

（五）培育发展东北亚"硅谷"

珲春市国遥博诚科技有限公司的电子白板生产线紧张有序；珲春市信通电子有限公司的生产车间内，工人们正在熟练地进行汽车音响线路组装；日本独资高科技企业珲春活码电子产品有限公司开工等。信息电子产业在东北亚"金三角"异军突起，焕发着新的生机与活力。数据显示，2011年1至2月，珲春市信息电子产业实现产值3.37亿元，同比增长88.03%。信息电子产业作为珲春市支柱产业的"后起之秀"，与能源矿产、纺织服装、木制品加工等支柱产业成为珲春市率先崛起的强大引擎。

为进一步推进自主创新，促进图们江区域信息产业发展，珲春市国遥博诚科技有限公司、中国科学院遥感应用研究所与珲春市政府合作共同建设了中科院（珲春）图们江科技园。科技园占地10万平方米，分三期建设，计划2012年前完工，建成后的科技园将成为区域信息技术合作、项目转移的平台，IT产业的企业孵化基地和人才培训基地以及共性技术的研发中心。

创新、创造、创业的激情在这片开发开放的热土上涌动，随着国遥博诚、宝力电子通讯、恩高富仁电子、信通电子等越来越多的高科技项目和企业落户珲春，逐步形成产业集群，在改变工业结构的同时，也提高了珲春的工业质量，加快了珲春的开放开发步伐。2010年，信息电子业规模以上企业年实现工业产值25.8亿元，占全市工业总产值的21%，同比增长24.65%。在"十二五"规划中，信息电子产业计划到2012年实现产值40亿元，到2015年实现产值55亿元，年平均增速为17.7%。随着图们江开发的逐步深化，一座东北亚区域的"硅谷"将形成。[①]

六、吉林省发展对俄经贸

吉林省发展对俄经贸，因为这关系到长吉图先导区合作开发，关系到图们江区域多国合作开发，关系到东北亚一体化进程。

（一）现状与问题

对俄贸易存在的主要问题：

第一，受两国经济情况和宏观调控政策影响严重，发展不稳定；第二，出口商品问题多、种类数量少、品牌商品奇缺、贸易结构单一、进了口产品档次低；

---

① 《延边日报》2011年4月5日。

第三,交通条件有限,用于过境运输的车辆少,车辆的装备差。

(二)长吉图开发开放对俄经贸的作用

将推动中俄互市贸易区的发展和图们江地区自由贸易区的建设;将推动中俄产业园区的发展;将促进中俄经济走廊和物流体系发展。加强对俄经贸为建立图们江边境中俄远东自由贸易区创造了条件。

(三)对俄经贸合作前景

1. 将长吉图开放开发与俄罗斯开发远东地区规划对接,是吉林省对俄政策基础和保障

普京执政后,俄政府似乎开始真正重视东西伯利亚和远东的开发,并于2007 年先后出台了《俄罗斯远东与后贝加尔地区经济和社会发展 2013 年联邦专项规划》《远东和贝加尔地区 2025 年前社会经济发展战略》,2009 年 9月 23 日,中俄两国元首批准了《中国东北地区同俄罗斯远东及东西伯利亚地区合作规划纲要(2009—2018)》,所有这一切都与我国图们江开发政策相衔接,证明两国政府为振兴彼此两国区域的信心和决心,为吉林省对俄贸易的开展提供了政策支持和保障。

2. 长吉图开发与俄罗斯资源优势相对接,潜在互补性转化成现实发展优势

吉林省与俄罗斯在自然资源、科技潜力、劳动力资源、产业结构、产品品种方面具有很强的互补性,这就使双方的经贸合作存在着巨大的潜力。俄罗斯拥有着极其丰富的自然资源,西伯利亚和远东地区的石油和天然气储量分别占世界储量的 1/3 和 1/4,森林资源为世界第一;科技潜力处于世界一流水平,俄罗斯基础科技在许多领域,如航空航天技术、生物技术、核物理、新材料等领域的研究都居于世界先进水平。

与俄罗斯相比,吉林省具有劳动力资源优势和农产品出口优势。俄罗斯是吉林省对外投资的重点地区。到 2007 年年底,吉林省累计已经向俄罗斯直接投资约 2.3 亿美元,有业绩的对俄贸易企业已达到 205 家,比两年前增加75 家,在农产品生产、木材加工、机械制造、医药合作、建材和建筑工程等领域有 46 家企业参与了对俄罗斯的投资,同样,俄罗斯也在吉林省积极进行投资,目前已经有 18 家企业在省内投资兴办企业。

3. 利用长吉图规划中的腹地支撑作用,增强对俄贸易实力

长吉图规划指出,要充分发挥长春、吉林两市的腹地支撑作用,大力促进产业结构升级,建设以现代农业和特色农业为基础,以先进制造业和现代服务业为主体的产业体系。长春经开区新一轮发展战略进行总体定位,着力建设"九大特色产业园"①,加快发展"八大产业"②,建成"两个千亿元级产业基地",成为长吉图东北亚开放开发先导区经济起飞的引擎和引领长吉图区域经济发展的旗舰。

吉林省对俄贸易应借助长吉图自身发展建设之机,提升产品质量,促进出口产品多样化,塑造品牌,尽快从"以量取胜"的出口观念转变为"以质取胜",增加商品附加值,加大高附加值产品的出口,增强我国产品的非价格竞争优势,满足俄罗斯人民从以吃穿住为主要消费对象的第一级消费向以住房、汽车和以信息产品服务为主要消费对象的第二级、第三级消费过渡。还应实施对俄旅游产业集群战略,开发特色旅游,发展双边旅游贸易。

4. 发挥长吉图地区和俄远东地区的科技优势,促进科技交流与合作

吉林省科技事业力量雄厚。这里有中国科学院长春分院、长春应用化学所、吉林省社科院等国家级科研机构,科研成果突出,在全国具有一定影响力。还有一批拥有国家级重点学科的重点高等院校。特别是在光学电子、生物技术、汽车制造、固体物理、应用量子化学、高分子化学、稀土磁性材料、中国传统中医中药、高等文化教育等方面居全国领先地位。

俄罗斯远东科研实力较强。位于符拉迪沃斯托克市(海参崴)的俄罗斯科学院远东分院是俄罗斯国家级重要科研机构,远东分院包括 20 多个科学研究所,其分支机构遍布点于整个远东地区。远东拥有一批国家级重点高校,如:国立远东大学、远东渔业学院、远东船舶学院、远东工学院等。在渔业加工、船舶制造、海洋生物地理、海洋远东经济、生物技术、固体物理等科研领域居俄罗斯领先地位。吉林省与俄罗斯远东的各科研单位、高等院校可以建立长期稳定的科学技术交流和人才培养交流联系,以促进吉林省科技事业的振兴。③

相信吉林省对俄经贸会随着两国经济文化交流频繁,政治互信日益加深而上升一个新的高度,这同时也适应东北亚振兴的需要,为亚洲的繁荣发展、为亚洲共同经济体的创立奠定了基础。

---

① 九大特色产业园包括南区的汽车零部件园、快速消费品园、生物医药园、光电产业园,北区的生物产业园、专用车园、装备制造园、新兴产业园、综合保税及国际合作园区。

② 八大产业包括专用车及零部件产业、生物化工和现代服务业三大支柱产业,装备制造业和快速消费品两个主导产业,光电信息和生物医药两大高新产业,以及新能源、智能网络、生物技术、新材料、先进制造业等新兴产业。

③ 杨慧、杨伶:《长吉图开发开放与吉林省对俄经贸发展前景分析》,载《东北亚论坛》2011 年第 2 期,第 128 页。

第十六章

长吉图开发开放先导区战略
的示范性、导向性

自 1992 年中、俄、朝、韩、蒙五国共同启动图们江区域合作开发项目以来，在各方的共同努力下，合作成效日益显现。2009 年，中国政府批准实施《中国图们江区域合作开发规划纲要——以长吉图为开发开放先导区》战略，经过两年多的深入推进，图们江区域合作开发取得显著进展。中、朝两国共同开发、共同管理的罗先经济贸易区项目顺利启动，中俄陆港通道建设项目顺利实施，中蒙大通道项目正抓紧推进。长吉图开发开放先导区建设也取得积极进展，长春和吉林两市在城镇规划、招商引资、基础设施建设、信息共享等方面向实现"一体化"的方向发展，充分发挥了腹地支撑作用。珲春市对外窗口作用进一步突显，目前，珲春市经朝鲜罗先港至上海的内贸货物跨境运输项目成功实施，珲春市经扎鲁比诺分别到达日本和韩国釜山的国际陆海联运航线正式开通。在这一背景下，为进一步推动图们江区域合作与长吉图开发开放先导区建设，2012 年 4 月 13 日在珲春边境经济合作区、珲春出口加工区和珲春中俄互市贸易区的基础上，国务院批准设立中国图们江区域（珲春）国际合作示范区，标志着已进行了 20 年的图们江区域国际合作开发开启了崭新的历史篇章（示范区面积约 90 平方千米）。这是我国积极参与图们江区域合作的新平台和新机遇，也是深入实施长吉图开发开放先导区建设的新举措、新进展，有利于加快东北老工业基地振兴步伐，提升我国沿海开发开放水平，促进我国与周边国家，特别是与朝鲜、俄罗斯的经贸合作，实现优势互补和互利共赢。

第一节　"示范区建设的若干意见"的重大意义

一、在总体要求上

《意见》强调要以创新沿边对外合作机制为动力，以深化沿边地区国际经济合作为抓手,以畅通面向东北亚地区交通运输网络为保障,大力发展商贸物流和跨境旅游等产业,进一步完善城市功能,推进资源节约型和环境友好型社会建设,促进边境地区开发和腹地经济联动发展,将珲春国际合作示范区建设成为东北亚地区国际合作开发以及我国沿边开发开放的示范区,为实现东北全面振兴、促进区域协调发展、提升沿边开放水平、完善我国对外开放格局发挥重要作用。以此,在东北亚地区国际合作开发中起导向的作用。

二、在战略定位上

《意见》明确了立足珲春市、依托长吉图、面向东北亚、服务大东北,建设我国面向东北亚合作与开发的重要平台、东北亚地区重要的综合交通枢纽和商贸物流中心、经济繁荣、环境优美的宜居生态型新城区,发展成为我国东北地区重要的经济增长极和图们江区域合作开发桥头堡的四大定位。

三、在发展目标上

《意见》提出了珲春国际合作示范区今后十年的奋斗目标。到2015年,基本建成较为完善的基础设施体系,形成良好的体制、市场、政策和法律环境,联通内外的交通网络进一步完善,对外开放体制机制创新取得明显成效,商贸物流蓬勃发展,边境和跨境旅游进一步活跃,跨境合作模式初步建立,双边性经济发展格局基本形成。到2020年,建成布局合理、功能齐全、服务完善、商贸繁荣的重要经济功能区,体制机制创新取得新突破、对外开放平台比较完善,跨境合作成效显著,区域综合交通运输枢纽功能充分发挥,商贸物流和跨境旅游日益繁荣,人居环境和生态环境进一步改善,开放型经济发展格局全面形成。

四、在建设布局上

《意见》明确了珲春国际合作示范区基础设施建设和产业发展重点,按照对外贸易合作、国际产业合作、中朝经济合作、中俄经济合作四大功能板块,统一规划、有序推进、分类指导、突出特色,进一步完善基础设施,畅通人流、物流通道。大力发展对外贸易,深化产业合作,不断提升对外合作水平,构建与图们江区域合作开发相适应的现代产业体系。

五、在示范内容上

《意见》大胆探索,先行先试,力求在合作模式、管理模式、经营模式和政策设计等方面实现新突破。把推动中朝、中俄跨境合作作为我国参与多边合作的重要目标，积极吸引东北亚地区有关国家企业共同参与图们江经济发展新格局。

六、在支持政策上

《意见》从财政、产业布局和投资、土地利用、境外基础设施建设、金融创新、海关监管及口岸建设、人才引进和培养、通关便利、专项资金支持等九个方面赋予了特殊的支持政策，具有较高的含金量。我们要充分认识推进珲春国际合作示范区建设工作的长期性和艰巨性，加大组织领导力度，精心策划，周密部署，稳步实施，并认真编制《中国图们江区域（珲春）国际合作示范区总体规划》，切实做好珲春国际合作示范区建设的各项工作。

七、重大意义

《意见》的实施对于探索我国扩大沿边开发开放的新路径，加快东北老工业基地振兴步伐，提升我国边疆少数民族地区经济社会发展水平，促进民族团结和边疆稳定，具有重大经济意义和政治意义。①珲春国际合作示范区的建立，必将为我国沿边地区的发展注入强大的动力，更好地促进沿边地区人民富裕、民族团结、社会和谐与边疆稳定，进一步增创我国对外开放的新优势，保持和发展与周边国家及毗邻地区经济技术合作的良好势头。

第二节　图们江国际合作开发开启了新篇章

一、窗口功能被挖掘

珲春已形成了多层次、全方位的内外通道格局：长珲高速公路全线贯通，吉珲铁路客运专线正在紧锣密鼓的施工之中；中俄珲卡铁路即将恢复通车，珲春铁路口岸千万吨国际换装站开工建设，俄罗斯克拉斯基诺口岸、扎鲁比诺港改造全面实施。珲春圈河口岸通往朝鲜罗津港的公路已改造完成。

近海却不沿海，那就"借港出海"。在以珲春为圆心的 200 千米半径内，分布着俄、朝两国的 10 个港口。近年来，珲春—朝鲜罗津—韩国釜山、珲春—俄

---

① 《图们江区域合作的新平台新机制》，载《延边晨报》2012 年 4 月 25 日。

罗斯波谢特—日本秋田、珲春—扎鲁比诺—新潟、珲春—扎鲁比诺—韩国束草等国际陆海联运航线先后开通。中、俄、韩、日陆海联运环日本海游轮旅游线路正在积极推进。

2011 年 1 月,吉林省内贸货物从珲春圈河口岸出境,经朝鲜元汀—罗津港换装作业,从上海港、宁波港进境,成功实现跨境运输,开辟了我国东北地区经济、便捷的出海运输新通道。

珲春"窗口"的功能早就被挖掘。1992 年,图们江区域国际合作启动后,当年 9 月国务院批准设立了珲春边境经济合作区。2000 年 4 月和 2001 年 2 月,合作区内先后批设了珲春出口加工区和珲春中俄互市贸易区。2007 至 2008 年,合作区内先后设立了珲春俄罗斯工业园和吉林省日本、韩国工业园、香港工业园。珲春边境经济合作区形成了集"三区四园"于一体的全新开发开放格局。边境合作区内设有标准工业厂房、海关监管中心、政务服务中心、保税仓库、边贸市场、污水处理厂等设施,给入区企业提供了完善的综合配套服务。

1992 至 2011 年合作区共引进项目 393 个,到位资金 286 亿元;引进企业 954 家,其中内资企业 580 家、"三资"企业 374 家。区内初步形成了以纺织服装、木制品加工、电子信息、新型建材、海产品加工为主的特色产业体系。2011 年,全区实现地区生产总值 48 亿元,同比增长 26.3%,建成面积由"十五"末期的 2.28 平方千米扩大到目前的 5.6 平方千米,新一轮的 10 平方千米扩区工程已启动。

珲春出口加工区是全国 15 个首批出口加工区试点之一,2011 年实现进出口额 2.69 亿美元,同比增长 23%。2011 年,中俄互市贸易区全年实现俄边民入区 12 万人次,同比增长 41.18%;互市贸易交易额 18 亿元,同比增长 20%。

日、韩、俄、港国际工业园详规设计已经完成,现已投入 1.2 亿元用于工业园 1 平方千米土地征用及道路施工,给排水等基础设施建设,招商引资工作正在扎实开展。[①]

---

① 《春潮激荡图们江——写在中国图们江区域(珲春)国际合作示范区获批准》,载《人民日报》2012 年 5 月 22 日。

二、前沿潜力在开放

1. 朝韩开放合作上发挥优势

作为我国唯一的朝鲜族自治州,延边州在对朝鲜和韩国的开放合作上有着先天的优势。2010 年 11 月,中、朝两国签署了共同开发和共同管理朝鲜罗先经济贸易区的协定,将把罗先区建设成为东北亚区域重要的国际物流、先进制造业、特色休闲旅游、高效现代农业和中朝文化交流基地。首批合作项目高效农业示范园区、亚泰集团年产 100 万吨水泥、赴朝自驾游启动实施。我国企业获得了朝鲜罗津港 1 号码头使用权,朝鲜元汀至罗先港公路维修改造已经完成投资 1.65 亿元,现已基本通车。

延边州至韩国的航班稳步增加,临时包机不断增多,目前延吉机场发往韩国航班的上座率高达 85%。许多延边人走出国门创造财富,2011 年,延边涉外收入超过 8.5 亿美元。2011 年,韩国外商在延边直接投资总额 6984 万美元,直接投资企业 472 家,占外商总数的七成以上。年旅客吞吐量突破 100 万人次成为东北地区第五大机场后,延吉机场即将开工改扩建工程,新建 5800 平方米候机厅,吞吐能力达到每年 150 万人次。

驻足和龙南坪口岸,栽满铁矿粉的重型卡车穿梭往来于中朝边境大桥上,而在 1994 年以前,这里还只是通过铁皮船往来的边民的互访通道。延边正积极实施口岸改造工程,争取安图双目峰国家级口岸获批,图们铁路口岸增加国际客运能力;大力推进图们—朝鲜南阳—清津国际陆海联运项目;力争图们曲水边境口岸保税物流中心和龙井三合国际进口加工园完成国家立项工作;在沿边境一线,积极推进图们朝鲜工业园、和龙边境经济合作区等一批重点园区建设。

2. 延边发展潜力在上升

延边州首府延吉与龙井、图们两市公路里程分别为 17 千米和 26 千米。延边州大力推进延龙图一体化,从规划、产业、交通、旅游、信息、金融、文化教育等资源开始整合,打造吉林省东部特大城市,为长吉图开发开放提供更大平台。延吉市全力推进工业集中区和高新区发展,壮大食品产业园、能源产业园、人参产业园、磨具机械加工园和 IT 产业园等园区。韩国正官庄人参产业化基地、敖东国药基地、延边义乌国贸城等一批大项目纷纷落户延吉。

利用石头造纸低碳环保新技术,地球卫士集团的首个石头纸生产基地全面投产,达到了 20 万吨生产能力,产品有 900 个品种、2700 种花色。随着地球卫士等一大批国内外大客商的项目落地,汪清正由传统农业县向新兴工业县转型。2012 年 5 月,敦化市与凯莱英医药集团等 6 家国内知名企业进行了项目签约,签约金额达 147 亿元人民币,创该市一次性项目签约数量和质量的最高水平。作为长吉图开发开放先导区的中心节点,敦化市近年来医药、林产、能源矿产、旅游、物流五大产业发展迅速。2012 年一季度,延边州外贸进出口完成 4.05 亿美元,同比增长 31.9%,其中出口 3.29 亿美元,同比增长36.1%。

三、腹地正发生"合"聚变

无论珲春市还是延边州,经济总量和城市规模都偏小偏弱,孤军奋战未免势单力薄,好在他们的背后有两个"巨人"做后盾——长春、吉林。

(一)长、吉提供了坚强的腹地支撑

作为吉林省最大的两个城市,长春、吉林近在咫尺。吉林省委审时度势,果断做出推进长吉一体化的战略决策,为长吉图联动发展、图们江国际合作提供了坚强的腹地支撑。1+1>2,长吉正在发生"合"聚变,两市签署了推进一体化发展战略框架协议,明确了重大产业、基础设施、生态环保、公共服务等一体化合作内容。随着长吉城际铁路通车,长吉南线、北线公路的改造,地铁、高架桥等城建工程陆续开工,两市的综合承载和辐射带动功能显著增强,联系越发密切。

九台、双阳、岔路河和永吉(口前)四大节点,长东北开发开放先导区、吉林北部工业新区等八大功能区日新月异。2011 年 12 月,长春兴隆综合保税区批准设立,这是我国第 19 个,吉林省第一个国家级综合保税区。目前,各项基础设施建设工作全面开展,投资已达 3 亿元,40 项建设工程将按时序、分步骤建设。已有大连港物流公司、普洛斯物流公司、中铁物流等 35 户企业签约或有意向进入。长春市确定将国家级汽车零部件出口基地、生物医药出口基地、汽车服务外包基地建在保税区,并建设年产 30 万辆自主品牌车出口基地。2011 年末保税区签约项目 16 个,总投资 35.9 亿元。

永吉县岔路河镇地处长春、吉林之间,中新吉林食品区坐落于此。该区是继苏州工业园和天津生态城之后,中国和新加坡两国间又一个重要的合作项目。食品区将按照"政府推动、企业主体、商业可行、产业支撑、新方认证、质量追溯、国际标准、健康安全"的理念,打造成为国际一流的安全健康食品生产示范区、现代农业发展示范区,最终建成产值超过 1000 亿元和拥有 30 万人口的水山宜居生态城市。目前,国家规定动物疫病区建成运营,中新食品城总体规

划正式批复，功能区基础设施建设顺利开展。

作为长吉一体化的重要节点，长春莲花山生态旅游度假区正着力打造生态型新区，建设长春新的国际会议中心、现代都市服务区和国际休闲度假区。

（二）吉林省 2011 年取得了突破性发展

在长吉图开发开放"动车组"的有力拉动下，吉林省发展振兴和对外开放驶上快车道。2011 年，吉林省地区生产总值突破万亿元大关，达到 10530.7 亿元，全省实际利用外资 49.47 亿美元，引进外省资金 2921.09 亿元，分别比上年增长 18.79％和 32％。2012 年第一季度，全省累计完成外贸进出口总值 59.57 亿美元，同比增长 12.9％，高于当期全国平均增长水平的 5.6 个百分点。①

四、窗口腹地齐发展

（一）加强腹地与窗口的联动

对于吉林省来说，依靠俄罗斯和朝鲜的港口实现"借港出海"，无疑将增加一个发展窗口。然而，如何建立腹地与窗口的联动机制，正考验着吉林省。2009 年 8 月 30 日，国务院批复《中国图们江区域合作开发规划纲要——以长吉图为开发开放先导区》。长吉图分别是指长春、吉林和图们江地区（延边州）。这一区域面积达 5.8 万平方千米，占全省面积的 30.7％，人口 900 万，占省人口的 33％。为了推动长吉图区域发展，加强腹地与窗口城市的联动，吉林省首先从长吉一体化破题，将长春市和吉林市两个人口超百万的中心城市进行全方位同城化。按照规划，吉林省将在长吉两市之间，构建起三条区域发展带，同时打造保税区、空港经济区等若干各具特色的产业功能区。2011 年初，连接长吉两市的城际快铁开通，路程缩短为半小时左右，使两大城市的一体化迈出实质性的一步。

推动长吉一体化的同时，吉林省加强长吉两市与沿边窗口城市的联动发展。② 边境与腹地产业的内在融合也在加速。延吉高新区与长春高新区签署战略合作框架协议，推进长春的资本、管理、技术与延吉的优势资源相结合，首

① 《吉林日报》2012 年 5 月 23 日。
② 《开发长吉图凝聚东北亚—吉林省打造东北地区国际合作新增长极》，载新华网，2012 年 5 月 24 日。

批签订 6 个合作项目,签约额 8.7 亿元。长春长东北开发办公室与延边州开发办公室、长春二道区政府与珲春市政府共同签署了"推进长吉图战略合作框架协议",双方在招商引资、商贸物流、人才交流、科技交流等方面密切合作。①

(二)打造国际合作新增长极

2012 年 9 月 6 日,第 8 届东北亚博览会将在长春市举行,本届展会共设立标准展位 2600 个。从 2005 年第一届东北亚博览会召开以来,七届博览会共有 32 万客商参会,签约投资合作项目 1579 个,项目总投资额近 8000 亿元。东博会已成为吉林省参与东北亚地区经贸交流合作的重要平台。东博会蓬勃发展的现状,折射出吉林省对外开放合作步伐正在加快。

2011 年 5 月,中朝双方就共同开发罗先经济贸易区签署合作框架协定,吉林省作为图们江区域国际合作载体的作用愈加突出。中外运长航、国电集团、香港招商集团投资合作罗津港、上海绿地集团投资开发罗先经济贸易区基础设施建设和电网公司输电等重点合作项目正在积极推进。近年来吉林省加快推进长吉图先导区建设,在交通基础设施、边境与腹地联动、对外通道建设、国际合作等方面取得了显著成效。随着图们江区域通道建设、跨境合作体制和平台建设不断取得进展,图们江区域经贸合作正在开创一个新格局,这也为吉林东北老工业基地的振兴提供了新契机。

第三节　长吉图对外开放迈出新步伐

2012 年 4 月 13 日,国务院正式批准设立中国图们江区域(珲春)国际合作示范区,并印发了《关于支持中国图们江区域(珲春)国际合作示范区建设的若干意见》,这是在国家实施《中国图们江区域合作开发规划纲要——以长吉图为开发开放先导区》取得显著进展形势下的又一重大举措。

一、示范区对吉林省经济社会发展起促进作用

国务院批准设立珲春国际合作示范区,这是国家深化长吉图开发开放先导区战略,加速推进图们江区域合作开发的新进展和新举措,体现了党中央、

---

① 《长吉图开发开放向纵深推进喷薄而出新一极》,载《吉林日报》2012 年 5 月 24 日。

国务院对吉林省的经济社会发展的鼎力支持。珲春国际合作示范区的设立,推动吉林省经济社会又好又快发展,都是一个新的战略机遇。国家赋予的先行先试政策将为吉林省加快振兴发展注入新的活力。

二、开发建设珲春国际合作示范区的思路

第一、组织规划编制。尽快编制完成总体规划,为示范区建设提供具有前瞻性、战略性和操作性的依据。第二、研究落实相关政策。围绕意见中提出的9个方面扶持政策,立足实际,创造性地制定和完善具体实施意见,重点利用好国家赋予的"先行先试"权利,进一步放大政策效应,增强发展的动力。第三、加快基础设施建设。搞好珲春市区至边境口岸的高等级公路建设,实施口岸设施扩能改造,巩固已有陆海联运航线,努力形成立体、便捷、快速的交通网络。第四、推动重点产业发展。整合现有产业基础和资源,谋划实施一批重大项目,搞好重大生产力布局,促进生产要素有效流动和聚集。引进相关产业龙头企业,打造具有核心竞争力的境外资源开发、生产服务、国际物流采购、跨境旅游等产业基地。第五、创新体制机制。继续在中国图们江地区开发项目协调小组的指导下,完善省部共建机制,探索有利于示范区未来发展和边境地区长久稳定的管理体制,创新对外合作机制和市场化经营模式,提升合作层次和水平,为示范区健康发展提供体制机制保障。

延边作为前沿和窗口,珲春国际合作示范区已然起航,如何扬帆前行? 实践证明,延边的希望在开放,潜力在开放,活力也在开放。珲春国际合作示范区的建设与发展,必将对延边经济社会发展产生深远的历史性影响,为延边跨越发展提供持久动力,必将促进边疆民族地区更加繁荣稳定。

一是要加快改革创新。坚持先行先试,敢为人先,以改革求突破,以创新求发展。积极探索和建立有利于未来发展和边境稳定的体制,有利于对外合作和区域联动发展的机制,在境内外合作、示范区管理、区域联动发展等方面率先突破,走出一条符合中央和省委要求、符合示范区实际的新路子,为全国沿边开放和区域合作提供经验和示范。二是要加快编制相关规划。着眼长远发展,按照国际产业合作区、边境贸易合作区、中朝经济合作区、和中俄经济合作区四大功能板块,高起点、高水准地编制产业发展、土地利用、城市建设等专项规划。三是加快推进重大产业项目建设。加快培育优势产业集群,构建集出口加工制造、境外资源开发、生产服务、国际商贸物流、跨境旅游等为一体的现代产业集聚区。加大招商引资力度,全力谋划一批重大产业项目,集中实施珲春紫金矿业多金属综合回收冶炼等40个重点项目。四是加快提升综合承

载功能。加快珲春市区至口岸的高等级公路、吉珲铁路客运专线建设,实施口岸扩能改造,健全高效快捷的大交通体系。高水平建设珲春新区,统筹抓好老城区,早日使示范区成为功能完备、环境优美的宜居生态型新区。

第十七章

长吉图开发开放先导区发展
与东北亚经贸合作

　　自 2009 年 8 月 30 日国务院正式批复新的图们江区域规划以来,图们江畔热潮涌动,围绕这个东北亚的黄金三角地带,区域经贸合作正在步入新阶段,出现新突破。

第一节　东北亚经贸合作步入新阶段

　　随着全球资本、技术、人才等生产要素流动,各国经济相互联系、相互影响和相互融合日益加深,全球产业国际化程度进一步增强,产业结构不断升级调整,产业分工日益深化,产业转移步伐加快,特别是发达国家向发展中国家转移资本密集型和技术密集型产业,为加强东北亚区域经济合作创造了更多机会。金融危机对东北亚各国经济造成严重影响,也为东北亚区域经济合作提供了新的推动力。日本方面,再次提出构建"东北亚共同体"的长期目标,在推动区域经济一体化方面表现出积极姿态,特别是日本发生"3·11 大地震"后,使日本认识到加强与东北亚各国合作对恢复日本经济的重要性①,并对中、

---

　　①　地处中国、俄罗斯和朝鲜三国交界的图们江地区,迎来了开发的新局面。在图们江流域多国间经济合作构想提出 20 多年后,中国主导推出一个又一个的开发计划。在东北亚经济合作氛围不断升温的当下,日本的应对方式也将受到考问。[日本]《中朝口国境の図們江地域、中国主導で開発矢継ぎ早 日本海へ物流ルート 北朝鮮、経済不振で受け入れ》,载《日本经济新闻》2011 年 9 月 26 日;在长春市 2011 年 9 月 8 日举行的日中经济合作会议上,日中东北开发协会会长三村明夫指出,如果日本还不赶快认清新形势加快行动的话,恐怕就会落后。推进环日本海交流的日本地方官员则认为,现在日中两国的立场已经发生逆转,日本应该以此为前提制定新战略。

日、韩合作持有积极的态度①,加紧推动中、日、韩自由贸易区的研究进程。俄罗斯方面,加大远东地区的投入,确立了"三步走"②的实施计划,意在加强与东北亚各国在贸易、投资、物流、能源、基础设施等方面的合作。朝鲜方面,将"自由经济区"罗先市升格为特别市③,加大开发开放力度,加强与中俄合作。韩国方面,通过推进东北亚区域合作,加强与东北亚各国的合作,促进东北亚区域的经济发展。蒙古国方面,积极推进东北亚区域经济合作进程,扩大对外合作力度,并利用本国矿产资源优势,推进与东北亚国家的合作。④

一、三国领导人推进自贸区建立

2011 年召开的中日韩第四次领导人会议,提出了建立东北亚自贸区的日程。在 2010 年的第三次中日韩领导人会议上通过了《2020 中日韩合作展望》,根据这个文件,三国合作秘书处于 2011 年 9 月 27 日在首尔正式挂牌成立。三国又承诺在 2012 年完成中日韩自贸区联合研究,努力完成三国投资协议谈判。为应对全球经济再平衡的压力,中日韩通过自贸区建立,促进图们江区域合作开发。

①　2008 年 12 月 13 日在日本福冈县太宰府市首次单独举办中日韩首脑会议,之后每年举办一次 2011 年 5 月 21－22 日在日本东京举办第四次中日韩首脑会议,每次举办都会签署重要的备忘录。具体内容请参见日本外务省网站:http://www.mofa.go.jp/。

②　俄政府确定了"三步走"的实施计划。具体而言,第一阶段为 2009 年至 2015 年,主要是加快该地区投资增长速度,推广节能技术,提高劳动就业率,兴建新的基础设施项目、工业领域和农业领域项目。第二阶段为 2016 年至 2020 年,主要是兴建大规模能源项目,增加过境客运和货运量,建立核心运输网络,对原材料进行深加工并加大产品的出口份额。第三阶段为 2021 年至 2025 年,主要是发展创新型经济,对石油天然气进行大规模开采、加工并出口,完成对大型能源和交通项目的建设等。

③　罗津先锋于 1991 年 12 月被确定为"自由经济贸易区"。1998 年 4 月起自由二字消失,改称为"罗津先锋贸易区"。朝鲜最高人民会议常任委员会 2010 年 1 月 4 日发布政令,将北部地区的罗先市升级为继平壤和开城第三个特别市(直辖市)。

④　张智慧:《长吉图开发开放先导区的国际合作》,载《图们江学术论坛 2010——多元共存和边缘的选择》2010 年 11 月 12 日,第 321～325 页。

二、UNDP 继续支持图们江区域合作开发

旨在推动东北亚地区经济合作发展的第 12 届"大图们江倡议（GTI）①"协商会议于 2011 年 9 月 27 日在韩国平昌召开。中国商务部、韩国企划财政部、蒙古财务部、俄联邦经济发展部的副部级官员和来自中国、韩国、俄罗斯、蒙古、日本的专家学者、工商企业代表以及 UNDP、亚洲开发银行官员等 200 多人参加本次会议。与会代表就本届会议的核心议题——"扩大东北亚物流和交通网络"②，围绕东北亚大通道建设、跨国旅游以及能源合作开发等内容进行了深入的探讨，并进一步商讨了增强东北亚经贸合作，推动东北亚区域发展的相关方案、GTI 是东北亚地区唯一的政府间的合作平台，成立 8 年来 GTI 为巩固东北亚地区的经贸合作基础做出了积极的贡献，为图们江合作开发做出了特殊贡献。

三、东北亚区域投资洼地正加快形成

长吉图正以无限的活力吸引着全世界的目光。一汽，中国第一整车生产企业，凭借"红旗"这一民族品牌的影响和实力，引进丰田、大众、奥迪、马自达等国际名车；长春客车，中国最大的铁路客车和城市轨道车辆的研发、制造和出口基地，产品远销伊朗、巴西、澳大利亚、泰国、阿根廷等十几个国家；大成集团超越美国成为世界最大的玉米深加工企业，其全球第一的赖氨酸产量，让中国一跃从赖氨酸的进口国变为出口国。长吉图合作建设特色园区，鼓励央企、国内民营大企业、金融机构在这里设立分支机构开展业务，加快长吉图发展和承接出口加工型贸易产业。2011 年落户的亿元以上重大项目就有 600 多个。

---

① 大图们江区域涵盖我国东北四省区（吉林、黑龙江、辽宁和内蒙古）、俄罗斯滨海边疆区、朝鲜罗津先锋经济贸易区和蒙古国东北省份，同时辐射日本和韩国。图们江作为一个枢纽，是连接该地区的重要贸易、交通和能源通道。1995 年在联合国开发计划署发起支持下，中国、朝鲜、蒙古国、韩国和俄国建立"大图们江倡议"（GTI）区域间合作工作机制，目前由中国、韩国、蒙古国和俄罗斯等四个成员国组成。GTI 是东北亚地区唯一的政府间合作平台，致力于东北亚地区的经济合作与交流促进该地区在交通、运输、能源旅游、投资及环境政策领域的对话和合作。16 年来，GTI 为巩固东北亚地区的经济合作基础出了积极的贡献。

② 为了扩大东北亚交通、物流的需要，与会者一致认为朝鲜有必要加入 GTI。[韩国]《GTI 一致认为，朝鲜应回归、日本应参与》，载《联合新闻》2011 年 9 月 27 日。

（一）长春经济开发区成为长吉图经济带的重要支撑

29 个国家和地区的 87 个跨国公司,35 户 500 强企业、590 户外贸企业在这里投资兴业。注册内资企业 5358 户。2010 年经济开发区实际利用外资占全市的 34.1％。在全国 90 个国家级经济技术开发区投资环境综合评价中排名第 13 位,中部 9 个国家级经济技术开发区中列第一位。长春经济开发区已成为区域经济最具活力,发展最快的增长级。[①]

（二）长高新区大型项目扎堆落户

瞄准央企及国际国内 500 强等战略投资者,高新区六大主导产业与 28 家央企建立了合作关系,已经落位开工及正在洽谈引进项目 38 个,计划总投资 1200 亿元,总产值 3000 亿元。引进法国标致、韩国乐天等国际 500 强企业 10 户,两年引进内资 388.4 亿元,是 2008 年的 8.1 倍;利用外资 19.5 亿美元,是 2008 年的 3.3 倍。

随着总投资 210 亿元的吉林特钢等 12 个大龙头产业项目和总投资 500 亿元的长东北商务中心等 9 个综合性功能项目的加快推进,初步形成产业园区与功能性园区互动战略性新兴产业和高端服务业融合互动发展的良好态势,长东北核心区新的经济增长极正在形成。

两年来新引进各类研发机构 70 户,总数达到 148 户。按新标准认定了新技术企业 49 户,总数达 92 户。新建在建"孵化器"基地 18 个,总面积超 200 万平方米,建成后将达孵化器企业 3000 户以上;占地 7 平方千米、总投资 172 亿元的长东北科技创新中心建设如火如荼。[②]

（三）吉林市扎实推进产业园区建设

吉林市十大产业园区规划总面积达 600 平方千米以上,其中,近期拟开发面积约 150 至 200 平方千米。初步构想,到 2015 年十大产业园区将集聚市区经济总量的 80％以上,承载人口 50 万以上,远期将承载人口 100 万以上。十大产业园区具体是:(1)以汽车制造及零部件为重点的吉林高新技术产业开发区(汽车产业园区);(2)以打造千亿级产业园区为目标的吉林经济技术开发区(黄河以北唯一的国家级专利产业化试点基地);(3)以发展石油、生物、精细化

---

① 《长春在国际大舞台上劲舞》,载《吉林日报》2011 年 9 月 6 日.
② 《创新驱动城市持续发展的原动力 》,载《吉林日报》2011 年 9 月 6 日.

工新材料为重点，打造吉林化学工业循环经济示范园区；(4)以300万吨精品钢工程为龙头，统筹规划发展冶金产业，承接哈达湾区域产业转移为重点，打造金珠工业区；(5)以汽车零部件、电力电子、高端装备制造、新材料、生物医药及现代服务业为重点建设高新北区；(6)按照"城市门户、生活舞台、产业纽带"的核心功能定位，突出发展现代商业、旅游业和生产性服务业，建设哈达湾现代服务业集中区；(7)以良好的生态环境为依托，以分流和集聚人口为重点，加快打造以居住、休闲为主的城市副中心南部新城；(8)以松花湖、丰满镇、青山、朱雀山统筹联动开发，着力打造以东北精品旅游景区和休闲度假胜地为重点的松花湖风景旅游区；(9)以建设国际一流的旅游休闲度假区为核心，打造北大湖体育旅游经济开发区；(10)以加快建设国际一流的安全健康食品示范区、现代农业示范区及岔路河中等生态新城为重点，打造吉林(中国新加坡)食品区。

2011年9月末，十大产业园区开工基础建设项目86项，完成投资24亿元，已开工产业类项目161项，完成投资227亿元。[1]

(四)东博会成为东北亚经贸合作平台

2011年9月6日，第七届东北亚博览会在长春启幕。展位突破2600个，其中国际展位1224个占到近一半。吉林省签订投资合作项目305个，总投资额1838亿元人民币；延边州在这次博览会上签约18个项目，总投资89.5亿元，41个项目签订合同或达成意向，总投资277.7亿元。[2] 东北亚博览会已成为"中国最影响力的政府主导型展会"、"2010年中国十大最具国际影响力展会"，推动图们江区域扩大经贸交流合作的重要平台，2005年问世以来累计有来自世界200多个国家和地区的32万客商参会，其中国外客商6.2万人，国内外部省级以上政要636位，世界500强企业401个，商品贸易成交额累计达335亿美元，累计签订投资合作项目1583个，吸引投资总额达8078亿人民币。东北亚博览会在东北亚区域及至世界范围内知名度不断提高，品牌效应不断扩大。[3] 在长吉图战略的推动下，东北亚区域经贸合作正进入一个新的

---

① 《打造现代产业基地增强辐射带动能力 吉林市扎实推进十大产业园区建设》，《吉林日报》2011年11月10日。

② 《我州在第七届中国吉林·东北亚投资博览会上取得成果》，载《延边日报》2011年9月7日。

③ 《融入世界砥砺前行，转变方式再创繁荣》，载《吉林日报》2011年12月11日。

阶段。

四、长吉图以经贸的突破发展助推东北亚合作

回眸 21 世纪先导区经贸发展轨迹,展现的是突破、提升、创新、惊喜。十年间(2001—2010)GDP 增长了 4.2 倍;外贸规模增加了 5.2 倍,2010 年达到 168.5 亿美元;实际利用外资累计达到 179.1 亿美元,增长了 3.7 倍,其中直接利用外资达到 102.36 亿美元。目前,已有 54 户世界 500 强企业及知名跨国公司在这里建立了 90 户企业,已有美、日、韩、新(加坡)以及香港、台湾等 61 个国家和地区来这里投资,累计设立企业 8988 户。对外工程承包和劳务合作,十年累计完成营业额 38 亿美元,2010 年达到 5.62 亿美元,外派劳务(向日韩)规模居全国前列。对外投资快速发展,直接境外投资累计达 12.4 亿美元,投资总额比 2001 年增长 11 倍。旅游产业突破发展。2011 年新开工和续建旅游项目 196 个,其中 10 亿元以上项目 28 个,亿元以上 94 个。截至 2011 年 9 月末,接待海外旅游者 60.65 万人次,同比增长 44.96％,旅游外汇收入 3.26 亿美元,同比增长 48.86％。[①]

第二节　东北亚经贸合作取得新突破

一、东北亚经贸合作取得了两个突破

东北亚地区是东亚经济的核心地区,也是亚太乃至世界经济发展的重要引擎之一。面对金融危机,东北亚各国在内部采取应对措施的同时,积极探索,通过国际合作应对危机的有效途径,并在以下两个方面取得了新突破。一是区域经济一体化开始启动。中日韩自由贸易区问题被三国政府重新提上日程,各国政府和民间机构已经开展前期准备工作。二是中国东北振兴与俄罗斯远东开发衔接合作。中国实施振兴东北等老工业基地战略,为东北地区经济发展注入了新的活力。俄罗斯开始实施远东地区大开发战略,中俄两大战略的衔接,为区域合作提供了新的机遇。中朝合作开发罗先市,中朝两国签订了共同开发和管理罗先经济贸易区协定,将对推动东北亚区域合作和图们江地区开发起到积极的作用。

---

① 《吉林旅游攀高峰》,载《吉林日报》2011 年 11 月 29 日。

二、东北亚陆海联运通道取得新突破

东北亚铁路集团股份有限公司是吉林省政府授权的对俄铁路、港口投资建设平台公司。① 中俄珲卡铁路口岸建设项目是贯彻落实《中国东北地区与俄罗斯远东及东西伯利亚合作规划纲要》的重要项目。在中俄双方的共同努力下，影响口岸恢复的障碍基本上清除，口岸开通在即，长吉图开发开放先导区的陆海联运目标即将实现，将促进东北亚经贸繁荣和区域合作发展。

2011 年 8 月 3 日停运了 7 年之久的中俄珲卡铁路正式恢复试运行，与珲卡铺路恢复运行与之配套的千万吨国际换装站建成后，中韩日俄四国跨海联运也正式提上日程，长吉图首先在俄罗斯扎鲁比诺港口为实现"借港出海"迈出了实质性的一步。8 月 3 日中俄双方还举行了珲春—扎鲁比诺—釜山、珲春—扎鲁比诺航线的开通仪式。这将进一步加强中、俄、日、韩之间的经济合作，促进各方的投资贸易往来、经济文化交流、旅游资源开发以及物流产业的发展。珲春可以开展内贸外运，外贸内运，第三、四方物流，可成为东北亚物流新枢纽，将建东北亚物流中心等六个物流中心，形成东北亚国际物流节点和国际贸易物流集散地。

三、长吉一体化为东北亚经贸合作注入新的动力

根据《规划纲要》，吉林省将逐步打破区域行政壁垒和市场分割，推进长春市、吉林市、延边州联动协调发展，加快长吉一体化和延龙图一体化进程，打造带动全省经济发展及图们江区域合作开发的引擎，这些无疑将进一步增强图们江区域开发的实力，为东北亚经贸合作注入新的动力。

长春、吉林两市处在哈大交通轴（哈尔滨至大连高速公路）和珲乌交通轴（珲春至乌兰浩特高速公路建设中）的轴心，两地相距 84 千米，人口为全省的45％，GDP 占全省的 60％以上，地方财政收入占全省的 40％以上。长春、吉林两地电力保障充足，水利设施完善，城市承载能力、社会事业发展水平、公共服务能力等有较好的基础，具备一体化的条件。

---

① 吉林省东北亚铁路集团股份有限公司是以定向募集方式发起设立的股份有限公司，其前身是"吉林省铁路港口集团指挥部"和"中国吉林东北亚铁路港口集团股份公司"。公司总部机关设在长春市，东北亚公司主要建设和经营中俄珲春至卡梅绍娃娅铁路口岸，该口岸是国务院批准的国家一级客货铁路口岸，是沈阳铁路局管内和吉林内唯一一条中俄铁路口岸。

　　吉林省将在长吉两市之间,构建起三条区域发展带,即城市经济产业带、现代农业产业带和生态休闲旅游产业带。在产业发展上重点壮大农业机械装备、生物医学药、新材料、精细化工等产业园区,同时还将打造保税区、空港经济区等若干各具特色的产业功能区。长吉一体化并不是同城化,而是将两个城市的经济社会发展进行统筹规划、分工协作和协调发展,发挥城市发展的集聚效应。

　　目前,围绕长吉一体化的目标,诸多促进两市统筹规划发展的项目已经开展。2010 年 6 月 11 日,旨在加快长春和吉林两大吉林省中心城市一体化建设步伐的 100 个项目集中启动,总投资达 1127 亿元。① 这些项目围绕长吉北线(突出"产城融合")、长吉南线(建莲花旅游度假区)和长吉南部(打造净月生态新城、长吉一体化发展的总部经济基地、双阳现代服务业、奢岭生态旅游产业带)三个产业带,涉及工业、服务业、基础设施建设等多个领域。

第三节　"先导区"以突破发展带动东北亚经贸合作

一、两年实现五大突破

(一)通道建设取得重大突破

　　公路方面,连接"腹地"、"前沿"、和"窗口"的长珲高速公路全线贯通;境外元汀口岸至罗津港公路维修改造工程开工建设,延边州借港出海的通道瓶颈正在破解。铁路方面,吉林至珲春铁路客运专线开工,东北东部铁路通道和龙至二道白河段实现正常运营。珲卡铁路恢复运营工作已结束。海路方面,开通了珲春朝鲜罗津上海和宁波港的内贸外运航线,并实现正常运营。珲春经俄罗斯扎鲁比诺至韩国釜山、日本线开通,为环日本海地区经贸交流注入新的活力。空中方面,延吉机场已开辟 10 条国际国内航线,空港过客量 4 年居全省第一,至韩国航班上座率居全国飞往韩国 27 个航线之首。

(二)跨境合作取得重大突破

　　对朝方面,两国在国家层面和省市层面,分别设立了中朝共同开发和管理

---

① 《长吉一体化为图们江区域开发注入新活力》,载《延边日报》2011 年 9 月 7 日。

罗先经济贸易区联合指导委员会、联合工作委员会，为双方合作奠定了稳固的体制框架；对俄方面，两国共同出资组建扎鲁比诺国际合资有限责任公司，珲卡铁路千万吨国际换转站项目开始施工，这标志着吉林省与俄远东地区交流合作进一步深化。国内方面，国家 17 个部委组成了图们江项目开发协调小组和开发专家组，汇集成为图们江开发的强大动力。跨境合作功能区建设有了新的进展，延边与朝鲜成功举行了中朝两国共同开发共同管理罗先经贸区项目启动仪式。与罗先（已升级为特别市）开放相对应，正积极谋划建立中国图们江区域（珲春）特殊经济合作区，与俄罗斯共同推动哈桑跨境旅游合作。合作内涵从以往边贸为主向边贸和产业投资并重方向发展。

（三）对外合作平台建设取得重大突破

珲春特区建设取得重大进展，省政府已向国务院正式申报并进入审批程序。"前沿"对外合作平台建设（包括和龙进出口资源加工区、龙井商贸物流园区、敦化物流节点城市建设等）有突破，延吉经济开发区升级为国家级高新技术产业开发区，延吉和图们被国家批准为全国流通领域现代物流示范城市，延吉被国家明确为东北振兴战略重点支持、发展服务外包产业城市，图们朝鲜工业园区已获省政府正式批复。

（四）与"腹地"联动发展方面取得重大突破

延吉高新技术产业开发区与长春高新技术产业开发区、珲春市与长春二道区、延边州开发办与长春长东北开发办分别签署合作框架协议，长春高新区与延吉高新区在长春签订 6 个合作项目，累计签约金额 8.7 亿元。"窗口"、"前沿"与"腹地"联动机制建立，项目合作的开展，为两地联动发展奠定了基础。

（五）经济社会发展取得重大突破

2010 年，延边在全国 30 个少数民族自治州中的综合实力排位有所上升，固定资产投入（2007—2011 年累计完成 2561 亿元，建设亿元以上项目 405 个）、社会商品零售总额、人均居民储蓄存款余额都排在首位。2011 年长吉图开工的亿元以上项目 600 多个，延边州共建亿元以上项目 119 个、总投资达 791 亿元。通过对外开发开放，延边各民族更加团结、边防更加巩固、社会更加和谐,已经被评为全国民族团结进步模范集体。①

二、两年实现"五大变化"

五个突破给先导区对外开放和图们江区域国际合作带来了"五大变化":一是外部环境发生了重大积极变化。周边国家在图们江区域合作开发中已从"认同者"、"观望者"发展为积极"参与者"。中朝签署了共同开发、管理罗先经贸区和黄金坪、威化岛经济区②协定等多种协议,中俄经贸往来频繁,韩日企业务实参与。二是推动先导区对外开放的动力发生了重大积极变化。③ 图们江区域合作开发已由地方推动为主转向国家和省直接推动。国家领导人亲自推动中朝、中俄经贸合作。三是图们江区域在全国、全省对外开放格局中的地位发生了重大积极变化。图们江区域合作开发由"窗口"、"前沿""独舞"转向"窗口"、"前沿"与"腹地"联动发展的"集体舞"。四是开发开放的基础和实力发生了重大的积极的变化。随着借港出海、通道建设、政策洼地、产业提升、交通能源等不断完善,先导区产业发展已从"筑巢"为主转向"引凤"为主。"前沿"有两个国家级开发区,8 个县市都成立了开发区或工业区,大型项目落户"前沿"。五是推进对外开放的任务发生了重大变化。从基础设施到发展产业、从对外通道到强化物流支撑、从珲春开放到联动发展和跨境合作、从研究论证体制机制到体制机制实践。

三、今后实现五个"新突破"

"十二五"期间是长吉图先导区建设的关键时期。建设的重点包括基础设施建设、产业发展、畅通对外通道、重点区域建设等。第一,进一步加强公路、铁路、机场、能源、水利等基础设施建设,全面提升先导区的基础保障能力。第二,推进重点产业升级。长春市重点实施 150 个重点项目,推进汽车、轨道客车、生物化工三大扩能工程,壮大中高档整车生产规模;形成高速动车组和新型城轨客车双千辆生产能力。加快培育先进装备制造、光电信息、生物医药、新能源、新材料等五大战略新兴产业。吉林市重点推进百万辆车生产基地、碳

---

① 《珲春建生态新城为经济特区服务》,载《城市晚报》2011 年 10 月 29 日。
② 罗先经济贸易区位于朝鲜东北部,毗邻中国吉林省延边地区;黄金坪、威化岛经济区位于鸭绿江下游,毗邻中国辽宁省丹东地区。
③ 金向东、金奇宪:《图们江地区开发开放再度升温》,载《东北亚论坛》2008 年第 4 期,第 21 页。

纤维产业基地等20个重大产业工程和重点项目建设。延边州重点扶持吉林烟草工业吉林敖东、和龙天池工贸、珲春紫金矿业、敦化新元木业、延边晨鸣纸业等龙头企业加快发展,开工建设敦化塔东铁矿、敦化大石河钼矿等重点项目。第三,推进对外开放合作取得突破。进一步畅通对外通道,恢复珲卡铁路国际联运,完善卡梅绍娃亚铁路口岸,加快改造扎鲁比诺港改造,开通延吉海参崴航线。启动原汀—罗津二级公路改造,建设原汀里罗津高速公路和圈河口岸新跨境。开辟甩湾子铁路口岸,完成沙坨子口岸联检楼配套设施建设。巩固珲春—扎鲁比诺—束草航线,开辟珲春—扎鲁比诺、罗津—釜山航线,实现对日、韩海上航线常态化运营。第四,大力推进长吉一体化、延龙图一体化,壮大珲春窗口规模,不断强化腹地支撑能力①,提升开放前沿和窗口功能,提升长吉两市综合承载能力。借珲春国际合作示范区获批,加快先导区建设,迈出对外开放的新步伐,跃上对外合作的新高度。②

(1)以珲春特殊经济合作区为重点,进一步加强对外合作平台建设。把设立珲春特殊经济合作区作为全面对外开放的重要支撑,加大特殊政策的争取力度,围绕担负重要物流枢纽功能、贸易中心功能、国际合作功能,统筹推进特区总体规划、城市总体规划和产业发展规划,将珲春建设成为东北亚经济合作示范区、东北亚地区国际经济合作的桥头堡和重要的特殊经济功能区,进而推动东北亚自贸区的建设与东北亚各国的全面合作。

(2)继续推进对外通道畅通工程,以大交通构建大物流、以畅通珲春经俄罗斯扎鲁比诺和朝鲜罗津两个港口出海通道为重点,全力推动境外路、桥、港基础设施建设;加快元汀口岸至罗津港公路改造步伐,抓紧谋划圈河—元汀口岸跨境桥新建工作,全力推动珲卡铁路恢复正常运营,推进图们—朝鲜罗津铁路建设改造项目、图们—朝鲜清津铁路改造项目、珲春甩湾子—朝鲜训戎里铁路口岸项目;积极争取安图双目峰边境公务通道提升为国家级口岸、开放珲春春化分水岭对俄口岸;加快完善高速公路主骨架,抓好汪清至延吉高速公路、鹤大高速小沟岭至沿江段项目、延吉至大浦柴河高速公路项目、珲春至长岭子口岸公路改造等公路工程。加快铁路网建设,重点抓好吉林至珲春铁客运专线项目、白河经敦化至东京城铁路项目、珲春至东宁铁路省内段项目、南坪至茂山铁矿石口岸铁路等项目建设;加快推进延吉机场异地新建工程,加大通向国内主要城市的航班密度,开通并增加连接俄、朝、日、韩等国家的国际航线航

---

①　《延边日报》2011年9月15日。

②　《吉林省对外开放迈出新步》,载《经济日报》2012年5月22日。

班。实现对日、对韩海上航线常态化运营,以大交通构建大物流,带动大产业发展大城市。

(3)大力发展外向型产业,进一步加大招商引资力度。产业发展是扩大对外开放的核心与关键。要充分利用境内外两种资源,推动资源产业化,产业规模化。实现对日、对韩海上航线常态优化运营,推进重点产业升级。长春市重点发展 150 个重大项目,推进汽车、轨道客车、生物化工三大扩能工程,壮大中高档整车生产规模,形成高速动车组和新型城轨客车双千辆生产能力。加快培育先进装备制造、光电信息、生物医药、新能源、新材料等五大战略性新兴产业。吉林市重点推进百万辆车生产基地、碳纤维产业基地等 20 个重大产业工程和 100 个重点项目建设。延边州重点扶持吉林烟草工业、吉林敖东、和龙天池工贸等八大重点项目,抓好招商引资,加快发展食品、农产品深加工等产业,促进加工贸易企业集聚、产业集群。进一步做精做特旅游产业,按照旅游目的的休闲化、消费多元化、市场高端化、产品集群化的发展方向,推动传统观光旅游向休闲旅游扩展,成为观光、体验、度假、跨境游于一体的东北亚国际旅游休闲基地。

(4)充分发挥"桥头堡"和"前沿"功能,进一步提升城市承载能力。围绕建设图们江区域国际化中心城市大目标,不断完善国际化中心城市的服务功能,大力推进长吉一体化、延龙图一体化,壮大珲春窗口规模,不断强化腹地支撑能力,提升开放前沿和开放窗口功能。提升长吉两市综合承载能力,加快节点城镇建设水平。真正担负建立东北亚交通枢纽和国际贸易中心的使命。[①]

(5)坚持先行先试[②],进一步加快体制机制创新。探索建议有利于合作开发的行政管理体制,国际合作机制,落实金融、财税等产业发展优惠政策,以更加完善的体制机制,积极探索跨境经济合作、陆海联运、与腹地联动发展的新机制和新办法,加强与日、俄、韩、朝双边或多边合作。为在更高起点上推进先导区开发开放提供支撑和保障。

长吉图先导区是图们江区域合作开发的核心区,又是东北亚区域合作的重要区域。[③] 近年来,东北亚经济合作取得了较大进展,尽管东北亚区域经济

---

① 《大潮云涌看延边》,载《延边日报》2011 年 8 月 30 日

② 穆尧芊:《中国における地域発展戦略の実態と課題—「中国図們江地域協力開発規画要綱」の事例—》,载[日本]《ERINA REPORT》No.103 . 2012 年 3 月,第 45 页

③ 金向东:《図們江地域の新地域開発計画》,载[日本]《立命館経済学》2010 年第 5、6 期(合刊),第 132 页

合作面临着诸多障碍，然而，在多年来的合作实践中，双边或三边合作在清除障碍，提高区域合作方面却取得了明显的效果，形成东北亚区域经济合作的新态势。多边合作中，经贸合作带有重要的代表性。图们江区域合作开发，就是区域多国经济合作的典型实例。区域内国家间密切的经贸合作是实现制度化合作的必要前提，东北亚各国亟需通过加强产业领域的务实合作提升区域内经贸水平。从长远意义上讲，加强区域内经贸合作，构建一种基于相互承认逻辑的地区发展战略，进而扩大区域内国家之间的共同利益，可成为破解东北亚敏感复杂的"政治安全"困境的重要途径。相信在"溢出效应"①和"相互承认"原则的指引下，先导区规划的推动下，东北亚区域合作会逐步克服困难，消除障碍，取得突破性进展，为建立东北亚共同体奠定坚实的基础。

第四节　朝鲜经济政策的变化及其对长吉图建设的积极影响

一、朝鲜对外经济政策的变化

（1）将罗先市升级为特别市，成为朝鲜第三个特别市（原有两个：开城市、南浦市）。2010 年 1 月 4 日，朝鲜通过最高人民会议常任委员会"政令"，指定罗先市为特别市。

（2）修订《罗先经济贸易地区法》。修订的主要内容包括六项。

（3）指定平壤等 8 个城市为经济特区。八个经济特区有：平壤、南浦、新义州、元山、咸兴、金策、罗先、清津。

（4）成立旨在发展对外经济合作的大丰国际投资集团和国家开发银行。

2010 年 1 月 20 日，朝鲜宣布成立"朝鲜大丰国际投资集团"（简称大丰集团），总部设在平壤，任命朝鲜族企业家朴哲洙为常任副董事长兼总裁，朝鲜亚

---

① "溢出"这一概念最早由哈斯引入经济学，认为"溢出"主要是指一个地区、组织的任务将随着该组织从已知和正在执行的各种任务中获得的而不断发展的过程，即本身能动的扩展。简单地讲，溢出是一种自下而上、自主、能动的发展过程，初始的低级的任务能够引起高级的连锁反应。新功能主义的基本观点溢出产生的压力使国家之间在经济技术等功能领域的合作可以扩展到政治领域，并逐渐发展深化，最终形成超国家权力的机构。Ernst B. Haas, *Beyond the Nation — State: Functionalism and International Organization* Stanford University Press, 1964, p. 111.

太和平委员会委员长金养健为董事长。大丰集团作为朝鲜对外经济合作机构,将负责国家开发银行的海外融资业务,负责招商引资。

2010 年 3 月 10 日,朝鲜第一家政策性、商业性相结合的国家开发银行在平壤正式成立。理事长为国防委员会代表金日春,副理事长为朴哲洙。国家开发银行将在朝鲜国家财政预算外筹措资金,负责按照国家经济政策实施的主要建设项目直接投资,并这些项目提供投资担保。

(5)朝鲜表现出积极与中国合作开发边境地区的愿望。

这主要表现在三个方面:其一,朝鲜再次同意中国参与罗津港的合作开发及相关道路的修建,特别是朝鲜此前所一直回避的跨境桥梁的援建。[①] 例如:中朝圈河—元汀跨境桥的修建,中朝丹东—新义州跨境桥的修建等。其二、为吸引外资,朝鲜决定开放位于中朝边境鸭绿江上的两大岛屿——威化岛和黄金坪岛,作为自由贸易区,将其以 50 年租赁的形式交由中国企业开发。[②] 其三,中朝经过长达 20 年的协商,终于就合作建设鸭绿江望江楼(朝鲜称林土)水电站和文岳(中国称长川)水电站达成一致,并于 2010 年 3 月 31 日破土动工。双方决定:望江楼电站建设所需 6 亿元人民币由中方投入,文岳电站所需 5 亿元人民币由朝方投入,朝方为解决资金短缺,通过招标由中方投资建设,朝方用电站建成后所获电力偿还中方投资。

朝鲜决定从 2011 年 5 月开始,允许中国游客载招商引资窗口城市——罗先市进行自驾游。[③] 朝鲜调研显示,朝鲜方面对开展中朝经贸合作的积极主动态度是前所未有的。

(6)朝鲜开始关注中国经济特区建设经验和长吉图先导区的未来发展。

对外经济政策的背景:第一、国际社会制裁使朝鲜外汇收入大幅度减少;第二、半岛南北关系破裂使极为重要的南北合作陷入瘫痪;第三、朝鲜外贸规模近期下滑;第四、对内政策调整效果不足部分需要对外政策调整补充;第五、朝鲜发展经济,改善民生,建设"强盛大国"的需要。

朝鲜认为,在拥核之后,朝鲜已经完成了政治与军事强国的目标,经济强

---

① 杨云母:《论长吉图开发开放先导区与拟建中日韩自由贸易区的交织与互补》,载《现代日本经济》2011 年第 2 期,第 63 页。

② 威化岛位于鸭绿江铁桥上游的新义州市,面积 12.2 平方千米。黄金坪岛面积 11.45 平方千米,被称为新义州具有挖根生的"粮仓"。2009 年上半年,朝鲜已经将这两座岛指定为自由贸易区,允许包括中国人在内的外国人免签证自由出入,为两岛的招商引资打下了基础。

③ 《朝鲜允许中国游客对罗先市自驾游》,载[韩]《朝鲜日报》2010 年 4 月 3 日。

国建设已经成为强盛大国建设中最紧迫的一项任务,经济是保证政治独立的物质基础,因此,现在应该"集中国家力量解决经济问题"。

二、长吉图先导区通道建设的有利影响

第一,消除了长期以来因朝鲜对图们江区域合作开发的种种顾虑而造成的障碍。长期以来,朝鲜对于图们江区域合作开发一直抱有疑虑,或出于传统安全思维的考虑,或出于利益得失的考虑,朝鲜更多强调罗先地区自身的引资开发。实践证明,这种偏重传统的独立自主式的自我为主的开发方式,局限性极为明显,现在朝鲜从政策上抛弃了这一顾虑,无疑扫除了中朝经济合作中的一个重要障碍,利于中朝合作加快图们江区域开发和长吉图先导区建设。

第二,消除了朝鲜长期以来对跨境通道建设由外部投资的顾虑。自联合国图们江区域合作开发计划实施以来,朝鲜就一直回避跨境路桥通道的外部投资建设问题。但 2010 年以后,朝鲜在对外政策上转变了这一观念,这为长吉图先导区开发中的通道建设解决了一个至关重要的问题。中朝圈河—元汀跨境公路桥的修复通车以及中朝丹东—新义州新鸭绿江大桥建设项目的启动,就是朝鲜政策转变后,中朝经济合作在跨境通道建设上取得的成就。①

第三,消除了朝鲜长期以来对投资比例的顾虑,有利于多方吸引投资,加速通道建设。朝鲜近期政策的变化为第三方及多方资金的介入提供了可能,特别是允许韩国资金的介入,更将对长吉图开发开放先导区的通道建设产生重大影响。

第四,朝鲜政策变化导致其对中朝跨境合作展现出前所未有的积极行动。2010 年以来,朝鲜方面频繁派团访问珲春和图们地区,主动协商中朝跨境经济技术合作、旅游合作及罗先经济区合作建设问题。当然,朝鲜政策未来还会有许多不确定性(美、日、韩等复杂的国际因素),但从大的战略格局看,这些都

---

① 中朝圈河—元汀国境桥位于珲春市敬信镇圈河口岸,跨越图们江与朝鲜元汀里边境口岸相接,是中朝两国边境口岸的通道桥梁。该桥于 1938 年兴建,桥梁全长 535.2 米,桥宽 6.6 米,目前桥面和桥体严重老化。经双方协商 2010 年 3 月 15 日开始维修改造,2010 年 6 月 14 日恢复通车。丹东中朝新鸭绿江大桥建设项目启动于 2009 年 10 月 4 日温家宝总理访朝之际,双方就新建中朝鸭绿江界河公路大桥达成一致,决定正式启动大桥建设相关工作。2010 年 2 月 25 日,中朝在丹东签订《中朝共同建设、管理和维护鸭绿江公路大桥的协定》。新桥位于丹东新开发区浪头镇国门湾,对面是朝鲜平安北道龙川郡。桥长 6 千米,宽 33 米,为双向 4 车道,总投资 17 亿元人民币。中方负责大桥的全部投资与建设,朝方将以过桥费偿付。大桥工程已于 2010 年 10 月动工,工期为 3 年。

不足以影响中国抓住当前有利时机,抓住其确定性的一面,加速推进长吉图先导区的中朝通道建设,巩固其建设成果及发展架构。

三、问题与建议

(一)主要问题

(1)需要尽快解决通道建设资金问题。这里首先是指圈河口岸至罗津港二级公路建设资金(1.5亿元)的落实问题。如果这个老问题不能及时有效解决,导致工程迟迟不能按时开工,最终仍有可能重蹈覆辙,功亏一篑。

(2)需要解决船队与货源不足的问题。主要原因是运输企业规模小、资金少、船舶载量小、货源数量不足,最终导致航线时续时断,规模效益无法保证。未来准备试水的罗津港跨境内贸煤炭运输,也需要特别注意能否有效组织货源,以保证有充足回程货物在罗津港上岸的问题,否则空船回港,依然有可能重复以往的失败。①

(3)理顺口岸建设不对等关系。目前珲春口岸和圈河口岸出入境旅检通道分别为 8 条和 6 条,每小时出入境查验能力为 1000 人次,但是俄罗斯克拉基诺口岸和朝鲜元汀里口岸出入境旅检通道分别为 2 条和 1 条,远远满足不了目前通关需要,经常出现堵塞现象,引起旅客不满。另外,中俄口岸功能也不对等,中方珲春口岸是一类口岸,俄罗斯克拉斯基诺口岸是公务口岸,限制了货物和人员交流。俄方还经常不遵守合约,私自提高货物和旅客过境费用。

(4)平衡通关量与设计能力之间的差距。延边地区各口岸货流量多数达不到设计能力,也与此有关;目前 11 个口岸中,过货量达到或超过设计能力的只有南坪口岸和开山屯口岸,其他口岸平均过货量达不到设计能力的 30%。

(二)几点建议

(1)圈河至罗津二级公路建设资金的解决方案可考虑以下几点建议。第一、借鉴丹东鸭绿江跨境桥和集安鸭绿江中朝长川水电站的建设融资方式。即按照双方出资比例,由中方公司先行垫付投资,然后朝方以土地使用费及过路费形式偿还,包括减免中方过路费。第二、借鉴俄、朝合作开发罗津港 3 号码头及朝鲜东部沿海铁路的融资方式。即吸纳韩国等第三方投资加入按比例

---

① 廉晓梅:《长吉图先导区扩大利用外商投资研究》,载《东北亚论坛》2010 年第 6 期。

享受过路费减免及其他收益。第三、纳入中朝政府间合作项目，由中方先行建设，朝方以其他支付方式按比例逐步还其所应承担费用。第四、纳入中国政府对朝援助项目范畴，由吉林省政府先行垫付，然后由从中方对朝援助份额中逐年扣除。

（2）在克服运能与运效问题上，吉林省有关方面正在积极开展工作。据悉，2010 年开始，吉林省加大航运企业招商引资力度，努力争取国内大型船运企业前来开通大航道。但是除此之外，中央政府及国务院东北振兴办还必须在货源组织协调上做出支持性工作，例如，鼓励东南沿海的一些工业品采用同样的线路运往东北。这也是关系到避免空船回港，确保罗津港跨境内贸煤炭运输成功的一个重要问题。

（3）理顺口岸建设不对等需要政府外交统筹解决的问题。中国政府完全可以通过外交途径敦促朝方和俄方进行改进。朝鲜和俄罗斯目前都急于扩大与中国的旅游合作项目，这方面他们比中国还急迫。重要的是要让对方认识到，双边问题从来都是双刃剑，中方通行不方便的同时，对方通行也同样不便，解决问题有利于双方，图们江区域的经济繁荣不可能是单边游戏。①

（4）关于 2007 年 12 月中、朝、俄三国铁路部门在图们签署的《中国图们朝鲜豆满江俄罗斯哈桑铁路货物运输协议》至今尚未执行的问题，建议也可对照上述几种问题类型及解决方式进行处理。这是一个现有的跨境铁路局域网，开通的重要意义不言而喻，只是朝方铁路有些年久失修，另外，曾一度开通运营的"中国图们—朝鲜清津—韩国釜山"航线也因各种费用过高，企业不堪重负等问题而停运。这类问题的解决需要一段时间，中方需要统筹缓轻急重。目前先行解决圈河通往罗津港的二级公路问题显然更为重要。② 对外通道建设是长吉图先导区建设的关键环节，是统筹内外开放战略、统筹区域发展战略的重要组成部分。适时抓住国际政治经济环境变化的有利条件，是加快解决通道建设制约因素的重要突破口。朝鲜在当前内外环境的促使下进行的面向图们江区域合作开发的政策调整，是不可多得的重要机遇，中方需借此在合作建设通道问题上，务求取得实质性进展。这对中俄合作的通道建设也将发挥积极促进作用。

---

① 　张玉山：《朝鲜经济政策的变化对长吉图通道建设的》，载《东北亚论坛》2011 年第 4 期，第 89 页。

② 　关丽洁：《加大金融支持力度促进长吉图发展》，载《东北亚论坛》2010 年第 6 期。

参考文献

一、中文文献

北野淳、西口清胜等著:《东南亚的经济》,刘晓民译,厦门大学出版社 2004 年版。

陈峰君、祈建华:《新地区主义与东亚合作》,中国经济出版社 2007 年版。

陈建、岩田胜雄主编:《全球化与中国的经济政策》,中国人民大学出版社 2006 年。

陈菁泉:《东北亚区域经济制度性合作研究》,东北财经大学出版社 2012 年版。

丁斗:《东亚地区的次区域经济合作》,北京大学出版社 2001 年版。

刁秀华:《俄罗斯与东北亚地区的能源安全合作》,北京师范大学出版社 2011 年版。

傅立民:《论实力:治国方略与外交艺术》,刘晓红译,清华大学出版社 2004 年版。

高连福主编:《东北亚国家对外战略》,社会科学文献出版社 2002 年版。

耿协峰:《新天地主义与亚太地区结构》,北京大学出版社 2003 年版。

何剑:《东北亚国际经济合作研究》,东北财经大学出版社 1996 年版。

何志工、安小平:《东北亚区域合作,通向东北亚共同体之路》,时代出版社 2008 年版。

黄凤志、高科、肖晞:《东北亚地区安全战略研究》,吉林人民出版社 2006 年版。

吉林省珲春图们江开放开发领导小组办编:《图们江通海航行与对外开放研究文集》(续集三),1992 年。

李向平主编:《东北亚区域经济合作报告》,社会科学文献出版社 2009 年版。

李玉潭主编:《东北亚区域经济概论》,吉林大学出版社 2001 年版。

联合国贸易与发展组织:《世界投资报告——迈向新一代投资政策 2012》,经济管理出版社 2012 年版。

联合国贸易与发展会议:《2003 年世界投资报告》,中国财政经济出版社 2004
　　年版。

梁峰主编:《东北亚区域经济发展与合作》,中国财政经济出版社 2007 年版。

罗伯特·吉尔平:《国际关系政治经济学》,杨宇光等译,上海世纪出版集团
　　2006 年版。

罗伯特·吉尔平:《全球政治经济学——解读国际经济秩序》,杨宇光等译,上
　　海世纪出版集团 2006 年版。

金强一等著:《东北亚政治结构与中日韩经济合作》,香港亚洲出版社 2007 年
　　版。

毛健、刘晓辉:《图们江区域多边合作开发推进战略研究》,经济科学出版社
　　2012 年版。

毛健、孙英男等著:《东北亚矿产资源潜力分析及东北老工业基地矿产资源接
　　续战略研究》,商务印书馆 2010 年版。

牛军:《克林顿治下的美国》,中国社会科学出版社 1998 年版。

朴承宪等著:《东北振兴与东北亚区域经济合作》,延边大学出版社 2006 年版。

戚文海、赵传君:《东北亚经贸合作全方位研究》,社会科学文献出版社 2006 年
　　版。

世界环境与发展委员会:《我们共同的未来》,王之佳、柯金良等译,吉林人民出
　　版社 2005 年版。

宋玉华:《开放地区主义与亚太经济合作组织》,商务印书馆 2001 年版。

王立彦主编:《图们江地区开放开发文献集》,吉林人民出版社 1994 年版。

王胜今主编:《蒙古国经济发展与东北亚国际区域合作》,长春出版社 2009 年
　　版。

王胜今、于潇:《图们江地区跨国经济合作研究》,吉林人民出版社 2006 年版。

西口清胜著:《现代东亚经济论:奇迹、危机、地区合作》,刘晓民译,厦门大学出
　　版社 2011 年。

延边大学:《图们江学术论坛 2010——多元共存和边缘的选择》,延边,2010 年
　　11 月 1—2 日。

阎学通、金德湘主编:《东亚和平与安全》,时事出版社 2005 年版。

杨贵言:《中日韩自由贸易区研究》,中国社会科学出版社 2005 年版。

杨云母:《长吉图先导区通往东北亚市场的路径及其战略选择》,经济科学出版
　　社 2012 年版。

张东辉主编:《东北亚经济合作研究文选》,经济科学出版社 2005 年版。

张季风主编:《日本经济概论》,中国社会科学出版社 2009 年版。

张蕴岭、周小兵主编:《东亚合作的进程与前景》,世界知识出版社 2004 年版。

张蕴岭主编:《东北亚区域经济合作》,世界知识出版社 2004 年版。

中国现代国际关系研究院:《东北亚地区安全政策及安全合作构想》,时事出版社 2006 年版。

朱立群、王帆主编:《东亚地区合作与中美关系》,世界知识出版社 2006 年版。

朱显平、李天籽著:《东北亚区域能源合作研究》,吉林人民出版社 2006 年版。

邴正、丁晓燕、姜军:《以长吉图开发开放先导区带动吉林省经济结构调整》,载《社会科学战线》2010 年 4 期。

陈龙山:《东北亚经济合作的现状及前景》,载《当代亚太》2003 年第 11 期。

陈玉梅、赵光元:《新时期大图们江地区开发与东北亚经济技术合作研究》,载《社会科学战线》2010 年 5 期。

陈志恒、金京淑:《中日韩自由贸易区的构想与难题》,载《现代日本经济》2006 年第 6 期。

陈志恒:《中日韩自由贸易区的构想与难题》,载《日本现代经济》2004 年第 6 期。

丁士晟:《图们江地区国际今作开放开发框架工程》,载《东北亚论坛》1993 年第 1 期。

范力:《加快图们江区域开发,促进东北亚经济合作》,载《宏观经济研究》2009 年第 2 期。

高新涛:《日印近期强化战略合作的深层背景与影响》,载《东北亚论坛》2011 年第 2 期。

顾仲恺:《东北亚区域经济合作模式构想及中国的战略选择》,载《合作经济与科技》2005 第 2 期。

韩彩珍:《东北亚地区合的合作,一种制度分析》,载《国际论坛》2004 年第 1 期。

黄凤志、金新:《中国东北亚安全利益的多维审视》,载《东北亚论坛》2011 年第 2 期。

焦润明:《东北亚跨文化认同的前景、问题及应对》,载《日本研究》,2006 年第 1 期。

金明玉、王桂敏:《中日韩比较优势模式的变化特征及其启示》,载《东北亚论坛》2011 第 2 期。

金向东、金奇宪:《图们江地区开发开放再度升温》,载《东北亚论坛》2008 年 7 月第 4 期。

金向东:《不断深化的中朝经济关系》,载《鸭绿江学术论坛 2010 暨第三届东方外交史国际学术会论文集》,2010 年 7 月 8—10 日。

金向东:《东北亚区域合作与图们江地区开发展望》,载《南洋问题研究》2009 年第 2 期。

金向东:《正面临良好发展前景的图们江区域开发开放》,载《图们江学术论坛 2010—多元共存和边缘的选择—论文集》,2010 年 11 月 1—2 日。

李盛、杨晨曦:《东北亚国际体系转型与中国面临的机遇和挑战学术述研讨会综述》,载《东北亚论坛》2011 年第 3 期。

李向阳:《东北亚区域经济合作的非传统收益》,载《国际经济评论》2005 年第 4 期。

林治华:《东北亚区域经济合作态势:俄韩经济合作及其影响》,载《东北亚论坛》2008 年第 4 期。

林治华:《俄罗斯东北亚战略及其他在东北亚新秩序中的地位》,载《当代亚太》2007 年第 10 期。

刘江永:《鸠山的"东北亚共同体"设想与东北亚合作前景》,载《国际观察》2010 年第 2 期。

刘翔峰:《关于中日韩自由贸易区的几点思考》,载《当代亚太》2004 年第 7 期。

栾博:《21 世纪东北亚区域经济合作将成为新热点》,载《世界经济与政治》2005 年第 4 期。

吕超:《中国确立东北亚安全环境的战略选择》,载《世界经济与政治》2008 年第 7 期。

门洪华:《中国崛起与东北亚安全秩序的变格》,载《国际观察》2008 年第 2 期。

朴承宪:《图们江开发所面临的新形势和新课题》,载《延边大学学报》(社会科学版)2006 年第 3 期。

秦亚青:《东北亚共同体建设进程和美国的作用》,载《外交评论》2005 年第 6 期。

邱芝:《欧盟一体化发展的溢出效应》,载《世界经济与政治论坛》2005 年第 1 期。

沈海涛:《东北亚和解与合作:韩国的作用与角色》,载《东北亚论坛》2007 年第 9 期。

石源华:《"六方会谈"机制化:东北亚安全合作的努力方向》,载《国际观察》

2005 年第 2 期。

石源华:《六方会谈面临的新挑战的与东北亚安全合作》,载《现代国际关系》
2007 年第 8 期。

宋德星:《冷战后东北亚安全形势的变化》,载《现代国际关系》2006 年第 9 期。

宋魁:《东北亚区域旅游合作的新态势与新构想》,载《东北亚论坛》2011 年第 1
期。

孙承:《小泉、安售政权交替与日本民族主义》,载《国际问题研究》2007 年第 2
期。

唐建兵:《刍议中国民族主义思潮的嬗变与走向》,载《江南社会学院学报》2010
年第 1 期。

天儿慧:《亚洲的民族主义和区域主义》,载《世界经济与政治》2008 年第 6 期。

王浩:《文化认同:促进中蒙合作与发展的关键》,载《东北亚论坛》2011 年第 3
期。

王胜今、赵儒煜:《论长吉图开发开放先导区建设与发展战略》,载《社会科学战
线》2010 年第 4 期。

王世才:《吉林省与俄罗斯经贸合作的现状、制约因素与对策》,载《经济纵横》
2003 年第 4 期。

王毅:《全球化进程中的亚洲区域合作》,载《环球时报》2004 年 4 月 30 日。

徐向梅:《东北亚能源安全形势与多变能源合作》,载《国际石油经济》2004 年
第 10 期。

许志新:《俄罗斯的亚太政策》,载《当代亚太》2005 年第 2 期。

杨慧、杨伶:《长吉图开发开放与吉林省对俄经贸发展前景分析》,载《东北亚论
坛》2011 年第 2 期。

于国政:《充分发挥图们江开发区作用,加快实现东北经济区现代化》,载《东北
亚论坛》2001 年第 3 期。

于潇:《长吉图开发开放先导区的国际大通道建设》,载《吉林大学社会科学学
报》2010 年第 2 期。

张东宁:《东北亚区域安全架构:从和合作到制度》,载《东北师范大学学报》(哲
学社科版)2007 年第 2 期。

张慧智:《中日韩东北亚共同体构想指导思想比较》,载《东北亚论坛》2011 年
第 2 期。

张淑兰、赵树行:《冷战后印韩关系的迅速发展及其影响》,载《东北亚论坛》
2011 年第 3 期。

赵柯:《国际环境合作的存在基础与发展障碍》,载《中国环境管理》2005 年第 1
　　期。

赵立新:《东北亚区域合作的深层障碍——中韩日民族主义诉求及其影响》,载
　　《东北亚论坛》2011 年第 3 期。

周藏、石兵兵:《俄罗斯与东北亚天然气合作》,载《东北亚论坛》2008 年第 4
　　期。

《黑龙江省老工业基地振兴规划》,2004 年。

《辽宁老工业基地振兴规划》,2004 年。

《振兴吉林省老工业基地规划纲要》,2004 年。

《中共中央、国务院关于实施东北地区等老工业基地振兴战略的若干意见》,中
　　发(2003)11 号。

《中华人民共和国国民经济和社会发展第十二个五年规划纲要》,2010 年。

国务院办公厅:《关于促进东北老工业基地进一步扩大对外开放的实施意思》,
　　国办发(2005)36 号。

吉林省、黑龙江省、辽宁省:《国民经济和社会发展第十一个五年规划纲要》,
　　2005 年。

二、韩文文献(作者均为译名)

《罗先经济贸易地区法》,朝鲜最高人民会议常任委员会政令第 484 号,第 583
　　号。

安亨道、朴济勋:《从政治经济学角度探讨东北亚共同体——共同体模式和韩
　　国的战略》,KIEP 研究报告 07—07,2007 年。

安忠英、李昌在编:《东北亚经济合作:通向共同体的第一步》,博英社,2003
　　年。

白成虎、元东旭:《最近图们江流域开发现状及启示》,大韩商工会议所研讨会
　　资料集,2009 年 12 月。

成元龙:《俄远东开发战略和日中韩参与远东开发政策之比较研究》,[韩]《比
　　较经济研究》第 16 卷 2 期。

成元龙:《俄远东开发战略和日中韩参与远东开发政策之比较研究》,《比较经
　　济研究》第 16 卷 2 号,2009 年。

大韩矿业振兴公司:《国别情报——北朝鲜的矿业现状》,2010 年。

大韩贸易投资振兴公社(KOTRA):《北朝鲜对外贸易动向》各年版。

东北亚时代委员会:《构建东北亚经济共同体和中短期中心课题》,2006 年。

韩国海洋水产开发院:《南北朝鲜物流体系整合及利用方案》,2008年。

韩国进出口银行:《韩国对中国投资20年的明暗和今后的课题》,2012年6月。

韩国进出口银行海外经济研究所:《2012世界各国手册》,2012年。

韩国贸易协会:《世界贸易统计》各年版。

韩江原道:《走向环东海圈物流据点地区》,2010年7月。

韩企划财政部:《第11次GTI有关国家会议报告书》,2010年。

韩企划财政部:《第五次图们江开发计划五国委员会会议结果》,2010年。

洪顺哲、金京术等:《东北亚能源市场分析研究》,能源经济研究院,2007年。

计划财政部:《第十一次广域图们江开发计划相关国家会议资料》,2010年。

金世元、朴明浩、金光宗:《东亚自贸区成功条件——制度的接近》,对外经济政策研究院,2006年。

李昌在、方浩庆:《从东北亚经济合作到东北亚经济共同体:走向东亚时代》,KIEP研究报告11—02,2011年。

李昌在、金胜哲、白薰等:《实现东北亚经济共同体阶段性推进战略》,KIEP研究报告05—15,2005年。

李成宇:2010《图们江开发和东亚多国合作展望——以东亚多国合作体系为中心》,《JPI(韩国济洲和平研究院)政策论坛》2010—20,2010年7月。

李孝善:《蒙古资源分布现状和资源利用方案》,《KIEP专家会议资料》,对外经济政策研究院,2009年。

李载英,P. A. Minakir等:《韩俄在俄远东地区的经济合作20年:新的构思和实现方案》,KIEP研究报告书10—16,2009年。

李载英等:《蒙古国矿物资源开发现状和韩国进出方案》,韩国对外经济政策研究院,2011年。

林今淑:《长吉图先导区、罗先特别市、俄远东经济合作课题》,韩国统一研究院,2011年。

柳成植等:《推进天然气综合供应系统和进口俄东西伯利亚及俄远东天然气方案研究》,能源战略研究院,2006年。

裴钟烈:《罗先特别市确定背景和开发课题》,《水银北韩经济》2010年夏季号。

朴钟哲等:《2020年先进韩国的国家战略(1):安全战略》,统一研究院,2007年。

全炳坤,具基宝:《中国推进韩中FTA的目的和对南北关系的影响》,韩统一研究院,2008年。

沈义燮：《韩国和蒙古间资源开发合作》，KIEP 专门会议资料，2009 年。

现代经济研究院：《世界经济走向变化与韩国经济》，2010 年。

杨义锡：《俄扩大域内国家的石油出口和域内国家增加俄东西伯利亚石油进口
　　其战略》，能源经济研究院，2006 年。

尹承贤：《中国图们江地区开发现状和启示点》，《韩中社会科学研究》第 5 卷第
　　2 期，2007 年。

元东旭：《朝中间图们江区域国际合作开发的现状和展望——以交通物流基础
　　设施为中心》，韩国交通研究院，2007 年。

赵明哲、金知演：《GTI 推进动向与国际合作方案》，对外经济研究院，2010 年。

郑汉求：《俄罗斯国家政策和远东地区：以地域开发政策为中心》，郑余天编《俄
　　远东地区的经济开发展望和韩国的选择》，对外经济政策研究院，2008 年。

郑炯坤：《韩国对中日两国不同产业的贸易指数的走势及其启示》，KIEP 研究
　　报告 11－18，2011 年。

郑余天编：《俄远东经济开发展望和韩国的选择》，对外经济政策研究院，2008
　　年。

三、英文文献

Edward Friedman and Sung Chull Kim, *Regional Cooperation and its Ene-mies in Northeast Asia*：*The impact of domestic forces*, Routledge, 2006.

Greater Tumen Initiative（GTI）n. d. , Background Information about the Tumen River Area Development Programme（TRADP）, Retrieved on December 7, 2010, http://www. tumenprogram. org/index. php? id＝128.

Jacques L. Fuqua Jr, *Nuclear endgame*：*The Teed for Engagement with North Korea*, Praeger Security International, 2007.

John H. Herz, Idealist Internationalism and the Ssecurity Dilemma, in *World Politics*, Vol. 2, No. 2 (Jan. , 1950).

Lee, C. , Ten Years of Tumen River Area Development：Evaluation and Issues, in *Erina Booklet*, Vol. 2, Niigata, Japan：Economic Research Institute for Northeast Asia, 2003.

Melissa G. Curley and Nicholas Thomas, *Advancing East Asian regional-ism*, Routledge Press, 2007.

Robert O. Keohane, *After Hegemony*：*Cooperation and Discord in the*

World Political Economic, Princeton: Princeton University Press, 1984.

Shambaugh David, China Engages Asia: Reshaping the Regional Order, in *International Security*, Vol. 29, No. 3, Winter 2004/2005.

四、日文文献

亚洲经济研究所:《アジア動向年報》各年版。

外务省:《ODA 白書》各年版。

李燦雨:《図們江地域開発 10 年－その評価と課題－》,环日本经济研究所, 2002 年。

李燦雨:《中国延辺朝鮮族自治州創立 50 周年第 3 回地域国際投資貿易フォーラム》,《ERINA REPORT》Vol. 49,2002 年 12 月。

今村弘子:《中国から見た北朝鮮経済事情》,朝日新闻社,2000 年。

今村弘子:《北朝鮮＜虚構の経済＞》,集英社,2005 年。

岩田胜雄、陈建编著:《グローバル化と中国経済政策》,晃洋书房 2005 年。

岩田胜雄:《東アジア経済共同体と日本の対外政策》,《立命馆经济学》,第 55 巻第 1 号,2006 年 5 月。

梅津和郎编著:《北東アジアの経済発展と貿易》,晃洋书房 1994 年。

蛯名保彦:《環日本海地域の経済と社会》,明石书店 1995 年。

ERINA:《北東アジア輸送回廊ビジョン第 2 版》,2002 年版。

大桥英夫:《シリーズ現代中国経済 経済の国際化》,名古屋大学出版社, 2003 年。

小川和男、菱木勤治:《入門 環日本海経済圏とロシア極東開発》,日本贸易振兴会,1994 年。

小川雄平、木幡伸二编著:《環日本海経済・最前線》,日本评论社,1995 年。

加藤弘之:《シリーズ現代中国経済——地域の発展》,名古屋大学出版社, 2003 年。

西川潤:《環日本海経済協力を提唱する－芽生えてきた日・中・北朝鮮の交流》,载《経済学家》,第 65 巻(40),1987 年 9 月。

西川潤:《環日本海協力構想の現状と展開－冷戦後の東北アジア協力》,载《早稲田政治経済学雑誌》,第 318 号,1994 年 4 月。

森嶋通夫:《なぜ日本は沈没するか》,岩波书店,1999 年版。

姜尚中:《東北アジア共同の家を目指して》,平凡社,2001 年版。

环日本海经济研究所:《北東アジア 21 世紀のフロンテイア 北東アジア

経済白書》，每日新聞社，1996 年。

环日本海经济研究所：《北東アジア経済白書——21 世紀フロンテイア》，每日新聞社，2000 年版。

环日本海经济研究所：《北東アジア経済白書　2003》日报事业社，2003 年。

北原淳、西口清胜、藤田和子、米仓昭夫：《東南アジアの経済》，世界思想社，2000 年。

金向东：《図們江地域経済開発の現状と課題—北東アジアに於ける経済協力と延辺》，《立命馆经济学》第 54 巻第 2 号，2005 年 7 月。

金向东：《北朝鮮の経済成長に関する論争の一考察— 1965 年から80 年代までを中心に》，《立命馆国际地域研究》第 24 号，2006 年 3 月。

金向东：《中朝辺境貿易（国境貿易）における延辺朝鮮族自治州の役割》，《立命馆经济学》第 55 巻第 56 号，2007 年 3 月。

金向东：《図們江地域の新地域開発計画》，《立命馆经济学》第 58 巻第 56 号，2010 年 3 月。

金向东：《北朝鮮の対外貿易の特徴と展望》，《立命馆经济学》第 59 巻第 5 号，2011 年 1 月。

金凤德：《遼寧省に希望をかける—「東北現象」からの離脱—》，小川雄平编著《中国東北の経済発展》，九州大学出版会，2000 年。

后藤富士男：《1990 年代前半の北朝鮮の対中貿易》，伊豆见元、张达重编：《金正日体制の北朝鮮—政治・外交・経済・思想》，庆应大学出版社，2004 年。

后藤富士男：《北朝鮮の改革的政策の動向と展望》，《大阪学院大学経済論集》第 19 巻第 2 号，2005 年。

后藤富士男：《北朝鮮の改革的経済政策と中国への金属鉱物輸出》，中野守编《現代経済体系和公共政策》，中央大学出版部，2006 年。

小牧辉夫：《中国への依存深める北朝鮮経済—生存維持に不可欠の関係に》，《世界周报》第 87 巻第 31 号，2006 年 8 月。

小牧辉夫、环日本海经济研究所编：《経済から見た北朝鮮—北東アジア経済協力の視点から》，明石书店，2010 年。

财团法人世界经济情报服务：『ARCレポート　北朝鮮』各年度版。

财团法人世界经济情报服务：『ARCレポート　ロシア』各年度版。

坂田干男：《北東アジア経済論》，密涅瓦书房，2001 年。

坂田干男：《中国経済の成長と東アジアの発展》，密涅瓦书房，2009 年。

嶋仓民生编：《北東アジア経済圏の胎動——東西接近の新フロンテイア》，亜洲经济研究所,1994 年。

杉原薫:《アジア太平洋経済圏の興隆》,大阪大学出版会,2003 年。

总务省统计局:《日本統計年鑑》各年版。

笪志刚:《図們江地域への投資を牽引する小島衣料》,《ERINA REPORT》
　　Vol. 72,2006 年 11 月。

辻久子:《北東アジア国際物流における経済競争力》,《立命館国際地域研究》
　　第 21 号,2003 年 3 月。

丁士晟:《図們江開発構想—北東アジアの新しい経済拠点》,霍儒学、卢丽、阎
　　明伟、蔡旭阳[译]金森久雄[監修],創知社,1996 年。

中藤康俊:《環日本海経済論》,大明堂,1999 年。

西口清勝(2004)西口清胜:《現代東アジア経済の展開》,青木书店,2004 年。

日本经济新闻社编著:《アジア地域統合への模索》,日本经济新闻社,2001
　　年。

日本贸易振兴机构:《中国对外贸易统计》各年版。

平川均、石川幸一编著:《新・東アジア経済論 : グローバル化と模索する東
　　アジア》,密涅瓦书房,2003 年。

谷口诚:《東アジア共同体—経済統合の行方と日本》,岩波书店,2004 年。

玉村千治编:《東アジアFTAと日中貿易》,亚洲经济研究所,2007 年。

东北亚大型设计研究会:《北東アジアのグランドデザイン発展と共生へのシ
　　ナリオ》,日本经济评论社,2003 年。

增田裕司编著:《21 世紀の東北アジアと世界》,国际书院,2001 年。

松野周治、裴光雄等:《丹東経済調査報告—中国量遼寧省丹東市における日
　　中朝ネットワークを中心に》,《立命館国際地域研究》第 21 号,2003 年 3
　　月。

松野周治、汪正仁、裴光雄:《北東アジア地域経済協力の現状と課題—中国東
　　北延辺地区を中心に—》,《立命館国際地域研究》第 22 号,2004 年 3 月。

松野周治:《21 世紀東北アジア地域協力の歴史的意義と可能性》,国际会议
　　《东北亚区域经济合作和安全保障——以朝鲜半岛为中心》,立命馆大学国
　　际地域研究所、环日本海经济研究所、韩国对外政策研究院共同举办,2004
　　年 6 月 11—12 日。

松野周治、中川凉司、裴光雄:《2004 年延辺調査並びにワークショップ報告》,
　　《立命馆国际地域研究》第 23 号,2005 年 3 月。

三村光弘:《縮小する中朝貿易と拡大する中朝の経済格差》,《ERINA RE-

PORT》Vol. 71 ，2006 年 9 月。

堀内贤志：《ロシア極東地域の国際協力と地方政府》，国际书院 2008 年。

堀内贤志、齐藤大辅、滨野刚编著：《ロシア極東ハンドブック》，东洋书店，2012 年。

三桥郁雄、川村和美：《環日本海旅日記〈北東アジア新発見伝〉》，博進堂 2006 年。

徐盛、松野周治、夏刚编，武者小路公秀监修：《東北アジア時代の提言―戦争の危機から平和構築へ》，平凡社，2003 年。

赤松要：《我国羊毛工業品の貿易趨勢》，载名古屋高等商業学校《商業経済论丛》第 13 卷上卷，1935 年。

林今淑、金向东［译］：《中朝国境貿易の現状及び国境地域の経済・社会に対する影響》，松野周治、徐胜、夏刚编著《走向东北亚共同体之路》，文真堂，2006 年。

和田村树：《東北アジア共同の家―新地域主義宣言》，平凡社，2003 年。

玉村千治编：《東アジアFTAと日中貿易》，亚洲经济研究所，2007 年。

大津定美、韩福相、横田高明编著：《北東アジアにおける経済連携の進展》，日本评论社，2010 年。

日本贸易振兴机构编：《ジェトロ世界貿易投資報告――国際ビジネスを復興の力～》，海外调查部，2011 年。

日本银行国际局：《2011 年の国際収支動向》，2012 年 4 月。

经产省：《通商白書》各年版。

崔晨：《TPPをめぐる日米中の思惑》，《海外事情》2012 年第 11 期。

谷口诚监修：《東アジア共同体とは何か》，樱美林大学北東アジア総合研究所，2011 年。

日本贸易振兴机构编：《ジェトロ世界貿易投資報告――企業、人もグローバル化へ》，2012 年。

五、网站

ERINA（环日本海经济研究所）网站：http://www.erina.or.jp/index.html.ja

JETRO（日本贸易振兴机构）网站：http://www.ide.go.jp/Japanese/

韩国对外经济政策研究院网站：http://www.kiep.go.kr/

韩国进出口银行：http://www.koreaexim.go.kr/kr/index.jsp

韩国开发研究院:http://www.kdi.re.kr/

韩国联合新闻网站:http://www.yonhapnews.co.kr/

韩国贸易投资振兴公社:http://www.kotra.or.kr/wps/portal/dknew

韩国贸易协会网站:http://www.kita.net/

韩国统计厅网站:http://kostat.go.kr/portal/korea/index.action

联合国开发计划署图们江开发委员会官方网站:http://www.tumenprogram.org/

美国国务院官方网站:http://www.state.gov/

美国《国际先驱论坛报》网站:http://www.iht.com/

美国《纽约时报》网站:http://www.nytimes.com/

人民网:http://www.people.com.cn/

日本财务省网站:http://www.mof.go.jp/

日本银行:http://www.boj.or.jp/

日本总务省统计局网站:http://www.stat.go.jp/

世界贸易组织官方网站:http://www.wto.org/

新华网:http://www.xinhuanet.com/

中国新闻网:http://www.chinanews.com.cn/

中华人民共和国商务部官方网站:http://www.mofcom.gov.cn/

中华人民共和国外交部官方网站:http://www.fmprc.gov.cn/chn/

六、报刊

《朝鲜劳动新闻》

《韩国朝鲜日报》

《韩国东亚日报》

《环球时报》

《吉林日报》

《经济日报》

《辽宁日报》

《人民日报海外版》

《日本朝日新闻》

《日本经济新闻》

《延边晨报》

《延边日报》

后 记

　　本书付梓之际,朝鲜半岛核危机又给东北亚区域一体化进程蒙上了阴影。东北亚区域一体化,换言之中日韩三国间缔结 FTA 是极其重要的。但由于美国重返亚太的政策驱使下,美国与日本、韩国近两年几乎不间断的在日本海、朝鲜半岛周边举行军演,使东北亚局势趋于紧张,这又使朝鲜半岛陷入周期性的紧张困境,加之中日钓鱼岛之争(日称尖阁诸岛)、俄日南千岛群岛之争(日称北方四岛)、韩日独岛之争(日称竹岛)使局势雪上加霜。实际上东北亚的适度紧张符合美国的利益,这也是美国在韩日驻军的有效借口。如果东北亚各国和平相处美国在此驻军的必要性将受到质疑,所以东北亚区域整合相对较顺利的时候,美国会制造麻烦使此区域陷入紧张来阻碍东北亚区域整合。事实上,美国对不断增强国力的中国视为威胁,不断鼓吹"中国威胁论",近期在政治、经济上围堵中国的意图十分明显。20 世纪 80 年代日本国力要赶超美国的时候,他也没有放过自己的兄弟——日本,迫使日元升值(1985 年的广场协议),20 世纪 80 年代中期开始出现短暂的泡沫经济,20 世纪 90 年初泡沫破裂至今,日本也没有走出经济衰退。关于中国经济何时超过美国的预测已经屡见不鲜。而英国《经济学人》杂志 2011 年 12 月 28 日刊文指出,在 21 个主要经济指标中,中国已经超过美国一半以上,并且预计到 2025 年,中国所有主要经济指标都将超过美国。中国并不是美国的盟国,意识形态、社会制度、观念、价值观等都与美国相差甚远,所以美国会千方百计的在军事、经济方面给中国施加压力,阻碍中国的顺利发展,巩固美国的霸权地位。2012 年美国已成为中国最大的出口市场,出口额达 3518 亿美元创历史新高,随之而来的中美贸易摩擦也不断激烈,人民币升值压力给中国经济增长蒙上负面影响。根据美国财政部公布的截至 2013 年 2 月世界各地及地区持有美国国债状况,中国仍是世界各国中美国最大债主,2 月底持有 12229 亿美元,约占美国国

债总发行量的 7%，如果中国抛出所有的美国国债会对美国经济致命的打击。世界经济相互依存不断深化的今天，实际上中美经贸交流、人文交流等方面的不断深化、形成了你中有我，我中有你的经济格局，中国经济过度失衡也是美国不愿意看到的，因为在诸多领域美国需要中国的合作，中国经济过度衰退并不符合美国的国家利益。

　　综上所述，美国重返亚太的主要目的之一，是抑制中国在此区域不断提升的影响力，在东北亚会制造一些可控范围内的一些纷争，提高美国在亚太区域的影响力。所以这也是中国所倡导的东亚自由贸易协定（EAFTA）不能实现的根本原因。EAFTA 也就是东盟与中日韩之间的 FTA，但是中日韩三国分别与东盟签署了 FTA 框架协议，实际剩下的就是中日韩三国间缔结 FTA 事宜，日本要看美国的脸色不得不对参加 TPP（泛太平洋战略经济伙伴关系协定）做准备虽然困难重重。在此情况下如何构筑东北亚共同体呢？笔者认为首先从先易后难的顺序，换言之，首先要缔结中日韩 FTA，但是会出现日本的犹豫不决，那么我们可先与没有领土争端的韩国缔结 FTA。实际上李明博总统执政期间早已明确表明，优先与中国缔结 FTA，那么日本早晚会加入此框架。这不得不联想起 2000 年 11 月在新加坡举行的第四次"东盟＋3"首脑会议上朱镕基总理（当时）向东盟首脑提出了与东盟缔结 FTA 建议，当时东盟方面表示为难。但是中国向东盟各国提出了富有魅力的建议，双方达成了协议，进而在第六次"东盟＋3"首脑会议（2002 年 11 月在金边）上正式签署了 CAFTA（中国东盟间的 FTA）框架协议。中国的攻势和缔结 FTA 速度之快引人瞩目。之后日韩争先与东盟缔结 FTA，日本则陷入被动。笔者认为，短期目标中国应该优先与韩国展开缔结 FTA 协议，中日韩三国间缔结 FTA 协议应放在中长期目标上。终极目标是应该把朝鲜、俄罗斯、蒙古也纳入到东北亚经济共同体框架内。所以笔者从宏观（东北亚共同体）→中观（TRADP、GTI）→微观（长吉图开发开放先导区）的顺序梳理了东北亚共同体形成所需的路线图。东北亚的区域概念，不同于 EU、NAFTA，既需要国家间层面的合作，又需要区域（省级、地级、县级）层面间的合作，还需要区域与国家间的合作，是一个多层次多方位的合作，没有可参照的先例。所以挑战《东北亚共同体》本身是一个划时代的举措，是一个漫长艰巨的工程。实际上，上面提的中观与微观理论及政策建议是为最终构筑宏观——东北亚共同体服务的。

笔者在日本立命馆大学经济学院留学期间（1998—2008 年），在本科阶段受西口清胜教授（立命馆大学名誉教授）的《发展经济学》、《亚洲经济论》的魅力所吸引，毅然选择了在西口先生的门下继续攻读硕士、博士学位，在此期间也受到立命馆大学经济学院松野周治教授、岩田胜雄教授（立命馆大学名誉教授）、郑小平教授、郑雅英教授（立命馆大学管理学院）的无私帮助和教导在此表示笔者最由衷的谢意。

笔者在硕士期间（2002—2004 年）获得小林国际奖学财团的奖学金，博士期间有幸获得立命馆大学经济学院助手一职，有了经济上的资助笔者才会顺利完成学业，在此向他们表示深深的感谢。

2008 年 9 月，笔者有幸来厦门大学南洋研究院工作，南洋研究院的各位老师严谨的治学、敏锐的学术思想都给我留下了深刻的印象，他们的不懈努力激励着我在研究的道路上不断探索。非常感谢各位老师的关心和帮助。

最后我要感谢父亲金奇宪先生，父亲的鼓励使我走上研究者的道路。我的每一篇论文父亲始终是最忠实的读者，不乏真知灼见。本书也不例外，从构思、收集资料、论证等各方面无不凝聚着父亲汗水和智慧，非常感谢父亲一直以来的无私奉献和支持。

任何学术成果，都是站在前人学术成果上进行的。在本书写作过程中，笔者参阅和引用了国内外大量的研究文献，在此我向这些研究文献的作者特表深厚谢忱。但本书错误难免，其所有责任自然在于笔者。

金向东

2013 年 5 月

图书在版编目(CIP)数据

东北亚区域整合现状及趋势:以图们江区域合作开发为助推器/金向东著.
—厦门:厦门大学出版社,2013.5
(厦门大学东南亚研究中心系列丛书)
ISBN 978-7-5615-4596-6

Ⅰ.①东… Ⅱ.①金… Ⅲ.①国际合作-区域经济合作-延边朝鲜
族自治州、东亚 Ⅳ.①F125.531

中国版本图书馆 CIP 数据核字(2013)第 134958 号

责任编辑:薛鹏志 韩轲轲
封面设计:洪祖洵

厦门大学出版社出版发行
(地址:厦门市软件园二期望海路 39 号 邮编:361008)
http://www.xmupress.com
xmup @ xmupress.com
厦门市明亮彩印有限公司印刷
2013 年 5 月第 1 版 2013 年 5 月第 1 次印刷
开本:720×970 1/16 印张:24 插页:2
字数:420 千字 印数:1~1 500 册
定价:48.00 元
如有印装质量问题请与承印厂调换